Binsenbummeln und Meeresrauschen II

Internationales Jahrbuch des Faltbootsports 2004/2005
Herausgegeben von Herbert Kropp

Faltenreich Verlag, Oldenburg

Quer über die Elbmündung sind wir gejagt.
Wir haben oft kaum zu atmen gewagt.
Weiss und gischtend am Medemsand,
Unheimlich donnernde Brandung stand.
Mehr als einmal mit Sausen und Krach
Eine Riesenwoge über uns brach.
Brausen und Donnern und heulender Wind!
Windstärke 7 ist hier nicht gelind.
Nass! Salzverkrustet! Vor Kälte wir beben,
und dennoch nicht verloren gegeben.
Da endlich - Priggen! - Fern, fern der Deich!
Über Buschdämme weg, aus dem Todes Bereich
sind wir mit Mühe zum Vorland entronnen.
Erschöpft und halbtot. - Doch wir hatten gewonnen.

Binsenbummeln und Meeresrauschen II

Internationales Jahrbuch des Faltbootsports 2004/2005

Herausgegeben von Herbert Kropp

Faltenreich Verlag, Oldenburg

Das vorliegende Werk kostet *(gut angelegte)* **19,90 € und kann bestellt werden bei:
Faltenreich Verlag, Postfach 1810, 26008 Oldenburg
email: info@faltenreich.de
Internet: www.faltenreich.de**

Natürlich kann die letztjährige »Erstlingsausgabe« des Binsenbummler-Faltboot-Jahrbuches 2003/2004, ISBN: 3-8330-0067-8, Preis: 14,90 € *(+ 1,50 € Porto u. Versand))* auch fürderhin noch erworben werden. Aufgrund der dabei gewählten »book-on-demand« Drucktechnik ist mindestens für die nächsten fünf Jahre ein ausreichender »Nachschub« sichergestellt.

Alternativ kann auch eine – z.Teil erweiterte und aktualisierte, auf jeden Fall aber »fehlerbereinigte« – elektronische Ausgabe auf CD-ROM (zum Preis von 6,50 €, inklusive Versand) geordert werden *(das gilt aber nur für die 2003er Ausgabe)*.

Impressum:

© Idee, Entwurf, Gestaltung, Gesamtkonzeption, Vertrieb:
Herbert Kropp, Faltenreich Verlag, Breslauer Str. 48, 26135 Oldenburg

© Das Werk einschließlich aller seiner Teile ist urheberrechtlich geschützt. Alle Rechte liegen bei den jeweiligen Autoren und Autorinnen. Jede Verwertung außerhalb der engen Grenzen des Urheberrechts ist ohne Zustimmung der AutorInnen unzulässig und strafbar. Dies gilt besonders für Übersetzungen und Vervielfältigungen aller Art, z.B. Photokopien, Mikroverfilmungen, CD-ROM, sowie die Einspeicherung und Verarbeitung in elektronischen Systemen aller Art (z.B. Internet, e-book etc.). Eine etwaige Ausnahmegenehmigung hat in jedem Falle über den/die AutorIn selbst oder durch den Kontakt über den Herausgeber zu erfolgen.

1. Auflage 2004
Druck: Prull Druck, Oldenburg
Printed in Germany

ISBN 3-00-013292-9

Inhaltsverzeichnis:

Editorial 09

Volker Born
Faltkajakselbstbau 15

Helle Wiese
Zu Wasser in Ost-Värmlands Einsamkeit 20

Norman Langer
Begegnung der dritten Art (Teil I) 25

Roland Einert
Das »blaue Wunder« 43

Hans-Jürgen Staude
Faltbootpurismus zwischen Bagenkop und Nyköping 45

Jürgen Hoh
Mit dem Ärmel über den Kanal 49

Ralph C. Hoehn
Mit dem Puffin Kajak auf dem Long Island Sound 59

Jasmin Littek & Tom Gieger
Auf den Spuren der alten Faltbootfahrer 63

G. Hoffmann
Fahrrad und Faltboot 72

Judith Steinbacher – Rittlinger
Bei Rittlinger hätt's gestanden 76

Karl-Udo Oelze
Karl-Udo baut für die Katz 81

Jürgen Christian
Elbetour 2002 85

Meggie Klann
Faltboot-Quartett 97

Tobias Kamm
Kurztest: Fujita PE 500 Expedition 99

Michael Kommant & Hans-Jürgen Otten
Das Geheimnis der Hexe *oder:* Auf 55 Grad Nord durch die Südsee 102

Jürgen Kronenberg
Die Pionier-Werft im Rückblick 107

Hanspeter Nobelmann
Das neuverlorene Paradies 114

Hermann Harbisch
Reise zu den Smoking Hills (Teil I) 116

Frank Fichtmüller
Anpaddeln 127

Marian Gunkel
Wenn es reißt und bricht 131

Rotraut Kahl
Qaanaaq, eine der nördlichsten Inseln der Welt 136

Erich Maria Remarque
Sommer im Faltboot 144

Jutta & Jürgen Engert
Der ultimative Faltboot-Tisch 146

Karin Haß
Auf Sibiriens Flüssen 147

Marja de Pree & Otto v. Stritzky
Unverbesserlich altmodisch – Plädoyer für den Faltboot-Zweier 155

Ulf Höhne
Mit dem Taimen 3 im Ostlitauischen Seenlabyrinth 158

Hannes Lindemann
Im Einer-Faltboot von Portugal nach Tanger 168

Ralf Schönfeld
Pack die Badewanne ein – PakCanoe Falt-Canadier der Firma PakBoats ... 178

Erich Fuchs
Liebeserklärung an ein Faltboot 183

Lorenz Mayr
Ferienfahrt im Eskimofaltkajak (Teil I) 190

Holger Löbell
Das neue »Wayland II« 202

Roland Prietz
Lefkas 204

Thomas Theisinger
Schnäppchen 2003 209

Hans-Jürgen Staude
Novembereste 212

Hans-Joachim Müller
Hochwasser auf der Elbe 215

Ralph C. Hoehn
Mit dem Faltboot ein bißchen Segeln – Triton Neva-III 222

Peter-Josef Schünemann
Wie ich Faltboot-Wanderfahrer wurde 225

Frank Otterbach
Arche NOAH 229

Norman Langer
Begegnung der dritten Art (Teil II) 232

Ulli Laube
Eine neue Haut 242

Patritzia & Rainer Ulm
Was bedeutet schon Zeit – mit dem Faltboot rund um Europa 244

Rudolf Zacharias & Stefan Effner
Kein Loch im Eimer, aber 'nen Riss im T9 253

Rainer Zuphall
Auf dem Bodensee 258

Lorenz Mayr
Ferienfahrt im Eskimofaltkajak (Teil II) 259

Alexander Schuth
Internationaler Faltbootmarkt 2003 – eine Marktstudie 269

Anhang:
Terminkalender, Adressen, Bezugsquellen 281

Bildnachweise: 300

Editorial

Moin,
nun ist es schon ein ganzes Jahr her, daß das erste Binsenbummler-Faltboot-Jahrbuch 2003/2004 erschienen ist. Und weder ich noch irgend jemand sonst konnte (oder wollte) vorhersagen, dass dieses Unterfangen solch ein Erfolg werden würde: Bislang sind ca. 1100 Exemplare ausgeliefert, es gab Besprechungen in der FAZ, im Kanumagazin, im Kanusport, in der Nordwest-Zeitung (Oldenburg) und im Seekajak-Magazin. Viel Lob und (positive) Kritik gab es auch in den unendlichen Weiten des Internets und ein Ende des Erfolgs ist nicht zu sehen ... Dafür, an dieser Stelle, Euch allen ein ganz großes Dankeschön für die überaus nette Aufnahme.

Wenngleich es natürlich auch von einer umfangreichen Mängelliste zu berichten gibt: Denn wie in jedem »anständigen« Buch war natürlich auch hier der Fehlerteufel zu Hause *(wie höchstwahrscheinlich auch im vorliegenden ...)* und hat anscheinend auch keine Gelegenheit ausgelassen, sich in den zahlreichen typographisch-grammatikalischen Fettnäpfen zu suhlen:

Die eklatanteste aller hier zu berichtenden Verfehlungen meinerseits ist in jedem Fall aber wohl die Falschschreibung (und damit Verfälschung) der Namen von folgenden vier Autoren, bei denen ich mich deshalb hiermit und in aller Form noch einmal entschuldige:

So habe ich **Jürgen Hoh**, den Initiator und Betreiber der Internet-Seite »www.faltboot.de«, schnöde verwechselt mit einem mir eigentlich völlig unbekanntem »*Rainer Höh*«, **Michael Vogeley** schreibt sich natürlich mit »**y**« und nicht mit einfachem »**i**« und auch **Thomas Haverkamp** führt ein »**v**« anstelle des »**f**« in der Mitte seines Namens. Als (vorerst) letztes Opfer ist **Rolf Kahl** zu nennen, dem ich das »**l**« im Vornamen gestohlen habe. Mea culpa!

Aber damit nicht genug: Aus äußerst mysteriösen Umständen sind die Bildunterschriften unter den jeweiligen Bildern und Photos verschwunden *(Frage an die Experten: Was passiert, wenn man eine neuere mit einer älteren Textversion abspeichert? Eben!)* Und deshalb noch ein weiterer, angemessener Kotau vor allen leidtragenden Protagonisten: Die überall im Buch verstreuten Fundstücke, Zeichnungen und Vignetten sind der im »**Bergverlag Rother**« erschienenen Zeitschrift »**Fluß und Zelt**« entnommen, insbesondere und mehrheitlich aus Heften des Jahrgangs 1926/27. Das auf S. 16 des 2003er Jahrbuch abgebildete Titelbild bezüglich der Atlantiküberquerung von Dr. Hannes Lindemann entstammt dem Buch »**Alone at Sea**«, erschienen 1993 im **Pollner-Verlag**.

Von den sonstigen, ungezählten Fehlern in Orthographie, Grammatik, Layout usw. will ich hier gar nicht erst anfangen zu lamentieren, ich hoffe aber, Ihr hattet trotzdem Euren Spaß beim Lesen und Stöbern im Binsenbummler-Faltboot-Jahrbuch.

Mir auf jeden Fall hat es eine Fülle von neuen Erfahrungen und Erkenntnissen gebracht, die solch ein Buch-Experiment mit sich bringen; nicht zu vergessen die vielen sich daraus ergebenden Kontakte, Gespräche, Bekannt- und Freundschaften mit netten, sympathischen Menschen aus Nah und Fern, aus dem In- und Ausland *(Buchbestellungen und Anfragen kamen u.a. aus den USA, Kanada, China, Frankreich, Polen, Schweden, Niederlande, Schweiz, Österreich ...).*

Soviel zum »alten« Jahrbuch, und was bringt das »Neue«? Neben den hoffentlich ansprechenden und ebenso spannenden 46 Beiträgen und Artikeln von 40 AutorInnen auf jeden Fall eine bessere Qualitätskontrolle beim Layout, in Form und Schrift: Jeder Beitrag ist durch mindestens zwei lektorisch versierte Hände gegangen, die den jeweiligen Text nach Strich und Faden durchgekämmt und alle Fehlerteufelchen, die Schabernack treiben wollten, entdeckt und des Jahrbuchs verwiesen haben.

(An dieser Stelle allen Mitwirkenden und Helfern, die mir mit Rat und Tat und einem unbestechlichem Adlerauge zur Seite standen, ein großes Dankeschön, insbesondere sind dies (alphabethisch): Ralf Brückner, Olaf Christensen, Frank Fichtmüller, Joachim Fischer, Matthias Friedemann, Thomas Furch, Sebastian Gerth, Hartmut Henkel, Jochen Jahn, Christoph Kolde, Michael Kommant, Robert Konieczny, Horst Krause, Jens Kuhle-Weber, Michael Liebhold, Oliver Lippold, Angelika Meusberger, Michaela Müller, Klaus Schuh, Ralf Seyfarth, Werner Schmiedel und ein namentlich nicht näher benannter Redaktions-Assistent). Ohne Euch alle hätte ich dieses Buch nicht fertigstellen können.

Natürlich gilt dies auch für die zahlreichen AutorInnen, ohne die ich »arbeitslos« und wir alle ohne Lesestoff wären... . Wobei ich bei einem »heiklen« Punkt angelangt bin: Hätte ich alle eingesandten und zugesagten Texte, Beiträge und Photos berücksichtigt, würde das vorliegende Buch ca. 500 Seiten umfassen und mindestens 15 Euro mehr kosten, was allein aus kalkulatorischen Erwägungen unrealistisch erscheint. So sah ich mich vor die schier unlösbare Aufgabe gestellt, zu sichten und gewichten, zu kürzen und straffen. Und einige Beiträge mußte ich leider ganz herausnehmen und die betreffenden Autoren auf das nächste Jahr vertrösten, als da u.a. wären: Dr. Paul Wührl, dessen Beitrag über eine Fahrt auf der Dordogne ich nicht kürzen wollte *(und auch nicht konnte)*, Günter Siebkes Bericht über eine Tara-Befahrung, ein Bericht über das »Blackburn Challenge 2003« (von Ralph Hoehn), ein Artikel über das Kanu-Museum in München, Tony Ford mit einem Beitrag über »Faltboot und Militär«. Und auch auf die Schilderung einer abenteuerlichen Rheinfahrt mit dem »Hammer-Seewolf-Faltboot-Dampfer« von Wiebke Kropp und ihrem Onkel muß leider verzichtet werden, wie leider auch auf die alterwürdig-liebenswerten Zeitschriftentexte aus den schon erwähnten Faltboot-Zeitschriften der Vorkriegszeit.

Frankfurter Allgemeine
ZEITUNG FÜR DEUTSCHLAND

Etwas für Fans

Eher zu früh als zu spät erscheint die stattliche Broschüre, ein Buch, dem nachgerühmt wird, seit 70 Jahren endlich wieder „ein eigenes Magazin" für alle Faltbootliebhaber zu sein. Was einem die langen Winterabende mit allerlei Träumereien von Touren und Basteleien versüßen könnte, erscheint just zu der Zeit, wo es wieder aufs Wasser geht, weil das Sammelwerk schneller als gedacht fertiggestellt wurde. Aber tatsächlich sind hier die Freunde der „Haut und Knochen"-Boote ganz unter sich: Ehrwürdige Namen zieren die Autorenliste, Hannes Lindemann, Paul W. Wührl, Otto von Stritzky und Helle Wiese

Apropos Illustrationen: Manche von den alten Zeichnungen der großen Ära wünschte man sich größer, und viele der neueren Bilder hätten wohl eine Farbreproduktion verdient, wie man anhand der „Briefmarken" auf dem Umschlag erahnt. Aber das kann sich Herausgeber Herbert Kropp ja vielleicht für den nächsten Jahrgang vornehmen, den dieses Jahrbuch für jeden Faltbootfan hoffentlich erleben wird. HANS-HEINRICH PARDEY

Kanusport
Ein Buch fürs Herz

Das Faltboot: kaum ein Sportgerät vermittelt vergleichbar nachhaltige Gefühle und Erfahrungen. Seine Anhänger sind regelrecht abhängig. Viele wollen wenigstens echte Bücher darüber zur Hand haben, solange sie nicht selbst fahren können. Auch wenn das die Leiden wieder steigert. Das hier besprochene Projekt hat Herbert Kropp verwirklicht. Er ist nach eigenem Bekunden erst 1998 – dafür hoffnungslos – dem Faltboot verfallen. Der Stoff wurde ab Oktober 2002 über das Internet gesammelt. Das Ergebnis nennt sich: „Binsenbummeln und Meeresrauschen, Internationales Jahrbuch des Faltbootsports 2003/2004". Nur 5,5 von 280 Seiten des Bandes sind mit Werbung belegt. Bei älteren Kanubüchern sind die Reklame-Seiten besonders anrührend. Das könnte hier auch so kommen. Die Werften bringen z.T. schöne Faltbootfotos. Eines zeigt – ohne nähere Angabe – den Qlassiq (starrer Mittelteil, faltbare Enden, geht vielleicht nie in Serie). Die Hauptsache sind fast 50 Beiträge von eigenständigem Gewicht, über Fahrten und Selbstbau, über neue Faltboote die gibt es! Netter Klamauk gehört auch dazu. Dazwischen Vignetten, Zeichnungen, Holzschnitte, Gedichte. Kleine Farbfotos trägt nur der Umschlag. Sonst sind die Bilder schwarz-weiß, teilweise brillant.

Rein subjektiv: Das Lesevergnügen ist bei den Texten etlicher Neulinge ebenso groß wie bei den Beiträgen bekannter Autoren, wie v. Stritzky, Wührl oder Wiese. Insgesamt: Ein Buch mit Herz, man kann es empfehlen. Mit 14,90 Euro ist das Buch nicht zu teuer. Wer so ein Projekt begründet, bestellt bei dem Herausgeber direkt (weil von diesem komplett vorfinanziert). Mit dem Format von 22 x 17 cm (Oktav) und seinen 280 Seiten ist es ein richtiger Wälzer, zum Verschenken trotz der erwähnten Schnitzer geeignet. Nur für die Bücherkiste im Faltboot ist es fast schon zu sperrig. Thomas Theisinger

280 SEITEN ÜBER HAUT UND SPANTEN

Das Jahrbuch des **Faltbootsports**

So breit gestreut wie das Spektrum der Autoren sind auch Ton und Qualität der Beiträge. So könnte man sich seitenweise durch ausführliche Tagebucheinträge kämpfen, während man an anderer Stelle mit literarischen Kleinoden belohnt wird wie Heiner Wolframs Bericht über seinen Faltbootkauf 1922 oder Wührls Erzählung über den Faltboot-Eigenbau im Nachkriegs-Deutschland. Dieser rückwärtsgewandten Sicht, die teilweise mit pessimistischen Ausblicken endet, werden dann die aktuellen **Berichte von Faltboot-Selbstbauten und Neuentwicklungen** gegenübergestellt. Damit wird das Buch zum lange gesuchten literarischen »missing link« zwischen den Generationen. Die zahlreichen **Reiseberichte von der Oberlausitz über Grönland bis zum Ganges** vermitteln einen schönen Überblick, was heutzutage alles angestellt wird.

Kanu Magazin

Presse-Berichte
(Ausschnitte)

STADT OLDENBURG   FREITAG, DEN 15. AUGUST 2003

Im Faltboot zur Magellanstraße

BUCHNEUHEIT Oldenburger gibt einzigartiges Magazin heraus – Lesevergnügen

„Binsenbummeln und Meeresrauschen" liefert 280 Seiten pralles Faltbootleben. Es ist ein wunderbares Buch über Plünnenkreuzer, Zuckersäcke und Hasenställe.

Nordwest-Zeitung Oldenburg

Nachzulesen ist der Bericht in dem Buch „Binsenbummeln und Meeresrauschen", das der Oldenburger Herbert Kropp (46) soeben im Selbstverlag herausgegeben hat. Erstmals seit siebzig Jahren gibt es mit diesem neuen „Internationalen Jahrbuch des Faltbootsports" wieder ein eigenes Magazin für alle Faltboot-Enthusiasten, für das vierzig Autoren und Autorinnen aus dem In- und Ausland Berichte geschrieben haben, darunter der Atlantikbezwinger und Wegbereiter Dr. Hannes Lindemann.

Auch Helle Wiese bereichert das Buch, für dessen Lesevergnügen man durchaus absoluter Faltboot-Laie sein darf, mit einer rührenden Geschichte über die Hilfsbereitschaft und sein „Glück im Unglück auf der Oberlausitzer Spree". Doch die Fahrt durch die Magellanstraße und Wieses Unfall im Wehr sind nur ein kleiner Teil der Wahrheit. Otto von Stritzky schreibt: „Weder die Bücher, die Marja und ich gestalteten, noch geschriebene Reportagen, können alle Gefühle und Empfindungen wiedergeben, die den Reiz einer Wanderfahrt im Faltboot ausmachen: Freiheit auf dem Wasser, ungebunden sein, in der Natur leben; sich mit ihren Kräften messen oder arrangieren müssen; zweit den richtigen Weg suchen und finden."

Das Jahrbuch verzeichnet auch Erinnerungen wie die von Dr. Paul Wührl – „Mit dem ‚Hasenstall' in den Schluchten Europas" –, in denen jeder Satz die Leidenschaft des Faltbootfahrers

Herbert Kropp

– und der Leser hat seine Freude daran. Genauso wie an den anderen 40 Geschichten und Berichten über Erlebnisse mit Klepper-, Poucher- oder Nautiraid-Booten auf 280 Seiten, zu bestellen beim Buchhändler oder beim Herrn Kropp, Breslauer Straße 48, 26135 Oldenburg, email: herbert-kropp@web.de (14,90 Euro plus 1,50 Porto und Versand).

@ Mehr Infos: www.faltboot.de

Zusätzlich wollte ich eigentlich noch ein großes Kapitel mit Tips und Tricks zum Thema »Faltboot« einarbeiten, habe aber wieder davon Abstand genommen, weil dieses erstens ausreichend Stoff für ein eigenständiges (Hand)Buch geben würde *(... noch einmal 500 Seiten ...)*, zweitens die vorhandene Zeit nicht ausreiche, dieses dann auch noch in der notwendigen Qualität umzusetzen *(so hätte ich z.B. noch viele detaillierte Photos zur jeweiligen Illustrierung anfertigen müssen)* und es drittens ja im Internet *(siehe Adressen im Anhang)* ganz vorzügliche »Alternativen« gibt *(wenngleich mir persönlich eine gedruckte Version »Schwarz auf Weiß« und »zum Mitnehmen« schon eher zusagt)*. Also Stoff genug für die nächsten Jahre ...

Was hingegen nicht fehlt, sind die Bildunterschriften (s.o.), wenngleich auch an anderer Stelle: Aus drucktechnischen Notwendigkeiten gibt es einen detaillierten Bildnachweis mit den dazugehörigen Bilderklärungen auf S. 300.

Desweiteren möchte ich dem Deutschen Kanu Verband (Kanu-Sport) und dem Rother-Verlag (Fluß und Zelt) für die Genehmigung danken, mich aus den bis dato erschienenen Ausgaben der jeweiligen Zeitschriften »bedienen« zu dürfen.

In diesem Zusammenhang eine kleine Anekdote hinsichtlich der Recherche zur notwendigen, urheberrechtlich abgesicherten Abdruckgenehmigung zum Remarque-Essay auf S. 144:

Besagter Essay fand sich in einer Ausgabe der Firmenzeitschrift »Echo Continental« der Conti Gummiwerke, Hannover, aus dem Jahre 1924, für die (als auch für den Essay selbst) ein gewisser Erich Maria Remarque als Chefredakteur verantwortlich zeichnete. Als erstes kontaktierte ich die Continental AG und trug mein Ansinnen vor. Der involvierte Pressesprecher sah keinerlei Bedenken bzgl. eines Abdruckes (**Zitat:** *»aus unserer Sicht gibt es keine Bedenken, wenn Sie die Texte verwenden. Ich unterstelle, dass Erich Maria Remarque diese Texte – wie viele andere auch – im Auftrag der Continental verfasst hat, wir also Inhaber der Rechte sind. Ein anderer Sachverhalt ist mir nicht bekannt.«*) und auch das in Osnabrück befindliche Remarque-Forschungszentrum (*»sicher ist sicher«* dachte ich ...) gab eine urheberrechtliche Entwarnung, verwies mich allerdings (*»sicher ist sicher«* sagte mein Gesprächspartner vorsichtshalber ...) an den Kiepenheuer & Witsch Verlag in Frankfurt. Eine freundliche Dame aus der Lizenzabteilung wiederum verwies mich an eine »literary agency«, die Mohrbooks AG in Zürich (Schweiz), die mir dann folgendes mitteilte:

Zitat: *»Danke für Ihre Anfrage. Paulette Remarque hat sämtliche Rechte an allem, was E.M. Remarque schrieb, an die New York University vererbt, die wiederum von Richard Kay vertreten wird, welcher im deutschen Sprachraum von uns vertreten wird. D.h. dass die Rechte auch für die Auftragsarbeiten, welche er für Echo Continental verfasste durch uns gehandhabt werden. Echo Continental hat dazumal nur die Rechte für eine einmalige Verwertung erstanden. Wie allgemein üblich bleiben die Urheberrechte aber beim Urheber, d.h. beim Autor. Gerne erteilen wir Ihnen eine Abdruckgenehmigung. Dazu benötige ich aber noch folgende Angaben: ›Name Ihrer Publikation, Auflage, Erscheinungstermin, Verkaufspreis, Umfang des verwendeten Textes von Remarque, Honorarangebot ..‹ «*

Da mußte ich dann erst einmal schlucken und hilflos mit den Augen rollen, ob der Misere, in welche »Urheberrechts-Falle« ich da wieder einmal getappt war ... Etwas unsicher, welche (möglicherweise kostenintensive) Lawine ich da wohl angestoßen hatte, gab ich brav und ausführlich Auskunft über das geplante Vorhaben und fand mich schon damit ab, auf den »ollen Remarque« verzichten zu müssen, weil ich die zu erwartenden Honorarforderungen nicht würde zahlen können ... als ich folgende e-mail bekam.

Zitat: »*Lieber Herr Kropp*

Eigentlich sind wir gegen jeglichen kostenlosen Abdruck aber mit Ihrem nördlichen »moin moin« und der konsequenten Kleinschreibung (die ich mir im Geschäftsbereich meine nicht erlauben zu können) haben Sie mich um den Finger gewickelt. Für unser Archiv benötigen wir dann allerdings ein Belegexemplar Ihres Titels. Es grüsst aus dem sonnigen Zürich Bettina Kaufmann«

Ende gut, alles gut! Und deshalb an dieser Stelle noch einmal mein ausdrücklicher Dank an Frau Kaufmann! Aber so kann es gehen, wenn man naiv und unbedarft in fremden Revieren jagt !!!

Und weil ich nun einmal dabei bin *(bzw. immer noch)*: Mein besonderer Dank gilt Herrn Dr. Werner Wrage, dessen wunderschöne und stimmungsvolle Schwarzweiß-Photos von der Norddeutschen Küste und aus dem Watt ich in diesem Buch die Ehre habe abdrucken zu dürfen. Ehre, wem Ehre gebührt! Und dazu zählen in diesem Fall auch Ronald Stelzer, George Hartwig, und Friedrich Paulsen von der Salzwasserunion (SaU), die Dr. Wrages Photoalben eingescannt und via Internetseite der Weltöffentlichkeit bekannt gemacht haben (und über die ich erst von dem Vorhandensein dieser »Schätze« erfahren habe) sowie Jan Teich aus Hamburg (ebenfalls SaU), der die Kontakte zu Dr. Wrage und dessen Tochter Frau Uta Wrage-Schaub hergestellt und mir die Abdruckgenehmigung besorgt hat.

Und last but not least ein großes Dankeschön an die im Anhang des Jahrbuches werbenden Firmen, haben diese doch mit ihren Anzeigen maßgeblich dazu beigetragen, dass der Verkaufspreis sich noch in einem maßvollen Rahmen bewegt.

Das Binsenbummler-Faltboot-Jahrbuch erscheint übrigens ab jetzt im eigens gegründeten »Faltenreich Verlag« in Oldenburg (www.faltenreich.de), in Farbe und in einer festen Auflage von 1300 Exemplaren. Das bedeutet: »Wenn weg, dann weg!« Wer es also versäumt, rechtzeitig vorzusorgen (**zur Warnung**: beim letzten Jahrbuch wurde vielfach nachgeordert, weil das eigene Exemplar *(schon wieder)* verliehen *(und nicht zurückgegeben)* oder *(wieder einmal)* verschenkt worden ist), schaut möglicherweise in die berühmte Röhre. Und ob nachgedruckt werden wird? Wir werden sehen...

Natürlich kann die letztjährige »Erstlingsausgabe« auch fürderhin noch erworben werden. Aufgrund der dabei gewählten »book-on-demand« Drucktechnik ist mindestens für die nächsten fünf Jahre ein ausreichender Nachschub sichergestellt. Alternativ kann aber auch eine – z.Teil erweiterte und aktualisierte[*], auf jeden Fall aber »fehlerbereinigte« – elektronische Ausgabe auf CD-ROM zum Preis von 6,50 € (inklusive Versand) geordert werden *(das gilt aber nur für die 2003er Ausgabe; Bestelladresse: siehe »Impressum« auf S. 4)*.

In diesem Sinne und mit den herzlichsten Grüßen:

Herbert Kropp, Hrsg.

---

[*] Im Besonderen gilt dies für die in der jetzigen Ausgabe aus Platzgründen *(zu meinem Leidwesen)* leider nicht abgedruckte »Faltbootbibliographie der gesamten Faltbootliteratur aus 9 Jahrzehnten«, die in der elektronischen CD-ROM Ausgabe auf den neuesten Bearbeitungsstand gebracht worden ist.

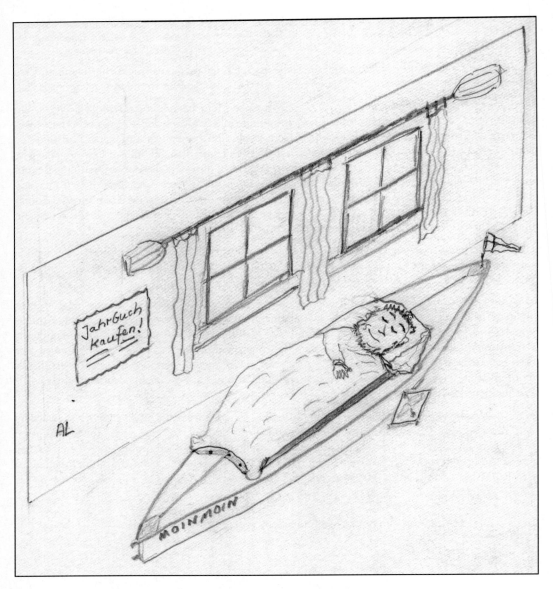

(Anmerkung der Redaktion: Hier macht sich wohl der Redaktionsassistent über den Hauptredakteur und Herausgeber lustig. Das geht aber aus zweierlei Gründen gründlich daneben. Erstens ist das Motiv der Karikatur geklaut - als freie Bearbeitung, zugegeben. Und zwar geklaut aus dem Kanusport des DKV von 1971, Seite 85. Der Zeichner dort ist M. Hick. Zweitens muss natürlich aus Gründen der Neutralität auf das peinlichste verschwiegen werden, in was für einem Boot der Herausgeber nun wirklich schläft.)

Faltkajakselbstbau

– *Fortsetzung* –

von Volker Born, Klein Wittensee

Faltbootselbstbau kann eine wunderbare Sache sein. Es hilft im Winter über trübe Tage hinweg und bringt manchmal Momente höchsten Glückgefühles, so z. B. wenn man im neuen, gerade zu Wasser gelassenen Boot die ersten Paddelschläge macht.
Es hat aber in meinem Fall auch den Nachteil, immer kritischer zu werden. An jedem Boot gibt es irgendwelche Mängel, daher habe ich mittlerweile eine ganze Faltbootsammlung angelegt. So kann ich für das jeweils vorgesehene Fahrtenziel das dem Ideal am nächsten stehende Kajak nehmen. Ein gut Teil Sammelwut ist natürlich auch dabei, wohl dem, der in so einem Fall ausreichend Lagerplatz zur Verfügung hat. Nicht zuletzt sind alte Boote aber auch wunderbar, um sich Ideen abzuschauen. Es läßt sich sogar vorher ausprobieren, wie tauglich sie in der Praxis sind, ob und wann sie kaputt gehen oder ob sie gern zu abgerissenen Fingernägeln führen. Manchmal liefern sie auch das eine oder andere dringend benötigte Teil (wobei für solche Maßnahmen bei mir nur wenige Gerüste zur Verfügung stehen. Die meisten sind mir dafür zu kostbar.)
Nach meinen bereits im letzten Jahrbuch nachzulesenden Erfahrungen mit selbstgebauten Faltkajaks, die im wesentlichen auf traumhafte Fahreigenschaften und unzureichenden Platz für Gepäck hinauslaufen, entschloß ich mich beides zu vereinigen und folgerichtig ein neues Boot zu bauen.
Dieses – das vierte einer Reihe – sollte die positiven Fahreigenschaften möglichst unverändert übernehmen, aber genug Platz für mehrwöchige Sommertouren bieten. Da tritt der Widerspruch schon auf, dessen Lösung, um es vorweg zu nehmen, nicht so gelungen ist wie in der Vorstellung ausgemalt.
Da sollte das neue Boot in Wind und Wellen neutral laufen, sehr tief im Wasser liegen, um dem Wind möglichst wenig Angriffsfläche zu bieten, vollkommen dicht gegen die dadurch ja fast immer das ganze Boot überspülenden Wellen sein, gut zu beladen sein mit einer zumindest im Sommer für zwei Wochen ausreichenden Gepäckmenge, mit dieser an Bord ein sehr zügiges Tourentempo erlauben, leer auch ein paar hundert Meter auf der Schulter zu tragen sein und natürlich dem Auge wohlgefallen.
Besonders der letzte Punkt bewog mich, wie auch bei meinen bisherigen Eigenbauten eine an westgrönländische Kajaks angelehnte Bootsform zu wählen.
Das Boot beruht auf dem Riß des Vorgängers, ist aber mit 5,3 m Länge um 10 cm länger, mit 57 cm Breite 2 cm breiter und etwa 1,5 cm höher. Die Bootsspitzen sind etwas fülliger gewor-

den, um hohle Linien zu vermeiden. Diese Veränderungen klingen harmlos, bewirken aber recht viel. Doch dazu später. Im folgenden möchte ich zunächst das Boot beschreiben.

Ausgangspunkt der Überlegungen war also, ein seetüchtiges, leichtlaufendes und gepäcktragendes Faltboot zu bauen, welches ich nicht nur gerne fahren, sondern auch gerne ansehen möchte. Meine klassischen Boote der Firmen Pionier und Klepper haben so ihre Probleme mit den ersten beiden Punkten, vor allem mit deren Kombination. Das im Vergleich enorme Volumen erlaubt zwar Zuladungen, die für meine Begriffe unterwegs keinen Luxus vermissen lassen, bietet aber Wind und Wellen große Angriffsflächen. Diese sind vor allem bei wenig Gepäck der Grund für drastisch unhandlicheres Fahrverhalten gegenüber einem schlanken, niedrigvolumigen Boot.

Mein im letzten Jahrbuch beschriebener Eigenbau liegt dagegen geradezu begeisternd in den Wellen und wird wenig vom Wind beeinflußt, aber mehr Gepäck als für vier Tage bei warmer Witterung ist einfach nicht darin unterzubringen. Bei Zuladung von entsprechenden Mengen Wasser verschwindet auch der ohnehin geringe Freibord fast gänzlich, was mich dem nassen Element wirklich sehr nahe bringt und beim Ein- und Ausstieg den Kajaksocken zu einem unverzichtbaren Bestandteil des Bootes werden läßt.

Ich wollte nun möglichst viel der Fahreigenschaften des Falteskis bewahren, während das Kajak notgedrungen mehr Volumen bekommen sollte, wenn auch nicht so viel wie ein klassischer Einer.

Ich habe von der Konstruktion von Rumpfformen keinerlei Ahnung, sondern stehe in dieser Hinsicht ungefähr auf dem technischen Stand des Mittelalters und bin der Auffassung, daß, was gut aussieht, auch gut fährt (der Umkehrschluß, daß, was gewöhnungsbedürftig aussieht, nichts taugt, ist meiner Meinung nach aber Blödsinn. Die Aleutenkajaks oder Baidarkas haben auf mich zunächst ausgesprochen häßlich gewirkt, aber ihre Fahrer lassen ihre anderen Boote in

den Bootsschuppen verstauben. Daher sind die Zeichnungen für eine faltbare Baidarka von 5,2 x 0,52 m fast fertig).

Die bei den Vorgängern so bewährte integrierte Heckflosse habe ich zugunsten einer abnehmbaren Flosse weggelassen, um bei Bedarf sowohl ein wendigeres Boot zu haben als auch durch verschieden große Flossen das Boot trimmen zu können. Das geht zwar nur durch anlanden und aussteigen oder durch einen Helfer, aber einen variablen Skeg in ein Faltboot zu integrieren ist knifflig. Ich habe jedenfalls auch nach langem Überlegen keine taugliche Lösung gefunden. Ein Steuer habe ich an den Eskis noch nicht vermisst.

Die Flosse besteht aus zwei Teilen, einer Leiste, die mit Pattex angeklebt ist und die schlüssellochartige Beschläge besitzt, und der eigentlichen Flosse, die einfach mit Schraubenköpfen an der Leiste befestigt wird. Die Flosse soll dann bei heftiger Grundberührung einfach abbrechen und die Haut intakt lassen.

Das Gerüst weist recht wenige Veränderungen auf. Wieder sind Tothölzer aus 12 mm Birkenmultiplex in den Steven fest mit einer außen aufgeschraubten Messingschiene verbunden, die acht Spanten sind aus dem gleichen Sperrholz geschnitten und mit Winkelbeschlägen auf dem Kiel befestigt. Die Beschläge selbst sind bei diesem Boot allerdings durchweg aus Messing, da bei dem Aluminium des Vorgängers Korrosionsprobleme durch Salzwasser auftraten. Befestigt wurden sie nach Möglichkeit mit Kupfernieten, ansonsten mit Messingholzschrauben. Alle Beschläge sind so klein wie möglich ausgeführt, da Messing recht schwer ist und sperrige Beschläge beim Transport des zerlegten Bootes lästig sind. Alle Längshölzer sind aus Esche, wobei die Senten einfach von einem alten Aerius kannibalisiert wurden. Die Bordwände sind durchgehend mit 2 mm starkem Birkensperrholz beplankt und nach dem bewährten Prinzip mit hölzernen Beschlägen miteinander verbunden. Die Holzquerschnitte sind der Gewichtsersparnis halber teilweise noch geringer als bei dem Vorgänger geworden. An einigen Stellen sind Verstärkungen angebracht.

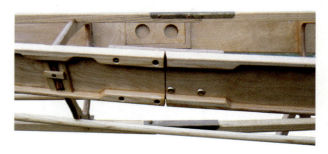

Als Leim wurde ein PU-Holzleim sowie an einigen Stellen Epoxidharz verwendet. Der Anstrich besteht aus zweimaligem Ölen mit einem Fußbodenhartöl, darüber zwei bis vier Lagen Le Tonkinois, ein französischer Bootslack auf Leinölbasis, den ich sehr lobe.

Die Haut besteht aus PVC und Baumwolltuch. Das Unterwasserschiff ist in bewährter Manier aus drei Bahnen gefertigt, wobei über den Nähten Kielstreifen für Dichtigkeit und Abriebschutz sorgen. Geklebt habe ich mit Pattex Transparent, womit ich nicht sehr zufrieden war.

Das Deck ist aus weißer Baumwolle, durch einen weinroten Keder vom schwarzen Unterwasserschiff abgesetzt. Leider ist der Keder nicht farbecht und färbt das Deck streifenweise rosarot. I am not amused. In die Naht eingesetzt sind zahlreiche D-Ringe aus Kunststoff. Diese halten bei Bedarf Kompaß, Ersatzpaddel, Karte, Paddelleine etc. und ermöglichen es, ein Grönlandpaddel als Ausleger aufzurigggen. Zwei Kunststoffinspektionsluken aus dem Yachthandel dienen als Packluken bzw. als Durchgriffe, um Gepäck weiter in die Bootsenden zu befördern. Diese Luken haben sich bei meinem Pionier Supersport schon sehr bewährt und sind auch dicht, sofern der leicht herausfallende Dichtungsring noch da ist, wo er sein soll.

Der Süllrand ist aus kaltgebogener, formverleimter Esche. Ich habe drei Versuche gebraucht, um ein zufriedenstellendes Ergebnis zu erzielen. Zwei Nuten an der Innenseite, die mit einem Scheibenfräser an der Oberfräse leicht und exakt herzustellen waren, halten die Bootshaut und den Kajaksocken. Eine Verbindung des Sülls zum Gerüst ist nicht notwendig. Er braucht nur die Spritzdecke und den Kajaksocken zu halten. Der Süll besteht wegen des kleineren Packmaßes aus zwei Teilen, die mit Messingscharnieren zusammengehalten werden. Den Halt der Knie besorgt ein Masik, ein geschlossener Spant direkt über den Knien. Dieser ist im Spantendach für die Bequemlichkeit etwas verbreitert.

Das Bootsgerüst ist viergeteilt und paßt mit seiner maximalen Länge von 1,32 m inklusive Spanten und Sitz in eine Aeriusstabtasche. Das gesamte Boot wog beim letzten Wiegen knapp unter 20 kg, die Gewichtsforderung, die ich gestellt hatte, ist also erfüllt. Die Querschnitte der meisten Bauteile sind dabei schon ziemlich gering ausgefallen, und es ist mir ein Rätsel, wie früher Faltboote von gleichen Abmessungen mit Gewichten von weniger als 10 kg gebaut wurden, die auch noch wildflußtauglich waren. Mit einer dünneren Haut läßt sich noch etwas einsparen, und für einige Längshölzer könnte man leichteres Holz statt der recht schweren Esche einsetzen. Trotzdem glaube ich nicht, das Gewicht auch nur unter 15 kg drücken zu

können, und das bei Ausreizung aller Tricks. Sollte jemand wissen, wie diese Boote gebaut waren, bin ich für entsprechende Mitteilungen wirklich dankbar.

Dieses Mal habe ich aus reiner Neugier ein Werkstattbuch geführt, in dem ich die Baustunden aufgelistet habe. Leider bin ich gegen Ende recht nachlässig gewesen, aber für das komplette Gerüst mit Beschlägen ohne Lackierung habe ich 120 Stunden benötigt. Insgesamt wird sich die Bauzeit also irgendwo zwischen 160 und 180 Stunden bewegen. In dieser Zeit ist die Materialbeschaffung und die Konstruktion (Riss entwerfen, Beschläge entwickeln, Teilungskonzept erarbeiten etc.) nicht enthalten! Dafür habe ich wohl noch einmal die gleiche Anzahl Stunden gebraucht. Das erscheint sehr viel, aber darin enthalten sind die vielen Stunden vor dem Einschlafen oder bei langweiligen Verrichtungen, bei denen die Gedanken um ungelöste Bootsbauprobleme kreisen.

Diese Zahlen lassen sich aber drastisch reduzieren, wenn man einen fertigen Riss hernimmt und das Kajak nach einer guten (und trotzdem einfachen) Anleitung baut. Beides findet sich Lorenz Mayrs ausgezeichnetem Buch »Eskimokajaks auf Gebirgsflüssen«, zu beziehen bei ihm selbst. Dieses Buch empfehle ich jedem Selbstbauwilligen, alle anderen mir bekannten Anleitungen stehen weit dahinter zurück und beziehen sich auf sehr simple Risse.

Die Baukosten des Bootes sind in Euros gemessen eher gering, da ich mittlerweile für viele Materialien günstige Quellen gefunden habe und z. B. PVC statt Hypalon verwende. Die Kosten für mehr oder

minder direkt für den Bootsbau gekaufte Werkzeuge und Maschinen sind dagegen deutlich höher, verteilen sich aber nun auf mehrere Boote und haben auch bei der Restauration alter Faltboote und dem Bau gänzlich unfaltbarer Dinge ihren Dienst getan.

Warum ich mit dem eigentlich ganz hübschen Boot nicht zufrieden bin? Es hat da ja diese rosa Streifen .... Die habe ich herauszuschrubben versucht. Entweder durch das verwendete Spülmittel (saublöde Idee, also wirklich) oder weil der Deckstoff einfach nicht so gut ist wie der vorige, läuft nun Wasser ins Boot. Ohne Flosse bricht das Boot in mitlaufender See unkontrolliert um bis zu 30° aus, was mit Flosse immerhin nicht mehr passiert.

Die auf dem Papier geringen Änderungen der Abmessungen gegenüber dem vorigen Kajak haben erstaunlich große Auswirkungen. Das Boot besitzt trotz des fast gleichen Hauptspantes, der ja sogar 2 cm breiter ist, eine geringere Anfangsstabilität. Die geringe Volumenvergrößerung in Bug und Heck sollte die Bootsspitzen vor allzu frühem Wegsacken bewahren und nach der Theorie eine etwas größere Geschwindigkeit bewirken. Für den ersten Punkt ist die Vergrößerung zu klein ausgefallen und der zweite ist überhaupt nicht eingetreten, im Gegenteil, das neue Boot erscheint langsamer.

Das Kajak wurde aber noch immer nicht für seine eigentliche Bestimmung, die ausgedehnte Urlaubsfahrt auf Küstengewässern, benutzt, so daß kein abschließendes Urteil gesprochen werden kann. Und vielleicht wäscht sich die Seife heraus und die Sonne bleicht die rosa Streifen.

Mit diesem Boot ist die Entwicklung der Reihe wohl beendet. Mein Ziel war, gute Eigenschaften mit Eleganz zu verbinden. Die etwas fragwürdige Methode des trial and error ist dabei nicht unbedingt die beste gewesen, aber ich hatte nun mal keine andere. Mich in die Strömungslehre und sonstige Physik entsprechend tief hineinzuknien fehlte mir Geduld und Lust. Für mich habe ich mit den gebauten Booten das selbstgesteckte Ziel erreicht, mit der Baunummer 3 sogar übertroffen.

Das soll nun nicht heißen, das ich keine Faltkajaks mehr bauen will. Wie schon angedeutet, plane ich den Bau einer faltbaren Baidarka. Hier werde ich mich aber eines bestehenden Risses eines aleutischen Originales bedienen, ohne die Abmessungen zu verändern (wohl aber die Sitzluke). Das war bei westgrönländischen Kajaks nicht möglich, da sie so flach gebaut sind, das

ich in sie nicht hinein gekommen wäre. Auch deren Breite ist mir für mein Können zu gering. Ich habe einige, möglichst nahe am Original orientierte Kajaks gefahren (sofern ich meine Knie unter den Masik zwängen konnte) und fand sie nicht entspannend. Diese Boote sind in den meisten Fällen unter tatkräftiger Mithilfe des Kieler Kajakbauers Rudi Cooymans entstanden. Dessen umfangreiche Bibliothek enthält sehr vieles, was die Baidarkas über alle anderen Kajaks lobt. Da ich in die mir bekannten Nachbauten dieser Boote leider nicht hineinpasse, werde ich mir wohl selbst ein passendes bauen müssen, um mir ein eigenes Urteil bilden zu können. Wen die Neugier treibt ...

zum Autor: Volker Born, 35 Jahre alt und Diplom-Geologe, hat beruflich nichts mit Bootsbau zu tun, wurde von seinen Eltern allerdings schon mit eineinhalb Jahren in die vordere Luke eines Pionierzweiers gesetzt, seitdem dem Faltboot zwar oft untreu geworden, aber immer zu ihm zurückgekehrt ... kontakt via e-mail: volkerborn@web.de

Zu Wasser durch Ost-Värmlands Einsamkeit

von Helle Wiese, Ammersbek (Text) und Ruth Nüß, Bremen (Illustrationen)

Eigentlich fing alles mit der Alster an. Mit – nicht auf – der Alster. Das heißt – noch »eigentlicher« begann die Geschichte mit meiner stillen Liebe zu allem, was mit Wandern und mit Rucksäcken zusammen hängt. Ich verstand mich nur und ausschließlich als Wanderer (Perpedes 500), wozu noch einige tausend Kilometer im Fahrrad- (und Pferde-) sattel kamen. Welten trennten mich von Motor- und Wasserfahrzeugen. Meine längste Kanufahrt bis dahin dauerte etwa 3 Sekunden; 1. Sekunde: Balance auf einem Bootssteg, 2. Sekunde: entschlossener Schritt in das Kanu meines Freundes, 3. Sekunde: erneuter Balanceversuch und raus – auf der anderen Seite. Da hatte ich die Nase voll – nimm das gern ganz wörtlich – von der Alster. Aber die ist ja noch gar nicht dran.

Nun entdeckte ich in einem dänischen Ausrüsterkatalog das Rucksackboot und erwähnte es in meinem »Grünen Buch«; mit etwas schlechtem Gewissen (ich habe den Ehrgeiz, ausnahmslos über selbst ausprobierte Dinge zu schreiben).

Das wurmte mich – und der Wurm gebot mir, nun endlich auch selber dieses Boot zu kaufen. Bald stand ein riesiger Pappkarton im Flur, in welchem viele große und sperrige Objekte herumrutschten und zu dem Gedanken führten: »Hättest du dich bloß nicht darauf eingelassen; bleib auf dem Lande und wandere redlich!« Aber – es war nun mal da, und bezahlt war es auch. Allen düsteren Vorahnungen zum Trotz wurde in verblüffend kurzer Zeit mein Wohnzimmer (!) von einem riesigen Schiff blockiert – dem Ally-Kahn. Der ward nun hoffnungsfroh wieder mit dem Gummihammer auseinander gedroschen, kam in seinen Packsack, der auf seine Tragekraxe, diese auf den Rücken; und nun ging's an die Alster.

Die erschien uns, bei Poppenbüttel, als »reißender Styx, bereit zu verschlingen den schwankenden Nachen«. Zum Äußersten entschlossen, stiegen wir unendlich vorsichtig hinein – und blieben drin! Das Adlerauge kühn in die Ferne gerichtet, stießen wir ab, dem Abenteuer entgegen. Das ließ nicht auf sich warten: vorwärts, rückwärts, quer und schräg trieben wir, stießen an Ufer und Pfähle und rotierten, dass über unsere beherzten Paddelversuche sogar das grünfüßige Teichhuhn lachte – und die Spaziergänger. Aber so nach und nach fuhr der Kahn doch, wohin w i r wollten, jedenfalls meistens.

Nun fielen uns die Kanus wieder ein, die wir in Schweden gesehen hatten, und beim Betrachten der Karten von Värmland (»Schwedens Kanuparadies«) kam mir eine diabolische Idee: damit Ally in den fremden Gewässern Skandinaviens (sauer macht lustig . . .) nicht übermütig wird, trixen wir ihn aus. Hatte ich doch mal, bei einer einsamen Sommerwanderung, meinen Rux über eine Brücke getragen, und der schöne, kleine Fluss, der in der Sonne dahinglitzerte, sah nicht nur aus, wie die Alster, sondern – er hieß auch so! Da brauchte sich unser grünes Schiffchen dort gar nicht umzugewöhnen. Dazu kam noch: »Was habt Ihr denn im Urlaub gemacht?« – »Och, wir sind auf der Alster gepaddelt – in Schweden!« Diesen Schnack loslassen zu können, gab den letzten Anstoß zum Entschluss. Beim näheren Kartenstudium entdeckten wir dann, dass es mindestens fünf Seen und Flüsschen gibt in Schweden, die Alster heißen, u.a. auch bei Kalmar, was nix mit Tintenfischen zu tun hat.

Das Wohnmobil unserer Freunde (die selber nach Lappland weiter wollten) rumpelte von der einsamen Landstraße einen noch einsameren Waldweg hinunter, und da lag sie, gleißend im Sonnenlicht: unsere Alster! Kein Mensch, kein Haus, kein Boot weit und breit, »Schwedens Kanuparadies« bekam für uns einen neuen Sinn. Bald lag das Boot im Alsterwasser (wer sagt da: Radlermaß?) und wir stießen ab ins Abenteuer – von den neidvollen Blicken der Freunde verfolgt – mit dem totalen Indianergefühl. Gemächlich glitten wir dahin, bis allmählich die Sonne tiefer sank und unser Magenknurren als einziges Geräusch diese herrliche Stille zu stören begann. Auf einem Inselchen fand sich der Traumplatz für unser Zelt, und als das Teewasser auf dem Kocher zu summen begann, kam es uns unversehens vor, als ob wir schon seit Wochen unterwegs wären.

Eine milde Brise, gerade ausreichend, um die ohnehin spärlichen Mücken zu vertreiben, kühlte angenehm den warmem Sommerabend und trug die heiseren Rufe ferner Wasservögel herüber. Vollkommem wunschlos streifte der Blick die stille Wasserfläche, über die wie eine Vision der stolze Drachenbug des schildbehängten »Ormen Lange« dahin glitt (Helle – du spinnst nun aber wirklich!), verschwand, wieder erschien, und endlich einigen Bibern das Revier überließ. Glühende Morgensonne trieb uns aus den Schlafsäcken, prustend entstiegen wir dem Wasser zur Müslitime. Erst hinterher bemerkten wir, mit welchen Mengen an Bickbeeren (ja – gut; Blaubeeren; ich bin nun mal aus Hamburg) es, das Müsli, hätte bereichert werden können. Beim folgenden Pirschgang entdeckten wir sogar am Ufer »unserer« Insel Biberbauten und spitz abgenagte Birkenstämme. Gemächlich binsenbummelnd erkundeten wir, nackt im leeren Boot, unsere und war. In einer Stromschnelle hinter der Brücke verkeilte sich unser armes Schiffchen zwischen dem Geblock und war nur mit äußerster Kraftanstrengung in dem weiß-schäumenden Wasser wieder frei zu bekommen. Man hatte uns gewarnt, aber fünf von den sieben Schnellen des Flusses ließen sich ohne nenneswerte Katastrophen durchfahren, es ging lediglich etwas flott her. Eine steil-enge Schnelle wäre mit dem Einer-Kajak und mit Schutzhelm »machbar« gewesen, aber nicht einen breiten, offenen Canadier von fast 6 Metern Länge. Bei einer weiteren Schnelle hätten wir – und unser Boot – wohl hinterher nicht mehr so strahlend ausgesehen. Wir umtrugen sie, vom Brüllwasser vorgewarnt, weiträumig und mühevoll, ebenso wie die beiden Wasserfälle im Oberlauf.

Allmählich lichtete sich der dichte Wald, wieder zeigte sich Kultur in Form einer kleinen Straßenbrücke und Tage später noch einem vergessenen Hängebrückchen ohne Zu- und Abweg, über das jedoch Ursula in einer suizidalen Anwandlung am liebsten mal gegangen wäre. Die Biberbauten blieben zurück, und die langsamer werdende Strömung kündete die Nähe des lang ersehnten Sees Storlungen an, der nach zwei weiteren Tagen endlich in all seiner Pracht vor uns lag. Aber ach – »unser« Lungälv (zu spät erfuhren wir, dass dieser schöne Fluss als »absolut unfahrbar« gilt – jetzt wissen wir, warum – und deshalb in keinem Kanuführer erwähnt ist), also der Fluss hatte allzu viel Zeit gekostet, und das geruhsame Binsenbummeln auf dem prächtigen Storlungen konnten wir uns leider mangels Urlaubsreserven abschminken. Lange verharrten wir auf der letzten grünen Uferbank des Flusses, den wir uns so mühselig hinuntergekämpft hatten, blickten auf seine anströmenden braunen Wasser und dann über die weite Fläche des wunderschönen Sees, der nur noch unseren Rückweg bildete. Zügig schaufelten wir uns über die unruhige Seefläche, rasteten unter der schön geschwungenen Lungsundbrücke und kämpften uns über ekelhaft kabbeliges Wasser mit starker Dünung durch zur Mündung des Storforsälvs. Zum letzten Male wurde das heimelige Zelt aufgestellt, auf einer einladenden Landzunge namens Labacken. Ein einfach gigantischer Sonnenuntergang machte uns schmerzhaft klar, was wir nun hinter uns lassen wollten. Während der nun vergangenen vier Wochen hatten wir ein – EIN – anderes Kanu gesichtet, in diesem Kanuparadies. Mühselig asteten wir das nun wieder in seinem Rucksack schlummernde Kanu nebst unserer übrigen Habe über Stock und Stein durch den hitzeflirrenden Wald; Ursula schaffte irgendwie einen Wagen herbei, und bald fuhr uns der Schienenbus endgültig der lärmenden Unruhe der Zivilisation entgegen. Eigentlich schade ...

P.S. Neuerdings wurde der Lungälv so leidlich befahrbar gemacht (laut Fremdenverkehrsbüro).

---

zum Autor: Helle erblickte als zweiter Sohn wandernder Eltern (die Mutter paddelte auch) anno 1929 zu Hamburg das Licht dieser oft recht schönen Welt. Er lernte in einer wandernden Jugendgruppe (FDJ!) 1948 die Frau seines Lebens kennen (Faltbootfahrerin), deren Eltern sich wiederum auf einer Wanderung (Gesangverein) kennen gelernt hatten. Auch die Tochter Ruth-Ilka (jetzt Nüß) ist seit langem mit einem Mitglied ihrer früheren Jugendgruppe (DJN = Deutscher Jugendbund für Naturbeobachtung) verheiratet; sie wandert und paddelt mit ihrer Familie. Helle wurde Chemie-Ingenieur und lebt seit 1946 vegetarisch. Seit 1950 ist er Mitglied des DJH und gründete 1981 die (beitragsfreie) wandernde und paddelnde »Zufallsgruppe«. Er hält den unbestrittenen Weltrekord in JH-Übernachtungen (gute 2000, mit Herbergsstempel nachgewiesen), doch die Zahl seiner Zeltnächte ist erheblich größer. Bücher und Geschichten schreibt er gern, natürlich vom Wandern wie auch vom Paddeln. Außerdem spielt er Kontrabass und Tuba, aber nicht gleichzeitig... Sein bisher letztes größeres Werk (»Wandern – mit Rucksack, Fahrrad, Boot«) liegt mittlerweile in der 4. Auflage vor; 500 Seiten. Er tanzt begeistert (klassische Quadrille sowie Step), kann aber nicht singen, obgleich er das immer wieder versucht. Daneben liebt er Katzen, Sprachen, Mathematik und Marzipan sowie Kartoffelpuffer und Klezmermusik. Kontakt via e-mail: helle@hellewiese.de

Begegnung der dritten Art (Teil I)
oder:
vom Wahnsinn umzingelt
oder:
Besuchen Sie Europa, solange es noch geht!
oder auch:
10. Männertags-Pfingstpaddeltour 2000 in Mecklenburg und Brandenburg

von Norman Langer, Radebeul

Erster Teil

Reise von Kratzeburg über Wesenberg, Wustrow, Canow nach Zechliner Hütte und zurück bis Wesenberg

Die Vorbereitungen
Am 01.06.2000 sollte es soweit sein. Ich hatte mich schon den ganzen Winter darauf gefreut, auch in diesem Jahr an unsere mittlerweile 10 Jahre andauernde Tradition anknüpfen zu können. Seit eben dieser Zeit ist es für uns, Sebastian und mich, zur Tradition geworden über Männertag bis Pfingsten auf der Seenplatte zu paddeln. Manche Jahre sind wir weitestgehend stationär geblieben und haben nur Tagestouren gemacht, aber vor zwei Jahren war uns das zu öde geworden und wir wollten deshalb auch in diesem Jahr richtig wandern. Wir hatten uns für dieses Jahr die Strecke von Kratzeburg über Mirow nach Lychen vorgenommen, um dann das Pfingstwochenende auf dem Biwakplatz am Platkow-See zu verbringen. Über den Kontakt zu Dirk Bredow erfuhr ich dann zu meinem Entsetzen, daß dieser wunderschöne Platz, auf dem

wir bereits das Pfingstwochenende im Vorjahr verbracht hatten, nicht mehr existiert. Dazu aber später näheres. Trotz dieser Nachricht beschlossen wir, die Paddeltour, wie geplant zu starten, unterwegs nach einer Pfingstbleibe zu suchen und uns mit dem Rest unserer Truppe, die erst Pfingsten zu uns stoßen würden, zusammenzutelefonieren.

Was das Thema Vorbereitungen anbelangt, bin ich immer etwas penibel. So checke ich, sehr zum Leidwesen meiner Freundin Anna, vor einem Urlaub meine komplette Ausrüstung nochmals gründlich durch. Positiver Nebeneffekt ist, daß bei der Kocherüberprüfung immer eine Kanne Tee mit Rum abfällt, was die weiteren Tests stark beschleunigt. Negativ dabei ist, daß damit mal wieder der gesamte Sonntag Nachmittag draufgegangen ist. Egal, das Auto ist abfahrtbereit bepackt – es ist schon positiv, wenn man noch eins über hat. Jetzt nur noch drei Tage arbeiten gehen und dann auf nach Meck-Pom ...

... am Donnerstag starten Anna und ich in Böhlen (bei Leisnig) schon um sieben Uhr. An Bord befindet sich neben dem ganzen Campingkram ein RZ85 Exquisit und mein neuer E65. Den soll mein Freund Jörg aus Berlin fahren. Seine Freundin hat keine Zeit und alleine im RZ will ich ihn nicht rumgurken lassen.

Wir steuern Schwarz an. Dort möchte ich Dirk und Marian, die ich im Faltbootforum kennen gelernt habe, treffen. Thomas Haverkamp muß ich leider versetzten, da er schon mittags in Kratzeburg lospaddeln will, für uns ist das zeitlich nicht zu schaffen.

Wie geplant treffen wir um 12.00 Uhr nach dem obligatorischen Stau auf dem Berliner Ring in Schwarz ein. Dort ist schon heftige Boots- und Zeltaufbauthermik. Am Bootssteg verspeisen wir die unterwegs eingekaufte Räucherforelle – köstlich, endlich Mecklenburg! Neugierig beäuge ich die auf dem Wasser umhersegelnden Klepper Passat, die wohl Ekki Kaplan mitgebracht hat. So etwas hatte ich vorher noch nicht gesehen ..., ebenso wie den Pax-Einer eines drahtigen älteren Herren, der eine jüngere Dame etwas oberlehrerhaft in die Geheimnisse des Paddelns einweist.

Auf dem Bootssteg nähert sich eine recht markante Person und bleibt bei einem ebenso markanten E65 stehen – aha! Rainer Schröter ist es, der mich anspricht. Natürlich, mit meinem Männerrock war ich ja auch nicht zu verfehlen ...

Wir wechseln ein paar Worte und Fachsimpeleien, danach macht sich Rainer auf den Weg, um Marian, der aus Richtung Mirow kommt, entgegenzupaddeln. Erstaunt schaue ich mir seine Paddelkonstruktion an und befinde sie für das Genusspaddeln zu technisch.

Wir bewegen uns wieder auf den Zeltplatz, wo ich von einem Mann im Tarnhose »Na, du Rockträger!« angesprochen werde – na klar – Dirk Bredow! Aha, so sieht der also aus ... Wir fachsimpeln ein wenig über Faltboottests am Bodensee, das Faltbootforum und den Küstrinchen, das Faltbootmuseum in Lychen, Klepper und Pouch, Faltbootfahren in Russland und Norwegen und sonst wo in der Galaxie, eben das übliche unter Paddlern. Dirk muß in der kurzen Zeit wohl nebenbei um die 4-5 Klepper-Faltboote aufgebaut haben – erstaunlich! Jedenfalls bin ich nach diesem Gespräch, im Gegensatz zu einigen anderen im Faltbootforum, der festen Überzeugung, daß Dirk die Welt nicht nur durch die Klepperbrille sieht, sondern sich doch noch ein Stückchen Objektivität bewahrt hat.

Gegen 15.00 Uhr trifft endlich Marian mit seiner Freundin ein. Wir kommen leider nur noch ganz kurz ins Gespräch, da Anna und ich pünktlich in Kratzeburg sein wollen.

Fünf Minuten zu spät treffen wir in Kratzeburg auf dem Zeltplatz am Käbelicksee ein, nachdem wir Jörg mit seinem quietschgelben Leih-Lupo unterwegs noch eingesammelt haben. Sebastian und Freundin Sandy sind erwartungsgemäß schon da und genau so erwartungsgemäß sind RZ85 und Zelt von beiden schon aufgebaut. Wir richten uns auch häuslich ein, bauen Zelte und Boote auf.

... übliche Verbiegungsaktion beim Aufbau des E65 mit dreiteiliger Bordwand, ich hatte mich aber noch mal bei Pouch erkundigt, das muß so sein. Natürlich möchte ich mein neues Boot als erster Probe fahren. Also, rauf auf den Bootssteg, Boot ins Wasser und nach RZ-Manier eingestiegen – zack – dumm gelaufen! Ich habe mir vorgenommen, niemandem davon zu berichten: Boot voll Wasser, nasser Hintern, Freundin krümmt sich vor Lachen auf dem Bootssteg ... und das mir!

Also, alles Retour, ich aus dem Boot, das Boot auf den Steg und das Wasser aus dem Boot – zweiter Versuch. Dieser klappt schon entschieden besser, fasziniert vom Geradeauslauf und der Wendigkeit dieses Bootes drehe ich ein paar Runden in der Abenddämmerung. Auch Sebastian und Jörg macht es sichtlich Spaß, mit dem E65 auf dem See umherzugondeln. In einem sind wir uns aber einig, nie mehr als drei Bier in diesem Einer, sonst Umkippgefahr. Wir philosophieren noch ein bisschen, ob man das E65 vielleicht mit einem Ausleger stabilisieren sollte, auf diesem könnte man dann auch gleich die Kiste Bier anbringen ...

Danach fahren wir noch die Autos zu Ihren Parkplätzen, Sebastians Lada nach Userin und Jörgs Lupo nach Wustrow. In der Useriner Dorfkneipe essen wir dann auf dem Rückweg Abendbrot, nein, heute noch keine Benzinkocherthermik. Das Essen ist OK und preiswert, die Bestellung der zweiten Runde Bier gestaltet sich schwieriger als erwartet, aber wir werden satt und zufrieden. Nebenbei bemerkt, sollte man in dieser Dorfkneipe mal aufs Klo gehen ... es ist erstaunlich, was für ein großes Hinterland die kleine Häuserfassade hinter sich versteckt. Zurück mit meinem Rover nach Kratzeburg zum Zeltplatz, ein-zwei Bier und Nachtruhe.

Der erste Paddeltag

Am Morgen des 02.06.2000 ist für Paddlerverhältnisse frühes Aufstehen angesagt. Um 8.00 Uhr sitzen wir am Frühstückstisch und essen frisch getoastetes Brot von meinem Campingtoaster. Das Paddlerleben muß eben nicht immer entbehrungsreich sein. Noch schnell die Staumeldungen an der Umtragestelle Panzerfurt Granzin vom Handy abgelesen und los geht es, sechs Strich Backbord über den Käbeliksee. Das voll beladene RZ fährt sich im Gegensatz zum leeren E65 wie ein vollgesogener Schwamm, besonders was die Steuereigenschaften anbelangt. Man kommt sich darin vor, wie mit dem Handwagen auf der Autobahn.

Vorbei geht es an einer komischen Konstruktion, deren Sinn wir auch heute wieder nicht ergründen können. An der Landzunge, die von Westen her in den Käbeliksee ragt, steht eine innovative Mischung aus Gravitationstoilette und überdimensionalen Meisenkasten im Wasser. Wir philosophieren darüber und einigen uns auf einen Verwendungszweck, der irgendwo zwischen Fledermausunterkunft und Raketenabschussrampe liegen dürfte.

Die Fahrt bei strahlendem Sonnenschein macht unheimlich viel Spaß. Wir sind bisher die einzigen auf der Tour, der größte Teil dürfte schon gestern, am Männertag, die Havel runtergerutscht sein. Weiter geht es durch die Havel, begleitet von Barschen und Rotaugen. Das die schönen Seerosen nicht duften, das wissen wir bereits seit unserer ersten Paddeltour hier oben. Das war im August vor zehn Jahren.

Weiter geht es über den Granziner See, der malerische Schulzensee lädt zum Verweilen ein. Ich nutze die Zeit, um das erste Paddelbier zu köpfen. Die Biervorräte haben wir bei Jörg im E65 untergebracht, damit die Kiste nicht mehr ganz so wackelig ist. Das Problem dabei ist aber, daß es Schwierigkeiten gibt, es unterwegs wieder herauszuholen, ohne zu kentern – egal, wir beschließen, ab morgen kommt die Wegzehrung in die RZ`s. Jörg stellt fest, daß sein Hefeweizen zu warm ist und entschließt sich, es an einem Strick hinter dem Boot her zu ziehen. Ich melde meine Bedenken an, aber egal, das Bier ist zu warm ...

Wir gelangen an die ehemalige Panzerfurt in Granzin. Zu diesem Abschnitt der Wanderung könnte ich mit Erlebnissen aus unserer Anfangszeit ein ganzes Buch füllen. Heute ist es die reinste Luxusumtragestelle, kein Stau und drei Wagen auf Schienen, die jeweils zwei bis vier Boote tragen können. Sebastian geht die 600 Meter hinüber zum Pagelsee, um einen dieser Wagen zu holen, denn die zwei, die hier sind, sind bereits schon voll. Von weitem hört man nach etwa einer viertel Stunde den Wagen heranrollen. Es geht leicht abwärts und Sebastian kommt auf dem Wagen stehend um die Ecke. Das Bild erinnert mich ganz stark an Kielt im Film »Die Olsenbande stellt die Weiche«. Ich lache herzhaft.

Die Kähne sind schnell verladen. Auf die vierte freie Stelle gesellt sich noch ein knallroter Gummikajak hinzu. Die dazugehörigen Herren werden mit den entsprechenden Sprüchen betextet und los geht die Reise, hinüber zum Pagelsee. An der Anlegestelle liegen ca. 10 Boote, ich staune und lasse mir von Leuten, die auf dem Biwakplatz die Nacht verbracht haben, berichten, daß das im Gegensatz zu gestern nichts wäre. Wir freuen uns, daß wir erst heute losgefahren sind und schon ist der böige Gegenwind auf dem Pagelsee nebensächlich. Wir bemerken, daß der See vor Jahren noch deutlich sauberer war und passieren die Brücke. Im Zotzensee angekommen fällt uns auf, daß die Betonnung fehlt. Der Wind bläst uns von vier Strich Steuerbord kräftig ins Gesicht. Ich setze meinen Hut ab, halte zwei Strich vor und komme genau an der Einfahrt zur Havel an. Jörg hatte es mit dem Vorhalten zu gut gemeint und wir müssen fünf Minuten warten, bis auch er ankommt – immer noch das Hefeweizen im Schlepptau – der Moment wird nicht für gut genug befunden, um es zu trinken.

An der Umtragestelle bei Babke bildet sich ein Stau, weil ein paar Plastekasper ihre Kähne kreuz und quer an der Ablegestelle herumliegen ließen, um einen Imbiss einzunehmen. Die geräucherten Forellen an der Umtragestelle sollen übrigens vorzüglich sein, so wurde uns zumindest später berichtet.

Unser Weg führt uns nun zügig nach Blankenförde, über den Jäthensee vorbei an zwei Leihkanadiern auf den steht: »Campingplatz zum Hexenwäldchen«. Diese halten sich auch mehr im Schilf als auf der freien Wasserfläche auf. Was auf dem See noch geht, entwickelt sich in der schmalen Havel zum Desaster. Wo im Straßenverkehr jetzt eine Beule im eigenen Auto wäre, ist halt hier eine im Schilf und überhaupt Leihkanadier – alles egal.

In Blankenförde angekommen, treibt uns der Kohldampf direkt traditionsgemäß zur »Speisegaststätte Roter Wolf«. Nicht daß die Speisen dort etwa vorzüglich wären und die Bedienung playboyverdächtig – nein das ganze Gegenteil ist der Fall. Aber es ist schon kurios, im Garten zwischen Gartenzwergen an einem Goldfischtümpel ca. zwei Stunden auf das Essen zu warten. In einem der Vorjahre hatte es sogar mal eine Speisekarte gegeben. Wir haben diesen Sachverhalt natürlich sofort in unserem Expeditionstagebuch vermerkt, genauso die Unglaublichkeit, daß im letzten Jahr zwischen dem Betreten der Gaststätte und dem Eintreffen des Essens an unserem Tisch nur 27 Minuten vergangen waren ...

Doch in diesem Jahr stehen wir vor verschlossenen Türen. Anstelle der Öffnungszeiten hängt ein Bauschild im Fenster. Wir sind traurig:

... wegen der Tradition und weil es sonst in Blankenförde nichts weiter gibt für hungrige Wasserwanderer.

Im Boot köpfe ich das zweite Bier für heute und weiter geht es über den Gortowsee. Wir sehen die Halbinsel hart Backbord und erinnern uns an den Traum von Fide, der auf dieser Halbinsel am liebsten einen alternativen Wasserwandercampingplatz betreiben würde ...

Aber zu Fide später näheres.

Am Eingang zur Havel sehen wir unseren ersten Eisvogel für dieses Jahr. Als wir in der Havel angekommen sind, will bei mir und Sebastian das Bier wieder raus. Wir lassen den Dingen ihren Lauf und freuen uns auf dem Zierzsee Rückenwind zu haben. Am Eingang zum Zierzsee fallen uns noch zwei sich balgende Schwarzspechte auf – imposante Tiere.

Auf dem See spannen wir unsere D2-Regenschirme auf – vier Stück hatte ich mitgebracht und auf alle drei Boote verteilt. Der Wind bringt uns mächtig voran. Nur Jörg im Einer hat es etwas angearscht, habe ich ihm doch das Steuer vorenthalten und mit dem Schirm treibt er nun überall hin, nur nicht dahin, wo er will. Verzweifelt versucht er mit dem Schirm in der einen und dem Paddel in der anderen Hand Kurs zu halten, es gelingt nicht. Letztendlich greift er auf die altbewährte Methode zurück. Er paddelt.

Auf dem Useriner See angekommen entscheiden wir uns trotz des starken Seitenwindes, den Spritzschutz nicht aufzuziehen. Stattdessen hauen Anna und ich kräftig rein, um vom See herunter zu kommen. Auf den Wellen bilden sich weiße Kronen, die in mein Boot hineinzuschauen drohen. Doch es gelingt ihnen nur zwei Mal kurz vor dem Anlegen. Sandy und Sebastian sind hinter uns weit abgeschlagen – es ist Sandys erster Paddeltörn, da hätte sich der Useriner See schon mal von seiner besseren Seite zeigen können. Jörg kämpft auch noch mit dem Wind und dem Hefeweizen, welches immer noch an seinem Boot hängt ...

An unseren Autos angekommen holen wir noch meinen Rover vom Campingplatz in Kratzeburg nach Userin. Das Parken auf dem Platz hat mich von gestern 16.00 Uhr bis heute 18.00 Uhr zehn Mark gekostet. Das reicht.

Nach der Autoumtrageaktion steuern wir unseren Übernachtungsplatz an. Diesen möchte ich aber an dieser Stelle nicht weiter benennen. Richtige Wasserwanderer kennen ihn, wie auch die Geschichte des Platzes, die eng mit dem Namen der Familie Schmeißer verbunden ist.

Wir bauen die Zelte auf und ich genieße das Gravitationsklo mit Seeblick. Das hatten Sebastian und ich im Herbst vor drei Jahren umgesetzt, weil die alte Grube voll war. Mit Ausnahme vom vorigen Jahr haben wir auf diesem, für mich schönsten Fleckchen Mecklenburgs, im Herbst immer eine Woche u.a. damit verbracht, den Müll, den die Useriner Dorfjugend und leider auch verschiedene Paddler hinterlassen haben, zu beseitigen. Vor zwei Jahren ergab diese Aktion acht volle gelbe Säcke, das Jahr davor waren es, glaube ich, fünf.

Die ca. 25 km stecken uns in den Bürohengst-Knochen, gegen die unersättlichen kleinen Fliegen, die in diesem Jahr eine echte Plage sind, kann man nicht viel machen. Als ich nach dem zweiten Rotweinglas immer noch merke, daß sie mir in Nase und Ohren kriechen, beschließe ich, ins Bett zu gehen.

Der zweite Paddeltag

Der Morgen des 03.06.2000 begrüßt uns mit strahlendem Sonnenschein. Wir frühstücken ausgiebig und genießen das Wetter und den Ort. Die Boote sind schnell gepackt. Es ist schon kurz nach elf Uhr, die richtige Zeit, um die Schleusung noch zu erwischen. Wir steigen in die Boote und los geht es ... Vorbei an den großen Holzstempeln, die vor der Ausfahrt im Useriner See stehen. Auf fast jedem dieser Stempel befindet sich ein Möwennest. Die Kleinen sehen kuschelig aus, uns freut`s, die Möwenmama nicht. Wild schreiend umkreist sie uns – das kommt davon, wenn man sein Haus direkt an der »Bundesstraße« baut.

Wir erwischen tatsächlich die 12-Uhr-Schleusung. Vor der Schleuse liegen etwa 15 Boote, es gibt die üblichen tumultartigen Szenen, wandernde Sekt- und Rumflaschen und alles andere, was ein Paddler kurz vor zwölf so braucht. Jörg, natürlich wieder mit Hefeweizen achtern, hat

den Eigentümer des auf der Zeltstelle zurückgelassenen Schuhes ausfindig gemacht, dafür gibt es Kuchen – kein schlechter Tausch.
Zuerst wird nach oben geschleust, der Sog ist extrem und zieht uns zur Schleuse hin, wieder tumultartige Szene – wie soll man denn Paddeln, wenn man in der anderen Hand die Sektflasche hält?
Ich stabilisiere uns mit zwei-drei Kanadierschlägen und befördere uns hinter das Knäuel von Booten zurück – das erscheint mir sicherer. Sebastian hatte Backbord am Steg angelegt. Die Schiene der Bootsschleppe befand sich vor der Schleusung 10 cm unter seinem Kiel, jetzt liegt das Boot teilweise fünf cm über der Wasseroberfläche. Großes Gelächter, alleine kommt er dort nicht mehr los und bis das Wasser aus dem See nachgeflossen ist, will er nicht warten. Schnell sind ein paar hilfreiche Hände da, die den vollgepackten Kahn von der Schiene heben, noch ein Fluch auf die überdimensionierte Schleuse und ab geht es hinein. Schleusung runter in den Großen Labussee. Bei der Ausfahrt werden wir von einem Steppke mit der Wasserpistole nass gespritzt. Mit seinem Wasservorratsbehälter auf dem Rücken sieht er aus wie Minirobocop – alle bekommen ihr Wasser ab, die allgemeine Belustigung ist groß, die Abkühlung willkommen bei mittlerweile um die 25 Grad. Der Große Labussee begrüßt uns mit einem Motorboot – jetzt geht das wieder los. Er ist schnell überwunden, genau so die Strecke auf der Havel. An der Eisenbahnbrücke sehen wir noch einen Sandmännchenzug, der war früher mal rot, heute erstahlt er in Regionalexpress-grün, die Bahn kommt! Heute aus Richtung Wesenberg. Dann liegt sie vor uns – die Woblitz. Sebastian und ich sind uns wieder mal einig. Es gibt keinen hässlicheren See. Anna kann das nicht verstehen, aber das ist auch kein Wunder, schließlich hat sie diesen See noch nicht bei Windstärke 5, Gegenwind, Regen und 10 Grad Temperatur erlebt. Aber heute ist alles anders, Sonnenschein und nur rudimentär vorhandener Wind. Davon lassen sich die Segler, die vom Zeltplatz her starten nicht stören. Es erinnert etwas an Beamtenmikado, was die ca. dreißig Boote dort treiben. Wir passieren sie und bieten ein Paddel an. Diese angebotene Hilfe wird begrüßt, aber man will es dann doch lieber weiter mit Segeln probieren.
Vor der Einfahrt in den Hafen stärken wir uns noch beim Fischer – lecker, Räucherfisch.
In Wesenberg angekommen, stellen wir fest, daß sich viel getan hat, das Städtchen ist richtig schön geworden. Der Bäcker am Anfang der Fußgängerzone, zu dem wir immer wegen der Rechtschreibfehler in der Angebotstafel gehen, hat geschlossen. Das Haus wird komplett restauriert.
Ohne weitere Vorkommnisse erreichen wir die Schleuse in der Havel. Der Schleusenwärter ist wie immer äußerst freundlich. Ich halte ihn für den freundlichsten in Mecklenburg. Nach der Schleusung fahren wir ein Stück die Havel hoch und vor der Kastanie hart Steuerbord in die Schwaanhavel. Wieder die übliche Philosophiererei, warum das Ding Schwaanhavel heißt. Anna meint, weil sie so gebogen ist wie ein Schwanenhals. Ich weise sie auf ihre anscheinende Rechtschreibschwäche hin. Das Namensthema konnte mal wieder nicht geklärt werden.
In der Schwaanhavel kommt uns mit mächtigem Getöse ein Riesenkanadier entgegen. An Bord befinden sich vierzehn Leute. Sebastian begrüßt den Kahn mit den üblichen Worten: »Das kann doch nicht wahr sein!« Es würde uns jetzt nicht mehr wundern, wenn uns an der nächsten Ecke ein Schubschiffverband entgegenkommt – Besuchen Sie Europa, solange es noch steht! Wir müssen uns trotz unserer guten Paddelkenntnisse konzentrieren, um unsere RZ`s ohne Land- und Schilfkontakt das schmale Flüsschen hoch zu steuern und malen uns dabei aus, wie das mit so einem Dickschiff wie vorhin überhaupt möglich ist. Die Antwort auf diese Frage ist schnell gefunden: Gar nicht! Der Hinweis aus dem Wasserwandereratlas »stark verkrautet« ist auch nur ein Relikt aus alten Zeiten, als das Flüsschen Schwaanhavel noch nicht zur Autobahn aus-

geschrappt war. Trotzdem genieße ich die Fahrt, besonders im oberen Teil. An der Straßenbrücke müssen wir kurz aussteigen. Danach paddeln wir behutsam weiter, um uns nicht das Wasser unter dem Kiel wegzuheben.

Der Pättlinsee begrüßt uns mit ergiebigem Rückenwind. Wir beschließen zu »segeln«. Ich füge der »Warmduscherbegriffspalette« das Wort »Schirm-Segler« hinzu – allgemeines Gelächter der entgegen kommenden Boote. Jörg hat mit dem Segeln die üblichen Probleme, kein Steuer und das Hefeweizen ist immer noch achtern. Wir passieren die Insel und wehmütig denke ich an die Nächte zurück, die ich dort schon verbracht habe. Sebastian faselt etwas von Naturdenkmal, aber wie soll man denn mal denken, wenn man nicht mal anlegen kann. Für uns naturverbundene Paddler ist das schade, für die Natur aber die richtige Entscheidung.

In Wustrow angekommen sind die Boote nach dem obligatorischen Stau am Bootssteg schell auf die andere Seite gebracht – wir wollen uns nicht beschweren, schließlich war auf dem Wasser kaum was los. Wir bauen auf dem Biwakplatz unsere Zelte auf und Jörg entschließt sich am Abend, endlich sein Hefeweizen zu trinken.

Anna und ich fahren Jörgs Lupo zur Fleether Mühle und trampen zurück. Kein Problem, es sind viele Urlauber unterwegs und eine Mitfahrgelegenheit ist schnell gefunden. Dieses Autoumtragen wurde leider notwendig, da wir eigentlich erst morgen hier sein wollten. Sebastian befürchtete, das ihm Sandy auf der Woblitz schlapp machen würde.

Am Abend fressen uns wieder diese kleinen Fliegen auf. Die Damen haben sich in Sebastians Zelt zurückgezogen – Getuschel. Nach der zweiten Flasche Rotwein ist das Gekrabbel der Fliegen zu ertragen. Sebb, Jörg und ich werden durch eine Art Wetterleuchten aus unserem Gespräch gerissen – es entpuppt sich später nur als Versuch, einen Juwelkocher fünf Zelte weiter oben in Gang zu setzen. Das gelingt auch nach dem dritten pyromanischen Versuch. Das charakteristische Brubbel-Geräusch durchdringt die Abendstille, später riecht es irgendwie nach Tütensuppe.

Wir dürften ca. 20 Zelte auf dem Platz sein, die Mülltonnen quellen bereits über und auf dem Dixi muß man auch schon Pyramiden bauen. Drei Jungs tragen vier Zelte weiter unten fachmännisch mit dem Paddel die Grasnabe ab und machen in dem so gewonnen Loch ein Feuer. Bei Waldbrandwarnstufe 4 brennt das Holz besonders gut, ein Hinweis diesbezüglich wird dankend abgelehnt – Leih-Kanadier, alles egal.

Wir kommen mit einem jungen Mann ins Gespräch, der einen leeren Bavaria-Kanadier vom Plättlinsee herangeschleift bringt. Er berichtet uns, daß seiner Freundin schlecht gewesen ist und sie jetzt erst mal in der Kneipe etwas zu sich nimmt. Eine Packung Kekse waren wohl dann doch zu wenig Wegzehrung. Auf die Frage nach dem woher und wohin gibt er bereitwillig darüber Auskunft, daß er sich den Kanadier in Canow ausgeliehen hat, um eine kleine Runde zu paddeln und ihn jetzt wieder dort abgeben will. Wir schmunzeln in uns hinein und berechnen ihm 25 km auf der Habenseite und bemitleiden ihn für die sieben, die er noch vor sich hat. Es ist mittlerweile 21.00 Uhr geworden. Seine Freundin kommt angeschlurft, wie sieben Kilometer paddeln sieht sie auch nicht mehr aus.

Wir beschließen den Abend mit einer Kanne Tee mit Rum. Das ist bei uns ganz einfach, da mein Coleman-Kocher nicht diese Anfackelorgie benötigt.

Zwanzig Kilometer waren es auch heute wieder. Mit dieser Erkenntnis kriechen wir in unsere Schlafsäcke. Der Tee mit Rum lässt mich schnell das thüringische Gebrabbel zu meiner Rechten vergessen und ich träume schnell von Norwegen ...

Dritter Paddeltag
Auch heute wieder strahlender Sonnenschein, ich beschließe die kurze Strecke heute im E65 zu fahren und kassiere den Protest meiner Freundin. Ich meine, nicht das Jörg kein lieber Kerl ist, aber sie will doch lieber von mir gepaddelt werden. Mein Argument, daß ich aber mit dem Einer öfter längst kommen kann, um ihr einen Schmatz zu geben, was im RZ nicht möglich ist, verfehlt seine Wirkung nicht und ich darf Einer fahren.
Wir berichten Jörg noch schnell, wie mühselig und vor allem schlammig das Einsetzen vor Jahren hier noch war und fahren dann zügig los. Den schönen Seerosenteich fahren wir in einem großen Bogen rechts herum ab, um den Seerosenteppich nicht weiter zu strapazieren. Wir passieren die schmale und schöne Durchfahrt zum Kleenzsee, genießen das schöne Wetter und gelangen schnell zum Gobenowsee. Zum ca. 785ten mal fahre ich mit dem E65 längs zu meinem RZ und meine Freundin bekommt ihren Schmatz und da es dort so schön ist, bleibe ich auch gleich. Jörg und Anna halten die Schirme in den Wind und ab geht die Post. Mit der einen Hand am RZ und mit der anderem am ersten Bier genieße ich den Tag. Jörg und Sebastian bekommen auch noch eine Dose ab. Jetzt fahren wir in Dreierformation, und ehe wir uns versehen, sind wir am Drosedower Bach angekommen. Dort werden wir von Enten begrüßt, die außerordentlich zutraulich sind. Wir stellen fest, daß wir nicht die richtigen Gewürze dabei haben und verschieben den Entenbraten auf Weihnachten. Die malerische Brücke nach der Hälfte des Baches ist schnell erreicht und genau so schnell sind wir auch im Rätzsee angekommen. Dort steht links an der Einfahrt gegenüber vom Zeltplatz der obligatorische Seeanfangsgraureiher. Dieser fühlt sich durch unsere Anwesenheit in seiner Tätigkeitsausübung behindert und wechselt den Standort. Auf dem Rätz steuern wir die Landzunge an, die von Norden her in den See ragt. Dort legen wir an und machen Mittag. Der Platz sieht mittlerweile total anders aus, als ich ihn in Erinnerung hatte. Er ist alles viel zugewucherter. Ich kann mich an Zeiten erinnern, als hier allabendlich zehn bis zwanzig Zelte standen. Auf Anfrage bei zwei Paddlern, die gerade ihr Boot beladen, erhalten wir die Auskunft, daß es der Förster nicht so gern sieht, wenn tagsüber gezeltet wird, alles andere sei kein Problem. Das klingt freundlich und eröffnet uns die Option auf eine Übernachtung an dieser Stelle.
Auf unserem weiteren Weg über den Rätz begegnen wir überraschenderweise Marian und seiner Freundin in ihrem Klepper mit Pouchwimpel. Marian wäre ohne diesen Wimpel nicht in den Klepper eingestiegen. Kann ich verstehen. Ich meine, nicht daß ich etwas gegen Klepper hätte, die bauen qualitativ sehr gute Boote, aber ich fahre nun mal Pouch und das wird auch so bleiben. Paddeln ist für mich genau so ein Glaubensbekenntnis, wie Motorradfahren und da gibt es auch den Markenkult. Gott sei Dank ist dieser aber unter den Paddlern noch nicht so ausgeprägt wie z.B. bei den Harley-Fahrern, denn da wird beim Harley-Treffen ein Reiskocher (japanisches Motorrad) geschrottet. Auf uns Paddler bezogen würde das ja heißen, daß auf einem Kleppertreffen ein Pouchboot verbrannt wird oder umgekehrt – Gott sei Dank unvorstellbar. Uns Faltbootfahrer verbindet das Hobby eben noch mehr, als das es uns entzweit, zumindest was die Boote anbelangt, beim Schutz der Natur gibt es aber leider große Unterschiede ...
Nach einer halben Stunde angenehmen Schnackens verabschieden wir uns von Marian und seiner Freundin und halten weiter auf die Fleether Mühle zu. Vom Wasser aus sehen wir Backbord voraus am Ende vom Rätzsee den Zeltplatz, der uns irgendwie nicht so richtig gefallen will. Im Kanal geht es vorbei an der ehemaligen Gänsefarm. Vor Jahren steckten hier noch die Stäbe der Gänsegehege im Wasser und mahnten zur Vorsicht. Heute wird der Job von ein paar Bäumen übernommen, die ins Wasser gefallen sind. Wir wissen, wo sie liegen und passieren sie ohne Bootshautkontakt. Die Umtragestelle an der Mühle ist auch benutzerfreundlicher gewor-

den. Früher musste man noch rechts steil raus, heute ist auf der linken Seite eine flache Umtrageautobahn angelegt. Vorsicht ist dennoch geboten, denn an der Anlegestelle ragen Holzpfähle aus dem Wasser, die sehr danach aussehen, als ob sie schon öfter Bootskontakt hatten.
Wir tragen das E65 zu Jörgs Auto und bauen es auseinander. Jörg und ich sind uns einig, daß das E65 ein tolles Boot ist und mit ein bisschen Übung auch die Kippelei überhaupt kein Problem mehr ist. Es sieht irgendwie nach Gewitter aus und wir müssen uns beeilen. Kurze Verabschiedung und Bedauern, daß Jörg am Montag schon wieder arbeiten muß.
Wir entschließen uns, nicht auf dem Campingplatz an der Fleether Mühle zu zelten, sondern auf dem Platz am Drosedower Bach. Mit dunklen Wolken hinter uns am Horizont begeben wir uns hinaus auf den See. Das Gewitter kommt leider schneller näher als erwartet. Wir beschließen deshalb, daß eine Notsituation vorliegt und steuern in letzter Minute den im letzten Jahr geschlossenen FKK-Campingplatz am Nordwestufer des Rätzsees an. Dort glauben wir ein geeignetes Plätzchen zu finden und auch der Natur keinen Schaden zuzufügen. Die Boote sind schnell ausgeladen, die Zelte aufgebaut und in letzter Sekunde alles noch ins Trockene gebracht. Ich drehe noch schnell die Boote um und finde mich in tosendem Gewitterregen wieder. Die willkommene Abkühlung nehme ich gern entgegen und stehe nur mit der Unterhose bekleidet im Gepladdere. Der Boden ist nicht in der Lage die Wassermengen aufzunehmen. Strömende Bäche ergießen sich den Hang zu uns herunter. Sebastian kommt aus dem Zelt und vermeldet Wassereinbruch von unten. Im größten Gewitterregen springen Sebb und ich wie Rumpelstilzchen um die Zelte, um mit Händen und Füßen Rinnen zu graben, in denen das Wasser ablaufen kann. Der ganze Spuk dauert eine dreiviertel Stunde. Wir sind total verkühlt, entschließen uns für Tee mit Rum und auch dazu, da es schon kurz nach acht ist, hier zu bleiben – was sich später als folgenschwere Entscheidung erwies und den Stimmungswendepunkt unserer Tour markieren sollte:
Gegen neun Uhr, wir waren gerade beim Abendbrot kochen, Sebastian hatte sich mit 39 Fieber ins Zelt zurückgezogen, rollte oben am Weg ein Polizei-VW-Bus vor. Ihm entsteigt ein älterer Polizist und eine junge, attraktive Polizistin. Uns gefriert das Spaghettiwasser auf dem Kocher. »Guten Abend! Sie begehen eine Ordnungswidrigkeit!« Der Herr stellt sich uns vor und erzählt etwas von Zelten verboten und irgendwelchen Paragraphen. Ich bemühe mich, so gut das geht, umwissend auszusehen und entgegne etwas wie tut uns leid, nicht gewusst und ehemaliger Zeltplatz, vom Gewitter überrascht u.s.w.. Das schürt seinen Belehrungsmonolog nur noch an und er weist uns darauf hin, daß, wenn wir in einem anderen Bundesland Urlaub machten, wir uns auch über die dort bestehenden Gesetzte zu informieren haben, denn schließlich würden wir das ja auch tun, wenn wir z.B. in Italien Urlaub machen würden. Ich überprüfe die Verhältnismäßigkeit des Vergleichs zwischen Italien und Mecklenburg und halte das Ganze für etwas überzogen und kann mir gerade noch verkneifen zu fragen, ob nun Mecklenburg doch noch Deutschland ist ...
Dann erzählt er uns etwas von Naturschutz, Müllentsorgung, Notdurft und unserer eigenen Sicherheit, die durch in der Dämmerung umherschießende Jäger in Gefahr ist. Wir haben in der Zwischenzeit eine halbe Stunde Belehrungsmonolog absolviert. Es fällt mir mittlerweile nicht mehr schwer, eine betroffene und einsichtige Miene zu machen. Dann werden unsere Personalien aufgenommen, Sebb liegt immer noch mit 39 Fieber im Zelt. Ich erwähne noch einmal das Wort Notsituation und Gewitter, was den Monolog wieder aufleben lässt. Wir werden darauf hingewiesen, daß wir dann einen der drei Zeltplätze am See anzufahren hätten ... die Gesetze, Naturschutz, eigene Sicherheit, Notdurft, Außenhandelsgleichgewicht und Grüner Punkt. Die Personalien werden an die Forstwirtschaft weiter gegeben und die würden dann über eine

Bestrafung entscheiden, endete der Vortrag. Wir sollen den Platz bis morgen früh neun Uhr räumen, was ich in Anbetracht des Außenhandelsgleichgewichts zwischen Italien und Mecklenburg als sehr fair erachte. Daran schliesst sich ein neuer Monolog bezüglich unseres Verhaltens auf dem Platz an, verbunden mit einer Beschreibung von Art und Güte, wie der Platz von uns zu verlassen ist, Müll nicht vergraben, (und da war es wieder) Notdurft, Außenhandelsgleichgewicht, Eurokurs und Weltwirtschaftskrise ...
Die beiden verabschieden sich von uns mit dem Wunsch nach einem schönen Urlaub, natürlich wiederum verbunden mit dem Hinweis, wenn unser Verhalten weiterhin so gesetzesbrüchig bleibt, dieser wohl noch teurer werden würde ...
Stimmung im Eimer, das Bier will auch nicht mehr schmecken, Sebb mit 39 Fieber im Schlafsack, Spaghetti mittlerweile verklumpt, kleine Fliegen im Anmarsch ...
... kurze Diskussion über die Verhältnismäßigkeit des Besuches mit dem Resultat, daß das Durchgreifen in Mecklenburg angebracht ist, weil es einfach zu viele Wassertouristen gibt und ein Teil davon auch noch seinem Müll zurückläßt. Davon zeugt deutlich das Aussehen des Waldes um uns herum und auch die große Mülltüte, die wir auch heute wieder im Laufe des Tages beim Paddeln zusammengesammelt hatten. Die Feuerstelle mitten im Wald ist auch ein deutliches Zeichen dafür, daß Waldbrandstufe 4 für einige nur Makulatur ist. Bei uns wächst die Einsicht, nicht wegen des bald eintrudelnden Bußgeldbescheides, sondern aus dem Sachzusammenhang heraus. Wir beschließen ab heute, nur noch auf Zeltplätzen zu übernachten, es geht nicht anders. So schwer es fällt, in meinen letzten zehn Paddeljahren habe ich vielleicht nur vier Mal auf einem Zeltplatz übernachtet.

Der vierte Paddeltag
Wir stehen gegen 7.00 Uhr auf, frühstücken schnell, so richtig will es immer noch nicht schmecken. Gegen acht ist das Lager abgebaut, die Boote müssen nur noch gewässert und beladen werden. Der Himmel ist grau und wolkenverhangen, es ist unangenehm kalt. Sebastian geht es heute schon wieder besser, wir diagnostizieren für gestern einen Sonnenstich.
Ein kleines Auto kommt den Waldweg entlang gehumpelt, hält an, ein grün gekleideter Mann steigt aus und hält direkt auf uns zu. Mist, Spaghettiwasser schon wieder gefroren ... betroffene Miene aufsetzen ...
Der Herr stellt sich uns vor und fragt entsetzt, ob wir hier etwa zelten würden. Um uns einen neuerlichen Belehrungsmonolog zu ersparen, falle ich ihm ins Wort und weise darauf hin, das gestern schon die Polizei da war und wir um neun mit Sack und Pack incl. Müll und Notdurft verschwunden sein werden und überhaut das mit dem Außenhandelsgleichgewicht und den Agrarsubventionen kapiert hätten. Er fragt uns, ob die Polizei uns darauf hingewiesen hätte, daß der Spaß 75,-- DM pro Nase kosten würde. Das kann ich verneinen. Irgendwie sehen wir wahrscheinlich alle ziemlich bedröppelt aus, was nicht einmal gespielt ist und er schlägt einen etwas lockereren Ton an. Wir unterhalten uns noch eine Weile über Wasserwanderer und Zeltplätze, dann müssen wir los, um das Polizeiultimatum nicht zu gefährden. Zum Abschied meint er noch, daß Zelten auf Campingplätzen in der Zwischenzeit ganz schön teuer geworden ist, aber die Zeltplätze auch nicht immer Wasserwanderer-freundlich sind und daß das mit dem schwarz Zelten natürlich geht, man darf halt nur nicht so blöd sein und sich erwischen lassen – Recht hat er, aber das hilft uns nun auch nicht mehr weiter. Unser Entschluss: »ab heute nur noch auf dem Zeltplatz« festigt sich nochmals.

Um neun sind wir auf dem See. Zu unserer Mülltüte von gestern gesellt sich noch eine zweite, die aber zu ¾ aus dem Müll besteht, den wir im Wald um unsere Zeltstelle herum zusammengesammelt haben.

Unser Weg führt uns zurück zum Drosedower Bach über den Gobenowsee in die Dollbeck. Dort treffen wir einen Eisvogel und eine Ente mit zwölf Kleinen, die dicht zusammengekuschelt auf einem Baumstamm im Wasser sitzen. Fotosaison! Wir stellen auch hier fest, daß die Tiere jegliche Scheu vor dem Menschen verloren haben und sich sogar anfassen lassen. Man kann darüber geteilter Meinung sein, ich finde es jedenfalls nicht so toll.

Es geht dann weiter über den Labussee. Wir haben Seitenwind und zu allem Überfluss fängt es auch noch an zu regnen. Spritzdecke aufziehen und Regenjacke an!

Vor der Schleuse in Canow legen wir an und gehen hoch zum Kiosk, um uns zu stärken. Es gießt mittlerweile wie aus Kannen. Unsere Stimmung sinkt weiter. Wir sind dann froh, wieder im Boot zu sitzen, unter Spritzdecke und Regenjacke hat man es halbwegs trocken und warm. Nach der Schleusung geht es weiter über den Canower See zur Schleuse Wolfsbruch. Dort werden wir von der freundlichen Schleusenwärterin mit ein paar aufmunternden Worten begrüßt. Während der Schleusung hört der Regen wieder auf und ich öffne meinen Spritzschutz ein Stück. Von der netten Schleusenwärterin erhalten wir noch einen Kanister Wasser und ab geht es in den Hüttenkanal. Dort überholt uns ein Motorboot und die Heckwelle schwappt mir an der Stelle ins Boot, an der ich gerade den Spritzschutz geöffnet hatte. Da das Motorboot bereits außer Paddelreichweite ist und ich das Ding auch nicht hinterher werfen will, beschränke ich mich auf eine Beschimpfung: »*+?$!«

Auf einem großen Schild am Ufer steht geschrieben: »Besuchen Sie die Marina Wolfsbruch«. Mir entgleitet die Frage, ob denn die Dame im Krankenhaus liegt, daß man sie besuchen soll. Sebastian liest irgendwas von »Gastlieger gratis« und kommt zu dem Entschluss, daß es sich vielleicht um ein Bordell handelt. Die Bäume an Backbord lichten sich und geben den Blick auf eine beeindruckende Hafenanlage frei. Ich kann mich noch schwach daran erinnern, als ich vor vier Jahren das letzte Mal hier vorbeigekommen bin, war das alles noch grüne Wiese. Wir sind uns im Team nicht ganz einig, was wir von der Anlage halten sollen, ich finde sie optisch ganz ansprechend, stelle aber fest, daß die Kaimauern zu hoch sind, um mit dem Paddelboot anzulegen. Und überhaupt möchte ich gern Natururlaub machen ...

Wir tangieren den Prebelowsee und gelangen in den Tietzowsee. Dort suchen wir die in Sebastians Karte aus der Zeitschrift »Seenland« eingezeichnet offizielle Biwakstelle und können diese nicht finden. Mittlerweile hat es wieder angefangen zu regnen. Kurze, aber heftige Marschbesprechung, die Stimmung ist gereizt. Wir wollen bis zum Bikowsee fahren. An dem sind in Sebastians Karte zwei Biwakplätze und zwei Zeltplätze eingezeichnet. Dort werden wir schon etwas finden.

Wir passieren den Zeltplatz am Jagowkanal und sehen mit Schauern die Armada von Dauercampern. Durch die Straßenbrücke vor Zechliner Hütte zwängt sich eine riesige Jacht, wir müssen warten. Das Bild erinnert mich an die Vierzigtonner, die sich manchmal bei uns zu Hause auf dem Dorf in einer Nebenstraße verirren ... Besuchen Sie Europa, solange es noch steht!

Wir lassen Zechliner Hütte Backbord liegen und fahren unter der Straßenbrücke in einen kleinen Kanal und danach in den Bikowsee. Der Regen ist in der Zwischenzeit stärker geworden. Am Bikowsee steuern wir als erstes die eingezeichneten Biwakplätze an. Diese erweisen sich recht schnell als ehemaliges Ferienlager und als Ex-Zeltplatz, also auch nichts anderes als Schwarzzeltstellen. Nein danke, heute nicht schon wieder!

Wir steuern den Zeltplatz an, der am Westufer des Sees liegt. Wir landen an und steigen aus. Ein Mann mit einer Motorsense weist uns darauf hin, daß der Wasserwandererzeltplatz der andere ist, 100 Meter weiter östlich. Wir zwängen uns wieder in unsere Boote und paddeln die hundert Meter am Ufer weiter. Auf dem vermeintlichen Wasserwandererzeltplatz werden wir von einem Schild: »Privatgrundstück, betreten verboten! Vorsicht, bissiger Hund!« begrüßt. Mir ist etwas unheimlich und ich bleibe bei den Booten. Nach einer viertel Stunde kommen die Mädels und Sebastian wieder. Betretene Mienen. Der Zeltplatz sei geschlossen und das, obwohl oben Zelte und Wohnmobile stehen. Wir sollten das Privatgrundstück sofort verlassen und ob wir denn nicht lesen könnten ...
Klasse!
Wir fahren zurück zum vorhergehenden Zeltplatz. Die Mädels gehen hoch zur Rezeption. Dort erhalten sie die Auskunft, daß Wasserwanderer grundsätzlich nicht genommen werden, weil sie die sanitären Anlagen so verdrecken würden. Oben am Straßeneingang steht ein großes Schild »Naturcampingplatz ...« und unten am Wasser, wo ich im Boot sitze droht mir die Warnung »Privatgrundstück! Betreten verboten!« entgegen.
Ich bin verunsichert, ziehe mein Portmonee aus der Hosentasche, schaue meine goldenen Kreditkarten an, freue mich über mein sechsstelliges Jahresgehalt und ringe um die Beantwortung der Frage: »Bin ich asozial, nicht gesellschaftsfähig?!«. Ja, ich bin Wasserwanderer und habe den Fehler gemacht, mich dazu zu entschließen, meinen Urlaub, wie immer, jenseits von irgendwelchen Statussymbolen zu verbringen. So sitze ich da, im Regen und verstehe die Welt nicht mehr ... Um mich herum ausgelaugte und bedröppelt Gesichter.
Zwei Klepperianer kommen vom See näher und landen an. Ganz selbstverständlich holen sie ihr Boot aus dem Wasser und betreten den Zeltplatz. Anna geht auf sie zu und fragt, ob sie hier zelten würden. Diese Frage wird bejaht. Dann stellt Anna folgende Frage: »Welche Voraussetzung muß ich erfüllen um hier zelten zu dürfen?«. Die Zwei schauen sich an, dann meine Freundin und dann wieder sich. Ich glaube, daß ich auch nicht anders schauen würde, wenn mich jemand an der Tankstelle fragen würde, was er denn tun müsste, um hier Benzin zu bekommen ...
Die Mädels fassen sich ein Herz und gehen noch mal hoch zur Rezeption. Es gießt immer noch in Strömen. Sandy fragt nach, wo wir denn jetzt hin sollten? Die Dame verweist auf die Schwarzzeltstelle am ehemaligen Campingplatz. Jetzt sind wir an der Reihe. Anna erzählt der Dame etwas von der Notdurft und dem Außenhandelsgleichgewicht, den Agrarsubventionen, Italien, dem Eurokurs, der Weltwirtschaftskrise und wild um sich schießenden Jägern – das hatte sie sich fein gemerkt – und beendet den zehnminütigen Belehrungsmonolog mit dem Ausspruch: »unterlassene Hilfeleistung«. Von derlei Polizeiargumentation zeigt sich die Dame beeindruckt und lenkt ein. Wir dürfen bleiben, nur für eine Nacht natürlich! Wir freuen uns, daß wir der Dame für unsere zwei Zelte und Duschmarken fünfzig Mark geben dürfen und müssen nochmals versprechen, uns die Füße zu waschen.
In der Zwischenzeit hatte es tatsächlich aufgehört zu regnen. Wir bauen unser Lager auf. der Zeltplatz ist wirklich toll. Schön ruhig und die sanitären Anlagen sind auch tip top. Bevor ich diese betrete, wasche ich mir im See die Füße, mit Outdoorseife natürlich, ich bin doch nicht asozial!
Das Bier will heute Abend immer noch nicht so richtig schmecken. Wir verbringen die Zeit mit Klamotten trocknen und philosophischen Grundsatzdiskussionen zum Thema: »Illegal zelten dürfen und wollen wir nicht und legal zelten ist auch irgendwie schwierig«. Jedenfalls musste ich noch nie so darum betteln, daß jemand fünfzig Mark von mir nimmt. Wir sind auf der Wiese

von fünfzig mal hundert Meter vier Zelte ... Das junge Mädel vom Nachbarzelt schneidet mit eine Grimasse – vielleicht sind wir ja doch irgendwie asozial, vielleicht liegt es aber auch am Aldiwein und die Grimasse war nur eingebildet. Ich ordne das Mädel nicht in meiner Zielgruppe ein und es geht mir wieder etwas besser.

Der fünfte Paddeltag

Am Morgen machen wir, daß wir vom Acker kommen. Um neun sind wir auf dem See. Es geht vorbei an Zechliner Hütte, durch den Jagowkanal. Auf dem Tietzowsee haben wir Rückenwind und holen die Schirme heraus. Es geht weiter durch den Hüttenkanal, vorbei an der Marina Wolfsbruch. Auch heute fahren wir nur daran vorbei. Da wir klären konnten, daß die Dame nicht im Krankenhaus liegt, sehen wir keinen Grund für einen Besuch. Es folgt die Schleuse. Ein Motorboot zwängt sich vor uns durch die Tore. Im Großen und Ganzen sieht die ganze Geschichte etwas unbeholfen aus – Leihmotorboot, alles egal. Wir habe Angst um unsere Vordersteven und befürworten ganz klar die Nachrüstung von Ultraschallparkhilfen in Motorbooten.

Auf dem Pälitzsee haben wir bis zu Schleuse in Strassen Rückenwind! Klasse! Schirme Raus! Der Wind ist so stark, daß ich den Schirm ständig von der linken in die rechte Hand und zurück wechseln muß, schließlich will ich nicht in die Gefahr laufen, ungleich lange Arme davonzutragen. Nach der Schilfinsel habe ich mich eingespielt und erhöhe den Schwierigkeitsgrad dadurch, daß ich in die freie Hand ein Bier nehme. Der Wechsel ist aber schnell gelernt ... und die Schwalbe fliegt über den Erisee – oder so ...

Wir sind in Sichtweite der Zufahrt zur Schleuse in Strassen, als sich eine Armada von ca. 15 roten Leihkanadiern, alles egal, auf den See ergießt. Sie kommen genau auf uns zu, als plötzlich eine Windböe die Boote erfasst und die Steuermänner bloßstellt! Die Boote schießen in einer affenartigen Geschwindigkeit kreuz und quer über den See. Es gibt mehrere Feindberührungen mit dem Ufer, anderen Booten ... ich muß herzhaft lachen! Anna und ich fachsimpeln, was das den darstellen solle und können uns auf eine Quadrille einigen. Diese Idee von Anna verursacht bei mir den nächsten Lachanfall. Ein anderer Kanadier kommt uns entgegen, ich identifiziere ihn sofort als Nichtleihkanadier, denn im Gegensatz zu den anderen, können sich Boot und Besatzung auf eine einheitliche Richtung einigen. Die Herren bemerken unsere Amüsiertheit und klären uns darüber auf, daß es sich nicht um eine Quadrille handelt, denn das ist Pferdesport, sondern vielmehr um eine Kreuzfahrt. Lachanfall Nummer Drei – von diesem habe ich mich bis zur Schleuse noch nicht erholt, als sich die nächste Gruppe auf den See ergießt, selbes Schauspiel ...

Wir lassen uns schleusen und gehen anschließend zum Fischer und holen Räucherfisch. Da es in Strassen sonst nicht viel zu sehen gibt und es schon wieder anfängt zu regnen, sind wir schnell wieder in den Booten in Richtung Ellbogensee. Am Eingang zu selbigen sehen wir die neue Jachtanlegestelle. Auch hier sind die Kais für Paddler zu hoch ...

Es gießt mittlerweile wie aus Gießkannen. Wir fahren unter der Straßenbrücke in Priepert hindurch und kämpfen uns durch den Regen über den aufgewühlten Großen Priepertsee. Weiter geht es durch die Havel am Finnowsee vorbei, unter der Straßenbrücke hindurch auf den Drewensee. Auch hier haben wir wieder Rückenwind. Schirme raus und segeln. Unsere Stimmung ist wegen des Wetters immer noch auf dem Tiefpunkt. Nach der Landzunge sehen wir Backbord den Zeltplatz. Wir legen an. Die Anmeldung ist erfreulich problemlos. Etwas über vierzig Mark dürfen wir bezahlen. Die linke Seite des Zeltplatzes ist mit einer Kindergruppe, welche aus ca. 10 Leihkanadiern, alles egal, besteht, belegt. Deshalb können wir uns schnell darauf einigen, unsere Zelte auf der rechten Seite aufzubauen. Der Regen hat aufgehört und wir nutzen diese Pause um unsere Zelte aufzubauen. Zum Abendbrot lassen wir uns unter einem Wetterunterstand nieder und sind froh, willkommen zu sein. Es ist eine sehr angenehme Atmosphäre auf dem Zeltplatz und wir beginnen gerade die Stille des Zeltplatzes zu genießen, als sich aus dem Wasser zwei weitere Gruppen Jugendlicher von jeweils 10-15 Leihkanadiern, alles egal, ergießen. Unser Beobachtungspunkt ist strategisch gut gewählt und wir beäugen argwöhnisch das Ausladespektakel. Man lädt eine Anzahl von rot-weißen Tonnen auf den Bootssteg. Nachdem sich ca. zehn Tonnen und eben so viele Menschen auf dem Steg befinden, gibt dieser bekannt, daß er ein Schwimmsteg ist und macht genau das Gegenteil. Eine nicht definierbare Anzahl von Menschen und Tonnen verschwindet mit dem Geräusch einer Straßenbahn, die um die Ecke fährt, im Wasser. Das ist uns einen Tee mit Rum wert. Für die frisch Gewässerten ist es ein Schock, sie sind jetzt aber gegenüber ihren trockenen Kameraden im Vorteil, denn sie müssen sich nun nicht mehr an den Regen gewöhnen, der wieder einsetzt.

Wir beobachten die Zeltaufbauthermik und innerhalb kürzester Zeit stehen unsere Zelte zwischen einer Jugendgruppe aus Österreich und einer deutschen eingeklemmt. So wie sich das Kindergewimmel auf den Platz ergossen hat, quellen nun aus einer Vielzahl von wasserdichter Tonnen Ausrüstungsgegenstände hervor. Der Platz um uns herum sieht aus, als wäre der Wind in einen Gelben Sack gefahren. Dieser Zustand sollte sich bis zum nächsten Tag nicht ändern. Ich ziehe mir vorsichtshalber feste Schuhe an, um nicht in irgend etwas zu treten. Der Tee mit Rum zeigt mittlerweile seine Wirkung. Sebb und ich fangen an zu fachsimpeln, wie viel Bautzener Senf wir brauchen für so ein Kind und ob ein Österreicher nun schmackhafter als ein Deutscher ist, ob vielleicht Ketchup von Nöten ist und ob es sich denn schell herumsprechen würde, wenn einer fehlt ...

Als wir uns nicht einigen können, halten wir uns an die geräucherte Forelle aus Strassen und lassen die Kinder leben. Mit einer der Aufsichtsbevollmächtigten einigen wir uns auf kulante 23.00 Uhr Nachtruhe. Ein Kompromiss, mit dem beide Seiten leben können. Wir räumen unseren Unterstand für die Österreicher, die sich dort sofort mit zehn Kochern an die Nahrungszubereitung machen. Es ist schon ein ganz schönes Herumgepansche, was da veranstaltet wird. Letztendlich ist die Menge an Nahrung, die nicht neben die Töpfe gefallen ist, nicht mehr genügend um die ganze Gruppe zu sättigen. Auch diese Sauerei wird bis zum nächsten Tag bestehen bleiben, sodass wir unser Frühstück im Freien einnehmen werden. Antiautoritäre Erziehung nennt man das glaube ich ...

Es hat mittlerweile auch wieder aufgehört mit Regnen und auf dem See steht ein herrlicher Regenbogen. Das ist uns einen Tee mit Rum wert, schließlich verspricht die Nacht, hart zu werden. Und die Nacht wurde hart ...

Ich telefoniere mit Fide in Hamburg, der Pfingsten zu uns stoßen will und berichte ihm vom Biwakplatz am Platkowsee, daß der Küstrinchen unter 30 cm ist und das Wetter auch zu wünschen übrig lässt. Fide prophezeit uns Wetterbesserung und wir verabreden uns erst mal für Donnerstag traditionsgemäß in der Alten Mühle in Lychen zum Mittagessen.

Gegen 22.00 Uhr, Nachtruhe auf jedem normalen Zeltplatz, haben sich die Gruppen eingesungen. Rechts die Öschis und links die Deutschen und wir mitten drin. Hinter uns am Lagerfeuer erzählt ein Hannoveraner Ossiwitze, über die er nur selber lachen kann. Das geht so eine halbe Stunde, bis Sebastian aus dem Zelt ruft: »Mensch! Von der Scheiße die Du quatschst, musst Du doch schon braune Mundwinkel haben!« und erntet dafür Beifall. Als der Hannoveraner wieder anheben will, bin ich an der Reihe und frage ihn aus dem Zelt heraus, was man denn brauche um einen Ossi herzustellen? Ich erhalte keine Antwort und erkläre, das man dafür ein Häufchen

Scheiße, ein bisschen Lehm und Wasser benötigt. Dieses muß man kräftig verrühren und erhält einen Ossi. Dann frage ich ihn, was man den zur Herstellung eines Wessis benötigt, wieder keine Antwort. Ich kläre ihn darüber auf, daß die Zutaten prinzipiell die selben sind, man brauch halt nur ein bisschen mehr Scheiße. Den Spruch kann er nicht wechseln und trollt sich.
Zufrieden rolle ich mich in meinen Schlafsack und döse fast ein – bis es plötzlich dicht neben mir scheppert. Irgendein Idiot ist über Sebastians Zeltleine gestolpert und dicht neben meinem Kopf eingeschlagen. Ich gebe ihm noch einen Spruch mit auf den Weg und stehe wieder auf um noch ein Bier zu fassen. Die Sänger links und rechts von uns haben in der Zwischenzeit den Sport entdeckt, sich gegenseitig zu überbrüllen ... ich gehe erst mal genervt aufs Klo.
Dort erwartet mich ein entsetzlicher Anblick. Ich hatte die sanitären Anlagen bei unserer Ankunft als äußerst lobenswert empfunden und dann auch gleich eine Sitzung abgehalten. Doch was sich mir hier bot, kann man nur noch als blindwütige Verwüstung bezeichnen. Ich verlasse das Klo und entscheide mich für einen Baum im Wald. Beim Verlassen des Sanitärtraktes kommt mir die Putzfrau aus dem Damenklo entgegen. Wir unterhalten uns ganz kurz und ich erfahre das die Verwüstung im Damenklo, in den Waschräumen und im Trockenraum ähnlich ist, wie die auf dem Männerklo. Die Putzfrau tut mir leid, aber ich kann auch nicht helfen.
Leihkanadier, alles egal, und antiautoritäre Erziehung, eine phänomenale Mischung ...
Es ist mittlerweile ein Uhr und immer noch keine Ruhe. Ich komme auf den Platz, als Sebastian, nur mit einem gelben Schlüpfer bekleidet aus dem Zelt zur deutschen Gruppe stürzt und nun seinerseits den Lärm zu übertönen ... ohne Erfolg. Anna steht noch mal auf und versucht mit den Österreichern zu sprechen und hat Erfolg. Nun sage mal noch einer, daß Öschis schwer von Begriff wären.
Ich setzte mich irgendwo zwischen die umherliegenden Isomatten, Schuhe, Zahnbürsten und den anderen Müll, drehe mir ausnahmsweise eine Zigarette und trinke eine Flasche Cabernet Sauvignon aus dem Aldi. Als ich dann gegen zwei Uhr nachts meine eigene Stimme wieder hören kann und in Ermangelung der Tatsache, daß der Wein alle ist, beschließe ich, meinen Schlafsack aufzusuchen. Beim Einschlafen brubble ich noch was von Leihkanadier, alles egal ...

Der sechste Paddeltag

Am frühen Morgen werde ich bereits schon vor sechs Uhr durch denselben Lärm geweckt, der mich gestern am Einschlafen hinderte. Die, die jetzt munter werden, lösen die ab, die noch nicht schlafen gegangen sind und erfüllen den Platz mit frischem Lärm. Ich öffne das Zelt und sehe den Müll von gestern immer noch herum liegen. Ich schaue nach meinem Bierdosenvorrat und entscheide mich, daß es vielleicht doch noch zu früh ist. Brummelig krieche ich in meinen Schlafsack zurück und versuche noch mal einzudösen ...
Gegen acht ist es dann auch damit vorbei. Ich krieche aus dem Zelt, bewundere den fast blauen Himmel und danke Fide für die positive Wettervorhersage. Recht schnell sind unsere Zelte gepackt und der Frühstücksimbiss ist eben so zügig eingeworfen. Die Leiterin der österreichischen Gruppe entschuldigt sich dafür, daß wir den Wetterschutz nicht zum frühstücken benutzen können. Dieser ist noch mit Kochern und Essensresten zugemüllt. Sie faselt dann noch was von antiautoritärer Erziehung, das stört mich heute auch nicht mehr, denn ich habe dem Frühstückstee ein Schlückchen Rum beigemengt ...
Gegen halb zehn sind wir auf dem See. Die deutschen Truppenteile sind mit ihren Leihkanadiern, alles egal, schon eine halbe Stunde auf dem See. Als wir um die Landzunge biegen, sehen wir sie in ca. 150 Meter Entfernung vor uns – tolle Leistung! Der Wind bläst uns kräftig ins Gesicht und wir halten ordentlich die Paddel ins Wasser. Vor uns spielt sich das übliche Quad-

rille- und Kreuzfahrerspiel ab, wie gestern vor der Schleuse in Strassen. Trotz heftiger Lachanfälle haben wir innerhalb von fünf Minuten zu der Truppe aufgeschlossen. Schnell entdecke ich in der Gruppe einen älteren Herren mit Pfefferkuchengesicht, der wohl für den Haufen verantwortlich ist. Ich komme längst und sage zu ihm, daß das mit dem Lärmen schon gut funktioniert hat, es am Paddeln noch ganz schön hapert. Er entgegnet mir, daß sie das mit dem Lärm auch schon länger geübt haben. Natürlich kann ich mir nicht verkneifen ihn darüber aufzuklären, daß das mit dem Paddeln etwas mit Fingerfertigkeit zu tun hat, das mit dem Lärmen aber selbst Affen können. Ich kann meine Ausführungen nicht ganz beenden, da auch das Boot vom Pfefferkuchengesicht von einer Windböe erfasst wird und sich in die Quadrille einfügt ...

Wir machen, daß wir weiter kommen, um nicht noch versehentlich gerammt zu werden. Schnell sind wir an der Straßenbrücke in Ahrensberg und in der Havel. Etwa einen Kilometer vor uns in der Havel sehen wir die nächste Gruppe ...

Diese haben wir bis Höhe Schwaanhavel hinter uns gelassen und stehen vor der Schleuse. Ich entschließe mich wegen des starken Windes den Spritzschutz aufzuziehen, denn ich traue der Woblitz nicht. Nach der Schleusung halten wir hart Backbord. Der Wind bläst uns ordentlich ins Gesicht und wir machen, daß wir nach Wesenberg kommen. Im Hafen legen wir an. Der Hunger treibt uns zur Restaurantsuche und ausnahmsweise gehen wir nicht in den »Traktor« sondern zur »Botinka«. Dort werden wir allesamt für 35 Mark satt. Kurze Kriegsberatung. Eigentlich wollten wir heute noch nach Userin zum Auto paddeln, aber angesichts der aufgepeitschten Woblitz und der schlechten Nacht, beschließen wir in Wesenberg zu bleiben. Anna und Sebastian machen sich auf nach Userin um unsere Autos zu holen. Sandy und ich beginnen die Boote auszuladen und an Land zu holen. Pünktlich um 16.00 Uhr trifft die Hafenmeisterin ein. Wir gehen in ihr Büro um uns anzumelden und werden mit einer Freundlichkeit empfangen, die einfach nur als »sagenhaft« zu bezeichnen ist. Die Hafenmeisterin heißt uns herzlich willkommen und erzählt uns erst einmal etwas zur Geschichte des Hafens, Wesenbergs, des Schlosses. Weiterhin werden wir erst in die Öffnungszeiten sämtlicher Läden in Wesenberg eingewiesen, dann über den gesamten Veranstaltungskalender von Wesenberg bis Dezember 2000 informiert. Ich wende ein, daß wir nur noch morgen hier sind und ernte Mitleid, weil wir deshalb nicht am Mittelalterfest auf dem Schloss teilnehmen können. Sofort werde ich auch in den Veranstaltungskalender des Mittelalterfestes eingewiesen und ich weiß nun genau, was ich verpasse.

Danach werden wir in die Besonderheiten des Platzes eingewiesen und über die Entgeltstruktur informiert. Nach ca. einer halben Stunde gelingt es uns dann doch noch unser Geld zu bezahlen und überwältigt von der Freundlichkeit der Dame und der Geschichte Wesenbergs taumeln wir zu unserem Gepäck zurück. Wir haben freie Platzwahl. Die Zelte sind wie immer schnell aufgebaut und das Gepäck verstaut. Sandy und ich unterhalten uns noch eine Weile, hauptsächlich über die nette Hafenmeisterin, als Anna und Sebastian mit den Autos eintreffen. Die Hafenmeisterin hat uns für die Autos einen Platz zugewiesen, wo wir sie vom Zelt aus einsehen können. Wir sind darüber sehr dankbar, vor allem als wir das »Einfahrt vorboten!«-Schild an der Zufahrt sehen. Auf dem Rückweg von den Autos komme ich noch mal am Büro der Hafenmeisterin vorbei und bemerke, daß man bei ihr auch frische Eier kaufen kann. Ich entdecke bei uns Bedarf und versuche einen 10er-Packen für 2,50 DM zu erwerben. Das ist nicht möglich, ohne zuvor in die Geschichte des Huhns und des Eies eingeweiht zu werden. Ich muß mir diverse Geschichten über schlechte Eier in Hotels und im Urlaub anhören und davon, daß ihre Eier ganz frisch sind, die Hühner auf 12-Tausend Quadratmetern frei umherlaufen, sie ihrem Mann schon immer angeraten hat die Hühner abzuschaffen, er es aber nicht lassen kann ...

Voll Stolz verlasse ich nach einer viertel Stunde das Büro, in der Hand eine Packung Eier. Davon werden sechs Stück gleich gekocht, ich habe richtig Heißhunger. Jeweils zwei für uns Männer und eins für die Damen. Und tatsächlich, die Eier schmecken wirklich absolut erstklassig!!! Etwas später kommt die nette Hafenmeisterin noch mal bei uns vorbei um die Mülleimer zu leeren. Ich lobe die Eier in den höchsten Tönen und wir müssen uns noch mal die Geschichte mit dem Huhn, dem Ei und ihrem Mann anhören. Als sie weiterzieht, sind wir sichtlich amüsiert. Wir fühlen uns hier sehr wohl.

Der Abend geht ohne nennenswerte Ereignisse vorüber, bis auf die Enten, die uns fast auf den Abendbrottisch springen und uns aus der Hand fressen. Wir genießen die Stille des Platzes und den schönen Sonnenuntergang. Gegen 23.00 Uhr sind wir in der Koje.

Der Abreisetag
Am Donnerstagmorgen werden wir gegen acht vom Tuckern eines Multicars geweckt. Der Himmel ist strahlend blau, der Morgen aber noch empfindlich kalt. Ich gehe rüber zur Hafenmeisterin und kaufe noch eine Packung Eier. Ich werde darüber belehrt, daß die Eier erst heute früh vom Huhn ... und so weiter. Die Frühstückseier sind wieder erstklassig. Nach dem ausgiebigen Frühstück bauen wir die Boote ab und bepacken die Autos. Das ist schnell getan und gegen halb elf sind wir abmarschbereit. Ich telefoniere noch schnell mit Fide, der ist auch schon ganz in unserer Nähe. Fide bestätigt das Date: 12.00 Uhr traditionsgemäß in der »Alten Mühle« in Lychen zum Mittagessen. Ich freue mich tierisch auf den alten Sack – immerhin ist er schon etwas über vierzig und damit unser Gesichtsältester.

Wir verabschieden uns von der Hafenmeisterin und danken ihr für alles. Wir werden gebeten mal wiederzukommen, sagen zu und brechen nach Lychen auf.

... weiter geht's auf Seite 232

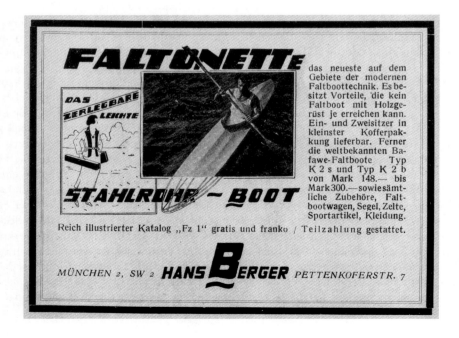

Das »Blaue Wunder«

von Roland Einert, Radebeul (Text) und Matthias Rahnert, Ilmenau (Photos)

Hallo, ich bin das »Blaue Wunder«. Bitte verwechselt mich nicht mit der gleichnamigen Brücke in Dresden, obwohl ich nicht weit entfernt davon wohne. Manche behaupten auch, dass ich nach dieser Brücke benannt wurde. Ich denke aber eher, dass ich wegen meines (früher) blauen Oberverdecks und meiner wunderbaren Fahreigenschaften so heiße.
Vor knapp 30 Jahren wurde ich in Pouch als RZ 85-2 hergestellt und verbrachte meine ersten Lebensjahre als ganz normales Wanderboot auf den Mecklenburger Seen und der Elbe. Vor 20 Jahren jedoch geriet ich in den Besitz eines gewissen D. und erlebte fortan mein ganz persönliches Blaues Wunder. Vermutlich als erstes Boot meiner Art schwamm ich auf Flüssen im Kaukasus, im Ural und in Karelien. Häufig ächzte ich unter dem Wasserdruck, wenn mich D. wieder mal in eine Walze manövrierte oder ich auf hohen Wellen talabwärts ritt. Hin und wieder brach bei solchen Aktionen auch das eine oder andere Teil in mir.
Auch auf den eher wasserarmen Flüssen in Tschechien und der Slowakei war ich viele hundert Kilometer unterwegs. Bei Grundberührungen und Wehrbefahrungen holte ich mir viele Abschürfungen und Löcher. Aber nach und nach betrachtete ich meine über 70 Flicken als eine Art Auszeichnung und konnte auf Faltboottreffen über die anderen glatten und unerfahrenen Boote nur noch lächeln. Ich war nämlich ein richtiges Wildwasserfaltboot geworden. Angst vor Wasser und Steinen hatte ich überhaupt nicht mehr, und an das manchmal im Bootshaus umgehende Gerücht vom Silvesterfeuer für alte Boote wollte ich auch nicht glauben.

Ich zog dann auch in eine Garage um. Dort wurde es nach und nach eng. Immer neue Boote kamen hinzu. Und was für seltsame Gefährte. Creeker, Funcruiser, Freestyler, Seekajaks – alle aus solch komischem hartem Material. Mich jedoch nahm D. immer seltener mit. Höchstens mal auf solche Bummeltouren wie die Loire oder gar die Elbe. Richtig neidisch wurde ich, wenn die anderen Boote von ihren Fahrten erzählten. Und wenn ich mich dann mal traute zu erwähnen, dass ich auf diesen Flüssen auch schon unterwegs war, begannen mich die anderen auszulachen.

Immer trauriger wurde ich. Sollte ich wirklich als stinknormales Wanderboot dahinvegetieren?

Wenn sich der Schlüssel im Garagenschloss drehte, hoffte ich immer inständig, dass D mich in den Kofferraum stecken würde. Doch meistens packt er erst seine Wildwasserklamotten ein und lädt sich dann irgendeine Tupperschüssel aufs Dach.

Deswegen war ich auch ziemlich baff, als er mich zu den Wildwassersachen ins Auto lud und wir nach Tschechien fuhren. Sazava mit viel Wasser! Und sogar noch andere Wildwasserfaltboote dort. Was für ein Gefühl, über Wehre zu fahren und auf hohen Wellen zu reiten. Und dann – meine Senten zitterten vor Aufregung und meine Haut spannte sich in froher Erwartung – wurde ich sogar am Slalomkanal in Roudnice aufgebaut. Obwohl ich hörte, wie D. zu seinen Freunden sagte, dass er befürchtet, ich werde es nicht überstehen. Ich war mir sicher, dass ich es noch kann. Und es war einfach wunderbar.

Wie neidisch waren die Plasteboote zu Hause in der Garage, als ich ihnen von meinen Erlebnissen erzählte. Aber seitdem sind sie viel netter zu mir, selbst die Rodeosemmeln. Jetzt liege ich wieder ordentlich getrocknet und verpackt in der Garage, sogar ein paar neue Flicken habe ich spendiert bekommen. Und D. hat mir versprochen, jedes Jahr mit mir mindestens einmal auf »richtiges« Wasser zu gehen.

> **zum Autor:** Roland Einert, 48 Jahre, mitpaddelnde Familie. Wander- und WW-Paddeln, vor allem in Osteuropa unterwegs. Bankangestellter, aber eigentlich und vor allem organisatorischer Mittelpunkt des Projektes www.dundak.de, Kontakt via e-mail: dundak@web.de

Faltbootpurismus
zwischen Bagenkop und Nyköping:

ein baltisches Erlebnis

von Hans-Jürgen Staude, Hamburg

Das Bild hat nahezu Symbolcharakter: Im dunklen, stickig heißen Bauch eines Fährschiffs entsteht ein weiteres Seeschiff, ein Faltboot.

Vorher noch im Zug Hamburg – Kiel in der Morgensonne mit einem Kaffeepott in der Hand in die Lande geschaut, in Kiel sitzen dann schon die Austernfischer auf den Pollern, Möwendreck macht mir den Platz am Kai streitig, wo ich auf das komische Ding warte, das da rot-weiß langsam in die Förde einläuft, das Tor öffnet und mich schließlich in den Laderaum einrollen läßt. Hier beginnt dann die altbekannte Metamorphose, in der die Stangen und Päckchen, die graublaue Pelle sich in ein Kajak verwandeln, mit dem man immerhin die See befahren kann. Doch besonders nett ist das schon, wenn man mit einem Sackgebilde die Fähre betritt, und mit dem fertig gepackten Faltboot in Bagenkop auf Langeland sie wieder verläßt, um auf eigenem Kiel die Reise fortzusetzen. Der Große Belt ist der Plan für das Wochenende, der Schlag rüber nach Lolland, zu der Inselwelt des Smålandfahrwasser, die Sunde zwischen Lolland und Falster. Eine neue Gegend für mich, spannend: auf den Landkarten liegt die Tour vor mir, aber man weiß ja nie ganz sicher, wie sich das Wetter wirklich entwickelt, und so geben dicke Bündel von Fahrplanauskünften zu Bus und Bahn anderer Orte den doppelten Boden für eine weniger ehrgeizige Route.

Ein kleiner windgeschorener Wald schmiegt sich am Südende Lollands an ein Kliff heran, Zeugnis stürmischerer Zeiten als heute bei angenehmen Sonnenschein. Um die Ecke herum markiert der viereckige Leuchtturm Kjeldsnor Fyr den Steinstrand mit viel schönem Mehrkohl als letzten Pausenplatz vor der Beltquerung.

Einige Bakenfeuer bezeichnen das Fahrwasser im Langelandbelt nach Norden. Von der Kiel – Oslo-Fähre habe ich etliche Male nach Langeland rübergeschaut, nun zieht die Fähre an mir vorbei. von Lolland gegenüber kann man nur die Spitzen der Windräder erkennen, ein steter SW 4 hilft bei der Überfahrt. Am Tag davor war es mehr, und dementsprechend läuft noch eine alte Welle. Eine deutliche Schaumlinie trennt den ruhigen Uferbereich vom großen Baltischen Strom, durch den die Massen der Ostseewasser, und damit auch der russischen und skandinavischen Zuflüsse in den Atlantik entlassen werden. Doch heute herrscht leider Einstrom, langsam entfernen sich die Baken von meiner Peilung. Was in der Nordsee so einfach ist, Tide rein, Tide raus, steht alles im blauen BSH-Gezeitenbüchlein –, obliegt hier einer komplizierteren Gesetzmäßigkeit, die man genau theoretisieren kann, aber jetzt einfach mit einem längeren Paddelschlag beantworten muß. Irgendwann habe ich die Halbinsel Albuen erreicht, finde eine Stelle am Strand. Morgens noch Stadtgeräusche, abends das ruhige Rauschen einer kleinen Brandung, der Geruch nach Tang und Meer, Leuchtturmblinken. Quinoa, Möhren, Zwiebeln, ein paar Wurstscheiben und wenige, eben von dem Mehrkohl auf Lolland gepflückte Blätter bilden die Grundnahrung dieser Tour.

Ich habe heute eine lange Tour vor mir, und die größte Anstrengung ist das pure Sitzen, obwohl man sich ja im Faltboot die Unterlage mit Schlafsack und Isomatte äußerst komfortabel gestalten kann. Viele Pausen sind die Lösung. Jedesmal ist eine Insel im Smålandsfarvandet schöner als die vorige. Strandwälle, Lagunen ästhetisch ineinander geformt. Auf einer der Inseln deckt Mauerpfeffer die hochwasserfreien Sände mit einem gelben Blütenteppich.

Die Winde stehen günstig, ich kann segeln, fahre das alte Pouchsegel das erstemal auch am Einer ohne die Seitenschwerter, weil ich einerseits keine Lust habe, sie zu montieren, andererseits auf die Gewichtsstabilität des mit Fahrtengepäck beladenen Faltboots und den aktiven Paddeleinsatz vertraue. Und das ist ein tolles Erlebnis. Die Fahrt durchs Wasser wird nahezu geräuschlos. Wenn der Wind zulegt, gleiche ich durch eine flache Paddelstütze aus, die erstaunlicherweise in Luv und Lee geführt gleichermaßen wirkungsvoll ist. Wie auf ein Brett kann man Kraft darauflegen, während das schräg gestellte Blatt über die Wasseroberfläche huscht und die nötige Stabilität vermittelt.

Manchmal habe ich aber eher das Problem, daß mir die Augen zufallen, so sanft wirkt das lullige Schaukeln und leise Plätschern der Bugwelle. So finde ich bald ein Plätzchen für einen Schlaf hinter einem Rosenbusch. Die Abende sind lange hell hier, es kommt nicht so auf die Zeit an, eher auf den puren Genuß.

Sehr besonders gestaltet sich das Einsteigen in den besegelten Faltbooteiner. Man kommt noch nicht frei von dem behindernden Tang, das Wasser ist noch zu flach für einen befreienden Paddelschlag während das am Mast aufgebaumte Segel heftig mit ungünstigem Hebel flattert. Bis man so alles geregelt, die Schoten klariert hat, wobei die Zähne noch eine professionelle

Seilkklemme ersetzen, ist einige unangenehme Zeit vergangen. Doch endlich, der Wind bläht das Segel, der Einer spurt befreit wie auf Schienen stabil und lustvoll. Nur leider jetzt reißt der Faden am Gaffelliek des schon zwanzigjährigen Baumwollzwirns, das Zeug zerrt unruhig herum, will erstmal geborgen werden. Nur von kleiner Fock unterstützt geht es segelpaddelnd weiter Richtung Ost, während es nach West ein paar Singschwäne zieht. Das sind die mit dem gelben Fleck am Kopf.

Auf einer kleinen Insel – Kliff, Kiefernwald, Krautdickicht, Kieshaken – findet meine bewegliche Kajüte (Begriffsbildung: Bernhard Hillejan) einen guten Platz. Erst geht die Sonne blutrot unter, kurz danach in gleicher Größe und ähnlich toll gefärbt gegenüber der Vollmond auf. Man findet kaum Zeit für seine physiologischen Verrichtungen – ihr wißt schon: Quinoa, Möhren, Mehrkohl, heute etwas Käse dazu, Knoblauch ist selbstverständlich, braucht nicht erwähnt zu werden. Schließlich will auch noch im Licht der Stirnlampe das Liek genäht werden. Von dieser verlängerten Wochendtour werde ich letztlich nur die Beltquerung wirklich konsequent gepaddelt haben, ist eben keine Paddel-, sondern eine Faltboottour.

Nach dem Warmpaddeln vor dem Frühstück auf einer anderen Insel geht es vollgetakelt weiter gen Guldborgsund, getrieben von einer stabilen Brise 2-3 Bft. aus Südwest. »Riding in the Baltic Sea«. Recht schwer ist der schmale Sund hinter Vigsø auszumachen: Fockschot belegen, Großschot aus der Hand; Boot so drehen, daß man Vorausblick hat, aber nicht halsen; Kompaßkurs peilen, mit Karte vergleichen; zwischendurch einen Kaffee trinken, auch mal ein Foto machen von diesen netten Seezeichen mit dem dänisch typischen Klobürstendesign, und natürlich das Dasein genießen, denn es ist gut hier!

Der Guldborgsund zwischen Lolland und Falster erscheint als eine Fluß-Seen-Kette. Kleine Steilufer sind von einem Dickicht aus blühendem Weißdorn, Schlehen überwuchert. Reiher erheben sich majestisch in die Luft. Ein Frachter kommt mir entgegen. Und hinter einer Kurve das Ziel Nyköping, ausgezeichnet durch einen Bahnhof mit einer schnellen EC-Verbindung zurück nach Hamburg.

Dort fahren die »Gumminasen«, die weißen IC3-Triebwagen der Dänischen Staatsbahn, elegant aber eng. Platzreservierung ist Pflicht, aber dennoch wird einige Überzeugungsarbeit, wenn nicht gar schlicht Frechheit nötig, daß der dänische Schaffner mich nicht einfach aus dem Züglein rausschmeißt. Natürlich muß man erstmal die Faltbootsäcke bei der kurzen Haltezeit einfach in den Eingangsbereich hinein schmeißen. Schnell schließen sich die Türen, der Zug gleitet los. Das ist auch gut so, denn danach kann ich die Einzelteile hier und da unterbringen, die Stabtasche in einer Ecke aufrecht hochbinden. Die Eisenbahnwelt ist wieder in Ordnung und keiner fühlt sich gestört. Der Schaffner würdigt mich zwar keines Blickes mehr, aber unbescholten rollt der Dreiwagenzug auf die Fehmarnbeltfähre und weiter mit mir in den Hamburger Hauptbahnhof. Dort holt man dann den Rausschmiß nach: Den S-Bahnsheriffs erscheint die Bootswageneinheit zu sperrig, der Wortwechsel wird unangenehm. Diese Ignoranten!

zum Autor: Hans-Jürgen Staude ist mit seinen Faltbooten (E 65 und RZ 85 aus DDR-Zeiten) viel im Salzwasser unterwegs, DIE Plattform, um die Natur zu erleben und das Bewußtsein zu erweitern. Kontakt über den Herausgeber.

Mit dem Ärmel über den Kanal ...

eine Faltboottour von *Bamberg* in die englische Partnerstadt *Bedford*

von Jürgen Hoh, München

Das ist ja schon wieder zehn Jahre her! Der alte Computer muss entsorgt werden und beim Sichern der Daten erscheint der alte Reisebericht meiner bisher längsten Faltboottour auf dem Bildschirm: Die Fahrt von *Bamberg* in die englische Partnerstadt *Bedford* im März/April 1994. Zu Fuß oder mit dem Fahrrad hatte es das alles schon gegeben aber auf dem Wasserweg noch nicht, dabei bestanden seit Jahren freundschaftliche Beziehungen zum dortigen Kajak Club.

Der Plan war also, die Strecke von *Bamberg* nach *Bedford* ausschließlich auf dem Wasserweg und strikt ohne motorisierte Hilfe zurückzulegen. Die einzige Ausnahme sollte die Fähre über die Straße von *Dover* sein.

Ich starte am 7. März 1994 am Bamberger Faltboot Club. Die ersten dreieinhalb Kilometer auf der Regnitz bis zur Mainspitze sind mir so vertraut, dass ich gar nicht das Gefühl habe, zu einer langen Tour aufzubrechen, lediglich das Gewicht des randvoll beladenen Bootes ist auf dieser Strecke etwas ungewohnt. Der Main verlässt das Kraftwerk Viereth, nimmt mich auf seine Schultern und trägt mich fort. Die erste Schleuse ist überwunden, jetzt gibt es kein Zurück mehr. Noch bis *Eltmann* kenne ich den Main von anderen Kanutouren, ab der Schleuse Limbach werde ich also »Neuland« bepaddeln. Die Sportbootschleusen auf dem Main sind fast alle noch außer Betrieb, mit Erlaubnis der Schleusenwärter kann ich aber meist die große Kammer

mitbenutzen, wenn gerade ein Frachtschiff zu Tal geschleust wird. Die Ausfahrt aus der Kammer im verwirbelten Schraubenwasser der 1000 Tonnen-Schiffe verlangt von mir jedes Mal volle Konzentration und bietet ein echtes Wildwasserfeeling – nur dass die Wände dieser Klamm aus glattem Beton bestehen.
Von der Industrie, für die *Schweinfurt* bekannt ist, ist erst hinter der Schleuse etwas zu sehen. In der Ferne dampfen die Kühltürme des Atomkraftwerkes Grafenrheinfeld. Die Schleuse Garstadt allerdings macht dagegen einen völlig ländlichen Eindruck. Sie liegt gleich neben einem großen Misthaufen. Am Ufer daneben schnattern die Gänse, wie so häufig in den hübschen Dörfern des Maindreiecks.

In *Volkach* beginnt der Kanal, der die Escherndorfer Mainschleife abschneidet, ich kann also nicht durch die Schifffahrtsschleuse. Die unkanalisierte Mainschleife, die ich im Morgendunst des folgenden Tages durchfahre, hat deutlich mehr Strömung als der Main bisher und ist sicherlich eine der schönsten Abschnitte des Flusses. Bei der Fähre zwischen *Northeim* und *Escherndorf* fließt der Main in seinem flachen Bett noch mit mäandrierender Stromzunge, der halbe Fluss ist Kehrwasser, doch bei *Münsterschwarzach* muss ich leider wieder auf die Schifffahrtsstraße zurück. *Kitzingen* lasse ich vorüberziehen ohne anzulanden. Ich will schnell vorankommen, Ortsbesichtigungen kann ich besser mit dem Fahrrad machen. Auf meiner Bootstour habe ich mir vorgenommen die meisten Orte nur von ihrer Wasserseite zu betrachten und nur in Ausnahmefällen anzulegen oder wenn dies zum Einkaufen nötig ist. Kilometerfresserei? Ja – ich stehe dazu! Eine dieser Ausnahmen ist das Dörfchen *Sulzfeld am Main*. Noch ganz mit einer Stadtmauer umgeben ist es einfach zu schön, um daran vorbeizufahren. Das Straßennetz innerhalb der Mauer ist wirr und uneben, wohl typisch für den chaotischen Städtebau des Mittelalters.

Hinter der Schleuse Randersacker kommen mir schon die ersten Ruderer aus *Würzburg* entgegen. In der Würzburger Schleuse, die in einen Bogen der alten Mainbrücke gebaut ist, wird es am nächsten Morgen hinter der »WAKRO III« ziemlich eng. Zum ersten Mal kommen mir ernsthafte Zweifel, ob die Schleuserei mit den Frachtern so eine gute Idee ist. Schnell ist der Angstschweiß getrocknet und das Adrenalin abgebaut – am Ende des Dreiecks windet sich der Main wieder und ich komme schließlich nach *Gemünden*, wo die Sinn und die Fränkische Saale einmünden und dafür sorgen, dass die Strömung des Mains zunimmt. Die Sonne brennt am nächsten Tag so stark herab, dass ich sogar im Unterhemd fahren kann. Täglich passiere ich etwa fünf Schleusen und komme damit gut voran. Da meistens die kleinen Sportbootschleusen noch außer Betrieb sind, bin ich auf das Wohlwollen der Schleusenwärter angewiesen. Treffe ich dabei auf den Typ »Mister No-problem«, kann ich zeitsparend mit der Berufsschifffahrt oder sogar manchmal ganz alleine in der großen Kammer schleusen. Andere Schleusenwärter dagegen verschanzen sich hinter irgendwelchen Vorschriften und geben mir das Gefühl, hier nicht willkommen zu sein. In diesem Fall kann ich nur alles auspacken, umkarren und unten alles wieder einpacken.

Das Mainviereck hat einen ganz anderen Charakter als das Maindreieck, die Talwände sind steiler und bewaldet, also weniger Weinbau als in der Würzburger Gegend. Hier am unteren Ende des Mainvierecks bildet der Buntsandstein des Spessarts an den Tälern steile Klippen, die Straßen drängen sich an den Fluss.

Die Tauber mündet in *Wertheim*, wo der Main mit seinem Hochwasser so schnell strömt, dass ich gar nicht mehr zum Kanuklub zurückpaddeln kann, nachdem ich mir die Stadt angesehen habe. In *Miltenberg* wenig später ist der Regen so unangenehm, dass ich lieber im relativ warmen

Boot bleibe, als mir die hübsche Altstadt anzusehen. Ab *Aschaffenburg* schließlich wird der Main unattraktiv und das Wetter stürmisch. Der Rhein-Main-Ballungsraum kündigt sich an, indem sich auf einmal sämtliche modernen Verkehrsträger um den Fluss drängen. Kaum habe ich die Autobahnbrücke unterquert, so fährt auch schon der ICE über mir hinweg und alle paar Minuten befindet sich ein Flugzeug im Landeanflug auf den Frankfurter Flughafen. Bei der Fahrt durch die Frankfurter Innenstadt habe ich direkten Gegenwind, aber bei *Höchst* wird alles noch schlimmer. Dort befinden sich am einen Ufer nur Verladeanlagen, und am anderen Ufer Steinschüttungen, gegen die die Wellen der vorbeifahrenden Schiffe schlagen.

Nach acht Tagen auf dem Main erreiche ich in der Abenddämmerung bei *Mainz* den Zusammenfluss mit dem Rhein. Es ist als wenn man von einer engen Gasse heraus auf einen weiten Platz tritt, denn der Rhein hat hier eine Breite von über 500m.
Der Gegenwind hebt die starke Strömung des Rheins praktisch auf und ich komme an einem ganzen Tag nur mit Mühe bis *Bingen*. Im Binger Loch, wo der Rhein mit der Geschwindigkeit eines Wildbaches fließt, macht der Fluss einen Knick nach Norden und das Gebirge bietet manchmal Windschutz. Vorbei an romantischen Burgen, bekannten Weinorten komme ich zu dem Felsen auf dem eine gewisse Blondine sitzen soll. Ich suche vergeblich, wahrscheinlich gerade mal wieder beim Friseur...da plärrt mich jemand auf Niederländisch aus meinen Träumen und nur wenige Meter neben mir schiebt sich eine schwarze Stahlwand zu Tal – sch#@* – war das knapp! Da wäre ich doch beinah zum Schiffer im schwankenden Kahn etc. geworden ohne die Dame auch nur einmal gesehen zu haben.

In *Köln* kann ich in einem schwimmenden Ruder-Bootshaus übernachten. Die vorbeifahrenden Schiffe schaukeln mich in den Schlaf. Die Durchfahrung der Kölner Innenstadt am nächsten Morgen hatte ich mir allerdings eindrucksvoller vorgestellt. Bei dem starken Regen kommt irgendwie keine Stimmung auf und ich schalte wieder hoch in den Kilometerfresser-Modus: Hinter *Köln* beginnt der Niederrhein und der Horizont tritt ganz nah an die Ufer heran – links und rechts sind nur noch Dämme zu sehen und der Wind pfeift ungehindert über die flache Landschaft. Dafür aber habe ich ein schönes Hochwasser, das mich in Richtung Holland treibt. Ein früher Aufbruch in *Düsseldorf* und das Ruhrgebiet ist bereits am späten Vormittag durchquert. War alles gar nicht so schlimm, wie ich mir das ursprünglich vorgestellt hatte, eines der Ufer ist immer unbebaut und eignet sich zum Anlanden, auch wenn die ganze Gegend durch Industrie- und Verladeanlagen geprägt ist. Bis zum Abend komme ich nach über 100 km Tagesetappe noch bis kurz vor die niederländische Grenze nach *Rees*.

Kaum in den Niederlanden angekommen wechselt der Fluss seinen Namen, nennt sich jetzt Waal, und der Sturm zeigt mir erst richtig was er noch so alles kann, mein Zeltgestänge kaputt blasen, beispielsweise – echt toll! Bei Windstärke 5-6 quäkt mich dann auch noch der Verkehrskontrollposten in *Tiel* mit seiner immensen Lautsprecheranlage an. Ich versteh ja nur »Kanu Alcyone«, also den Namen meines Bootes, und sonst nichts von dem was die mir sagen wollen, also lande ich einfach mal direkt unter dem Kontrollturm an und klingle an der Tür. Die Treppen hoch im Kontrollzentrum werde ich freundlich empfangen. Bei dem kleinen Plauderstündchen kann ich mich wieder schön aufwärmen. Man ist einfach sehr um meine Sicherheit besorgt und gibt mir den Tipp die Waal mit ihrem starken Schiffsverkehr zu verlassen und über einen zwei km langen Durchstichkanal in die Maas zu wechseln. In *Tiel* muss ich wegen Windstärke 8 und kaputtem Zelt das einzige Mal auf dieser Fahrt im Hotel übernachten und kann über die überschwemmten Kuhweiden direkt bis zum Hotelparkplatz vorpaddeln.

Auf der Maas ist der Wind zwar noch genauso stark aber ich brauche dafür keine Angst mehr zu haben von einem der Frachter überfahren zu werden. Nur mühsam komme ich bei dem Gegenwind vorwärts und muss schließlich in der nächsten Ortschaft Schutz suchen, als mir auch noch das Steuerblatt abbricht. Diese »Strandung« in *Heusden* ist geradezu eine glückliche Fügung des Schicksals, denn ich treffe Kees, einen ortsansässigen Kajakfahrer, bei dem ich das Boot reparieren und übernachten kann. Er gibt mir noch eine Stadtführung durch den malerischen Ort und begleitet mich am nächsten Tag noch einige Kilometer.

Das nächste Ziel ist der Nationalpark »De Biesbosch«, ein sumpfiges, von Wasseradern durchzogenes Gebiet, das nur mit kleinen Booten befahrbar ist. Der Wind lässt schließlich nach, als ich den Zeltplatz »Gat van den Kerkslot« am Rande des Nationalparks erreiche – eine einfache Wiese mit Mülleimer und Infotafel, nur mit dem Boot zu erreichen.
Der Mond scheint in mein Zelt als ich gerade meinen Alutopf auslöffele, kein Lärm dringt an diesen abgelegenen Fleck vor. Was wird wohl zur Hauptsaison auf dieser Wiese alles los sein? Wahrscheinlich drängen sich dann die Zelte, schließlich ist dies die einzige offizielle Zeltmöglichkeit innerhalb des Nationalparks!

Am nächsten Morgen bemerke ich, dass das Wasser ein wenig gefallen ist. Jetzt also befinde ich mich endgültig im Einflussreich der Gezeiten. Der Unterschied macht zwar nur ein paar Zentimeter aus, hat aber leider zur Folge, dass ich das Boot zehn Meter weiter ins Wasser schleifen muss.
Die Ufer treten immer weiter zurück, ich fahre ins Hollands Diep ein. Mit dem Fernglas kann ich am Horizont schon die Häuser von *Willemstad* erkennen, auf das ich Kurs nehme. Hinter *Willemstad* ist der Damm zu sehen, der das Hollands Diep vom Krammer Volkerak trennt. Auf dem Volkerakdamm drehen sich einige der modernen Windgeneratoren und prägen als einzige Vertikale das Landschaftsbild. *Willemstad* besitzt noch eine vollständig erhaltene Stadtbefestigung und sieht wohl aus der Vogelperspektive wie ein gleichmäßiger Stern aus, überprüfen kann ich das leider nicht.

Hinter *Willemstad* muss ich die größte Kammerschleuse Europas passieren, in die passen zwar 7-8 Binnenschiffe, dafür hat sie aber nur einen Hub von etwa 10cm, bis da alle ein- und ausgefahren sind, vergeht schon mal eine Stunde. Die Durchquerung des Krammer Volkerak ist äußerst langweilig, nur einzelne Pappelkronen ragen über den gleichförmigen Horizont aus Deichen. Für mich ist es ein ungewohnter Anblick, die normalen Flussfrachter auf so einer offenen Wasserfläche zu sehen. Die Wasserstraße nach *Antwerpen* biegt hier nach Süden ab und ein riesiger Wegweiser wie auf einer Autobahn weist die Schiffe darauf hin. Schließlich erreiche

ich die zweite, sehr viel kleinere Schleuse. Diesmal bin ich allein, denn alle anderen sind ja zuvor in Richtung *Antwerpen* abgebogen. Wie von Geisterhand öffnet sich vor mir das Schleusentor und schließt sich hinter mir – keine Lautsprecheransage. Für wenige, aber endlos erscheinende Minuten bin ich in dieser Stahl- und Betonmaschinerie gefangen und fühle mich unsichtbaren Mächten schutzlos ausgeliefert. Endlich öffnet sich das Untertor und entlässt mich wieder aus diesem abgeschnittenen, gezeitenlosen Meeresarm.
Am nächsten Tag nehme ich die 8 km Überfahrt über die Oosterschelde in Angriff. Dabei nutze ich die Sandbänke in der Mitte des Meeresarms, um mir zwischendrin mal die Beine zu vertreten. Das Wasser läuft sehr schnell auf und die Sandbank versinkt einfach unter mir. Der Wind bläst derweil wieder mit Stärke 5, zum Glück aber nicht von vorne, sondern von querab. Gerade noch rechtzeitig zum Kentern der Tide komme ich an der Schleuse zum Veersemeer an. Dort paddle ich noch bis zur Dämmerung nach *Veere*, denn für den nächsten Tag ist schon wieder Windstärke 7 angesagt. Dann aber habe ich auf dem Walcherenkanal wieder den Windschutz der Uferpappeln.
Der Walcherenkanal verläuft schnurgerade von *Veere* nach Süden und macht allein in *Middelburg* einen leichten Knick. Danach sind die Hafenkräne von *Vlissingen* bereits am Horizont zu erkennen, kommen aber einfach nicht näher, obwohl ich doch rechts neben mir einen Poller nach dem anderen vorbeiziehen lasse – vom Fietspad nebenan grüßen die Radler und Spaziergänger freundlich herüber. Erst nach einer Stunde fällt mir auf, dass die Poller eigentlich gar keine Poller sind, sondern hunderte, mit der Öffnung nach unten eingebuddelte Kanonenrohre – eine interessante Variation des Themas »Schwerter zu Pflugscharen«...
In *Vlissingen* angekommen wechsele ich dann selbst auf den Fahrradweg. Auf dem Bootswagen schiebe ich mein Faltboot zum Fähranleger, wo es für das Fährticket tariflich auch kurzerhand zum Fahrrad erklärt wird. Mein nächster Weg führt mich in den Swimmingpool der Fähre...

Nach sieben Stunden Überfahrt taucht an der Backbordseite der Fähre die englische Küste aus dem Dunst auf. Nicht so unauffällig wie die niederländische Küste verschwand, erheben sich hier die Klippen der Isle of Thanet eindrucksvoll aus dem Meer. Nur schemenhaft ist dagegen das Nordufer des Themsetrichters auszumachen. Southend-on-Sea mit seiner langen Seebrücke liegt gegenüber, 10 km entfernt. Mit dem Boot auf dem Bootswagen verlasse ich die Fähre wieder vor den LKWs und PKW's, die mich auf dem langen Weg aus dem Hafengelände alle wieder überholen.

Am nächsten Morgen kann ich ausschlafen, es hat keinen Sinn früh auf dem Wasser zu sein. Mein Plan ist es, bei Ebbe zu starten und mit der extrem starken Flutströmung einer der höchsten Springfluten des Jahres, bis zum Shadwell Basin Project, einem Jugend- und Kajakklub in den Londoner Docklands hinein zu fahren. Ein paar Minuten vor 10 Uhr ist Ebbe aber auf das Wasser zu kommen gestaltet sich schwieriger als erwartet. Der Strand ist extrem flach und selbst mehrere hundert Meter vom Ufer entfernt ist das Wasser immer noch knöcheltief. Das Boot säße hier noch auf Grund, der Bootswagen aber sinkt in den Matsch ein, sobald er nur ein paar Sekunden steht. Nach scheinbar endlosem Gezerre und Geschiebe kann ich ihn endlich wegpacken und das Boot treideln bis mir selbst das Wasser zu den Knien reicht. Von Tonne zu Tonne paddle ich hinaus in den Dunst.
Mit jedem Kilometer rücken die beiden Ufer näher zusammen. Ölraffinerien und Verladeanlagen beherrschen jetzt den Horizont. Unentwegt fahren Seeschiffe ein und aus. Noch sind die Ufer mit flachen Sandbänken gesäumt die aber mit einer immensen Menge von Unrat übersäht

sind. Die Strömung wird durch die Ufer immer mehr verengt, und nimmt so an Geschwindigkeit stark zu. *Gravesend* ist erreicht und auf beiden Ufern befinden sich jetzt Hafenanlagen und Industriegelände. Als ich mit der starken Strömung an der Kaimauer entlangfahre, sehe ich wie mir ein kleines Frachtschiff um die Biegung entgegenkommt. Da ich annehme, es wird hier den Fluss queren, fahre ich näher an die Hafenmauer heran, um ihm Platz zu machen. Zu meiner großen Überraschung aber ändert es seinen Kurs und will offenbar anlegen. Leider ist es bereits zu spät, um zur Flussmitte auszuweichen und noch näher an die Hafenmauer kann ich auch nicht heranfahren, denn vor mir liegt ein Feuerwehrschiff vertäut. Von der Brücke des Frachters herab kommt ein Matrose an die Reling und schaut zu mir hinab, man hat mich also wenigstens bemerkt und verzögert das Anlegemanöver. So bleibt mir noch einen Augenblick Zeit um zwischen den beiden Schiffswänden hindurchzuschlüpfen. Die Lücke ist nur noch etwa 5 Meter breit und die Bugwelle des Frachters schlägt darin hoch. Sie hebt mich an und rollt unter mir vorbei – ich bin durch. »Tight fit!«, rufe ich dem verwundert von der Reling guckenden Matrosen nach, muss aber erstmal kräftig schlucken, denn erst jetzt wird mir die große Gefahr der Situation wirklich bewusst.

Auch diese Adrenalinausschüttung ist schnell wieder abgebaut und weiter geht es mit dem Flutstrom die Themse hinauf, Windung für Windung, vorbei an Hafenanlagen, Fabriken und Kraftwerken. An den Ufern gibt es inzwischen kaum mehr Anlandeplätze, die Sandbänke vor den Mauern und Steinschüttungen sind jetzt überspült. Die Strömung lässt bereits nach und auch meine Kraft ist am Ende. Mir kommen die ersten Zweifel, ob ich Shadwell Basin, wo ich mich bereits angemeldet hatte, noch erreichen kann. Zusätzlich zu den gewohnten Plastiktüten überhole ich jetzt Kisten, Gartenstühle, Schranktüren und ähnlichen Sperrmüll, der in den Themsefluten dümpelt.
Exakt zum Tidenwechsel sehe ich vor mir das Hochwasser-Sperrtor Thames Barrier und finde glücklicherweise gleich eine winzige Betonrampe zwischen den Uferspundwänden, über die ich den Fluss verlassen kann.
Ich rufe beim Shadwell Basin an, damit dort niemand mehr auf mich wartet. »Nein, um Himmels willen, in der Gegend kannst du unmöglich über Nacht bleiben!« höre ich da am Telefon, »Wir kommen mit dem Motorboot und holen dich da raus! In etwa zwei Stunden sind wir da, mach dich irgendwie bemerkbar.« Auch gut, mal was Neues!
Ich starre hinaus auf das Treiben am Fluss. Es beginnt schon zu dämmern und ich halte meinen Stroboskopblitz griffbereit.
Das Motorboot das da in der Dämmerung den Fluss herunterkommt und neben »meiner« Betonrampe anlegt ist eines dieser alten Holzboote, die in der Mitte einen Kasten für den Motor haben und vorne einen kleinen Stauraum. Gesteuert wird es mit einer großen Ruderpinne. »Welcome to London!«, ruft mir Stuart, der junge Mann mit Bartansatz an der Pinne zu und

streckt mir seine Hand entgegen. Das Boot ist noch mit einem halben Dutzend Jugendlicher besetzt, die eigentlich Segelstunde gehabt hätten, aber eine »Rescue Mission« viel aufregender fanden. Die packen auch alle gleich mit an und laden mein Faltboot und das Gepäck auf.

Nur langsam kommt das Motorboot gegen die Ebbströmung vorwärts. Bis London also hätte ich es geschafft, ein großes Etappenziel ist erreicht aber im Moment habe ich keinen Antrieb mehr weiterzufahren. Einige Ruhetage werden mir sicherlich gut tun nach all den Strapazen heute und in Holland. Natürlich muss ich das Stück von *Woolwich* bis zum Shadwell Basin noch

aus eigener Kraft fahren aber zunächst schwöre ich, in den nächsten Tagen erst einmal kein Paddel mehr in die Hand zu nehmen!

Nach den Ostertagen kommt Sandra mit dem Bus aus *Galway* und hat auch ihr Faltboot im Gepäck. Das restliche Stück von *London* bis *Bedford* wollen wir gemeinsam bewältigen. Allein wäre es auch kaum möglich die vielen Schleusen des Grand Union Canal und die Wehre des River Great Ouse zu umtragen. Dass ich Sandra mit dem Faltboot an der Victoria Busstation abhole, wir dort am Themseufer ihr Boot aufbauen und gemeinsam zum Shadwell Basin zurückpaddeln, statt die U-Bahn zu nehmen, ist aber wieder eine andere Geschichte.

Der Abschied am Shadwell Basin dauert, die Tide aber läuft uns davon. Noch bevor wir die Einfahrt zum Grand Union Canal erreichen kentert schon in Putney die Tide, bei etwa sieben Metern Gezeitenunterschied ist der Gegenstrom schnell spürbar. Wir müssen also bis zum nächsten Tag warten und uns die Nacht am nahegelegenen Ruderklub so gut es geht um die Ohren schlagen. »Na, meint ihr, ihr schafft es mit den Dingern nach Afrika?« fragt uns ein völlig in weiß gekleideter Typ mit Vollbart und Wüstenmütze. Sascha ist nach eigenen Angaben »professioneller Hippie« und hat wohl vor kurzem erst »The Heart of Darkness« von Joseph Conrad gelesen, denn auch die Reise von Marlow in den inneren Kongo beginnt hier auf der Themse. Er wohnt gleich nebenan in einem ebenfalls völlig weißen Lieferwagen und lädt uns erst einmal zu einer Tasse Tee aus dem Samowar ein.

80 Schleusen gibt es zwischen der Themse und Milton Keynes, wo wir in die Ouse umsetzen wollen. Noch vor der zweiten Schleuse treffen wir Erwin, einen fränkischen Auswanderer aus *Würzburg*, der hier neben der Schleuse auf seinem Hausboot lebt, weil so was in Deutschland halt nicht erlaubt ist, sagt er. Dann hat er zufällig auch noch so eine Kurbel übrig, mit der man die Schleusen bedienen kann…

Oft ist das Umtragen der Schleusen aber schneller, zumal es einige Doppel- oder Mehrfachschleusen gibt – bis zu acht hintereinander – die gleich alle in einem Aufwasch umkarrt werden können. Durch die vielen Umtragestellen geht es auf dem Kanal nur langsam vorwärts. Und nachdem der Kanal von zahlreichen Hausbootbesitzern bewohnt ist, treffen wir immer wieder allerhand interessante Leute, die viel von der Geschichte des Kanals erzählen können. So werden wir von einem Beleuchter abends ins Theater von *Watford* eingeladen, fahren auf einem originalgetreu restaurierten Narrowboat mit und besuchen in *Tring* das bekannte Naturkundemuseum.

Nach sechs Tagen verlassen wir den Kanal und die vielen bunten Hausboote in der Retortenstadt Milton Keynes. In etwa 500 Meter Entfernung vom Kanal fließt ein kleines Flüsschen, die Ouzel. Dorthin schieben wir unsere Faltboote über den rot asphaltierten Fahrradweg und setzen sie auf das matschige Ufer. Schon bald darauf gelangen wir an einen fürchterlichen Betonverhau, das Hochwasserrückhaltebecken von Milton Keynes und es folgen noch zwei kleinere Mühlwehre. Am letzten Wehr der Ouzel versuche ich mein Faltboot mit der Leine die Schräge hinunterzulassen, muss aber leider feststellen, dass die Leine einen Meter zu kurz ist. Ich muss loslassen und sehe mein Boot über die Kante in den Rücklauf kippen. Panisch stelle ich mir vor, wie das Boot inzwischen schon den halben Fluss hinuntergetrieben ist oder von der Kraft des Wassers auf den Grund gedrückt wird, während ich durch den Wald zum Unterlauf renne. Aber dort wartet bereits mein Boot brav im Rücklauf und ich kann es einfach mit dem Paddel herausfischen.

Schließlich mündet die kleine Ouzel in den River Great Ouse, der unserem Obermain sehr ähnlich ist aber an den meisten Stellen naturbelassener wirkt. An vielen Stellen fliegen immer wieder Eisvögel vor uns her, wie elektrische Funken blitzen ihre Schwanzfedern hellblau vor dem Ufergebüsch auf. Bis *Bedford* sind es noch 80 Kilometer, 8 Wehre befinden sich dazwischen. Das Umtragen dieser Wehre ist sehr mühsam denn es gibt keinerlei Trampelpfade denen man folgen könnte, da das Paddeln auf diesem Fluss ohnehin aus besitzrechtlichen Gründen nicht erlaubt ist. Die einzigen, die jedoch an uns hätten Anstoß nehmen können sind die Angler, von denen aber jetzt zur Schonzeit keiner zu sehen ist. Die Ouse fließt nicht auf direktem Weg nach *Bedford* sondern windet sich in alle möglichen Richtungen. Ich nähere mich dem Ziel der Reise mit gemischten Gefühlen. Einerseits will ich die Reise hinter mich bringen, andererseits ist die Ouse so ein schöner Fluss, dass ich gerne noch ein paar Tage hier verbringen könnte – für jede Flussschleife, die uns von *Bedford* wieder wegführt bin ich daher dankbar. Nach mehreren umständlichen Portagen und einigen aggressiven Schwänen erreichen wir am 20. April schließlich die englische Partnerstadt *Bedford* und werden dort bei den Freunden vom Viking Kayak Club sehr herzlich empfangen.

Bei all dieser Kilometerfresserei statt eines Schlusssatzes eine »trockene« Zahlenbilanz: 1272km in 35 Paddeltagen; 15 verschiedene Gewässer mit 119 Schleusen und 12 Wehren.

> **zum Autor:** Jürgen Hoh, 35 Jahre, wohnt in Bamberg, wechselnde berufliche Tätigkeiten im Erziehungs- und Medienumfeld, im Winter Skitourengeher und Telemarker, im Sommer Faltboot- und Seekajakfahrer mit eindeutiger Vorliebe für salzige Gewässer. Überzeugter Faltboot-mit-Bahn-Transportierer. Außerdem betreibt er (zusammen mit Marian Gunkel und Rainer Schröter) die Internetseite und »Mutter aller Faltbootseiten« (**www.faltboot.de**), einem Diskussions- und Informationsforum für FaltbootfahrerInnen. Kontakt via e-mail: juergen@faltboot.de

Mit dem Puffin Kajak auf dem Long Island Sound

von Ralph C. Hoehn, Norwich, Vermont USA

»Ich dachte Pakboats baut Kanus, respektive Kanadier! Ist der Puffin denn überhaupt ein Kajak?« Das mag man sich fragen und sich sodann in endlosen philosophischen Diskussionen ergehen, in denen man natürlich an erster Stelle die Begriffe Kanu, Kajak und Kanadier genau definieren sollte. Das werde ich hier nicht tun.

Alv Elvestad, der Gründer und Besitzer von Pakboats hatte sich zu einem Kurzbesuch angekündet. Er befand sich auf der Durchfahrt von Enfield im US-Bundesstaate New Hampshire, wo seine Faltbootwerft beheimatet ist, nach New York City, wo er Händler besuchen wollte. Der Besuch war uns doppelt willkommen: zum einen finden meine Frau und ich Alv und seine Ehefrau sehr sympathisch, zum anderen, weil sie zwei Puffins – die »Kajak«–Version mit einer Länge von 12 Fuß – im Gepäck haben würden. Die beiden Kajaks wollten wir auf dem Long Island Sound im Salzwasser testen.

Nach einer stürmischen Nacht lag die Windgeschwindigkeit immer noch bei 12 – 15 Knoten. Hin und wieder auch etwas mehr. Zusätzlich blies der Wind noch schräg über die auf 1 – 1,2 m abgeschwollene Atlantikdünung. Das war gerade genug, um noch für vereinzelte Schaumköpfe zu sorgen.

Der Seevogel Puffin ist im Deutschen als Papageientaucher bekannt: schrillfarbiger Schnabel, besonders als Jungtier unbeholfen im Flug ... und er taucht mit Vorliebe. Da könnte man im ersten Moment meinen, dass das nicht der ideale Namen für ein Boot sei, aber immerhin ist der Vogel extrem niedlich und mindestens dieser Umstand sollte doch wohl für einen Paddelversuch mit dem Boot Grund genug sein, oder?

Schnell stellte sich heraus, dass der Versuch sich allemal lohnt! Das wurde mir spätestens dann bewusst, als ich meinen kleinen Vogel achtlos treiben liess und mich umdrehte um ein paar Fotos von Alv zu schießen. Im nächsten Augenblick merkte ich nämlich, dass ich quer zur Welle plötzlich oben auf einem Schaumkopf saß. Und da zeigte sich, dass der Vogel, der bei der Namensgebung Pate stand, vielleicht beim ersten Flug unbeholfen sein mag, dass das Boot jedoch im Wasser genau wie das gefederte Viech völlig in seinem Element war: die Welle schwappte fast unmerklich unter mir hinweg, um kurz danach Alv von vorne zu packen.

Der Puffin hat relative hohe Seiten, dazu einen recht geringen Tiefgang, so dass er, wenn man ihn quertreiben lässt, schnell anfängt seitlich mit dem Wind abzudriften. Solange man paddelt, geschieht das nicht, denn dann weist das kleine Boot eine überraschend hohe dynamische Richtungsstabilität auf. Wenn man nur den Teil des Puffins betrachtet, der über der Wasserlinie liegt, übersieht man leicht die elegante Form des Unterwasserschiffes. Das sollte man aber nicht tun, denn gerade darin liegen die erstaunlich angenehmen Fahreigenschaften des Bootes begründet.

In dem oben beschriebenen Wellengang war es mir unmöglich, den Bug unter Wasser zu bringen. Bug und Heck haben enorme Auftriebsreserven. Ich kenne sonst kein Faltboot, welches so fröhlich über die Wellen hüpft. Deshalb war es mir auch unmöglich die Wasserdichtigkeit der auf einem breiten Klettband basierenden Verbindung zwischen dem Verdeck und dem Rumpf so richtig auf Herz und Nieren zu testen – Wasser kam auf jeden Fall keines ins Boot.

Bei Krängungstests kam bei ca. 150 Grad dann offensichtlich mehr Wasser durch meine schlecht aufgezogene Spritzdecke ins Bootsinnere als durch die Seite des Decks. Am Strand stellte ich mein Boot später auf das Heck, um das Wasser ablaufen zu lassen – es lief nicht, bis ich gut 20 cm des Klettverschlusses geöffnet hatte! Die Dichtigkeit wird natürlich nicht durch den Klettstreifen gegeben, sondern dadurch, daß man das Verdeck beim Aufbau fest und faltenfrei über den oberen Rumpfrand spannt.

Aufgrund der fast senkrechten Steven beim Puffin sind die 12 Fuss »Länge über Alles«, d.h. 3,66 m, {aufgrund der fast senkrechten Steven} ungefähr gleich der Wasserlinienlänge, und auch damit immerhin noch recht wenig. Trotzdem läuft das Boot erstaunlich gerade, wie schon oben erwähnt. Darüber hinaus sind gerade wegen des kurzen Rumpfes Korrekturzüge mit dem Paddel leicht und effektiv durchzuführen. Die Manövrierfähigkeit ist dabei natürlich enorm. Auf dem Long Island Sound musste ich meine Paddelschläge so automatisch und locker eingesetzt haben, daß ich mich nicht daran erinnern könnte, egal bei welcher relativen Wind- und Wellenrichtung, jemals bewusst links oder rechts stärker gezogen zu haben. Auch war keine Tendenz des Bootes zu spüren in die oder aus der Welle zu drehen.

Man erlaube mir an dieser Stelle einen kurzen Ausflug in die technische Theorie.
Nach der allgemein angewandten Formel dürfte der Puffin eine theoretische »Rumpfgeschwindigkeit« (sprich maximale Geschwindigkeit) von ca. 4,6 Knoten haben. Aufgrund ausgiebiger Versuche der US-Marine mit gleichfalls eleganten und schlanken Rümpfen, wie zum Beispiel die von Zerstörern, hat man festgestellt, dass bei {bis zu} 70% der theoretischen Rumpfgeschwindigkeit der größte Energieverlust durch Reibung zwischen der Bootshaut und dem Wasser entsteht. Erst dann überwiegen die durch Bug- bzw. Heckwellenbildung hervorgerufenen Energieverluste diesen Schwellenwert. Diese Energieverluste steigen allerdings sehr schnell stark an und führen dazu, dass Verdrängungsrümpfe durch Menschenkraft alleine nicht mehr über ihre Rumpfgeschwindigkeit gebracht werden können.

Wenn wir uns hier schon in die Theorie begeben, möchte ich der Vollständigkeit halber noch einen Punkt anführen: es wurden Versuche mit sehr schmalen Katamaranrümpfen durchgeführt. Diese Versuche resultierten in eine positive Modifizierung des normalerweise eingesetzten Koeffizienten zur Errechnung der Rumpfgeschwindigkeit für sehr hohe Länge-Breite-Verhältnisse. Eigene Geschwindigkeitsexperimente mit verschiedenen Kajaks unter Zuhilfenahme eines GPS-Gerätes zur Ermittlung der Geschwindigkeit bewegen mich zu dem Schluss, dass diese Erhöhung des Koeffizienten zu einem gewissen Grade auch für Kajaks zutrifft – oder anders ausgedrückt: man kann einen Puffin (sowie natürlich andere Kajaks auch) ohne den nach traditionellen Maßstäben zu erwartenden, plötzlich enorm zunehmenden Kraftaufwand durchaus über seine mittels des traditionellen Koeffizienten berechneten Rumpfgeschwindigkeit hinaus beschleunigen. Und damit wollen wir zur täglichen Praxis zurückkommen.

Die Konstruktion des Puffins ist auf ein leichtes Eigengewicht, extrem kompaktes Packmaß und simple Handhabung beim Auf- und Abbau konzipiert. Normalerweise bin ich kein Freund von seitlichen Luftschläuchen. Beim Puffin gehören sie jedoch zum integralen Konzept: eine gelungene Verbindung, ingenieurmäßig fast perfekt, der jeweils besseren Eigenschaften von Schlauchbooten und echten, auf einem in sich starkem Gerüst basierenden Faltbooten. Der Puffin ist dadurch ein Boot, was tatsächlich in der Praxis als Handgepäck auf eine Geschäftsreise mitgenommen werden kann! (Es sei denn man fliegt mit der guten alten Lufthansa, bei der das Limit von einem Stück Handgepäck immer strikt eingehalten wird und bei denen ich meinen Laptop auf keinen Fall in den Frachtraum aufgeben würde!)

Nach den ersten positiven Tests mit dem Puffin wurde eine englische Version meiner Eindrücke veröffentlicht. Und obwohl ich mit dem Pakboats-Besitzer persönlich gut auskam, trennte uns eine gewisse kommerzielle Distanz, die auf dem Produkt beruhte. Es sei hier im Sinne der vollständigen Aufrichtigkeit erwähnt, dass sich seitdem vieles ergeben und geändert hat und dass unsere individuellen Interessen sich heutzutage im Rahmen des »Folding Boat Center« stark überschneiden.. Dazu sei aber auch gesagt, das gerade diese Entwicklung seinen Ursprung nicht zuletzt in den Erlebnissen fand, die ich seinerzeit mit dem kleinen Puffin auf dem Long Island Sound machte!

Man mag es Ironie des Schicksals nennen. Ein kostspieliges und weniger gut verlaufenes Abenteuer mit asiatischer Faltbootfertigung meinerseits führte in letzter Zeit zu einer sehr positiven Entwicklung bei der Puffin Fertigung. Diese liegt nämlich heutzutage in China. Alv Elvestad, mit Recht stolz darauf, sagt dazu: »... die neuen Puffins der ›Outsourcing-Generation‹ sind endlich Realität. Wir hatten eine erste limitierte Auflage von 50 Booten als Test herstellen lassen und sind sehr glücklich mit dem Resultat. Einige Kleinigkeiten mussten wir an diesen Booten noch in der eigenen Fertigungsstätte nachbessern, aber die Boote für das Jahr 2004 sind ‚beautiful': die Qualität und das Aussehen sind besser als das, was wir hier zu produzieren imstande waren und wir konnten u.a. serienmäßig im Werk aufgebrachte Kielstreifen einführen (die wir hier nur gegen einen Aufpreis von US-$ 86 anbieten konnten) und dabei den empfohlenen Kundenpreis trotzdem um 35% senken. Wir sind glücklich!«

Pakboats hat den Puffin bewusst nicht als hochseetüchtiges oder gar »Performance«-orientiertes Rennkajak konzipiert, sondern platziert das Boot ganz bescheiden in der Rubrik »recreational kayak«, d.h., geeignet für den erholsamen Freizeitspaß. Der Leser, der einmal einen Puffin gepaddelt hat, wird jedoch bestätigen, dass man es beim Trachten nach selbiger Erholung keineswegs beim gemütlichen »Binsenbummeln« belassen muss.

Nein, in der Brandung habe ich noch keinen Puffin getestet. Gerollt bin ich damit auch noch nicht. Nachdem ich allerdings bei einem Exemplar zu Testzwecken eine einfache zusätzliche vertikale Strebe zwischen das First- und das Kielrohr im Achterschiff gesetzt hatte, habe ich mit Leichtigkeit Kenter-, Wiedereinstiegs- und Selbstrettungsmanöver durchführen können. Auch daraus will und kann ich natürlich keine zu einem »echten Kajak« gehörige Hochseetüchtigkeit

ableiten, aber es wird für mich in Anbetracht der sich bis heute bei mir sammelnden Erfahrungen mit dem Puffin immer schwieriger, die Eingangsfrage ohne Bedenken negativ zu beantworten. Vielseitig einzusetzen ist er allemal, davon zeugen nicht nur ernste Touren im Puffin wie z.B. die tagelange Erkundungsfahrt des dem Leser evtl. bekannten, eingefleischten Faltbootlers und Autoren Bill Longyard in und um Venedig!

> **zum Autor:** Ralph C. Hoehn macht seit über 30 Jahren in verschiedenen Faltbooten die Gewässer auf beiden Seiten des Atlantiks unsicher und tummelt sich seit über 10 Jahren im internationalen Geschäftsleben ... leider nicht nur mit Faltbooten. Kontakt via e-mail: FoldingBoats@aol.com

AUF DEN SPUREN DER ALTEN FALTBOOTFAHRER

Tourenbericht *Skandinavien* 2002

von Jasmin Littek & Tom Gieger (Fotos: T. Gieger)

Der typische Norwegenurlaub: Mit dem Wohnmobil zum *Nordkap* oder mit dem Postschiff an der Küste entlang fahren?! Beim Stöbern alter Reiseberichte aus den 30er und 50er Jahren reifte die Idee, den Norden Europas wie anno dazumal nur mit Faltboot, Bus und Bahn zu erkunden.

Als feste Ziele hatten wir uns nur die *Lofoten* [mehr dazu im Faltboot-Jahrbuch 2003/04, S. 75 – 82], den *Reisadal-Nationalpark* in *Norwegen* und die Flüsse im Gebiet um den *Inarisee* in *Finnland* auserkoren.

Auf ins Reisadalen!
Wir verlassen die Inselgruppen der *Lofoten* und machen uns auf den Weg weiter nach Norden, während die Tage im August langsam kürzer werden. Unsere nächste Etappe ist der zwischen *Tromsø* und *Alta* gelegene *Reisadalen-Nationalpark*. Der *Reisaelva* gibt sich auf seinen rund 100 km ab dem grandiosen *Nedrefossen-Wasserfall* in menschenleerer Wildnis bis zur Mündung in den *Reisafjord* bei *Storslett* sehr abwechslungsreich: Schnell fließende Abschnitte wechseln sich mit WW II

bis III ab und eine Vielzahl von Sandbänken bieten ideale Campstellen, vor allem im Unterlauf mit seinen vielen Mäandern.

Wir beginnen die Tour erst einmal ohne Boote und erkunden das obere Tal auf Tageswanderungen, z.B. zum *Reisafossen* bei *Saraelv*. Jetzt im August ist der Wald voller Heidel- und Kronsbeeren, und auch so mancher Pilz wandert in den Kochtopf. Aufgrund der geringen Niederschläge in den vergangenen Monate ist der Sommer mückenfrei – eine positive Überraschung, hatten wir doch noch die Schauergeschichten im Ohr über Myriaden blutrünstiger Monster. Leider ist auch der Wasserstand sehr niedrig, so daß selbst in den Mäandern die Strömungsgeschwindigkeit viel zu stark ist, um stromaufwärts zu fahren.

Angesichts der doch recht happigen Preise der dort ansässigen motorisierten Flußbootfahrer beschließen wir, unsere Faltboote in *Saraelv* zu lassen und die Tour zum Oberlauf zu Fuß zu machen. Mangels Alternative deklarieren wir einen der Hautrucksäcke zum Tourenrucksack um – eine fürwahr dumme Idee, wie sich am zweiten Tag herausstellt, trägt man doch die Last mangels Hüftgurt nur auf den Schultern. Aber wo ein Wille ist, ist auch immer ein (Leidens-) Weg. Dafür erntet man aber mitleidige Blicke der sehr gut ausgerüsteten Norweger – der Weg ist Teil des Nordkalotten-Fernwandernetzes – und wird oft auf ein Päuschen eingeladen: Rentiersuppe, Rentierfleisch, geräucherter Wildlachs, Forelle, Kaffee und Kognak. *Norwegen* kann wirklich lecker sein!

Im Land der Wasserfälle

Nach so einer Stärkung merkt man die schmerzenden Schultern nicht mehr, und wir wandern weiter, am *Mollisfossen-Wasserfall*, mit 269m der zweithöchste *Norwegens*, vorbei und können schließlich um 23:00 Uhr bei Dämmerung unser Zelt unterhalb der *Nedrefoss-Hytta* aufstellen und in den wohlverdienten Schlaf fallen. Am nächsten Tag lassen wir es zum *Nedrefossen* lang-

sam angehen und genießen die Kletterpartien in den steilen Wänden und die Aussicht vom Hochplateau. Der *Nedrefossen* wird vom *Reisaelva* gespeist, der in eine fast quadratische Kammer im Granitgestein des Hochplateaus stürzt. Ein zweiter, kleinerer Fall von der gegenüberliegenden Seite gesellt sich dazu, und schäumend tosen und donnern die Wassermassen aus der Klamm. Doch schon wenige hundert Meter weiter strömt der Fluß recht ruhig dahin. Auf dem Rückweg genießen wir die Aussichten, das immer wieder sich ändernde klare Licht des Nordens mit seinen faszinierenden Farben und die kühlen Fluten des Flusses.

Zurück in Saraelv verstauen wir unsere Sachen in unsere wartenden Boote, die friedlich am Ufer vertäut liegen und wagen uns stromab. Trotz einiger kleiner Schauer in den letzten Tagen ist der Wasserstand fast unverändert. Dies bekommen wir und unsere Kajaks leidvoll an den ersten Stromschnellen zu spüren. Und auch der Unterschied zwischen meinem Tourenfaltboot (E65) und Jasmins Wildwasserboot wird deutlich. Mein Vorteil des guten Geradeauslaufs erschwert das Durchkommen in den Stromschnellen, und ich setze des öfteren auf, während der T67 leicht auf den Wellen tänzelt. Am Abend dann, erschöpft vom Wandern und den überstanden Schwällen, landen wir auf einer romantischen, flachen kleinen Insel im Fluß und genießen die Landschaft. Leider beschließt es, die ganze Nacht durchzuregnen, und der als noch sicher eingeschätzte Zeltplatz wird zusehends feuchter. Gegen 6 Uhr wache ich auf, vom Springen der

Forellen geweckt. Was für ein Riesenfisch, oder ist er so nah am Zelt? Ich luge aus der Apsis, der Fluß ist keine fünf Zentimeter mehr vom Zelt entfernt, und die beiden Boote schaukeln bereits vergnügt im Wasser, glücklicherweise nach alter Paddlersitte abends an den kleinen Weidenbüschen vertäut. Wir springen aus den Schlafsäcken und verpacken in Windeseile unsere Siebentausend Sachen in die Packsäcke, werfen alles in die Boote und während wir mit den Füßen bereits im Wasser stehen, wird gefrühstückt. Die Insel ist doch verdächtig klein geworden!

Der Tag, anfangs immer noch etwas trübe, ist alsbald durchdrungen vom Licht, und alles leuchtet fast unwirklich aus sich selbst heraus. Stromab geht es dann weiter nach *Sappen*, wo wir uns erst einmal nachverproviantieren wollen. Da in dem kleinen Landschulheim jetzt, Anfang August, bereits Nebensaison herrscht, gönnen wir uns den Luxus eines Bettes und einer Waschmaschine nebst Trockner. Die Boote, teilentladen, liegen auf dem hohen Ufer in der Nähe der Unterkunft, vertäut und sicher. Leider müssen wir bei der Weiterfahrt ungläubig feststellen, daß jemand nachts eine Hälfte unseres Ersatzpaddels entwendet hat. Und das in *Norwegen!* Der Verdacht fällt ob des Delikts auf die Leihcanadierfraktion, die oft vom Oberlauf kommend hier stromab fährt. Möge der Unhold im Mahlstrom enden!

Stromschnellen säumen unseren Weg, wechseln sich ab mit langsamen Mäandern, im Hintergrund nur die Berge des umgebenden Fjells, voraus der Fluß. Wie schön muß doch einst Paddeln auch in Deutschland gewesen sein, in den 20er und 30er Jahren, den Hochzeiten der Faltbootpaddelei, denken wir manchmal sehnsüchtig und genießen das Paddeln im Paradies. Vorab ein Schwall, ich unterschätze den von rechts einmündenden Seitenarm und während ich denke, daß ich nun eigentlich kentern müßte, hängen ich bereits kopfunter im Wasser. Ein Angler widmet sich immer noch ruhig seinen Forellen und ich fange an, mein Boot zu lenzen. Trotz des Gepäcks paßt doch noch recht viel Wasser in so ein Boot, stelle ich erstaunt fest. Aber dank des Faserpelzes unter der Paddelkombination friere ich nicht und so kann die Fahrt weitergehen bis zu einer großen Schotterfläche, wo wir unser Lager aufschlagen. Da beide Kameras nebst Objektiven trotz der angeblich wasserdichten Packsäcke naß wurden, müssen diese erst einmal getrocknet werden. Am nächsten Tag wachen wir im Nebel auf, und als es mittags dann in einen Dauerregen überwechselt, beschließen wir, erst am folgenden Tage aufzubrechen.

Wir nähern uns dem Unterlauf, die Wochenendhäuser werden häufiger, und somit auch die Angler. Die Hänge leuchten schon in bunten Herbstfarben, hier unten nahe der Küste, und aus dem schnellfließenden Gewässer ist nun ein breiter Fluß geworden, unterbrochen nur von wenigen leichten Schwällen und kleinen Nebenbächen. Adler kreisen über uns und wir lassen uns durch die Landschaft treiben, die Bergketten am Horizont leuchten in verschiedenen Blautönen – tagelang könnten wir so dahingleiten und das Leben genießen, doch schon bald werden wir das Ziel unserer Reise, die Brücke von *Stoppel*s erreichen. Den letzten Abend verbringen wir an einer Traumstelle mit Sandbucht, springen ins eiskalte Wasser und machen uns stadtfein für die Weiterreise Richtung *Nordkap* am kommenden Tage.

Indian Summer auf finnisch

Lange haben wir über die Frage gebrütet: ist der *Lemmenjoki* doch bis *Inari* fahrbar? In dem kleinen Restaurant in *Njurgalahti* hängt eine vergilbte Titelseite vom LIFE-Magazin mit dem Bericht eines Mannes, der schon Ende der 50er einen direkten Shuttlerservice per Boot von *Inari* nach *Kultalahamina*, der Goldgräbersiedlung, angeboten hat, aber Genaueres kann man uns auch nicht sagen. Nur die Stromschnellen, die *Koski* kurz vor *Inari*, lang und wuchtig, sehen vom Ufer doch unfahrbar aus. Und ob der hoffentlich abschreckenden Wirkung erzählt uns Juhani, der Restaurantbesitzer und Flußbootfahrer in *Njurgalahti* ist, noch ein, zwei Gruselgeschichte von ertrunkenen deutschen Paddlern und verlorengegangenen Wanderern in der Gegend.

So richtig abschrecken lassen wir uns aber doch nicht und bald können wir mit den verpackten Faltbooten im Flußboot an den Oberlauf fahren. Die mitreisenden Finnen witzeln über die vermeintliche tote Schwiegermutter oder das Krokodil, und wir stellen fest, das norwegischer und finnischer Humor doch recht nah verwandt sind. Nur, lieber ein verpacktes Faltboot im Gepäck und später sich vom Fluß gemütlich durch den Herbst tragen lassen, anstatt monströs große und schwere finnische Rucksäcke tagelang durch den Wald schleppen, denken wir uns mit einem Grinsen und bauen unser Zelt am Einsatzpunkt in *Kultalahamina* auf.

Goldsucher im Regen

Gespannt lauschen wir den Goldgräbergeschichten des alten Finnen, den wir in der Schutzhütte in Kultalahamina antreffen. Die Unterhaltung gestaltet sich zuerst recht schwierig, da wir nur wenige Worte finnisch können, er selbst aber nur finnisch spricht, aber mit Händen und Füssen gelingt doch in kurzer Zeit eine angeregte Unterhaltung.
Da kommen wir auf die Idee, unseren Reiseführer zu befragen, nur leider ist dieserer eher für motorisierte Urlauber geschrieben und der Sprachteil ergeht sich hauptsächlich in hilfreiche Phrasen zur Pannenhilfe mit Sätze wie »Können sie einen Öllwechsel machen?« oder »Ich habe einen Getriebeschaden!« was aber zumindest zu Erheiterungen auf beiden Seiten beiträgt, und mit Händen und Füßen und zeigen auf Dinge gelingt dann doch eine recht flüssige Unterhaltung. Wir staunen über die Nuggets, die er in nur einer Woche geschürft hatte. Dann gesellt sich noch eine junge Finnin zu uns in die Hütte und mit ihrer Übersetzungshilfe vom Finnischen ins Englische kommen wir alle in den Genuss spannender Erzählungen.

Nach einer regnerischen Nacht beischließen wir, am nächsten Morgen die nun verwaiste Schutzhütte zu okkupieren, um unsere Siebensachen für die kommenden Paddeltage zu sortieren und in der Regenpause beide Boote aufzubauen – der Wald und das Goldgräbergebiet locken heute schon eher als im Regen zu paddeln.

Zwei Paddler im Wald
Zwei Tage später dann liegen die Boote aufgebaut am Ufer, der Morgen ist klar und sonnig. Auch wenn unsere Talseite noch im kalten Schatten liegt, es verspricht ein herrlicher Tag zu werden. Unsere einzige Sorge gilt den drei Stromschnellen, die bis *Njurgalahti* vor uns liegen. Auf der Hinfahrt war nur wenig Wasser und man traf schon eher einmal auf Stellen zum treideln, doch wie mag das jetzt nach zwei Tagen Dauerregen aussehen? Aber die Sorge ist völlig unbegründet und wir verbringen fröhliche Minuten in frohen, harmlosen Schwällen. Welch nette Abwechslung, als sonst auf dem nur träge fließenden Wasser vorwärtszukommen! Die Zeltplatzsuche am Abend gestaltet sich hingegen schwierig, sind wir doch im Nationalpark, und die eingezeichneten Campstellen liegen sehr versteckt abseits im Wald. Mehrmals steigen wir aus, wandern suchend durch den Wald und ernten manch erstaunte Blicke von finnischen Wanderern, die plötzlich auf zwei Menschen in vollem Paddleroutfit – obendrein mit Schwimmweste, GPS und Flußkarte – im Birkenwald treffen. Da aber alle Campstellen zu weit vom Fluß entfernt liegen beschließen wir, doch noch vor Sonnenuntergang in *Njurgalahti* in einer warmen Hütte zu übernachten. Ruska-Nächte können schon sehr frostig sein, und dazu noch die Aussicht auf eine leckere Schokolade, um den mittlerweile schon wieder arg reduzierten Vorrat aufzufüllen, da müssen wir nicht lang überlegen.

Nordlichter!
Am kommenden Morgen ist wieder so ein strahlender Ruska-Tag. Wir genießen die warme Herbstsonne und leise tauchen die Paddel ins Wasser. Da, am Ufer ganz in der Nähe, sehen wir ein ungewöhnliches Fahrzeug, das man eher im australischen Outback vermutet als in Finnland – und jemanden sein Faltboot aufbauen. Neugierig geworden legen wir an. Stefan, ein Deutschaustralier auf Weltreise, hat fast den gleichen Weg stromab. Er nennt uns eine nette Campsite

am Ende des *Lemmenjoki-Nationalparks*, wo er uns bald einzuholen gedenkt. Wir haben heute keine Eile, sondern lassen uns durch diese grandiose farbenfrohe Herbstlandschaft treiben. Lautlos gleiten wir vorwärts, von vorsichtigen Paddelschlägen getragen, vorbei an Steilufern, gelben Birken- und harzigen Kiefernwäldern, die sich mit leuchtend knallroten Espen im Herbstlaub abwechseln. Spät am Nachmittag – wir überlegen gerade, ob die genannte Campsite nicht bald erreicht sei müsse – sehen wir einen idealen Strand, landen an und: genau hier ist auch der Lagerplatz mit dem kleinen Holzvorrat fürs Lagerfeuer – der finnischen Nationalparkverwaltung wieder ein großes Dankeschön! Flugs ist das Zelt aufgebaut, das Feuerholz gehackt, und keine halbe Stunde später kommt auch Stefan in seinem Faltboot angelandet. Nur wenig später sitzen wir alle gemütlich ums knisternde Lagerfeuer herum, und jeder gibt ein paar Abenteuer zum Besten.

Der Tag endet mit einem kleinen Schauer, gefolgt von einem doppelten Regenbogen, der Himmel tiefrosa bis violett, eine unglaubliche Farbenpracht hier oben in *Lappland*. Doch der absolute Höhepunkt des Tages steht noch aus. Wir hocken immer noch am Lagerfeuer, als es gegen 22:00 Uhr langsam grün am Horizont aufflackert – die ersten Nordlichter erscheinen! Wir rennen zum Strand und bald ist der gesamte Himmel über uns durchzogen von wabernden Lichtbändern, die für kurze Zeit still stehen, sich wieder verändern und als Lichtstreifen oder als riesige Schleier am Firmament stehen. Lange starren wir in den Himmel und recken die Hälse, bis nach eineinhalb Stunden alles vorbei ist. Erst eine Woche später erfahren wir von Finnen in *Inari*, das es der Abend der spektakulärsten Polarlichter des Jahres war – man muß also nicht auf den Winter warten...

Eine ungewöhnliche Überfahrt

Der nächste Morgen ist windig, Wolken ziehen vorüber und als wir den Fluß verlassen und Kurs über *den Paatari-See* nehmen, kommt Wind auf. Die Wellen werden zusehends höher und vor allem Jasmin in ihrem Slalomboot hat arg mit der Abdrift zu kämpfen. Immer wieder gehen wir für einige Minuten in den Windschatten von kleinen Buchten, ungünstigerweise kommen die Wellen seitlich zum Kurs, was die Sache nicht gerade erleichtert. Größere Teilstrecken über den See fahren wir in den Windpausen, und mittags kommt eine längere Pause sehr recht, mit Marmite-Käse-Salatsandwich, Schokolade und Tee. Noch ein ausgesetzter Teil des Sees liegt vor uns, und da Stefan im Besitz einer Steueranlage ist, koppeln wir unsere drei Boote zu einem Floß und mit Stechpaddelschlägen – wie praktisch ein teilbares Paddel zu haben – geht es weiter, vorbei an verlassenen Sommerhütten und kleinen Saunahäuschen bis in die Flußmündung, wo der Wind kaum mehr spürbar ist. Leider gestaltet sich hier die Zeltplatzsuche schwierig. Ein ausgedehnter Sumpf und kleine Feuchtgebiete wechseln sich ab. Mehrere Uferböschungen werden erklommen und als Lagerplatz verworfen, bis wir endlich eine halbwegs brauchbare und trockene Stelle finden, wo wir, schon recht erschöpft von dem anstrengenden Tag, unser Lager aufschlagen. Mit reinem Birkenholz ist schlecht ein gutes Lagerfeuer hinzubekommen, es räuchert eher als das es brennt, und so kriechen wir alsbald in unsere warmen Schlafsäcke. Morgens ist es bedeckt bis nieselig. Stefan verläßt uns, um einen kleinen Umweg zu fahren, und wir nehmen Kurs auf *Solojärvi*, dem Endpunkt unserer Tour. Dort, an einem kleinen Strand an der Straße nach *Njurgalahti*, bauen wir ab, versuchen die Boote unter dem Tarp grob vorzutrocknen, und planen unsere letzte Etappe, die Wanderungen im *Kevo-Schutzgebiet* und im *Urho-Kekkonen-Nationalpark*. Aber dies ist eine ganz andere Geschichte ...

Tourinfos - - Tourinfos - - Tourinfos - - Tourinfos - - Tourinfos

Logistik: Der Transfer der beiden Faltboote und der übrigen Ausrüstung von Deutschland zum Polarkreis (*Bodø*) erfolgte nur mit öffentlichen Verkehrsmitteln. Mit der Fähre *Kiel-Oslo* (Color Line) und per Bahn ab *Oslo* über *Trondheim* bis *Bodø*, von hier weiter mit der Schnellfähre nach *Moskenes/Lofoten* (www.ovds.no). Innerhalb *Lapplands* problemloses Reisen durch das gut ausgebaute Busnetz. Rückfahrt via *Rovaniemi/Helsinki* nach *Travemünde*.

Lofoten: **Charakter:** Seekajaken und Fjordpaddeln für Fortgeschrittene, da u.U. sehr starke Gezeitenströmungen (Mahlströme) auftreten können, stark wind- u. wellenexponiert.
Anreise: Mit der Fähre *Kiel-Oslo* (Color Line), *Oslo* per Zug mit Umstieg in *Trondheim* nach *Bodö*, Lofoten-Fähre nach *Moskene-Syøa*, weiter mit Bus bis *Flakstadøya/Ramberg*,
Beste Reisezeit: Sommer, da weniger Wind und Wellen.
Einstieg: *Ramberg* auf *Flakstadøya*.
Ausstieg: Rundtour, siehe Einstieg.
Ausrüstung: Tourenausrüstung (Schwimmweste, Ersatzpaddel, Reparaturset etc.), ausreichender Schutz gegen Unterkühlung, Karte, Kompaß, GPS, Campingausrüstung, Wassersack, gutes Mückenöl und feste Kleidung gegen die Kriebelmücken an sumpfigen Zeltstellen.
Übernachten: Jedermannsrecht. Herrliche Stellen zum Campen findet man in ausreichender Zahl, allerdings ist das Anlanden bei Ebbe durch Seetang erschwert und das Gelände auch gern sumpfig. Möglichst hochgelegene, windige Zeltplätze nutzen.
Verpflegung: Supermarkt in *Ramberg*, im *Selfjord* keine Möglichkeit zum Nachkaufen, abgelegen.
Geld: Norwegische Kronen (NOK), EC-Automat nur in *Reine*, *Leknes* und *Svolvær*!
Sprache: Norwegisch, Englisch.
Sehenswürdigkeiten: Wikingermuseum *Borg*, Lofotenmuseum in *Å*, *Reine*, *Nusfjord* (UNESCO Weltkulturerbe), *Kvalvikabucht*, *Moskenestraumen*, Vogelinseln *Varøy* und *Røst*.
Infos: Norwegisches Fremdenverkehrsamt.
Literatur: Dumont Richtig Reisen: *Nord-Skandinavien*,
Karten: Teilkarten der *Lofoten* 1:50 000 in größeren Supermärkten oder den Touristeninfos (z.B. *Moskenes*). Gezeitenkalender (norwegisch: Almanac) sind rar und wohl eher in *Svolvær* oder *Leknes* zu finden.

> **Tipp:** Genügend Erfahrung und gutes Wetter vorausgesetzt, kann man dieTour mit einem Abstecher zur *Kvalvikabucht* an der Außenseite der *Lofoten* erweitern; oder für Erfahrene: über *Sund* und den *Sundstraumen* nach *Nusfjord*.

Reisaelva: **Charakter:** Wildfluß mit Schwällen, teilweise. bis WW II, stark abhängig vom Wasserstand, im Oberlauf starke Strömung, nur stromab paddelbar.
Anreise: Fähre *Kiel-Oslo*, weiter im Zug nach *Bodø* und von hier mit dem *Nordkap-Expressbus* über *Narvik* und *Tromsø* bis *Storslett*, dort Lokalbus bis *Saraelv*. Alternativ über *Schweden, Stockholm-Kiruna-Narvik*, weiter im *Nordkap-Expressbus*.
Einstieg: *Saraelv* im *Reisedal-Nationalpark*.
Ausstieg: *Storslett*.
Beste Reisezeit: Frühsommer, Herbst, im Sommer manchmal zu wenig Wasser.
Ausrüstung: Tourenausrüstung (Schwimmweste, Ersatzpaddel, Reparaturset etc.), Karte und Kompaß sind hilfreich, Campingausrüstung, gutes Mückenöl.
Übernachten: Nach Jedermannsrecht im Nationalpark, auf kleinen Inseln oder Schotterflächen (Obacht bei langem Regen in der Nacht...), nette einfache Hütte beim Flußbootfahrer in *Saraelv, Leirskole* in *Sappen*, hier ist auch ein Kanuverleih.

Verpflegung: kleiner Supermarkt in *Sappen* für Ergänzungen, großes Angebot in *Storslett*.
Geld: Norwegische Kronen (NOK), EC-Automaten in *Storslett*.
Sprache: s.o.
Sehenswürdigkeiten: *Mollisfossen* (269m, zweithöchster Wasserfall *Norwegers*) und *Nedrefossen* (in spektakulärer Schlucht), Paddeln in herrlicher Alpenlandschaft.
Infos: s.o.
Literatur: s.o., Touristen-Info *Storslett*, hier auch gute Karten.

> **Tipp:** Wer's mag kann sich mit dem Flußboot für ca. 100 Euro von *Saraelv* stromauf zur *Nedrefosshytta* bringen lassen und dann stromab paddeln, bei geringem Wasserstand empfiehlt sich eine Wanderung auf der *Nordkalotruta* ab *Saraelv* zum *Nedrefossen* und zurück, dann materialschonend ab *Saraelv* paddeln.

Lemmenjoki: **Charakter:** Wildfluß mit kleineren Schwällen, wechselt ab mit großen Seen.
Anreise: Im Rahmen einer Lapplandtour von *Norwegen* über *Karasjok/Inari*, direkt von *Deutschland* mit der Fähre nach *Helsinki* (günstig: Scandlines ab *Travemünde*), weiter im Nachtzug von *Helsinki* nach *Rovaniemi*, dort weiter mit dem Bus bis *Inari*, und Lokalbus bis *Lemmenjoki* (eventuell mit Vorankündigung da der letze Teilabschnitt im Bedarfstaxi angefahren wird).
Einstieg: *Kultalahamina* am Oberlauf des *Lemmenjoki*. Transfer im Flußboot ab *Lemmenjoki*.
Ausstieg: *Solojärvi*, mit täglich einigen Busse nach *Inari*.
Beste Reisezeit: Frühsommer bis Herbst, wobei im Herbst zur Ruska-Zeit tagsüber knallbunte Bäume mit atemberaubend schönen Nordlichtern in der Nacht wetteifern.
Ausrüstung: Tourenausrüstung (Schwimmweste, Ersatzpaddel, Reparaturset etc.), Karte, Kompaß. Eine Steueranlage ist für die Seen empfehlenswert! Campingausrüstung, gutes Mückenöl.
Übernachten: Im Nationalpark an den ausgewiesenen Zeltplätzen, am Oberlauf bis *Lemmenjoki* vom Wasser manchmal schwer zu finden oder zu weit inlandig. Danach problemlos, teilweise aber hohe Uferkanten und am Unterlauf recht sumpfig.
Verpflegung: Einkauf in *Inari*, der Supermarkt beim Siida-Museum ist gut und günstig, im »Ort« *Lemmenoki* ist nur ein Restaurant mit kleinem Kiosk für Bier und Schoki.
Geld: Euro, EC: am Otto-Automaten in *Inari*.
Sprache: Finnisch, Deutsch und Englisch.
Sehenswürdigkeiten: Goldgräberdorf *Kultala-Hamina*, das »*Lemmenjokifjell*«, Inarisee, Siida-Museum in *Inari* (alles über die Samen incl. einer tollen Nordlicht-Diashow).
Infos: Finnisches Frendenverkehrsamt, Karten und Infos über Tier- und Pflanzenwelt des Nationalparks in der freundlichen Nationalparkinfo (Siida-Museum).
Literatur: s.o., Gallei/Biczysko, Wasserwandern in *Europa: Finnland – Nordkalotte*.

> **Tipp:** Als Anschlußtour empfiehlt sich für Fortgeschrittene der *Ivalojoki* oder der *Inarisee* mit seinen unzähligen kleinen Inseln, allerdings u.U. stark wind- und wellenexponiert. Oder warum nicht einfach im Herbst eine Wanderung im *Kevo Schutzgebiet* bei *Karigasniemi* unternehmen und im *Urho-Kekkonen-Nationalpark* Bär, Wolf und Schneehase »Gute Nacht« sagen?

> **Info / Kontakt:** Die Fahrten in Skandinavien haben wir im Klepper T67 (Jasmin) und im KTW E 65 (Tom) unternommen, deren Baujahre deutlich vor unseren liegen ... Paddelnderweise sind wir sonst meist auf der Ilmenau zwischen Uelzen und Lüneburg anzutreffen. Infos zu den Touren und Anfragen bezüglich Diavorträgen bitte via email an: 450s@gmx.de

Fahrrad und Faltboot

Von G. Hoffmann, Hamburg

Ich kann mich noch gut an Zeiten erinnern, als man mit dem Zug nahezu jeden größeren Ort im Lande mit dem Zug erreichte, jeder sich das Bahnfahren leisten konnte und es nicht so wichtig war, ob man ein Auto besaß. Stau und Gewässersperrungen waren nur ein Gerücht, das vom Westen her kommend die Runde machte. *(Nun, das vermeindliche Paradies hatte auch seine Schattenseiten, die man wohl problemlos in jeden Geschichtsbuch nachlesen kann)* ...

Heute sieht die Sache ganz anders aus; ich werde ungläubig – und teils auch mißtrauig – angesehen, wenn ich mich oute und zugebe, noch nie ein eigenes Auto besessen zu haben. Wieso auch: Ich paddle seit 1984 und habe nie ein eigenes Auto gebraucht und nur sehr selten war es notwendig, daß mich jemand mitnahm. Es ist eben alles eine Frage der Planung.

Seit die Bahnpreise in die Höhe schnellten und massenhaft Bahnstecken dichtgemacht wurden, träumte ich davon, Faltboot mit Fahrrad zu kombinieren. Von anfänglichen Teilerfolgen beflügelt, versuchte ich es immer wieder. Doch manchmal bedarf es einiger Schiksalsschläge bis die Not so groß ist, das man nicht mehr anders kann, als das Problem nun endgültig einer praktikablen Lösung zu zuführen!

Eines der beiden Schlüsselerlebnisse war die Zerstörung meines E65 auf der Warnow. Als ich merkte, dass der Wasserstand gefährlich hoch war, hatte ich mit den sperrigen Boot bereits keine Chance mehr, den Kurs zu ändern. Die nächste sichere Stelle zum Aussetzen war in Sternberg, doch so weit sollte ich nicht mehr kommen. Bevor ich Weitendorf erreichte, war das

Gerüst meines E65 nur noch ein Haufen Brennholz. Wäre es mir problemlos möglich gewesen, das Boot 20km über Land zu transportieren, hätte ich wohl heute keinen Klepper.

Das Zweite ereignete sich, als es mich in die Nähe von Hamburg verschlug: Ich hatte kaum eine Chance eines meiner verbleibenden Boote in die Nähe eines Gewässers zu bringen. Grauenhaft! Der schlimmste anzunehmende Zustand war eingetreten: Ein vollkommen neues Revier vor der Haustüre und ich habe keine Möglichkeit es zu erkunden!

Ich hatte schon einige Male probiert, ein Falt- oder Schlauchboot auf dem Fahrrad zu transportieren. Es war aber nie zufriedenstellend – und meist auch nicht ganz ungefährlich, wenigstens für den, der die Theorie nicht von der Realität unterscheiden kann. Wer schon einmal mit einem prallgefüllten und schwergewichtigen Rucksack auf dem Rücken Fahrrad gefahren ist, wird dieses nachvollziehen können. Ich habe es probiert und nur mit Mühe konnte ich – vom Auf- und Absteigen einmal abgesehen – 10km am Stück durchhalten.

Tatsache ist: Ohne Bootswagen (Fahrradanhänger) läuft nichts. Die Kombination Schlauchboot und Sackkarre hatte ich schon getestet, war aber zum Ergebnis gekommen, das es eher für Kurzstrecken geeignet ist, denn bedingt durch den hohen Schwerpunkt, reagieren diese Teile empfindlicher auf Bodenunebenheiten. Zudem muß man langsam fahren, damit der Anhänger nicht ständig umkippt. Der Eckla Bootswagen Foldy sagte mir allein schon aus diesen Gründen nicht zu. Außerdem besteht er aus so vielen beweglichen Teilen, daß ich bezüglich des Einsatztes als Fahrradanhänger äußerst skeptisch bin, ob er den Belastungen gewachsen wäre.

Nun, der »Alu-Lite« ist nicht sehr geräumig und ich brauchte also kleine Räder und kleines Packmaß. Nach langen Suchen traf ich auf den »Oker« der Fa. Zölzer. Dieser erschien mir als optimaler Kompromiss. Es gab noch etwas Ärger wegen der Schaumräder, aber mit Luftbereifung ist er einfach unschlagbar! Nachdem ich die Räder gewechselt hatte, entschloß ich mich nun endlich, das Faltrad zu kaufen. Das »Dahoon Pesto« hatte es mir schon angetan, als ich es Monate zuvor zum ersten mal im Fahrradladen gesehen hatte. Die Möglichkeit, das Faltrad unter Deck zu transportieren, hielt ich anfangs zwar für wünschenswert, aber in Anbetracht der Abmessungen für ausgeschlossen. Als Einsatzbedingungen legte ich eine Anfahrtsstecke bis 25km fest und eine Seegängigkeit von 3bft. Mehr wollte ich der Hecklast nicht zumuten. Es war klar, daß nur selten das »Komplettpaket« zum Einsatz kommt. Innerhalb dieser Grenzen aber erfüllt diese Kombination zuverlässig meine Erwartungen. Nur habe ich es hier mit einen anderen Revier zu tun, ich hatte mich bei der Definition der Einsatzbedingungen an meine Erfahrungen aus Mecklenburg-Pommern gehalten. Jeder Fluß in der Nähe von Hamburg fließt letztlich in die Elbe. Ein unabhängiges, flächendeckendes Gewässernetz konnte ich hier nicht finden, zudem Bahnlinien oftmals weit landeinwärts verlaufen.

So kommt man am Faltrad einfach nicht vorbei, doch mit dem Faltrad an Deck auf der Elbe zu fahren, erscheint mir bei dem Schiffsverkehr doch zu gefährlich zu sein. Das Faltrad muß also irgendwie unter Deck! Offensichtlich mußte ich den dafür notwendigen Platz schaffen, also das Boot verlängern! Obwohl ich diesbezüglich recht erfolgreich war, gab es noch ein paar Punkte, die ich nicht zur vollständigen Zufriedenheit lösen konnte. Da ich aus Kostengründen nicht auf Orginal-Klepper-Ersatzteile zurückgreifen konnte, mußte ich improvisieren.

Der Aufbau ist wegen der Toleranzen bei den unterschiedlichen Rohren doch um einiges aufwendiger als er sein könnte und bei der Spritzdecke fehlte mir einfach die Möglichkeit, diese vernünftig zu befestigen.

Beim Beladen ist die Position des Faltrades im Boot eher unpraktisch. Als Bernd behauptete, er könne sein Dahoon Presteo im Heck seines Nautiraid 416 verstauen, wenn er das Vorderrad ausbaut, stieg bei mir die Versuchung, es beim Alu-Lite ebenfalls zu testen.

Es sind aber dafür noch ein paar kleinere Umbauten am Faltrad notwendig. Das Faltrad wird dafür in seine 5 Hauptbestabdteile zerlegt. Das Faltrad-Heck bildet die Basis, richtig zwischen Spant 3 und 4 positioniert, hilft es, Dellen im Unterwasserschiff zu vermeiden. Darauf wird das Vorderteil des Rahmens und der Lenker positioniert. Die Sattelstütze kommt von hinten, so das der Sattel in der Hinteren Sektion liegt. Ganz oben drauf kommt das Vorderrad. Die Firstleiste überragt ein wenig die Nabe. Der Reifen drückt gegen das Verdeck, er kann so dafür sorgen, das spitzere Teile von der Vorderradgabel und Lenker nicht mehr mit den Verdeck in Berührung kommen. Bei dieser Art der Lagerung kann es leicht zu Kratzern kommen, deshalb war mir ja auch ein Alu-Rahmen wichtig. Die Deichselstangen des Bootswagen verschwinden problemlos in der Bordwand, der Rest findet noch zwischen Spant 4 und Hecksteven Platz.

Das Boot scheint mit dem Faltrad im Heck besser im Wasser zu liegen. Inwieweit sich dieses auf die Geschwindigkeit auswirkt, können nur langfristige Test eine schlüssige Auskunft geben. Jedenfalls kann ich es jetzt riskieren, unterwegs zu segeln (kiten). Mit einem luftgepolsterten Sattel hatte ich schon im Sommer experimentiert und so die Anfahrt auf 40 km verbessern können. Ein größeres Ritzel am Hinterrad muß ich aber erst noch montieren lassen. Bei Fahrten mit Anhänger brauche ich weniger Übersetzung. Ich hätte einen »nullten« Gang einfach häufiger gebrauchen können als den »Dritten«. Auf die geplanten zusätzlichen drei Gänge werde ich wohl vorerst aus Kostengründen verzichten müssen, wenngleich es hin und wieder vorgekommt, daß ich andere Radwanderer – trotz Faltrad und Anhänger – überhole.

Bei Wochenendtouren muß die Campingausrüstung wasserdicht verpackt auf dem Heck festgeschnallt werden. Beim Minimieren der Ausrüstung habe ich mittlerweile viel Erfahrung sammeln können/müssen. So kann ich jetzt mein Alu-Lite, das Faltrad, die ganze Campingausrüstung und all die sonstigen, für mich notwendigen Dinge mitnehmen – beim Packmaß meines alten RZ-85.

Trotz allem stören mich immer noch die vergleichsweisen hohen Aufbauzeiten, obwohl ich diese im Laufe der Zeit schon deutlich senken konnte. Normalerweise wird es wohl kaum jemanden stören, eine halbe Stunde zum Aufbauen des Bootes zu brauchen, aber bei Touren, bei denen man häufiger und/oder großräumig umtragen muß, wird jede Aufbauminute doppelt ins Gewicht fallen und den allgemeinen Fahrspass mindern.

Im Nachhinein kann ich sagen, daß der Alu-Lite von Klepper ist nicht der beste für diesen Zweck ist, aber wenn es mit diesem funktioniert, dann ...

zum Autor: G. Hoffmann wohnt in der Nähe Hamburgs, Fachinformatiker. Kontakt via e-mail: fghpw@web.de

Bei Rittlinger hätt's gestanden ....

oder

die Beschreibung einer lange zurückliegenden Erstbefahrung.

von Judith Steinbacher-Rittlinger

Als ich gefragt wurde, ob ich nicht einen Beitrag zu diesem Almanach leisten wolle, ob mir eine Anekdote oder eine Erinnerung an meinen Vater Herbert Rittlinger einfiele, war meine erste Reaktion: Es wurde von ihm selbst doch alles beschrieben, was mit dem Paddeln und unserer Familie zusammenhängt, besser als es ein Familienmitglied oder wer auch immer könnte. Aber nach längerer Überlegung fiel mir auf, dass niemals etwas über unsere Griechenlandreise 1965 veröffentlicht worden war. Da hatte H.R. – wie ich ihn der Einfachheit halber nennen werde, wohl einfach Ferien.

1965 – das ist lange her, erwarten Sie also bitte keine detaillierte Flußbeschreibung von mir, obwohl mir die Erstbefahrung des Pinios in Thessalien noch in lebhafter Erinnerung ist.
Ob es wirklich eine Erstbefahrung war, lässt sich so genau nicht sagen, auch damals nicht. H.R. ging einfach davon aus, weil er in der einschlägigen Literatur nichts gegenteiliges finden konnte und Erstbefahrungen einfach spannender sind als Altbekanntes.
Es war April, mein Vater hatte in diesem Jahr die Arbeit an einem großen Roman beendet, ich, die Tochter, hatte eine Pause zwischen Praktikum und beginnendem Studium im Herbst – wir hatten viel Zeit, ein absoluter Luxus aus heutiger Sicht, und da wir schon einige Jahre nicht mehr zusammen gepaddelt waren, machten wir daraus ein Fest.
Schon die Anreise mit dem voll beladenen Opel Kapitän gestaltete sich so gemütlich und ausladend, wie bei anderen Menschen der ganze Urlaub. Jedenfalls kamen wir erst nach 14 Tagen an unserem Startplatz bei Trikala unterhalb der Meteora Klöster an.

Eine herrliche Landschaft! Der Pinios dürfte dort etwa die Hälfte seines Weges zurückgelegt haben – er entspringt im südlichen Pindos-Gebirge und mündet nach 205 km unterhalb des Olymp in die Ägäis – und mäandert durch ein kilometerbreites Geröllbett, bevor er die letzten

Berge hinter sich lässt und in das fruchtbare Thessalische Hügelland fließt. Auf steilen Felsnasen thronen darüber die altehrwürdigen Meteora Klöster.

Dort wurden wir schon sehnsüchtig von einem Geschwisterpaar erwartet, nennen wir sie Annette und Holger, die wie meine Freundin Fränzchen mit dem Zug angereist waren, um mit uns auf Fahrt zu gehen. Annette und Holger kannten wir vorher nicht. Holger war Leser und Verehrer von H.R., ein sportlicher junger Mann von etwa 19 Jahren, der aber ziemlich wortkarg war und in Gegenwart seiner Schwester völlig zu verstummten pflegte. Annette bestritt dafür sämtliche Konversation. Sie war fast 10 Jahre älter als ihr Bruder und schwamm in mütterlicher Fürsorge. Sie teilten Aerius und Zelt, worin sicher die Ursache für Holgers stundenlange Wanderungen fernab jeglicher menschlicher Gesellschaft während unserer gemeinsamen Reise zu suchen ist.

Eine der vielen Mäanderschleifen des Pinios kam zum Glück der Straße oberhalb Trikalas so nahe, daß wir einen idealen Startplatz fanden, mit genügend schnell fließendem und herrlich klarem Wasser. Zu dieser Jahreszeit hat ein Gebirgsfluss schließlich genügend Wasser – dachten wir. Wir fuhren also los, H.R. und die Tochter vorneweg in den Einern, dahinter das Aveckle mit dem Küchenschiff und Freundin Fränzchen vorne drin, gefolgt vom Aerius der Geschwister. Zur Ergänzung des Bildes muss erwähnt sein, dass Fränzchen 1,85 m groß war, also ein echtes Gardemass hatte, meine Mutter, aber gerade 1.59 m maß und um als erfahrene, Wildwasser erprobte und verantwortungsbewusste Bootsführerin den Überblick zu behalten, fast den Hals verrenken musste.

Wir kamen ungefähr 150 Meter weit, dann hatte sich das herrlich sprudelnde Gebirgswasser so wunderschön gleichmäßig in viele kleine Arme verteilt, dass zuerst die Zweier, aber bald auch Vater und ich laufen mussten. Es wurde ein schöner langer Wandertag. Obwohl wir wirklich früh morgens gestartet waren, sahen wir am späten Abend immer noch die berühmten Klöster in voller Pracht. Endlich, kurz vor Sonnenuntergang schafften wir es, sogar paddelnderweise, um eine Bergnase herum, fanden einen idyllischen Zeltplatz hinter einer malerischen alten Türkenbrücke und waren den verdammten Klöstern entkommen.

An den weiteren Flußverlauf kann ich mich nicht mehr so genau erinnern, wir hatten aber auf alle Fälle bald mehr Wasser, es verlief sich nicht mehr im Geröllbett. Rechts und links lagen erst

Weiden, später fuhren wir zwischen hohen Lehmufern hindurch. Aber ein paar lustige Begebenheiten weiß ich noch genau. Einmal sahen wir schon von Ferne eine Gruppe bunt gekleideter, fröhlich schnatternder Frauen am Fluss Wäsche waschen. Sie sahen uns nicht. Es war so außerhalb ihrer Lebenserfahrung, dass jemand auf dem Fluss kommen könnte, dass wir, ausnahmsweise alle schweigend, schon fast vorbei waren, als ein Steuer klapperte und uns verriet. Eine Frau stieß einen hellen spitzen Schrei aus. Ein paar Sekunden standen etwa zehn Frauen wie die Salzsäulen im knietiefen Wasser, dann kam Bewegung in die Szenerie. Die einen schrien und winkten uns wild heran, andere rannten die Uferböschung hinauf und holten Verstärkung. Wir mussten beidrehen und waren in kürzester Zeit vom ganzen Dorf umringt. An eine Weiterfahrt war an diesem Tag nicht mehr zu denken. Wir waren eine Sensation, die musste gefeiert werden, wir waren der willkommene Anlass. Die Menschen dort waren so herzlich und gastfreundlich, da ist uns das Bleiben nicht schwer gefallen.

Ein andermal war ich den anderen Booten ein ganzes Stück voraus gefahren, der Fluß wurde enger und hatte einen ordentlichen Zug. Grad schön war's. Es ging um eine leichte Kurve herum, die Sonne glänzte auf dem Wasser, da bemerkte ich im letzten Augenblick, daß ich schnurstracks in den Schlund einer großen geflochtenen Reuse gezogen wurde. Irgendwie habe ich es geschafft, aus dem Boot zu springen und mit der Treidelleine das endgültige Versenken meines Bootes so lange zu verhindern, bis familiäre Hilfe kam.

An einem der hohen Lehmufer sahen wir am Rand eine Herde Tiere, bunt gemischt: Schafe, Ziegen und Schweine! Wir grunzten hinauf, die Schweine grunzten zurück. Plötzlich brach oben eine Grasnabe ab, mit einem vorwitzigen Schwein darauf, das gerade noch auf uns herunter geäugt hatte, kam den Steilhang heruntergesaust und versank im Uferschlamm. Es war durch das Geschehen so geschockt, dass es keinerlei Anstalten machte, nicht zu ertrinken. H.R. war als erster zur Stelle und klopfte dem Tier, von dem nur noch der Rüssel herausschaute, ordentlich auf den nicht mehr sichtbaren Hintern, bis seine Lebensgeister wieder mobilisiert wurden. Es begann zu strampeln und konnte sich endlich selbst aus der misslichen Lage befreien. Lehm verschmiert und unwirsche Töne von sich gebend kletterte es wieder zu seinen Artgenossen zurück.

H.R., der jede Reise, ob in unwegsamen Urwäldern oder in Mitteleuropa, minuziös anhand von Karten vorbereitet hatte, wusste, daß es kurz vor dem berühmten Tempital eine Schlucht gab, von der es weder eine Beschreibung noch einen typografisch erkennbaren Verlauf gab: also anschauen. In solchen Situationen hatte ich das Glück »zum Stab« zu gehören. Wir genossen das beide. Also machten Vater und Tochter sich auf zu einer Tageswanderung Richtung Schlucht. Um es vorweg zu nehmen – erreicht haben wir nichts. Es war einfach ein herrlicher Tag. Ausgerüstet mit einem kleinen Rucksack voll Proviant und einer Flasche Rotwein wanderten wir über ein Hochplateau, begegneten einer seltenen Schlangenart, stiegen in ein traumhaftes Tal mit alten Platanen hinunter, lagerten im Schatten, badeten und sahen, wo's in die Schlucht hineinging. Weder von unten noch von oben konnten wir etwas über den Flussverlauf und dessen Schwierigkeitsgrad ausmachen. Also sind wir unverrichteter Dinge, aber sehr zufrieden mit uns, wieder zurück marschiert. Die Schlucht wurde umfahren, ein netter Bauer hat unser ganzes Zeug per Traktor am Ende der Schlucht wieder abgeladen.

Dann ging es durch das Tempital. Wir waren gut vorbereitet. Was erwartet man von einem Tal, in dem sich in der Antike Quellnymphen wegen männlicher Anmache in Bäume verwandelten, (was Strauß zu seiner Oper »Daphne« inspirierte) und Goethe die schöne Helena in Faust II sich dort tummeln lässt? Es war hübsch, Platanen gesäumt, aber schon 1965 ging die Hauptverkehrsstraße hindurch, was die Idylle leicht beeinträchtigte. Inzwischen, so habe ich dem Internet entnommen, werden Kanufahrten von dort bis zum Meer angeboten. Wir waren sehr schnell durch. Danach wurde es dafür echt spannend.

Wir dachten, wir wären gleich an der Mündung ins Meer und waren schon in wahrer Vorfreude. Da versperrte uns eine alte, halb verfallene Brücke die Weiterfahrt. Rechts davor lag eine Sandbank, auf der wir aussteigen konnten, aber ob es eine Durchfahrt gab war nicht zu erkennen. Man sah große Mauerteile darunter, dazwischen angeschwemmte Bäume und was ein ehemaliger Gebirgsfluß so alles mit sich führt, dazwischen spritzte und strömte es. »Hinuntergehen und anschauen«, sagte H.R. Wir machten lange Gesichter. Außer der Sandbank sah alles recht mühsam aus, steile Böschungen, Lehmabhänge, dichtes Gebüsch und hoher Uferbewuchs. Wir wollten endlich ans Meer. »Ich fahre« sagte der sonst so wortkarge Holger und ging zielstrebig zu seinem Aerius. »Es ist zu unübersichtlich, du musst das anschauen«, beharrte H.R.. Aber was macht man mit einem fast erwachsenen jungen Mann, der nicht zur Familie gehört, stur ist und nicht hören will, auch wenn er ein Fan ist. Man gibt ihm wenigstens gute Ratschläge. Ich fand es sehr spannend, ich wollte auch lieber fahren. Also, Holger bereitete sich vor, kramte Spritzdecke und Wildwasserschürze heraus und war von seinem Vorhaben nicht abzubringen. Annette bettelte, jammerte, rettete, als alles erfolglos war, ihre Habseligkeiten aus dem Boot und gab ihren angestammten Platz im Aerius preis. Dann fuhr Holger los, wir schauten interessiert hinterher, d.h. nicht alle, H.R. war nicht mehr da. Er hatte die Machete genommen und sich einen Weg durch das Uferdickicht geschlagen, um im Notfall vor Ort zu sein.

Also, Holger verschwand unter der Brücke. Wir sahen noch kurz seinen Kopf, dann die Heckspitze des Aerius in einer virtuosen Pirouette, ein bisschen Spritzwasser – Ruhe. Annette schrie »Hoooolger, Hooolger« und rannte über die Sandbank. Dann wurden auch wir aktiv. Dank Papa, der den Weg vorbereitet hatte, waren auch wir nicht Beteiligten schnell unterhalb der Brücke. Dort sahen wir die Bescherung: Die Brücke war unpassierbar. Bäume lagen so verquer zwischen den Blöcken, daß ein Durchkommen unmöglich war. Holger stand schlotternd an Land, eine lange Schramme diagonal über dem Rücken.

Das Boot hing verschlungen zwischen dem Geäst, Kleinholz. Er hatte Glück gehabt, weil er hinten saß, sich irgendwie noch rausdrücken konnte, bevor der Wasserdruck auch ihn eingeklemmt hätte, mein Vater hatte ihn an Land gezogen.

Tja, es hat dann ziemlich lange gedauert, bis die Aerius Reste geborgen waren. Es war einiges verloren gegangen, für die Geschwister war die Reise zu Ende. Das Meer erreichten wir ohne sie.

Zum Abschied klopfte mein Vater Holger freundschaftlich auf die Schulter und meinte: »Das nächste Mal erst bei Rittlinger nachlesen. Da steht: ›Hindernisse immer erst von unten anschauen…‹«

> **zur Autorin:** Judith R. Steinbacher wurde als einzige Tochter von Herbert und Marianne Rittlinger in Altenmarkt an der Alz geboren, ist am idyllischen Seeoner See aufgewachsen und immer dem Wassersport treu geblieben, allerdings im Lauf der Jahre mehr der Taucherei und jetzt dem Hochseesegeln. Aber rund um den Chiemsee wird auch noch gepaddelt. Sie lebt und arbeitet als Kinderbuchautorin und Malerin mit Mann und zwei – schon erwachsenen – Söhnen in München. Kontakt via e-mail: JRSteinbacher@aol.com

KARL-UDO BAUT FÜR DIE KATZ

Faltboothaut: Versuch eines Selbstbaus (Teil 2)

von Karl-Udo Oelze, Burgdorf

Das Gerüst des Pionier 450 S liegt aufgebaut im Flur, die beiden Samtpfoten freuen sich wieder über die Kletterburg, ich raffe mich mal wieder auf ...

Die Schablone vom Unterschiff, die mir Rainer S. aus Bonn zugeschickt hat, wird wieder über das grob vorgemusterte Unterschiff gelegt und aufgemalt. Bei der weiteren Arbeit verzichte ich auf das Spannen des Unterschiffes mittels Ösen und Gurten am Gerüst. Ich nehme Leimzwingen und befestige damit von der Cockpitmitte aus beidseitig zuerst nach vorn und später nach hinten das Unterschiff und male den späteren Nahtverlauf ca. 5 mm weiter nach innen. Die Position der Spanten wird auch angezeichnet.

Tothölzer – eine durchaus lebendige Materie !

Da ich keine Original–Tothölzer habe, muss ich diese nachbauen. Tom G. aus Göttingen schickt mir eine Schablone zu, damit ich zumindest die Stevenform nachbauen kann.

[Anmerkung der Redaktion: in furchtbar dicken Wörterbüchern findet man wohl den Begriff Totholz. Z.B. Band 28 der Brockhaus Enzyklopädie meint, dieses sei der Teil des unter dem Wasser liegenden Schiffskörpers, der nicht als Laderaum o.ä. genutzt werden kann. Bei älteren Faltbooten sind das fest mit der Haut verklebte und verschraubte, gebogene Bretter, die dementsprechend nie aus der Haut heraus genommen werden können. Solange sie nicht unter Fäulnis leiden, sind sie recht nützlich, insbesondere zur einfachen Verschraubung der Metallbeschläge an Bug und Heck.]

Bei den Original-Tothölzern der Pionier-Falter ist vorne eine Nut, in welche die zusammengenähte Haut gestopft wird, genial einfach – von der Logik – für mich aber nur schwer nachzubauen. Ich baue zunächst das Heck-Totholz, denn durch den relativ steilen Anstieg ist das nicht ganz so schwierig wie beim Bug. Ich zeichne zunächst nur genau an, denn die Steven will ich erst nach dem Zusammennähen von Ober- und Unterschiff fertig stellen, da sonst das Umstülpen auf links zum Nähen zu schwierig wird.

Wie krieg ich raus, wo die Naht sein müsste ?

Das Oberdeck ist soweit fertig, Vorschiff, Seitenteile und Heck sind zusammengenäht, die Spantenpositionen angezeichnet. Leider habe ich zum jetzigen Zeitpunkt nur weißen Rasant-Faden, die krummen Nähte sehen doch arg übel aus. Ich will das Ganze jetzt erst mal mit Heftklammern zusammen tackern und probeweise aufbauen. Zum Glück ist das PVC relativ dünn, sodass die Klammern leicht durch Ober- und Unterschiff durchgehen. Wieder von der Mitte ausgehend, tackere ich im Abstand von ca. 40 cm, komplett pro Seite bis auf die letzten 35 cm, die müssen ja zum Umstülpen offen bleiben. In die Haut (auf links) wird probeweise das Gerüst reingebaut, kaum Spannung, ist klar, da ja die Steven noch offen sind und die später innen liegenden übereinander lappenden Kanten des Ober- und Unterschiffes noch außen liegen. So zeichne ich jetzt die spätere Naht genau an. Nach dem Abbau wird das Ganze in 5 – 8 cm Abstand geklammert.

... und wie krieg ich die Naht hin ?

So, jetzt kommt der spannendste Teil, das Nähen. Meine Adler 30/1 hat leider keinen Motor, sondern nur eine Handkurbel. Die Maschine schiebe ich in die Lücke des auseinander gezogenen Esstisches, sodass ich eine längere Auflage habe; denn ich muss hinten schieben, vorne ziehen – insgesamt 450 cm lang – und mit der rechten Hand noch die Handkurbel drehen. Das ganze ist eine Sch...arbeit, die Naht gerade hinzukriegen fast unmöglich. Da ich Rasant 20 verwende, ist auf der Unterspule auch nur Platz für ca. 200 cm, sodass ich nach einem Drittel neuen Unterfaden aufziehen muss.

So richtig Freude kommt nicht auf. Nachdem ich eine Seite fertig genäht habe, baue ich noch mal das Gerüst rein, sieht eigentlich ganz gut aus, wenn nicht – ja, was ist das für ein Mist? Ich hab zwar das Oberdeck auf links gedreht, aber leider vor dem Tackern das Unterschiff nicht umgedreht. *[Wie war das? Karl-Udo näht für die Katz?]* Die ganze Naht wieder auf, Frust groß, alles in den Abstellraum gefeuert und wochenlang Pause ...

Die üblichen Vorsätze zum neuen Jahr

Kurz vor Weihnachten kann ich im Versteigerungshaus meines Vertrauens eine Schusternähmaschine Claes 200/2 mit Untertisch und Fußantrieb ergattern. Der Transport geht einigermaßen über die Bühne, zum Schleppen braucht man allerdings starke Hilfe. Die Aussicht auf angenehmes Nähen motiviert mich erheblich, sodass ich mich zu Beginn des Jahres 2003 wieder an die Arbeit mache. Die Adler wird auf den Claes-Tisch gesetzt, da die Claes-Maschine noch nicht funktionstüchtig ist. Ober- und Unterschiff werden jetzt richtig zusammen getackert, Gurte für die Befestigung der D-Ringe werden ebenfalls gleich fixiert. Vor dem Nähen noch mal das Gerüst reinbauen und dann geht's los. Welch ein Fortschritt, mit dem Fußantrieb geht's echt prima, ich muss mich nur noch aufs Schieben und Ziehen konzentrieren und nach ein paar Stunden sind die Teile zusammen

genäht. Noch links herum wird das Gerüst reingebaut, es passt einigermaßen. Nun kommt eine schwierige Arbeit, das Umstülpen der Haut. Da die Steven noch offen sind, geht es recht gut und nach gut einer Stunde liegt die Haut vor mir, das Gerüst ist schnell reingebaut, die Steven werden vor dem Spannen des Bodens mit Schraubzwingen befestigt. So sieht das Ganze doch schon recht gut aus, ich baue auch Sitz und Lehne ein und setz mich rein, welch ein Gefühl!

Karl-Udo glaubt an den Erfolg – der Nachbar an einen Lagerschaden

Die beiden Katzen sind auch wieder begeistert, die Geräusche der Nähmaschine hatten sie doch verängstigt. Der Bewohner, der unter uns wohnt, äußert die Vermutung, dass unsere Waschmaschine wohl einen üblen Lagerschaden haben muss, weil so ein Höllenlärm von oben kommt. Ich kann ihn beruhigen, unsere Waschmaschine ist heil und er sollte sich nur schon mal an den Krach gewöhnen, das wird wohl in Zukunft öfters vorkommen. So recht begeistert schaut er nicht aus, aber wir müssen uns doch wenigstens gelegentlich für den Krach und das Geschrei seines Nachwuchses revanchieren.

Ich markiere schon mal den Verlauf der Steven, die Tothölzer sind am Gerüst befestigt. Nach dem Abbau wird die Haut wieder auf links gedreht und eine zweite Naht nach innen genäht, soll die äußere allein nicht die ganze Last aufnehmen. Zusätzlich nähe ich am Bug und am Heck noch beidseitig PVC-Stücke an, die später zusammengeklebt werden sollen, da ich in der Spitze nicht nähen kann. Anschließend wieder umstülpen – hoffentlich zum letzten Mal – und wieder aufbauen. Jetzt kommt der letzte Teil, der Haut die Stevenformen zu verpassen. Den angezeichneten Linien wird je 1 Zentimeter zugegeben und auf den Linien wird vernäht, anschließend 0,5 cm daneben eine zweite Naht. Was am Heck aufgrund des steilen Stevens noch relativ einfach war, gestaltet sich am Bug recht schwer. Insgesamt 4 Nähversuche sind nötig, bis es einigermaßen passt. Da ich keine Original-Stevenkappen habe, muss ich sie mir selbst bauen. Ich schneide die beiden Formen aus und nähe sie mittig zusammen, klebe sie auf und schraube die Tothölzer fest. Am Heck geht das durch den Steuerbeschlag ganz gut, am Bug wird noch ein 1,5 cm breiter Streifen aufgeklebt. Als Kleber nehme ich Plastigum 77, der auf beide zu klebenden Teile aufgestrichen wird, anschließend mit dem Haushaltsfön erhitzen, zusammendrücken und mit Tapetenrolle kräftig festrollen. Wieder das Gerüst rein, das sieht  schon gut aus. Am aufgebauten Boot werden die PVC-Streifen an den Spitzen des Oberdecks übereinander gezurrt, fixiert und ebenfalls verklebt. In die aus der Naht kommenden Gurte werden D-Ringe genäht, die mittels Gummizügen übers Deck verspannt werden, vorne als Paddel-, Schirm-, Gepäckhalter, hinten zum Transport eines Bootswagens.

Ob es schwimmt ?

Mittlerweile ist es März, ein freundlicher Sonntag steht ins Haus, also alles ins Auto und am Salzgittersee wird aufgebaut. Einige Spaziergänger schauen etwas seltsam, aber es kommt ein Boot heraus, das auch sofort ins seichte Wasser gelassen wird, die Wassertemperatur ist fürs barfuß laufen doch noch lausig kalt, aber hier ist leider kein Steg. Die ungeraden weißen Nähte stören ein wenig, aber ich drehe eine schöne Runde, das Boot lässt sich wunderbar paddeln, auch ohne Steuer schöner Geradeauslauf. Nach 20 Minuten steht etwas Wasser im Boot, aber das werde ich auch noch dicht kriegen.

Doch nicht für die Katz !!!

Der LKW-Planen-Hersteller in Braunschweig verkauft mir roten Rasant 25 Faden und ich kann als Abschlussarbeit die sichtbaren Nähte am Oberdeck erneuern, die sind zwar jetzt auch noch nicht gerade, aber in der Farbe rot auf rot sieht man sie nicht. Ich bin einigermaßen zufrieden.

Einige Mängel sind vorhanden:

Beim Spannen per Ösen und Gurte und später bei der Näherei an den Stevenspitzen habe ich nicht sauber gearbeitet und bin ein wenig schief gelaufen. Die linke Seite der Haut ist ca. 1 cm länger als die rechte, im Bereich der Naht Ober-Unterschiff sind leichte Falten, das Unterschiff ist aber gerade, also mehr ein optischer Fehler.

Die krummen Nähte sehen nicht so gut aus, ich kann aber damit leben.

Ganz herzlichen Dank nochmals allen, die mich mit Rat und Tat unterstützt haben

Die Materialkosten belaufen sich auf ca. 150 Euro, die Arbeitszeit möchte ich lieber nicht nachmessen, ich hab ja über ein Jahr gebraucht.

Einige FalterInnen) haben das Boot mittlerweile gesehen, ich hatte es zum Seglertreffen in Kelbra und zum Spreewaldtreffen mit. Meine liebe Gattin hat es auf der Weser im Sommer mit großer Freude gepaddelt, sie kam sehr gut damit klar, es war immerhin das erste Mal, dass sie in einem Einer gesessen hat.

In der Zwischenzeit hab ich mir für den verlängerten E 65 ebenfalls eine Haut gebaut, nach dem gleichen Ablauf, viele Fehler vermieden, dafür andere gemacht. Dauer ca. 4 Wochen. Ich hab mir je eine Packluke vorne und hinten eingebaut, sehr nützlich beim Verstauen des Gepäcks und hilfreich beim Abbau.

Aber davon mehr, falls es im nächsten Jahr auch noch ein Faltboot-Jahrbuch geben sollte......

*[**Anmerkung der Redaktion:** dieselbe wird sich jedenfalls größte Mühe geben und empfindet Karl-Udos Ankündigungen keinesfalls als Drohung]*

zum Autor: Karl-Udo Oelze, geb. 1954, Schule, Studium, verschiedene Tätigkeiten, jetzt Hausmann, verheiratet seit 2000 mit (mit-)paddelnder Gattin Anja. Lebt in der Nähe von Hildesheim, Niedersachsen. Diverse Faltboot-Einer und -Zweier, Falt-Segeljolle. Kontakt via e-mail: anja.karl@t-online.de

Elbetour 2002

von Jürgen Christian, Bottrop

Sonntag, 16. Juni 2002

Die letzte Elbetour hatten wir klassisch begonnen, das heißt, wir und unsere komplette Ausrüstung sind mit Bahn und Wochenendticket zum Wasser gefahren und wieder zurück. Dieses Mal wäre es wegen der ungünstigen Bahnverbindungen zu kompliziert geworden, wir wollten eben mehr auf der Elbe sein als mit der Bundesbahn unterwegs.

So beschlossen wir, uns bei Wolfgang zu treffen, wo wir gut gelaunt dann nach herzlichem Abschied von den Ehefrauen losfahren, nach zwei Pausen und einem Fahrerwechsel kommen wir dann in Stendal an, wir können vielleicht schon einmal einen Teil des Gepäcks dort zwischenlagern. Wir haben ja vor, das Auto in Tangermünde stehen zu lassen, von dort mit dem Gepäck via Stendal, Magdeburg-Neustadt nach Coswig (Anhalt) zu fahren. Der Bahnhof in Stendal bietet leider keine sichere Unterstellmöglichkeit für unser sehr umfangreiches Gepäck, also fahren wir dann direkt weiter nach Tangermünde. Es ist eine richtig schöne Landpartie, wir bestaunen unterwegs viel blühenden Klatschmohn und entlang vieler Felder bewundern wir die Streifen mit bunten Kornblumen, sicherlich das Produkt einer sinnvollen ABM.

In Tangermünde, von wo wir ja mit dem Zug nach Coswig fahren wollen, steuern wir gleich den Bahnhof an. Wolfgang, kontaktfreudig und ohne jegliche Scheu oder Berührungsängste fragt die Bahnhofsvorsteherin, ob wir nicht für kurze Zeit unser komplettes Gepäck in ihrem Büro lagern könnten. Problemlos wird die Bitte erfüllt, wir machen den Kofferraum leer und dafür ihr Büro etwas voller und fahren zum Tangermünder Ruderverein an, welcher zwar geschlossen hat, aber der nette Herr Pauke vom Wassersportverein auf gleichem Gelände meint, wir könnten das Auto gerne bis zum kommenden Samstag dort parken.

Wir machen uns dann auf den Weg zum Bahnhof, wo wir eine ausgiebige Brotzeit halten wollen, als wir aber den Schienenbus nach Stendal dort schon auf uns warten sehen, verschieben wir unsere Brotzeit und bringen all unser Gepäck in den Waggon. Kaum sind wir damit fertig, startet der Zug. Glücklicherweise hatte ich das Wochenendticket bereits vorab Zuhause gekauft, da brauchen wir uns damit nicht mehr beschäftigen. Nach einer kurzen Fahrt heißt es dann in Stendal aussteigen, ab in den nächsten Zug. Ein weiterer Halt in Magdeburg-Neustadt, wo ein etwas längerer Halt eingeplant ist, den wir dann endlich verdienterweise zu einer Brotzeit nutzen können. Während Wolfgang neben der Brotzeit auch einmal die Bahnhofstoiletten in

Augenschein nimmt, nimmt mich ein junges Mädchen recht intensiv in Augenschein um mir, nach gewissem Zögern, schließlich die Frage zu stellen, ob das alles mein Gepäck sei. Um die sichtliche Verwirrung dieses armen Kindes zu beenden, erkläre ich ihr, auch unter Hinweis auf den gerade zurückkommenden Wolfgang, daß wir Paddler seien und mit Boot und Gepäck nach Coswig unterwegs seien.

Es sieht in der Tat für Nichtpaddler schon merkwürdig aus, was wir so mit uns herumschleppen. Auf den Bootswagen habe ich die lange Tasche mit den Seitenteilen und Senten geschnallt, darauf ist dann der dicke Sack mit der Haut festgemacht. Auf diesem wiederum befindet sich die kleine Tasche mit den Spanten und den Rückenlehnen. Die Paddel sind im langen Sack, nichts deutet zunächst für den Nichteingeweihten auf Wassersport hin. Ich bin schon für einen Golfer gehalten worden. In einem weiteren großen Stoffsack habe ich alle meine wasserdichten Rollsäcke und das Zelt untergebracht. Wolfgang hat, ebenso wie ich, einen großen Stoffsack für seine Rollsäcke, darüber hinaus hat er aber noch traditionell einige Beutel und Taschen dabei sowie umfangreiches Bettzeug und einen riesengroßen Kulturbeutel. Er ist, das kann man unschwer an der Größe dieses Beutels festmachen, der Kultusminister unsere Reise.

Wir lassen uns noch etwas vom selbstgebackenen Brot schmecken, dazu etwas Käse und Salami, dann geht es weiter nach Rosslau. Wir kommen zwar bequem in den Zug, sprich Fahrradabteil, eine Mutter mit Kinderwagen hat jedoch keine Möglichkeit, vom Fahrradabteil in den Waggon zu wechseln, der Kinderwagen paßt nicht durch die Waggontür.

Solche »Unpässlichkeiten« konnten wir während unserer vergangenen Bahntouren immer wieder erleben, Fahrradabteile waren nur unter großen Mühen mit dem Bootswagen zu betreten, weil die Türen zu schmal waren. Waren die Türen ausreichend breit, gab es dann gern einen Handlauf in der Mitte, wo wir den Bootswagen herüberheben mussten. Ganz zu schweigen von der Erreichbarkeit der Bahnsteige. Die Modernisierung, worunter ich nicht zuletzt auch die unbehinderte Nutzung der Bahn für alle verstehe, geht leider nur sehr langsam voran. Hemmungslos hingegen ist die Bahn bei Preiserhöhungen, man schaue sich nur die Preiserhöhungen und Einschränkungen des Wochenendtickets im Rückblick auf die vergangenen Jahre an. Da wir aber Abenteurer sind, und nur solchen kann ich diese Art des Reisens empfehlen, kommen wir damit zurecht. Wir kommen dadurch mit »Leidensgenossen« ins Gespräch, so auch mit der netten jungen Frau mit dem Kinderwagen, sie berichtet uns, in der Behindertenpädagogik tätig zu sein, ihr Mann studiere Politologie, die Tochter hieße Ida, sei 9 Monate alt. Wolfgang spendierte ob dieser Erkenntnisse eine Dose Bier. Politologe trinkt mit Sozialarbeiter Dosenbier im Fahradabteil. Reisen mit der Bahn kann ja so kommunikativ sein.

In Rosslau dürfen wir ausnahmsweise mit unserem Bootswagen die Gleise überqueren, was ansonsten unter Strafe verboten ist, uns aber hier unangenehmes Treppensteigen erspart. Das ist eigentlich das einzig lästige bei dieser Art, zu Reisen, daß man das zentnerschwere Gepäck die Treppen herunterheben muß.

Die Zugfahrt nach Coswig dauert nur kurze Zeit, der Bahnhof hat sich, verglichen mit letztem Jahr, nicht verändert, er sieht immer noch aus, wie nach einem Bombenanschlag. Unter den Klängen der Blasmusik vom nahen Stadtfest warten wir auf das Taxi, welches dann in Form eines großen Kastenwagens erscheint. Wir haben darin reichlich Platz für unser Gepäck.

Beim Bootshaus angekommen erwartet uns bestes Wetter, blauer Himmel, die Elbe wie im letzten Jahr, alles wunderschön. Wir beziehen unser Quartier, einen ganzen Schlafsaal haben wir für uns allein.

Nach dem Bettenbauen wird auf der Wiese das Boot aufgebaut und die neue Spritzdecke aufgezogen, die mir Markus mit Schweizer Präzision genäht hat. Eine Spezialanfertigung, wesentlich besser als die Originaldecke von Klepper. Der feine und pfiffige Unterschied besteht darin, daß beide Kamine rechts und auch links aufzukletten sind. Wir haben dann auf dem Wasser nur das Vorderteil der Spritzdecke des Vordermannes und das Rückteil der Spritzdecke des Hintermanns am Süllrand, das Mittelstück haben wir am rechten Süllrand festgeklettet und zum rechten Süllrand hin aufgerollt. Fahren sozusagen Cabriolet. Bei drohenden Wellen durch Schiffe (*Bora von Coswig oder Clara Schumann*) haben wir innerhalb von 15 Sekunden die Decke komplett geschlossen und dicht, bei Klepper fummelt man deutlich länger.

Das Boot wird im Bootshaus geparkt, wir gönnen uns eine erfrischende Dusche und setzen uns dann draußen hin und genießen den schönen Blick auf die Elbe. Plaudern etwas mit belgischen Paddlern, die ihre Elbetour allerdings mit dem Fahrrad machen. Nachdem wir die Hausschlüssel erhalten haben, laufen wir nach Coswig und nehmen ein Bier auf dem Stadtfest zu uns. Wir beschließen dann, da hungrig geworden, zur Fähre zu laufen, wo tatsächlich wieder der gleiche Fährmann wie im letzten Jahr seinen Dienst verrichtet, er setzt uns über zu den Coswiger Elbterrassen und will uns bis 21:45 Zeit geben, danach müßten wir schwimmen.
Die Gastlichkeit kennen wir ebenfalls noch vom letzten Jahr, Wolfgang läßt sich einen Bohneneintopf schmecken, ich entscheide mich für Matjes mit Bratkartoffeln und Remoulade. Ein paar leckere Biere helfen, den Flüssigkeitsverlust des Tages auszugleichen und sorgen bei Wolfgang dafür, daß er Appetit auf eine Spreewaldgurke bekommt, von denen er sich noch eine Portion bestellt. (*Er wird doch wohl nicht schwanger sein?*)

Um 21:10 verlassen wir das Lokal, die Fähre will gerade ablegen, der Fährmann versichert uns aber, daß er auf jeden Fall noch einmal wiedergekommen wäre. Am gegenüberliegenden Ufer wartet die Polizei, es ist aber nichts Ernstes, sie machen nur eine kleine Pause, haben Nachtdienst, der 12 Stunden dauert. Wir plaudern ein wenig mit ihnen, dann geht es zum Vereinshaus und wir legen uns in die Schlafsäcke. Irgendwie war der Tag recht lang und nicht ganz unanstrengend. Morgen geht es los, ich freue mich schon jetzt, daß es wieder aufs Wasser geht, weiter die Elbe hinab.

Montag, 17. Juni 2002

Erstaunlich früh, nämlich um 8:00 Uhr, sind wir aufgestanden. Alles wird gemütlich eingepackt, ich verstaue alles locker im Boot, dann setzen wir uns hin und nehmen ein ausgiebiges Frühstück zu uns. Das Bootshaus in Coswig hat im unteren Bereich ein Steinfundament, welches, mit vielen Türen, als Bootsgarage und Lagerraum dient. Darauf aufgesetzt sind dann die Vereinsräume in Holzbauweise. Der zur Elbe gelegene Teil scheint früher eine Veranda gewesen zu sein, jetzt ist es ein Wintergarten. Mehrere Tische mit Stühlen bilden gemütliche Sitzgruppen mit einem ausgezeichneten Blick auf das Vereinsgelände: eine riesengroße Wiese, die bis zur Elbe reicht. In früheren Zeiten war das Ganze eine Flußbadeanstalt.
Irgendwann ist das Frühstück mit Elbeblick beendet, wir ziehen das Boot auf dem Bootswagen zum Steg, lassen es dann zu Wasser und nehmen unsere Stammplätze ein, Wolfgang vorn, ich hinten. Irgendwie ist dies immer so gewesen und wir wollen das auch nicht ändern. Ich sitze in

meinem Zweier immer hinten, wer fragt, warum, dem sage ich, daß bei mir im Faltboot der Platz für Kapitän Eigner und Steuermann immer hinten ist. In unserem Fall ist das sogar vernünftig, da ich deutlich schwerer bin als Wolfgang und auch im Oberkörperbereich etwas ausladender. Würde ich vorne sitzen, hätte das Boot durch mein Gewicht eine ungünstige Trimmung und Wolfgang wäre darüber hinaus auch etwas in seiner Sicht eingeschränkt. Also hat diese Sitzanordnung schon etwas durchaus Sinniges.

Wir legen gemütlich ab, passieren die Seilfähre, lassen Coswig rechts liegen und finden langsam unseren Rhythmus. Für Wolfgang ist das Paddeln relativ ungewohnt, er ist in den letzten Jahren nur mit mir auf Tour gewesen, seine letzte Tour war die Elbe, ich selbst bin mehrere Male pro Woche unterwegs, meist auf dem Rhein-Herne-Kanal, wo ich nach Feierabend Entspannung und körperliche Herausforderung suche, das Paddeln sowie das Sitzen im Boot ist mir dadurch nicht ungewohnt. Wolfgang braucht da etwas Eingewöhnung. Auch macht er eine höhere Schlagzahl, ich muß ihn immer ausbremsen. Gelegentlich lästere ich auch über seinen Paddelstil und unterstelle ihm, daß er ja nur die Paddel naß macht, ins Wasser hängen läßt und nicht wirklich paddelt. Wenn er eine Paddelpause macht, um mir zum Beispiel irgend etwas zu erzählen oder zu erklären, paddele ich oft weiter, um nicht aus meinem Rhythmus zu kommen, dann hat er ein schlechtes Gewissen, weil ich die ganze Arbeit allein mache. Es ist so halt immer etwas los bei uns im Boot. Schließlich machen wir diese Touren zu unserem Vergnügen und wollen auch was zu Lachen haben. Das Leben außerhalb des Faltbootes ist ja schließlich hart genug, wie jeder weiß.

So fahren wir dann die ersten Kilometer uns aufeinander abstimmend, plaudernd und schauend die Elbe hinab. Die Uhr und der Stand der Sonne sagen uns, daß bald Mittag ist und wir sehen am linken Ufer einen ausgedehnten Sandstrand, an dem wir anlegen. Schilder weisen uns darauf hin, daß wir uns auf Militärgelände befinden, aber da wir keine Schüsse hören, wiegen wir uns in Sicherheit. Wir packen unsere Sachen aus und nehmen komfortabel Platz, denn wir haben neue Sitzgelegenheiten für die Pausen dabei, es handelt sich um stabile Dreibeinhocker mit einer textilen Sitzfläche. Mit scharfem Messer wird Schinken geschnitten, Salami und auch Käse. Es hat sogar Butter dabei. Das Brot mundet, wir lassen es uns richtig schmecken. Am gegenüberliegenden Ufer gehen ein paar Männer, die in ihrer typischen Arbeitskleidung unschwer als Soldaten zu erkennen sind, ihrer Arbeit nach. Wir haben es da im Moment doch deutlich besser. Nach der Brotzeit legen wir uns noch ein wenig in die Sonne und dösen. Es ist mittlerweile richtig heiß geworden. Um 14:00 legen wir dann wieder ab, wir wollen ja noch ein paar Kilometer paddeln. Stromaufwärts kommt uns ein älterer Herr im Faltboot entgegen, wir grüßen artig, wie es sich auf dem Wasser gehört. Am Nachmittag erreichen wir bei km 259 am linken Ufer die Wassersportfreunde Rodleben. Ein einladender Sandstrand empfängt uns, leider ist aber kein Steg vorhanden. Da heißt es das Boot erleichtern und mit Muskelkraft aus dem Wasser ziehen, der Bootswagen ist dabei hilfreich. Der Platz ist idyllisch, grüne Wiese, schöner Baumbestand, ein paar Zelte stehen aufgebaut, weiter hinten einige Wohnmobile. Das Bootshaus ist wieder zweigeschossig, im Keller die Boote und oben die Vereinsräume. Unseren Klepper lassen wir im Schatten eines Baumes liegen, dann inspizieren wir das Gelände und lernen auch den Platzwart kennen,. uns voller Stolz die neuen Sanitärräume zeigt.

Inzwischen ist auch der Paddler, dem wir unterwegs begegnet sind, wieder zurück. Er ist 70 Jahre alt, war mal eben stromaufwärts bis Coswig und wieder zurück. Genüßlich zeigt er uns seinen Zweier von Pouch, er hat sich dafür im Werk für 900 Euro eine neue Haut anfertigen lassen sowie eine neue Spritzdecke. Saubere Arbeit!

Da wir nicht vorhaben, im warmen Bauwagen zu schlafen, den uns der Platzwart angeboten hat, bauen wir lieber unsere Zelte mit Blick auf Elbe und Sandstrand auf. Dann machen wir uns frisch für unseren Landgang nach Dessau. Wolfgang, der sonst ausgiebig zu duschen pflegt, kommt hier nicht auf seine Kosten, er ist in Rekordzeit fertig, das Wasser scheint ihm doch zu kalt gewesen zu sein. Ich hatte ihm zwar vorher erklärt, daß man in solchen Fällen kräftig hyperventilieren soll, er kam auch recht atemlos aus der Dusche, aber ein Genuß schien es für ihn nicht gewesen zu sein. Ich selbst müßte lügen, wenn ich behauptete, daß ich gerne kalt dusche, aber ich bin hinterher doch auf jeden Fall deutlich erfrischter.

Wir lassen uns den Weg zur Haltestelle erklären und schreiten los. Der Verein ist recht abseits zwischen Rodleben und Dessau gelegen, die Bushaltestelle liegt hinter der Muldebrücke. Wir brauchen nicht lange auf den Bus warten, die Fahrt wird allerdings kein Genuß, weil es im Bus extrem heiß ist. Am Busbahnhof steigen wir aus und gehen direkt zum legendären Bauhaus, welches wir uns intensiv anschauen. Auf dem Weg dorthin kamen wir noch an der FH vorbei, der Wolfgang, vielseitig interessiert, trotz der Hitze noch einen Besuch abstattet. Im Bauhaus bekommen wir dank Wolfgangs Kontaktfreudigkeit noch eine kurze, aber dennoch sehr informative Privatführung einer Mitarbeiterin, die gerade Feierabend machen will. Sie hält uns aufgrund unseres sehr sportlichen Aussehens für Touristen, die mit dem Rad unterwegs sind, wir klären sie aber über unser Fortbewegungsmittel auf. So kommen wir noch in den Genuß, das Zimmer zu sehen, wo Professor Gropius 3 Jahre gearbeitet hat. Da ein solches Maß an Kultur nicht nur durstig sondern auch hungrig macht, beschließen wir, etwas zu uns zu nehmen. Wegen der immer noch recht unangenehmen Hitze setzen wir uns in den Keller des Bauhauses, wo eine angenehme Temperatur herrscht. Wir erfrischen uns mit Köstritzer Pils vom Faß, Wolfgang bestellt sich dazu Königsberger Klopse, ich lasse mir den Lammeintopf mit grünen Bohnen bringen. Hernach lesen wir noch ein paar aktuelle Tageszeitungen, um uns zu informieren, was so in der Welt los ist.

Zurück beim Verein lassen wir uns vor den Zelten auf der Wiese nieder, ein paar junge Leute sind noch da und vergnügen sich mit Ballspielen in der Elbe. Es ist immer noch sehr heiß, langsam geht die Sonne unter. Ich suche etwas in meiner Tasche und, wie peinlich, ich finde den Schlüssel des Coswiger Vereins. Mist! Ich habe heute früh vergessen, ihn zurückzugeben. Im selben Moment kommt ein Junge mit dem Fahrrad angefahren, er stellt sich uns als Frank Dehme vor, der Coswiger Verein hatte bei seinem Vater angerufen, sie hatten den Schlüssel schon vermißt. Ihn schickte also der Vater, uns zu suchen und den Schlüssel zu holen. Wir unterhalten uns mit Frank und erfahren, daß er aktiv im Verein tätig ist, er hat die Jugendleiterkarte und sein Vater hat neulich beim Elbemarathon mitgemacht. Weil Frank durch meine Vergeßlichkeit so viele Umstände hatte, spendiere ich ihm ein Kaltgetränk und gebe ihm noch etwas »Bußgeld« mit.

Wolfgang sucht dann die Sanitärräume auf und als er die letzte kalte Dusche für diesen Tag hyperventilierend beendet hat, sehen wir das zweite Schiff für heute: Labe 23, das erste Schiff war der Eurostar, welches uns sicherheitshalber die Spritzdecke schließen ließ.
Wir ziehen uns langsam in unsere Zelte zurück und legen uns hin. Ich werde leider nachts einige Male von Zügen geweckt, die Bahnlinie ist recht nahe dabei. Gegen 3:00 in der Frühe schaue ich einmal aus dem Zelt: Alles ist naß draußen, der Nebel derart dick, daß er schon fast in Nieselregen übergeht. Ich schlafe danach (intervallmäßig) bis 8:00.

Dienstag, 18. Juni
Da ich wach bin, stehe ich auf. Da ich aufgestanden bin, räume ich auch meine Sachen zusammen und packe alles in die Rollsäcke. Da das Zelt jetzt leer ist, kann ich es auch abbauen. Weil alles noch etwas feucht ist, lege ich die Zeltteile zum Trocknen über eine Sitzgruppe, die auf der Wiese aufgebaut ist. Meine Rollsäcke packe ich ins Boot und schaue dann Wolfgang zu, wie er so langsam aus dem Zelt kommt und den Morgen genießt und hernach in aller Ruhe sein Zelt abbaut. Ich regle inzwischen mit dem Platzwart die Bezahlung. Als alles auf dem Boot verstaut ist, setzen wir uns in den Schatten und frühstücken ausgiebig. Das Boot wird dann mit dem Bootswagen in die Elbe geschoben, um 11:00 fahren wir dann bei feinstem Sommerwetter los. Ab und an weht uns ein Lüftchen entgegen, gelegentlich haben wir sogar Rückenwind, da können wir uns auch einmal ein halbes Stündchen treiben lassen.
Das ist es ja auch, was das Paddeln so schön macht. Ruhig sich vom Fluß ein Stück mitnehmen lassen. Die Wassergeschwindigkeit aufnehmen. Wenn man dabei, ohne an das Ufer zu blicken, ins Wasser schaut, entsteht fast der Eindruck, es ginge nicht voran. Ein Blick auf das Ufer zeigt aber, daß es dennoch recht flott vorwärts geht. Man muß sich nur gut in der Hauptströmung aufhalten, ab und an dreht das Boot etwas, Strudel tauchen auf, ein Fisch springt aus dem Wasser. Einfach traumhaft. Die Elbe ist ein Fluß, wo das Treibenlassen im Grund genommen stundenlang möglich ist. Drei bis vier Schiffe pro Tag, das ist alles. Gelegentlich dreht man sich nach rückwärts um, vielleicht kommt ja ein Schiff, ab und an ein Korrekturschlag, um nicht in die Buhnen getrieben zu werden, ein Segel wäre bei entsprechendem Lüftchen ein Segen. Vielleicht bei der nächsten Tour.

Bei km 268 legen wir links in Brambach an, ein gepflegter Steg sowie ein Restaurant mit Terrasse laden uns geradezu ein. Wir genießen einen traumschönen Elbeblick, ich erhöhe den Genuß, indem ich mir ein kühles Radler bestelle. Draußen am Elbeufer grasen ein paar Ziegen, die munter herumtollen. Die Elbe fließt hier durch ein ausgedehntes Biosphärenreservat, Biber leben hier, es gibt eine reichhaltig Fauna und Flora. Entlang der Ufer die typischen Auenwälder. Ein Passagierschiff kommt langsam um die Kurve stromaufwärts, es ist sehr breit und hat wenig Tiefgang. Der Kapitän fährt, das sieht man, gaaanz vorsichtig um die Kurven, damit er sein schönes Schiff nicht auf Grund setzt.
Da uns wieder nach Paddeln zumute ist, bezahlen wir und legen ab. Bis zum Köthener KC sind es noch gute 8 km, die wir ohne jegliche Hast zurücklegen.

Bei km 276 links legen wir an, der Verein hat einen Bootslift, es handelt sich um eine Lore, die an einem Stahlseil hängend, auf Schienen herunter gedonnert kommt und mit einem lauten

Geplatsche in der Elbe verschwindet, aber nicht ganz, nur so weit, daß wir mit unserem Boot draufschwimmen können, dann wird die Lore wieder hochgezogen, mit dem Faltboot huckepack. Der Verein hat ein recht großes Vereinshaus, unten großzügig und recht hoch auf Betonstelzen gebaut, oben wieder alles aus Holz, zur Elbe hin eine feine Terrasse. Draußen reichlich Wohnwagen und Zelte, einige Vereinsmitglieder, die im Rentenalter sind, verbringen hier den Sommer. Schöner und preiswerter kann es nirgends sein, sagen sie sich. Wir schieben unseren Klepper in den Schatten und beziehen ein komfortables Schlafzimmer. Die Sanitäreinrichtungen sind hervorragend, ein Kühlschrank ist gut gefüllt, das Geld für die Getränke kommt, wie eigentlich überall während unser Elbetour erlebt, in die Kasse des Vertrauens. Ich dusche wieder einmal kalt, weil ich vergessen habe, daß man Geld einwerfen muß. Wolfgang, der Warmduscher aus Leidenschaft, lacht sich kaputt, als ich es ihm erzähle, er hatte sofort geblickt, daß 50 Cent ihn dem Glück näher bringen. Wir essen auf der Terrasse noch eine Kleinigkeit von unserem Brot, ein kleines Stück Wurst und machen dann ein wenig Pause.

Um 17:00 laufen wir in den Ort, was bei der Hitze recht schweißtreibend ist. Auf dem Wasser war es da doch deutlich angenehmer. Mitten im Ort ist ein griechisches Restaurant, welches uns jedoch nicht zusagt, wir haben ja neulich in Wittenberg erst griechisch gegessen. Wir passieren die evangelische Kirche, die jedoch eine Baustelle ist, sonst wären wir zur Abkühlung und zur Besinnung hineingegangen. Schnell raus aus dem heißen Ort und zur Elbe, wo wir uns etwas Abkühlung erhoffen, zumindest aber etwas Luftbewegung. Am Fähranleger finden wir ein recht gut besuchtes Restaurant, das »Fährhaus Aken«, wo wir unter alten Kastanienbäumen ein schattiges Plätzchen einnehmen. Ich stelle mein Thermometer auf den Tisch, es zeigt 36° C, steigt dann noch bis auf 36,6° C an. Eine leichte Brise und ein kühles Weizenbier machen es erträglich. Die Bedienung im Lokal ist exzellent, trotz der Hitze ist der Kellner tadellos gekleidet, Wolfgang bestellt sich eine Forelle mit Salzkartoffeln und diversen Beilagen in einer Meerrettichsauce. Ich interessiere mich lebhaft für die Hähnchenbrust, aus den Erbsen und Möhren lasse ich aber Spargel werden und die Kroketten dann zu Pommes Frites verwandeln, was der Kellner, ohne ein Problem zu sehen, akzeptiert. Das Essen ist hervorragend, so gut haben wir bisher in den neuen Bundesländern noch nicht gegessen. Nach dem Essen empfange ich noch eine SMS aus Norwegen. Mein ältester Sohn Alexander ist zu den Lofoten unterwegs, er berichtet von der Hitze dort. So gehen gelegentlich während unserer Tour ein paar Nachrichten hin und her, ansonsten aber ist das Handy abgeschaltet, wir wollen ganz bewußt nicht gestört werden. Man stelle sich das doch einmal vor: Auf der Elbe in einem gut 40 Jahre alten »Plünnenkreuzer« klingelt das Telefon. Mitten im schönen und ruhigen Biosphärenreservat. Muß nicht sein.
Mittlerweile sind wir mit dem Essen fertig, es ist jetzt 19:00, das Thermometer ist auf 35,8° C gefallen.
Am Bootshaus setzen wir uns noch mit dem Bootshauswart, über 70 Jahre alt und gerade herzoperiert und seiner neuen Frau zusammen. Ein anderes Ehepaar gesellt sich noch dazu, Plaudern ist angesagt, bis irgendwann die Müdigkeit kommt.

Mittwoch, 19. Juni 2002

Die Nacht ist sehr schnell beendet. Um 6:00 stehen wir auf, wobei ich im nachhinein nicht sagen kann, ob dies am Abend vorher so ausgemacht wurde oder sich am Morgen ergab. Wir packen unsere Sachen zusammen, frühstücken eine Kleinigkeit, dann bringen wir unser Boot ins Wasser. Wegen der defekten Bremsen wollen wir nicht den Bootslift nehmen, wir bringen

unseren Klepper dann doch lieber mit Muskelkraft ins Wasser. Dies ist leicht zu bewerkstelligen, da eine Betonrampe mit zwei ruderertypischen Treppen auf einen großen Steiger führt, von dem wir unser Boot bequem ins Wasser lassen können.
Kurz nach 8:00 sitzen wir im Boot. Es ist noch angenehm frisch draußen, nach der Hitze gestern geradezu eine Wohltat. Der Himmel ist etwas bewölkt, wir begegnen nur ein paar Schiffen. Was die Außentemperatur angeht, haben Wolfgang und ich stets unterschiedliche Empfindungen. Er zieht es zum Beispiel heute früh vor, sich zum Wärmen die halbe Spritzdecke vor den Bauch zu ziehen und seine Windjacke anzubehalten, während ich bereits im kurzen Fleecehemd paddele. Eine außergewöhnliche Begegnung will ich nicht vergessen, zu erwähnen: Ein Schleppkahn mit zwei Schiffen im Schlepp kommt uns heute entgegen. Der Schlepper ist schon von weitem durch eine Tonne am Mast zu erkennen, den ganzen Zug muß man sich recht lang vorstellen. Ich könnte mir vorstellen, selbst einmal eine Reise an Bord eines solchen Schleppzuges zu machen, und zwar auf dem letzten Schiff, da ist es besonders ruhig. Bei gutem Wetter, in einem bequemen Sessel sitzend muß dies das pure Vergnügen sein.
Bei km 291 passieren wir linker Hand die Saalemündung, was wir aber erst hinterher anhand der Karte merken, wir lassen uns heute über lange Strecken gemütlich plaudernd treiben, da entgeht einem schon einmal eine Einmündung.

Hinter Barby, kurz vor Schönebeck, legen wir bei km 310 am linken Ufer an. Der neue Steiger eines Rudervereins lädt dazu ein. Wir picknicken ausgiebig, das selbstgebackene Brot geht langsam dem Ende zu, schmeckt aber immer noch würzig und ist nicht ausgetrocknet. Bisher habe ich für jede mehrtägige Tour Brot gebacken, immer in unterschiedlicher Ausfertigung. Ist sozusagen eine Tradition geworden. Meine Aluflasche beherbergt, zumindest am ersten Reisetag, einen ordentlichen Rotwein, den ich mir dann während der langen Bahnfahrt mit einem guten Stück Käse und Schinken munden lasse. Während des Paddelns zaubert Wolfgang auch schon einmal eine Dose Bier hervor, wir gehen aber an Bord sehr sparsam mit Flüssigkeiten dieser Art um, da sie, zumindest für mich gesprochen, die Tendenz haben, müde zu machen. Ich trinke während des Paddelns täglich durchaus zwei bis drei Liter Mineralwasser.
Am Nachmittag ist dann, nach sechs Stunden und 15 Minuten reiner Fahrtzeit Magdeburg erreicht. Wir biegen kurz vor km 323 rechts in die Alte Elbe ab und nach einigen Metern kommt der KC Börde, wo wir heute nächtigen wollen. Der große Bootswagen des Vereins erleichtert es uns, das beladene Faltboot aus dem Wasser zu holen, wir ziehen das Boot mit dem Wagen in einen Schuppen, wo es gut geschützt ist. Zur Übernachtung entscheiden wir uns für den Bungalow, der auf Stelzen steht, wir haben ihn ganz für uns allein. Er besteht aus einem recht großen Zimmer, ein Bett, eine Couch, Tisch und Stühle, mehr brauchen wir ja auch nicht. Wir können hier ausgiebig duschen und nutzen dann auch gleich die Gelegenheit, unsere Wäsche zu waschen und auf die Leine zu hängen. Das Vereinsgelände ist riesig, das Vereinshaus macht einen sehr ordentlichen Eindruck, es ist recht ruhig hier, nur ein paar Zelte.
Wir gehen erst einmal in die Stadt, die nicht sehr weit ist. Wir überqueren die Wasserfallbrücke, gehen dann über eine Fußgängerbrücke, die früher einmal eine Eisenbahn-Hubbrücke war, über die Elbe. Den Domfelsen in der Elbe können wir wegen des guten Wasserstandes nicht sehen, eher erahnen. Bei Niedrigwasser ist er ein Hindernis für die Schiffe, ähnlich wie früher das Binger Loch im Rhein.
Der Magdeburger Dom präsentiert sich uns von außen als Baustelle, innen ist er auf beeindruckende Art gepflegt. Wie mir Wolfgang erklärt, liegt in einer Extrakapelle Otto der Erste begra-

ben. Im Kircheninneren ist es angenehm kühl, draußen haben sich die Wolken mittlerweile verzogen, blauer Himmel, Hitze. Gut, daß wir so früh losgepaddelt sind.

Mir ist es so heiß, daß ich nicht draußen im Biergarten sitzen möchte, im Café Alex am Springbrunnen setzten wir uns deshalb in die klimatisierten Innenräume und bestellen uns etwas Kühles: Wolfgang probiert die Altbierbowle, ich nehme ein Weizenbier.

Mir sagt Magdeburg nicht zu, es wirkt auf mich unterkühlt, zu weiträumig, die Einkaufszentren sind gesichtslos, wie auch bei uns Zuhause. Wir beschließen, mit der Straßenbahn wieder zurück zum Verein zu fahren. Wolfgang, der es leid ist, bei blauem Himmel und strahlendem Sonnenschein seine Regenjacke über dem Arm zu tragen, besorgt sich aus einer Apotheke noch einen Plastikbeutel. Jetzt wirkt er schon recht einheimisch mit seiner feuerroten Regenjacke in der Plastiktüte.

Mit der nächsten Straßenbahn fahren wir dann nach Cracau. Ein Junge, mit dem wir ins Gespräch kommen, erklärt uns, daß auf der Simonstrasse der Götz sei, ein preiswertes und gutes Restaurant. Nach dem Aussteigen gehen wir noch ein paar Meter mit dem Jungen, dann überquert er die Straße. Weil Wolfgang noch seinen Namen wissen will, ruft er ihm hinterher. Er dreht sich um, sagt, daß er der Willi sei, und wird fast von einem Auto überfahren. Wolfgangs Fragen haben manchmal etwas gefährliches an sich.

Wir erreichen den Götz, wo wir in einem überdachten Biergarten Platz nehmen. In der Speisekarte lesen wir, daß Götz George ein Freund des Hauses sei, deshalb auch die Namensgebung. Und Götz würde immer, wenn er da sei, Königsberger Klopse essen. Wolfgang, auch ein Freund solcher Genüsse, tut es dem Götz gleich und ordert Klopse mit Salzkartofeln und Spreewaldgurken. Ich delektierte mich an Schwein mit Pfifferlingen und Kässpatzen. Es mundet alles vorzüglich, hinterher kommt noch der Koch bzw. Inhaber zu uns an den Tisch und erkundigt sich, ob uns alles geschmeckt habe und ob wir noch Wünsche hätten.

Durch den schönen alten Stadtteil Cracau gehen wir zurück zum Verein, viele Villen, teils recht verfallen, bestaunen wir rechts und links des Weges. Ich lasse es mir nicht nehmen, in eine verfallene Villa hineinzugehen, schließlich habe ich meine Taschenlampe dabei. Es ist schon eindrucksvoll zu sehen, in welcher räumlichen Großzügigkeit die Eigentümer gewohnt hatten.

Am Verein plaudern wir noch ein wenig mit einem Paddler aus dem Allgäu, der mit seinem Sohn auf der Elbe unterwegs war, er hat unter Bäumen direkt am Ufer sein kleines Zelt aufgeschlagen. Gegen 22:00 gehen wir dann schlafen. Nachts um 3 Uhr werden wir dann recht unsanft durch ein heftiges Unwetter geweckt, welches mit Getöse über zwei Stunden wütet. Ein Blitz gefolgt von dem anderen und Regen, daß wir uns freuen, nicht im Zelt zu liegen sondern auf Stelzen im Bungalow.

Donnerstag, 20. Juni

Um 8 Uhr stehe ich auf, hole ein paar Brötchen bei Plus sowie einige Flaschen Mineralwasser. Im Geschäft erfahre ich, daß es in der Nacht 62 Liter auf den m^2 geregnet hat, seit 120 Jahren habe es in Magdeburg nicht mehr so viel geregnet. Am Verein zurück sehe ich reichlich nasses Papier auf dem Boden, was ich bei näherem Hinschauen als meine eigenen Papiere identifiziere, Notizen, Vereinsadressen usw, dann finde ich auch noch, völlig durchnäßt, meine Wassersportkarte von der Elbe. Wie gut, daß der Jübermann sie auf wasserfestem Papier gedruckt hat, ich wische die Seiten einzeln trocken und das Malheur ist beseitigt.

Wir frühstücken und gegen 10 Uhr sind wir wieder auf dem Wasser. Es ist bereits richtig etwas los auf der Alten Elbe: Magdeburger Ruderer und Ruderinnen in Dreiern, Vierern und Fünfern bepacken ihre Boote für eine größere Tour. Auf der Elbe dann begegnen wir noch einigen tschechischen Schiffen, darunter zwei Schleppern der uralten Art mit dem Führerhaus in der Mitte des Schiffes, jedoch ohne Schlepp. An einer netten Sandbucht machen wir Pause. Die Elbe hat, weil sie glücklicherweise über lange Strecken noch recht unverbaut ist, sehr viele wunderbare Sandbuchten, die zum Picknicken oder zu einem Sonnenbad am Elbestrand geradezu einladen.

Kurz vor km 351 beenden wir unsere Tagesetappe in Rogätz.

Auf dem Wasser empfindet man die Hitze nicht so, weil die Wassertemperatur ja doch deutlich unter der Lufttemperatur liegt. Da wir ja quasi fast im Wasser sitzen, bekommen wir irgendwie die Kühle mit und so ist es im Boot recht erträglich. Gegen die Sonne schützt ein Hut, gegen drohenden Sonnenbrand sollte man sich eincrèmen oder gleich bedeckt halten.

Am Vereinshaus hängt ein Schaukasten mit Anschriften einiger Mitglieder, ich muß nicht weit laufen bis zum nächstgelegenen Vereinsmitglied, der Sohn sagt mir, daß Papa gleich kommen würde.

Leider läßt uns sein Papa nicht im Vereinshaus übernachten, obwohl es von der Größe her über ausreichend Möglichkeiten verfügen müßte. Das Haus ist neu und riesengroß. Wegen des ungewissen Wetters, es sind wieder Unwetter gemeldet, wollen wir nicht auf der Wiese zelten. Gegen Entrichtung einer Gebühr von 6 Euro dürfen wir dann schließlich in der fensterlosen Umkleidekabine nächtigen, was immerhin besser ist, als bei einem Unwetter von der Wiese gespült zu werden.

Der Paddler aus Kempten ist inzwischen auch mit seinem Sohn eingetroffen und berichtet uns, daß er recht viel Wasser im Zelt hatte, an Schlaf war nicht mehr zu denken, weil alles komplett naß wurde. Jetzt ist er froh, ebenso in einer Umkleidekabine übernachten zu können, er hat all seine Sachen zum trocknen draußen aufgehangen. Wir machen uns frisch und gehen in den Ort. Auf dem Weg liegt eine Eisdiele, die mit ihrem nostalgischen Charme zur Einkehr ermuntert. Wolfgang schlägt richtig zu, das Paddeln muß ihn heute Kraft gekostet haben. Er ordert ein Stück selbstgebackene Torte, einen Capuccino und einen Weinbrand, ich selbst begnüge mich mit einem Glas Selters.

Bei einem Rundgang durch den Ort besichtigen wir die sparsam vorhandene Gastronomie. Im nächsten Kaufladen holt sich Wolfgang noch eine Mandarine, ich besorge mir derweil aus dem Geldautomaten der naheliegenden Sparkasse 50 Euro. Wolfgang will noch ein wenig herumlaufen, mir steht der Sinn nach einem kühlen Bier. Ich setze mich in eine Kneipe, wo zum Bier, wie nett, Erdnüsse gereicht werden. Ich mache meine Tagebuchnotizen, da steht auch Wolfgang schon am Fenster und ich zahle.

Gemeinsam geht es weiter durch die Hitze. Wolfgang möchte zu einer Kaufhalle, der Laden heiß NP, Niedrigpreis. Mir ist der Laden zu weit, ich bleibe auf halbem Weg im Schatten stehen und entspanne mich, das Pflastertreten ist nichts für mich bei der Hitze. Wolfgang ist heute ein Energiebündel. Mit einer Brötchenmischung für das Frühstück in einer weiteren Tüte erscheint er nach einer Weile und wir beschließen, uns in den Biergarten des Elbschlößchens zu begeben. Der Wirt bringt uns neben leckerem Bier Röstler, sächsisch, mit Zwiebeln, Erbsen, Pommes, Kroketten, Mais, Tomaten und Salat. Eine sehr abenteuerliche Mischung für 7.20 Euro.

Gut gesättigt gehen wir zum Verein zurück, wo, kaum daß wir angekommen sind, der Himmel schwarz wird und für 20 Minuten ein Gewitter mit heftigstem Wolkenbruch stattfindet. Es regnet so kräftig, daß die Elbe nicht mehr zu sehen ist. Schnell verzieht sich aber der Spuk und dann kommt auch der Kemptener mit Sohn. Ganz lässig mit Plastiklatschen, kurzer Hose und Unterhemd, zwanglos halt. Wir unterhalten uns noch ein wenig mit beiden, erfahren, daß seine Frau viel jünger sei als er, sie arbeite, er sei Hausmann. Hätte so auch viel Zeit für seinen Sohn. Langsam werden wir müde, erfreuen uns noch an einem Storch, der langsam die Elbe entlang fliegt, und legen uns dann nieder, Wolfgang auf eine Bank, ich mich auf den Boden. Wir schlafen erst lange nach Mitternacht ein, es ist fürchterlich stickig in dem fensterlosen Raum, wir hätten doch besser zelten sollen. Mein Schlaf wird oft unterbrochen, kurz vor acht ist die Nacht endgültig vorbei und ich stehe auf.

Freitag, 21. Juni
Das übliche Prozedere: Duschen, Packen, Sachen verstauen, um 9:30 sitzen wir bereits im Boot, Wolfgang war echt schnell heute früh.
Es ist schon recht lustig mit uns. Was die Geschwindigkeit der Verrichtungen und die Herangehensweise an morgendliche Rituale betrifft, hat jeder von uns höchst unterschiedliche Ansätze. Während Wolfgang alles in meditativer Ruhe und mit Besonnenheit erledigt, geht bei mir alles recht flott (*hektisch, sagt meine Frau*) von der Hand. Ich habe dann ausgiebig Zeit, Wolfgang bei seinen Meditationen zuzuschauen, manchmal innerlich fluchend, manchmal äußerlich drängelnd, zumeist aber bemüht, die Klappe zu halten, wir sind schließlich zur Entspannung unterwegs, Hetze genug haben wir im Alltag. Mir täte es sicherlich gut, etwas bedächtiger und ruhiger zu werden, für Wolfgang wäre sicherlich meine Geschwindigkeit eine Zumutung. So gibt, damit alles in Harmonie abläuft, irgendwie Wolfgang das Tempo vor, ich warte halt, bis er fertig ist, auch wenn es manchmal dauert...

Die Bewölkung nimmt heute zu, Schiffe sind nur wenige unterwegs, ein Passagierschiff kommt uns mit heftiger Welle entgegen, wir machen schnell die Spritzdecke hoch, aber zum Glück war es ein Täuscher, die Welle war harmlos. Uns treibenlassend, frühstücken wir im Boot. Die NP-Brötchenmischung und ein Rest Käse.
Um 14:00 erreichen wir bei km 388 den Tangermünder RC, der an einem Hafenbecken, in das die Tanger mündet, liegt. Wir gehen an Land, die Steganlagen sind hervorragend, Ruderer haben zumeist die besseren Steganlagen, so ist es halt. Das Boot ziehen wir mit dem Bootswagen hoch zum Vereinshaus und stellen fest, daß das Haus bis zum letzten Platz mit den Ruderern aus Magdeburg belegt ist. Wir beschließen, da wir ja sowieso hier unsere Reise beenden wollten, erst einmal das Boot auseinanderzunehmen, alles zu säubern und zu verpacken. Ich selbst nehme dann auch noch eine Dusche und wir beratschlagen dann anschließend. Das Vereinsheim ist mehr als proppenvoll. Die jungen Leute machen sicherlich die ganze Nacht Party. Sollen wir hier tatsächlich übernachten? Also einigen wir uns, alles im Auto zu verstauen und heimzufahren, vorher aber noch ausgiebig Tangermünde zu besichtigen.

Als Wolfgang nun ganz klar ist, daß wir abreisen, hat er, schneller als man »Tangermünder Hafen- und Schifffahrtsamt« sagen kann, alles im Kofferraum seines Kombis verstaut. Ich bin verblüfft und mir fehlen die Worte.

Tangermünde zeigt sich uns von seiner besten Seite. Viele schöne Backsteinhäuser, wir landen irgendwann in einem kleinen Innenhof, der in einen weiteren Innenhof übergeht. Recht nett ist es hier, ein Hotelbetrieb mit Gastronomie zu relativ korrekten Preisen in angenehmem Ambiente. Wolfgang läßt sich »Lose Wurst, Sauerkraut und Salzkartoffeln« bringen, was sehr reichlich ist und schlappe 4 Euro kostet, ich genieße eine »Salatplatte Chef«.

Den Verdauungsspaziergang lassen wir ausgiebig folgen, finden noch eine alte Scheune, die zu einem recht kuriosen Museum ausgebaut wurde, mit Relikten aus der DDR-Zeit geradezu vollgestopft. Wolfgang handelt den Eintrittspreis herunter und läßt sich dann noch vom Chef persönlich durch die Ausstellung führen, was dann sehr gründlich geschieht. Ich warte, als ich mir alles (*schnell*) angeschaut habe, eine halbe Stunde draußen und meditiere solange. Auf dem Tangermünder Rathausturm bewundern wir noch die ausgestopften Störche, die sich dann aber auf einmal heftig bewegten: Die Vögel sind tatsächlich echt!

Volltanken, bei Plus Wasser kaufen und dann ab, nicht ohne vorher noch den Friedhof zu besuchen, ich ganz kurz, Wolfgang ganz lange. Es lebe der kleine Unterschied zwischen uns.

Streckenstatistik 2001

Tag	km von	km bis	km / Tag	von	bis
Sonntag	2,0	5,5	2,5	Schöna	Camping
Montag	2,5	34,5	29,0	Camping	Pirna
Dienstag	34,5	68,2	33,7	Pirna	Radebeul
Mittwoch	68,2	107,0	38,8	Radebeul	Riesa
Donnerstag	107,0	155,0	48,0	Riesa	Thorgau
Freitag	155,0	200,0	45,0	Thorgau	Elster
Samstag	200,0	236,0	36,0	Elster	Coswig

Streckenstatistik 2002

Tag	km von	km bis	km / Tag	von	bis
Montag	236	259	23	Coswig	Rodleben
Dienstag	259	276	17	Rodleben	Aken
Mittwoch	276	310	34	Aken	Schönebeck
Donnerstag	310	323	13	Schönebeck	Magdeburg
Freitag	323	351	28	Magdeburg	Rogätz
Samstag	351	388	37	Rogätz	Tangermünde

Nun liegt die zweite Etappe unseres Elbedreiteilers hinter uns. 2001 haben wir eine Strecke von 234 km zurückgelegt, im Tagesschnitt sind wir 38,91 km gepaddelt.
2002 haben wir eine Strecke von 152 km zurückgelegt, der Tagesschnitt betrug 21,17 km.
Die Streckenstatistik von 2001 schloß in etwa mit den Worten: ....werden wir irgendwo zwischen Tangermünde und Wittenberge die Tour beenden. Nun, es ist Tangermünde geworden, also bereits 388 km Elbe insgesamt.

2003 wollen wir dann bis Hamburg fahren, einzelne Tagesetappen werden dann etwas länger werden. Ich sorge bis dahin dafür, daß es Wolfgang noch bequemer haben wird, unsere Sitze werden etwas höhergelegt, ich habe es während meiner Rheintour im September 2001 bereits ausprobiert. Auch kommt noch eine Längsverstellung und eventuell noch eine Verstellung des Sitzwinkels hinzu. Wir sind dann in der Lage, so schnell zu paddeln, daß wir wahrscheinlich Sicherheitsgurte anlegen müssen.

zum Autor: Jürgen Christian, Baujahr 1952, ich fahre auf der beschriebenen Elbe-Tour einen Klepper Aerius II, Baujahr 1960, geerbt von meinem zu früh verstorbenen Onkel Hans-Ulrich, nach dem ich dann auch das Boot benannt habe. Ich bin seit gut 25 Jahren Sozialpädagoge im öffentlichen Dienst, derzeit im Sozialamt tätig. Verheiratet, 2 Kinder. Kontakt via e-mail: juergen.christian@web.de

Faltboot-Quartett

oder:

»Was schenkt man jemandem, der schon alles hat?«

Meggie Klann, Potsdam

... unter diesem Motto will ich von einem Kartenspiel schreiben, das ich meinem Freund vor ein paar Jahren zum Geburtstag geschenkt habe. Ich hatte für das Geschenk damals aber andere Beweggründe: Ich spiele gerne und bin mit einem Freund geschlagen, der nicht verlieren kann. Verliert er ein Spiel, ist er tagelang schlecht gelaunt und vor allem so schnell nicht wieder zum Spielen bereit. Ich versuche zwar meistens, ihn gewinnen zu lassen, aber so schlecht kann ich manchmal gar nicht spielen. »Was für ein Spiel schenkt man jemandem, der nicht gerne spielt, über das er sich dann trotzdem freut?« wäre also der bessere Titel, aber das klingt nicht so griffig.

Und was habe ich ihm nun geschenkt? Ihr kennt doch bestimmt alle noch dieses Kartenspiel mit den Autos, das unter 10jährigen ein großer Renner ist (oder jedenfalls zu meiner Zeit war). Auf jeder Spielkarte ist ein Auto abgebildet, dazu alle wichtigen technischen Daten, wie die Höchstgeschwindigkeit oder die Zeit, in der man es von 0 auf 100 km/h beschleunigen kann. Anfangs werden alle Karten gleichmäßig unter den zwei Spielern aufgeteilt. Wer anfängt hat Glück, denn er darf sich die beste Eigenschaft des Autos aussuchen, das zu oberst auf seinem Stapel liegt. Ist sein Auto in dieser Eigenschaft besser als das, welches ganz oben auf dem Stapel des Gegners liegt, dann bekommt er die Karte des Gegners und legt sie zusammen mit seiner gerade gespielten Karte unter seinen Stapel. War das gegnerische Auto doch besser, bekommt der Gegner beide Karten. Natürlich zeigen sich die Spieler ihre Karten vorher nicht, damit sich der erste Spieler so richtig in den A... beißen kann, wenn er seine Karte gerade verloren hat und mit einer anderen Eigenschaft aber gewonnen hätte. Ist das Spiel erst mal am Laufen, fängt immer der Spieler an, der zu letzt einen Stich gemacht hat. Und gewonnen hat dann nachher wer? Na klar, wer am Ende stolzer Besitzer aller Karten ist.

Jetzt sind Autos für einen überzeugten ÖPNV-Nutzer wie Marian natürlich vollkommen langweilig und überhaupt, was hat das Ganze denn in diesem Buch verloren? Klar: Statt Autos waren in meinem Spiel lauter Kajaks. Aus alten Katalogen habe ich die Boote mit einer Nagelschere ausgeschnitten und dann auf Pappkarten in der richtigen Größe geklebt. Die technischen Daten standen ja auch gleich in den Katalogen, blieb nur noch das Regelwerk: Denn ist nun ein breites Boot besser, mit dem man viel Gepäck transportieren kann, oder ein schmales, schnelleres. Ich habe mich da natürlich an Marians Vorlieben gehalten, also waren lange Boote gut und kurze, wendige (wie mein geliebter K-Light) schlecht. Über die Auswirkungen des Gewichts wird man sich wahrscheinlich schon weniger streiten.

Um den armen Faltbooten, die bei uns natürlich am besten abschneiden mussten, auch eine Chance zu geben, gab es auch die Kategorie Transport, mit Abzug für Schlauchboote aus ästhetischen Gründen. Es lohnt sich jedenfalls, diese Regeln vor dem ersten Spiel schriftlich zu fixieren...

Und wieso mag der Spielehasser-Marian dieses Spiel nun doch? Damals war gerade der Single 2000 neu auf dem Markt und so habe ich dieses Boot kurzerhand zur Marian-Trumpfkarte erklärt: Immer wenn Marian diese Karte spielt, gewinnt er. Und damit gewinnt er auch das ganze Spiel fast immer. Denn wenn er diese Karte erst einmal besitzt, bin ich machtlos. Und Marian freut sich. Und ich muss ihn nicht mehr absichtlich gewinnen lassen.

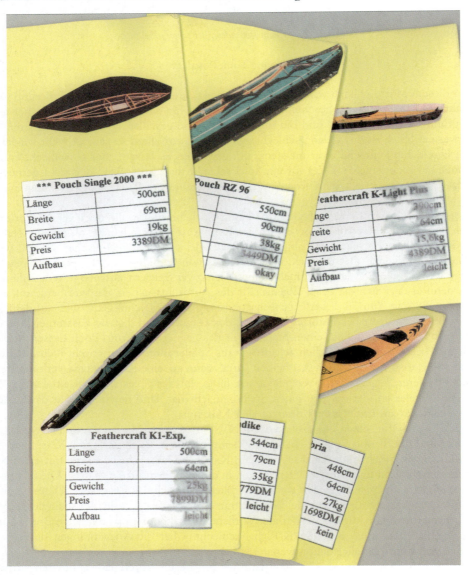

Nachsatz: Um das Spiel auch gefahrlos mit auf unsere Paddeltouren zu nehmen, hat Rainer uns noch einen Minipacksack aus PVC-Plane gebastelt. Damit ist das Spiel perfekt vor Wasser geschützt und Marian kann auf Faltboottreffen so richtig damit angeben, was er alles hat.

zur Autorin: Mechthild Klann (Potsdam), 30, Ing. für Landeskultur und Umweltschutz, schreibt an ihrer Doktorarbeit in den Bereichen Hydrologie und Fernerkundung; das Wasser lässt sie also nie los ... Kontakt via e-mail: meggie@faltboot.de

Kurztest: Fujita PE 500 Expedition
Japanische Falter-Technologie

von Tobias Kamm, Erbach

Nun, die Spannung stieg natürlich ins unermessliche, als uns das erste Mal einige Pakete aus Japan, genauer gesagt *Kyoto*, erreichten. Schon die kompakten Außenmaße (ca. 1,00 x 0,30 x 0,35) gefielen von Anfang an sehr gut.

Was dann zu Tage kam, war zunächst mal ein blau-schwarzer Packrucksack, mit sehr solide verarbeiteten und gut gepolsterten Tragriemen, Lendenwirbelstütze und vielen nützlichen Spannriemen. Eine schwarz eloxierte Steueranlage lag – noch nicht im Packrucksack untergebracht – ebenfalls sauber gepolstert im Paket dabei.

Aber vielleicht beginnen wir mal mit den technischen Details, bevor es dann an das eigentlich Interessante, nämlich das Fahrverhalten des PE 500 Expedition, beschrieben wird:

Länge ü.a.: 5,00m	*Material Senten und Firststäbe:*	GFK-Wickelrohre
Breite ü.a.: 0,63m	*Material Spanten:*	Holz
Zuladung: 180kg	*Material Beschläge:*	Edelstahl
Packmaß: 1,10 x 0,37 x 0,35	*Material Deck:*	PVC–Teflon-Gewebe; RipStop
	Material Unterwasserschiff:	PVC–Kevlar-Gewebe, RipStop

Aufbau
Zugegeben: japanische Schriftzeichen sehen toll aus! Aber wie sich diese auf den ersten Aufbau eines uns völlig fremden Aufbausystems auswirken? Zum Glück hat der Hersteller noch eine Reihe von Detailbildern eingefügt, die über die größten »Klippen« hinweg halfen. Hier der Versuch, etwas zu beschreiben, was in drei Bildern wahrscheinlich deutlich leichter zu verstehen wäre. Aber einen ersten Eindruck kann sicherlich vermittelt werden:
Der Aufbau des Bug-Elements funktioniert beinahe nach dem gleichen Prinzip, wie man eine Bettdecke aufschüttelt: man nehme den Bugsteven, halte ihn in hoch die Luft, schüttele ein wenig das Gesamte und die Senten sowie der an Kiel / Firststab drehend gelagerte Spant 1 beginnen von ganz alleine, sich zu sortieren. Die Senten selber werden durch Steckverbindungen verbunden und durch Edelstahl-Federknöpfe gesichert. Spant 2 und 3 lagen lose im Packrucksack, wobei an diesen ca. 40cm lange Abschnitte von Firststab und Kiel fest (drehbar) vorinstalliert sind, an denen diese dann auch an den entstehenden Rumpfabschnitt befestigt werden. Die Spanten werden anschließend quer gestellt und mittels Edelstahlbeschlägen selbstsichernd an den Senten befestigt. Der Aufbau des Hecks erfolgt analog zum Aufbau des Bugs. Fertig!
Anschließend muss die Bootshaut ausgerollt und erst das Heckelement, dann das Bugelement in die Haut geschoben und – wie bei jedem Faltboot – möglichst mittschiffs ausgerichtet werden. Die Spannung der Bootshaut wird durch GFK-Rohre aufgebaut, welche mit Gelenken ausgestattet sind. Diese werden abgewinkelt auf die freien Kiel- und Decksentenenden aufgesetzt und langsam durchgedrückt. Anschließend wird der letzte (offene) Cockpitspant eingesetzt und durch drehen desselben fixiert. Zwei Bodenplatten aus Holz, angebracht zwischen Cockpit-Spant und den angrenzenden Spanten, dienen einem guten Stand beim Einstieg (wenn es denn nötig ist) und sie übernehmen den Part der »Drehmomentübertragung« an den Stellen, wo die Spanngelenke keine Steifigkeit durchleiten können. Abschließend werden die Schenkelstützen befestigt, die Bootshaut mit zwei Spanngurten im Cockpit festgezurrt und die Luftschläuche aufgepumpt. Fertig.

Beim ersten Mal hat es fast eine Stunde benötigt, bis das System einmal verstanden wurde. Folgende Aufbauten gingen uns dann – geschlechtsunabhängig – in ca. 15 Minuten von der Hand. Alle Teile sind (typisch Japan?) sehr sauber und formgenau gearbeitet und das selbstsichernde System der Spanten-/ Sentenbefestigung ist sehr intelligent gelöst.

Der Sitz besteht aus einer ergonomisch geformten Rückenlehne und Sitzschale aus geschäumtem Kunststoff, welche in Nylon-Cordura eingenäht sind. Sehr funktional, da sich die Sitzlehne nach vorn klappen lässt (zum komfortablen beladen des Kajaks) und zudem auch sehr bequem. Die Bootshaut ist standardmäßig mit Kielstreifen, zwei Gepäckluken, Decksbeleinung sowie umlaufender Lebensleine ausgestattet.

Auf dem Wasser
Unser Testrevier waren die schwedischen Schären. Wir hatten zwar meist windige Verhältnisse, wobei sich immer wieder auch ruhige Tage bzw. geschützte Buchten boten, um (unter Voll- und Teillast) auch die »Glattwassereigenschaften« zu testen.

Das Cockpit des Japaners ist groß genug, um einen einfachen Einstieg auch für größere Paddler sicherzustellen. Die Cockpitlänge des PE 500 EX reicht meiner Einschätzung nach für Menschen bis über 1,90m, wobei es ab ca. 1,86m Sinn macht, das Werk zu informieren, damit dort die vorinstallierten Führungsschienen für die Steueranlage etwas weiter im Bug installiert werden können.

Die Fahreigenschaften entsprachen zunächst den Erwartungen aus der Rissbetrachtung des Kajaks: ein relativ flaches Unterwasserschiff, das im Bug und Heck in ein starkes konkav mit ausgeprägtem Kielsprung übergeht, versprach eine hohe primäre Kippstabilität. Durch die integrierten, recht hoch ausgelegten Luftschläuche gelingt Fujita ein beinahe nahtloser Übergang ab dem unteren Sentenpaar in einen Rundspanter, was eine hervorragende sekundäre Kippstabilität verkündet. Auf dem Wasser fühlten wir uns entsprechend – obschon der uns damals noch »unbekannten« Kajaks und bereits am ersten Tag recht schwerer See – von Anfang an sehr wohl. Der Übergang von der primären zur sekundären Stabilität verläuft nach unserer (subjektiven) Wahrnehmung unmerklich. Das PE 500 EX lässt sich dadurch kontrolliert anstellen, ohne dabei ein Gefühl von Unsicherheit zu vermitteln und verhält sich auch in Grenzsituationen absolut neutral. Es neigt in keiner Weise zum querschlagen und hat, Dank des Volumens im Bug und einer nicht zu großen Steifigkeit des Rumpfes, keinerlei Tendenz zum unterschneiden. Lediglich die Spurtreue erfordert etwas mehr »Gewöhnung«. Die Fujita reagierten für unsere Erwartung an ein Seekajak einen Tick stärker auf Drehimpulse als erwartet und neigten auch dazu, eine einmal begonnene Kurve zu Ende zu fahren. Je länger wir aber mit den Kajaks unterwegs waren, umso mehr lernten wir auch die Fahreigenschaften kennen – und lieben. Inzwischen schätzen wir die Fujita als spurtreue Begleiter, die auch bei starkem Seitenwind mit wenig Korrekturschlägen auskommen.

Die Cockpit-Ergonomie lässt ein gutes verkeilen im Kajak zu, wodurch auch ein leichteres aufrollen ermöglicht wird. Ich gehöre – das muss auch gesagt sein – nicht zu den ausgeprägt sportiven Paddlern, d.h. ich beherrsche die Rolle als Tourenpaddler insbesondere über die rechte (Schokoladen-) Seite, konnte das Fujita aber dennoch ohne wesentliche Probleme aufdrehen.

Die Rumpfsteifigkeit des Kajaks ist ausgewogen: Nicht zu steif, um Seegängigkeit einzubüßen, aber auch nicht so weich, dass sich Formveränderungen ergeben, wenn die Zuladung falsch verteilt wird.

Persönliche Eindrücke

Das Fujita PE 500 EX hat sich während unserer Tour als sehr leistungsfähiges Kajak erwiesen. Es ist äußerst sauber verarbeitet und gefällt durch eine hohe Wertigkeit der eingesetzten Materialien.

Die Haut unserer Testkajaks war zwischen Oberdeck und Unterwasserschiff noch nicht verschweißt, was bei stärkerer Dünung zu einer Wasseraufnahme über (vermutlich) die Bugnaht geführt hat (1-2 Liter / Tag). Nachdem dieser Kritikpunkt bei mehreren Tests in den USA aufgekommen ist, hat Fujita reagiert und die neueste Generation wird seit 2004 auch mit vollständig verschweißten Nähten angeboten.

Was uns persönlich besonders gut gefallen hat, waren die GFK-Wickelrohre: diese sind absolut korrosionsfrei, auch bei starkem aufsetzen unverbiegbar und extrem stabil gegen Bruch. In Verbindung mit den traditionellen Holzspanten ist Fujita eine ansprechende Mixtur aus Tradition und Moderne gelungen, die zudem auch ein tolles Packmaß und Gewicht verwirklicht.

> **zum Autor:** Tobias Kamm, geboren am 17. Juni 1971, begann seine berufliche Laufbahn nach dem Studium als Unternehmensberater. Bereits nach wenigen Jahren machte er sein Hobby zum Beruf und gründete zusammen mit einem Partner das Faltbootzentrum (Out-Trade GmbH). Kontakt via email: kamm@out-trade.de

Das Geheimnis der Hexe

oder:

Auf 55 Grad Nord durch die Südsee

von Michael Kommant, Bremen (Text) und Hans-Jürgen Otten (Photos), Bremen

Also lautet ein Beschluß: Wir müssen paddeln! Auf dem Meer! Das Revier ist schnell gefunden. Nachdem wir im letzten Jahr bei einer Umrundung der dänischen Ostseeinsel Als einen Blick auf den Kleinen Belt werfen konnten, soll es diesmal die dänische Südsee, also das Gebiet zwischen Fyn und Ærø sein. Zum Ausgangspunkt der Reise wird Bojden auf Fyn bestimmt, Hafen der Fährverbindung zwischen Als und Fyn. Der Zeltplatz liegt dicht am Hafen, so daß keine langen Transportwege über Land nötig sind. An diesem Tage, wir sind am Nachmittag angekommen, bläst noch ein kräftiger Wind mit 5-6 Bft. Wir wollen am nächsten Morgen starten, heute nehmen wir nur noch einmal die unbeladenen Boote und machen eine kleine Sturmfahrt in einer Bucht.

Der nächste Morgen begrüßt uns mit bewölktem Himmel und Wind um 3. Wie soll bloß das ganze Gepäck in das kleine Boot? Nun, das meiste passt hinein, Michaels Feathercraft K1 »Ingen Pauser«, einer der letzten große Frachtsegler unserer Tage, und Hans-Jürgens Lettmann Nordstern »Merlin«, Raumschiff zur See, schlucken, was sie können. Unwichtige Dinge wie Handtücher und Zahnbürste werden vorerst beiseite gelegt, wichtige Dinge wie Wein, Spaghetti werden zuerst gestaut. Der Rolltisch muß zurückbleiben. Einiges wird dann doch noch an Deck verstaut und endlich können wir in See stechen.

Die erste Etappe führt uns nach Lyø By, hier machen wir eine Mittagspause am Rande eines Vogelschutzgebietes. Die Landschaft ist beeindruckend! Wasser, Himmel, Weite!

Ein schmaler Streifen sandiger Kies trennt das Land vom Haff. Der salzige Geruch des Meerwassers erfüllt die Luft. Wir patschen mit nackten Füssen durchs glasklare Wasser und möchten gar nicht mehr nach Hause.

Weiter geht es zur Insel Avernakø, die Sonne bricht durch, wir liegen wieder am Strand und frieren – es ist immer noch windig. Am Abend erreichen wir Korshavn, wir dürfen auf einer Wiese am Hafen zelten. Abends dann wie jeden Tag der Seewetterbericht über den Norddeutschen Rundfunk auf Mittelwelle: Sturm- und Starkwindwarnung für den nächsten Morgen!

Da beim angekündigten Wind der Stärke 7, den wir von der Seite haben würden, auch die relativ kurze Überfahrt von einer Seemeile nach Fyn nicht ganz ungefährlich erscheint, beschließen wir, schon im Morgengrauen aufzubrechen, so daß wir rechtzeitig vor dem Sturm wieder unter Land sind. Als wir dann aufbrechen, herrscht schon Wind 3-4, wir machen uns

sturmklar, alles wird doppelt verpackt und verzurrt. Verrutschte Ladung hat schon so manches Schiff in Seenot gebracht! Inzwischen passt auch das gesamte Gepäck in das Boot, je häufiger man aus- und einpackt, desto kompakter wird die Ladung.

Während der Überfahrt frischt es weiter auf, in Böen werden sicher die 6-7 Windstärken erreicht, wir kämpfen, der Weg scheint immer länger zu werden. Endlich erreichen wir Fyn am Nakkebølle Fjord. Wir landen kurz an, lecken unsere Wunden und setzen dann Ostkurs, unter Land gegen den Wind. Der Campingplatz bei Ballen ist unser heutiges Ziel.

Die Küste ist steinig und wunderschön; da wir nur langsam vorankommen, haben wir ausgiebig Gelegenheit, alle Details in uns aufzunehmen. Stunden später erreichen wir den Zeltplatz. Die Küste ist felsig und Wind und Brandung stehen genau auf unsere Landungsstelle. Na toll! Wie kommen wir denn jetzt heile an Land? Es hilft nichts, eine Stelle suchen, an der es weniger zu schäumen scheint, mit der Welle und Schwung auf das Ufer tragen lassen und raus aus dem Boot. Das gelingt auch unfallfrei, später entdecken wir dann ein Loch im Feathercraft, wahrscheinlich entstanden, als das Boot in der Brandung aus dem Wasser gezogen wurde. Ein Fahrradflicken behebt den Schaden.

In Ballen beschließen wir, den Sturm abzuwettern, denn kaum, daß wir angekommen sind, schwemmt uns ein Gewitter fast von der Klippe. An diesem Tag erkunden wir auf einem Spaziergang das Hinterland, vom Boot aus sieht man Dänemark ja kaum. Der nächste Tag präsentiert sich weiterhin windig und regnerisch. Auf dem Meer stehen Schaumkronen. Wir beschließen, noch einen Tag zu bleiben und Feldforschung unter landeskundlichen Aspekten zu betreiben. Am Yachthafen finden wir kostenlose Leihräder, zur Verfügung gestellt vom örtlichen Supermarkt. Wir machen eine Radtour durch die Umgebung, staunen über die, aus norddeutscher Perspektive, geradezu bergige Landschaft, sehen eine Plantage mit Weihnachtsbäumen für Deutschland und bedanken uns für den Fahrradservice durch einen Einkauf beim Sponsor. Am Abend dann wird in Dänemark gefeiert: die St. Hans-Feuer werden entzündet.

Wenn es an diesem Abend dunkel wird in Dänemark, kann man an der ganzen Küste entlang die Feuer brennen sehen. Ein unvergesslicher Anblick. Das äußerst beliebte traditionsreiche Volksfest wird in Dänemark immer am Abend des 23. Juni begangen. Ein fester Bestandteil der dänischen St. Hans-Feiern ist es, auf dem Feuer eine Strohpuppe zu verbrennen, womit symbolisch eine Hexe auf den Blocksberg zurückgeschickt wird. Im Mittelalter sollten mit dem St. Hans-Feuer die bösen Geister vertrieben und so eine gute Ernte gewährleistet werden. Im 19. Jahrhundert hat sich der Brauch dann in eine symbolische Hexenverbrennung umgewandelt. Wegen des starken Windes dauert das Fest jedoch nicht lange, das Feuer brennt sehr schnell herunter und keiner mag lange im Wind stehen.

Der nächste Tag begrüßt uns mit wenig Wind und Sonnenschein. Frühstück, einpacken und weiter geht es. Bei leichtem Wind und Sonnenschein fahren wir in den Svendborg Sund ein, unterqueren die Hochbrücke und machen eine Mittagspause gegenüber der kleinen Stadt. Neugierige Schafe steigen fast in die Boote, wir retten unsere Vorräte und fahren weiter zwischen Tåsinge und Thurø hindurch in Richtung Vemmenæs an der Südostspitze von Tåsinge, dort soll sich ein Campingplatz befinden. Als wir freies Wasser erreichen und die Lunkebugten überqueren wollen, frischt prompt der Wind auf und wir dürfen wieder durch die Wellen tauchen, die sich hier am Übergang vom tiefen zum flachen Wasser aufbauen. Eine kleine Bohrinsel in der Bucht erregt zwar unsere Neugierde (plant Dänemark, der OPEC beizutreten?), auf eine Erkundung wird aber wegen des Wetters und der fortgeschrittenen Zeit verzichtet.

Wir suchen den Campingplatz. Die Sonne sinkt, wir suchen den Campingplatz. Wir suchen immer noch den Campingplatz, schließlich sehen wir jemanden an Land und erkundigen uns. Tatsächlich haben wir den Campingplatz gefunden, das heißt, wir haben den Platz gefunden, an dem dieser einmal war. Wir dürfen trotzdem eine Nacht am Ufer zelten, mit Wasser werden wir auch versorgt, im Fernglas ist die Brücke über den Großen Belt zu erkennen, das Wasser ist glasklar und ruhig – was wollen wir mehr? Nur daß das Zelt unter einer Schicht kleiner schwarzer Käfer verschwindet, irritiert etwas. Was mag an Michaels Zelt so lecker sein? Die Käfer werden angeblich von der Farbe Gelb angezogen, das Zelt ist doch aber grün?

Am nächsten Tag Sonnenschein und Windstille, wir gehen in der Ostsee schwimmen, das Wasser ist auch gar nicht warm. Nun geht es auf Südwest-Kurs, wir wollen Tåsinge umrunden. Das Wasser ist spiegelglatt und glasklar, man kann meterweit bis auf den Grund sehen. Es ist tatsächlich wie in der Südsee, nur farbenprächtige Fische und Korallen gibt es nicht. Dafür Quallen in allen Größen. Gelegentlich so dicht, das sie das Boot bremsen. Wir brüten in der Sonne und machen Mittagspause auf Odden, einer kleinen, unbewohnten Insel zwischen Tåsinge und Hjortø. Wir genießen die Stille und setzen Kurs über das freie Wasser auf Skarø. Kurz vor Skarø kreuzen wir das Fahrwasser, in dem heute reger Verkehr herrscht. Solange es so windig war, blieben die Hobbysegler im Hafen und wir hatten die Ostsee für uns. Heute sind sie aber alle unterwegs und wir müssen auf den Querverkehr achten. Auch im Svendborg Sund, in den wir jetzt wieder einfahren, ist Betrieb und wir haben wieder Wellen, diesmal nicht wegen des Wetters sondern wegen der Motorboote und Fähren. Hinter Svendborg biegen wir Richtung Skårupøre ab. Hier wird es wieder ruhig, da die Durchfahrt zum Skårupøre Sund für Segler und Motorboote zu flach ist. Auch unser Kiel schrammt an einigen Stellen über Grund. Der frühe Abend findet uns auf dem Campingplatz von Skårupøre, der späte Abend in einem hervorragendem Restaurant am Ostseestrand, die Nacht vollgefressen im Zelt.

In drei Tagen müssen wir wieder daheim sein, Zeit, auf Westkurs zu gehen. Einmal noch rund um Thurø. Hier treffen wir das erste Mal auf andere Paddler in Fahrt, zwei einheimische Seekajakfahrer. Weiter geht es in den Svendborg Sund, diesmal von der Ostseite. Pause und Landgang ist in Svendborg geplant. Beim dortigen Ruderclub finden wir einen geeigneten Anleger für unsere Ozeanriesen. Wir können uns umziehen und für den Landgang den großen Ausgehanzug anlegen und die Boote an geschützter Stelle zurücklassen. Svendborg ist eine ausgesprochen attraktive Stadt mit einladenden Kneipen. Straßenmusikanten scharen eine Menge Zuhörer um sich. Leider haben wir nur wenige Stunden Zeit. So können wir nur unsere Vorräte ergänzen und einen kurzen Stadtbummel machen. Weiter geht es Richtung Westen durch den Svendborg Sund, an Ballen vorbei Richtung Nakebølle Fjord.

Das Wetter ist gut, die See spiegelglatt, die Sicht reicht im Wasser meterweit. Kaum zu glauben, daß wir hier noch vor wenigen Tagen schwarzes, aufgewühltes Wasser hatten mit Wellen, über die man kaum drübersehen konnte. Wir lassen uns also dazu verleiten, weit draußen, kilometerweit vom Ufer entfernt, zu fahren. Weiter geht die Reise um Store Svelmø herum und vor uns kommt schon in etwa einer Seemeile Entfernung der Campingplatz bei Nabbe in Sicht. Im Fernglas suchen wir den Ausstieg und finden eine Rampe, auf der wir die beladenen Boote mit Hilfe der Bootswagen auf das hohe Ufer hinaufziehen können. Die Freude darüber schwindet, als sich die befestigte Rampe in einen Weg aus tiefem, losen Sand verwandelt. Wir müssen die Boote das Steilufer hinaufwuchten. Und das nach über 16 Seemeilen. Da schmeckt das Bier am Abend nochmal so gut.

Die letzte Etappe. Das Wetter hält, wir fahren wieder quer über das offene Wasser. Vor dem Fåborg Fjord, kaum an Bjørnø vorbei, passiert es dann: vor uns taucht ein Fährschiff in voller Fahrt voraus auf – und wir wissen in diesem Augenblick nicht genau, ob wir das Fahrwasser gerade passiert haben, oder ob wir es genau vor uns haben. Die Tonnen liegen weit auseinander und sind mangels Beschriftung auch mit dem Fernglas nicht eindeutig zu identifizieren. Also eine Kreuzpeilung mit Seekarte und Kompaß und wir stellen fest, das wir uns unmittelbar vor der Fahrwassergabelung befinden. Alles geht klar, die Fähre rauscht an uns vorbei. Nur zur Übung noch einmal mit dem GPS geprüft, welches unsere Peilung bis auf wenige Meter Abweichung bestätigt. Noch einmal nach Lyø zur Mittagspause, diesmal am Leuchtturm an der Nordspitze. Vor uns liegen die letzten 5 ½ Seemeilen dieser Paddelreise. Wir lassen Beine und Seele baumeln und die letzten Tage noch einmal Revue passieren. Anstrengend war's, aber schön, und wir beschließen, wenn möglich, wiederzukommen. Über den Lyø Krog geht es um die Sønderhjørne an der Spitze von Hornenæs herum, am Fährhafen vorbei in die Bucht vorm Campingplatz von Bojden. Auf diesem Weg treffen wir nun auch einmal auf ein weiteres Faltboot. Ein deutsches Pärchen sticht mit einem Faltbootzweier ohne Helm, Gepäck und Spritzdecke mit unbekanntem Ziel in See. Wir haben sie nie wiedergesehen.

Die Fahrt ist zu Ende, das letzte Löschen der Ladung. Wir verbringen den späten Nachmittag mit Schwimmen, Schnorcheln, Weintrinken. Am nächsten Morgen geht es früh auf die Fähre Richtung Heimat.

Info: Kontakt zu den Autoren ist möglich über den Herausgeber. Anstatt biographischer Angaben an dieser Stelle aber eine Buchempfehlung (für Krimifreunde): *Precht, Georg und Richard: »Das Schiff im Noor«. Goldmann TB, 2000*

Faltbootfahrer-Praxis: Mensch, Du kennst Gummi! Speck' mir mal mein Faltboot dicht!

Die PIONIER-Werft im Rückblick

von Jürgen Kronenberg, Nürtingen

V or gut 30 Jahren hat die 1925 gegründete PIONIER-Faltbootwerft ihre Produktion eingestellt, und die beiden Firmen-Gründer Hans Hoeflmayer und Hermann Locher sind längst verstorben. Auch wenn der Hersteller aus Bad Tölz nie die Stückzahl anderer bekannter Faltbootbauer erreichte, hat der Name des Unternehmens bei vielen Paddlern einen ausgezeichneten Ruf. Eher zufällig ergab sich die Gelegenheit zu einem Gespräch mit der Tochter des PIONIER-Mitbegründers Hans Hoeflmayer.

»Wenn ein Student der Betriebswirtschaft sich mit dem kaufmännischen Gebaren der PIONIER-Werft etwas näher beschäftigt, so sieht er wie unter dem Vergrößerungsglas alle Fehler, mit denen ein Unternehmen zielgerichtet gegen die Wand gefahren werden kann,« so die Hoeflmayer-Tochter Gabriele S. (geb.1927) nicht ganz ohne Sarkasmus.

Begonnen mit dem Faltbootbau hatten die Münchener Schulkameraden Hoeflmayer und Locher, beide Jahrgang 1893, Mitte der zwanziger Jahre. Während Hermann Locher zuvor als Konstrukteur im Leipziger Flugzeugbau gearbeitet hatte, erlebte Hans Hoeflmayer den ersten Weltkrieg als Berufsoffizier. Er brachte vor allem das nötige Kapital in das gemeinsame Unternehmen ein. In einem Gesellschafter-Vertrag war der Firmenbesitz im Verhältnis 40 : 60 zwischen Locher und Hoeflemayer klar geregelt.

Diagonalstäbe und zusätzliche Spanten

Als 1925 die PIONIER-Werft gegründet wurde, hatte sich das Wasserwandern mit Faltbooten längst zum Volkssport entwickelt. Dutzende von Herstellern führten eine Vielzahl von Ein- und Zweisitzern im Programm, die sich nicht nur in ihren Abmessungen voneinander unterschieden, sondern vor allem auch in der Konstruktion des Gerüsts. Besonders die Längs-Stabilität der geräumigen (und langen!) Reise-Zweier bereitete in diesen Jahren so manchem Faltbootbauer Kopfzerbrechen. Dabei setzte die PIONIER-Werft schon früh auf Diagonalstäbe und zusätzliche Spanten, um die Steifigkeit zu verbessern. Besonders in den 30er Jahren tüftelte man an Lösungen, und ständig wurden die Konstruktionen des Vorjahres weiterentwickelt.

Übrigens: sehr schön lässt sich diese Experimentierfreude an einigen Exponaten des Historischen Faltboot-Kabinetts in Lychen beobachten. Bereits damals waren sich die beiden Firmeninhaber in den seltensten Fällen einig, was unter Kosten-Aspekten noch vertretbar und in Hinblick auf eine optimale Konstruktion vernünftig war.

Hier eine Übersicht über die frühen PIONIER Faltboot-Typen:

Modelle (1935)	Länge (cm)	Breite (cm)	Spantenzahl	Gewicht (kg)	Höchstbelastung (kg)	Länge d. Spantentasche	Preis* 1936 (in RM)
R 35 (Großer Reisezweier)	550	85	8	26	320	150	221,-- bis 270,--
Z 35 (Pionier-Sportzweier)	520	75	8	24	260	150	216,-- bis 265,--
U 35 (Sport-Einer)	450	65	7	18	180	150	168,-- bis 200,--
X 35 (Langeiner)	480	65	8	19	200	150	182,-- bis 215,--
V 35 (Renn-Einer)	450	65	7	15	160	150	168,-- bis 200,--
T 35 (Tölzer-Zweier) **	510	80	7	24	280	150	157.-- bis 194,--
K 35 (Tölzer Sporteiner)**	450	65	5	18	180	150	142,-- bis 167,--

* der günstige Preis bezieht sich auf ein Boot mit »5-fach Stahlhaut« ohne Zubehör, der hohe Betrag auf die Ausführung mit »7-fach Stahlhaut« einschließlich Zubehör (d.h. Packtaschen, Paddel u. Reparaturset)

** bei den »Tölzer«-Modellen handelte es sich um besonders preiswerte Faltboote in vereinfachter Ausführung

Wenige Jahre später war die Bezeichnung »Tölzer« – der PIONIER Marken-Name für die eigenen Faltboote in preiswerter Ausführungen – offiziell verschwunden. An der »Zwei-Marken-Politik« hatte sich jedoch nichts geändert:

Modelle 1938	Typ	Länge (cm)	Breite (cm)	Preis (in RM)
»Die bewährten volkstümlichen Pioniermodelle«	P 1 (Pionier-Einer)	450	65	145,-- bis 184,--
	P 2 (Pionier-Zweier)	510	80	166,-- bis 215,--
»Die Pioniersonderklasse mit Luxusausstattung«	S 55 (großer Reise-Zweier)	550	85	239,-- bis 300,--
	S 48 (Groß-Einer)	480	65	198,-- bis 241,--
	S 45 (Sport-Einer)	450	65	183,-- bis 225,--
»Der wendige Wildwasser- und Slalom-Einer«	W 1 (Wildwasser- und Slalom-Einer)	470	65	197,-- bis 256,--
»Die schnellen international erfolgreichen Rennboote«	IF 1 (Renn-Einer)	450	65	183,-- bis 215,--
	IF2 (Renn-Zweier)	550	75	234,-- bis 283,--

Während des Zweiten Weltkriegs lag die Faltboot-Produktion bei PIONIER offenbar am Boden, das Unternehmen jedoch existierte weiter. Die Produktion von Militär-Zeltbahnen und Mäntel für Kradfahrer stand in diesen Jahren im Vordergrund. Bekannt ist inzwischen, dass in der »Faltbootwerft, Bad Tölz« im Zweiten Weltkrieg teilweise auch osteuropäische Zwangsarbeiter eingesetzt wurden (www.tobias-pflueger.de/archiv/zwangsarbeiterfirmen). Auch wenn nicht namentlich erwähnt, ist die Vermutung naheliegend, daß es sich dabei um die PIONIER-Werft gehandelt hat.

Im Diskussionsforum von www.faltboot.de berichtete Sigfried Lipp (29.April 2003), dass er bei Recherchen zur PIONIER-Geschichte im Heimatmuseum von Bad Tölz erfahren habe, dass während des Zweiten.Weltkriegs von der Falbootwerft hölzerne Transportschlitten hauptsächlich für die deutsche Armee gebaut worden seien.

Die Belieferung ziviler Kunden mit den traditionellen PIONIER-Produkten war in diesen Jahren jedenfalls nicht möglich. Mit Datum vom 8.September 1942 antwortete die »PIONIER FALTBOOT WERFT H.HOEFLMAYER & CO. BAD TÖLZ« (Reichs-Firmen-Nummer [R F Nr] 0 / 0855 / 0001) auf die Anfrage eines kaufinteressierten Paddlers, »... daß wir Sie leider mit Faltbooten und Zelten nicht beliefern können. Auch gebrauchte Zelte und Boote sind vergriffen. Bitte gedulden Sie sich noch bis Kriegsende und wenden Sie sich dann nochmals an uns ...«

Interessant in diesem Zusammenhang ist die Firmierung des Bootsbau-Betriebs: während das Unternehmen in der Vorkriegszeit noch als »PIONIER-FALTBOOT-WERFT, Bad Tölz, Oberbayern« auftrat, wurde Anfang der 40er Jahre auch der Name eines der Gründer (»H.HOEFLMAYER & CO«) mit in die offizielle Bezeichnung aufgenommen. Hans Locher, aufgrund der Besitzverhältnisse nicht völlig gleichberechtigter Partner, wurde als »Compagnon« jedenfalls nur indirekt erwähnt. Aber das sollte sich bald ändern.

Erst 1949 beginnt die Nachkriegs-Produktion
Nach 1945 stand die PIONIER-Faltbootwerft zunächst unter treuhänderischer Verwaltung. Während Hoeflmayer drei Jahre lang in Internierungshaft saß, war sein Partner Locher erst einmal untergetaucht. Weitergeführt wurde die Werft ab 1948/49 zunächst von Hermann Locher allein, der sehr an der Übernahme von Hoeflmayers PIONIER-Anteilen interessiert war. Aber anstatt zu verkaufen, trat Hans Hoeflmayer etwa Anfang der 50er Jahre wieder in das Unternehmen aktiv ein. Die Produktion begann 1949 mit dem Zweier-Faltboot »P 39«, einer Konstruktion noch aus der Vorkriegszeit, zum Preis von 567,-- DM (inkl. Rucksack, Stabtasche, Handtasche, zwei Doppelpaddel und Spritzdecke). Darüber hinaus wurde noch das Hauszelt Modell »Isar« (124 DM) und das Spitzzelt vom Typ »Iglu« (254 DM) angeboten. Die entsprechende Preisliste war von »PIONIER, Faltbootwerft und Zeltfabrik, Hoeflmayer und Locher, Bad-Tölz/Obb.« erstellt worden. Hans Locher war es offensichtlich gelungen, seinen Einfluß im Unternehmen auszubauen.

1950 präsentierte PIONIER dann mit den Typen 520 Z, 450 S und dem Dingi 350 D ein komplett neues Faltboot-Programm. Beim Falt-Dingi 350 D handelte es sich quasi um eine »eierlegende Wollmich-Sau« zum Segeln, Motoren und Rudern, wie sie später ähnlich auch von anderen Faltboot-Herstellern angeboten wurde. Übrigens - auch die Pläne für das Dingi lagen bei PIONIER bereits vor Ausbruch des 2.Weltkriegs in der Schublade. In den ersten Jahren der Nachkriegsproduktion, so erinnert sich die Tochter von Hans Hoeflemayer, kam es zunächst zu erheblichen Materialengpässen. Beispielsweise mußten bestimmte Beschläge aus Aluminium hergestellt werden anstatt aus Messing (verchromt).

Ab etwa 1953/54 vergrößerte PIONIER dann sein Modellangebot. Neu hinzu kam der große Reise-Zweier 540 G. Bei den Einern war inzwischen das Wildwasserboot 450 W ins Programm aufgenommen worden. Dieser Typ wurde bereits 1955/56 abgelöst vom modifizierten 450 Wa. 1956/57 brachte PIONIER seinen überarbeiteten und vergrößerten Dingi unter der Bezeichnung »380 D« auf den Markt, allerdings zunächst immer noch mit Schwertbrücke und Seitenschwertern. »Die Dingis liefen gut,« erinnert sich Gabriele S. »Allerdings schaffte es mein Vater und Hermann Locher nicht, sich bei den Abmessungen auf den Typ einer offiziell vermessenen Bootsklasse zu einigen. Damit war unser Dingi noch nicht einmal clubregattafähig!«

Interessante Preispolitik
Im Prospekt von 1960 wird der »Super-Sport«-Einer 450 SS vorgestellt. Bei diesem Boot kombinierte PIONIER typische Eigenschaften des 450 S mit denen des 450 Wa. Im Interesse einer kostengünstigen Produktion ließ sich das neue Gerüst weitestgehend aus den Holzteilen der beiden anderen Einer zusammensetzen. Im Unterschiff entsprach der 450 SS dem Typ 450 S, die ovale Sitzlucke und das zeltförmige Achterdeck wurden vom 450 Wa übernommen.

Mit dem Slalom-Einer 430 SL nahm PIONIER 1960 ein weiteres Wildwasser-Faltboot in sein Programm auf. Es unterschied sich vom 450 Wa vor allem durch die kleineren Abmessungen (Länge nur 434 cm, Breite 63 cm) und die um etwa 2 kg leichtere Bauweise. Für ein Slalom-Faltboot war es jetzt schon relativ spät – andere Hersteller hatten diese Nische schon lange vorher besetzt.

Im gleichen Jahr erschien das überarbeitete Dingi in der Ausführung 380 M und 380 S. Während Modell 380 M für den Motorbetrieb ausgelegt war und sich auch zum Rudern eignete, wurde in die Haut des 380 S ein Schwertkasten zum Durchführen eines Mittelschwerts eingearbeitet.

Nach Auskunft von Gabriele S. arbeitete PIONIER darüber hinaus nicht an grundsätzlich neuen Bootstypen. Stattdessen wurden im Rahmen der Modelpflege allenfalls einige Details optimiert: »Unsere Boote waren ausgereift und brauchten wirklich keinen Vergleich zu scheuen!« Die Stückzahlen der einzelnen Typen oder die Jahresproduktion der Werft sind heute kaum noch zu rekonstruieren, allenfalls einige Relationen. So lag das Verhältnis beim Verkauf der Einer zu den Zweiern mit 50 : 50 etwa gleichauf (bei anderen Herstellern belief sich die Relation auf 10 : 90 !). Bei den PIONIER-Zweisitzern verkaufte sich wiederum der etwas kleinere Wanderzweier 520 Z deutlich besser als der große Reisezweier 540 G (ein Drittel zu zwei Drittel).

Modelle (1962)		Länge (cm)	Breite (cm)	Seitenhöhe (cm)	Spantenzahl	Gewicht (kg)	Höchstbelastung (kg)	Länge der Spantentasche	Preise 1962 (in DM)
540 G	Groß-Zweier	540	81	25	9	31	310	180	619,--
520 Z	Standard-Zweier	520	81	24	7	21	280	160	541,--
450 S	Sport-Einer	450	65	21	7	21	160	180	521,--
450 SS	Super-Sport-Einer	450	65	21	7	21	160	180	567,--
450 Wa	Wildwasser-Einer	450	65	21	7	21	150	180	536,--
430 SL	Slalom-Einer	434	63	20	7	19	140	170	503,--
380 M	Dingi	380	125	39	6	55	380	130	1078,--
380 S	Dingi	380	125	39	6	55	380	130	1147,--

Kooperations-Partner abgelehnt

Anfang der 60er Jahre erreichte die ständig zerstrittenen PIONIER-Gesellschafter eine Anfrage der Firma ROSSIGNOL. Der Schweizer Ski-Herstellers klopfte bei dem renommierten Faltbootbauer mit besten Kontakten zum Sportartikel-Einzelhandel an, weil ROSSIGNOL für den wachsenden deutschen Markt einen Partner suchte, um den Vertrieb aufzubauen. Gabriele S. heute: »Wenn die beiden Streithähne damals das Angebot von ROSSIGNOL nicht ausgeschlagen hätten, hätte unser PIONIER-Betrieb durch dieses zweite Standbein mit Sicherheit länger existiert!«

Der Verkauf von Faltbooten war – und ist es bis heute – ein Saisongeschäft. »In der Zeit vor Ostern bis zu Beginn der Sommerferien kamen wir mit dem Versand kaum noch nach«, erinnert sich die Hoeflmayer-Tochter heute. »In den Wintermonaten war es dann wesentlich ruhiger und bei uns wurden vor allem Holzteile hergestellt.« Die Produktion kompletter Boote in größerer Stückzahlen auf Vorrat wurde bewußt vermieden. Denn sowohl das Material für die Bootshäute, als auch der Baumwollstoff für das Oberdeck musste bei den Herstellern in großen Mengen abgenommen und umgehend bezahlt werden. »Und eine dicke Finanzdecke hatten wir nie,« so Gabriele S., die in den 60er Jahren im Werk u.a. für die Kundenbetreuung zuständig war. Das Material für die Bootshäute lieferte Metzler (München), die Stoffballen bezog PIONIER von Fa. Salzmann, Kassel. »Es gab damals auch billigere Anbieter, aber wir haben ganz bewusst mehr für Top-Qualität gezahlt, auch wenn sich das auf der Kostenseite eigentlich nicht rechnete.«

In einem Prospekt von 1964 wird zusätzlich zu den Verdeckstoff-Farben korallenrot und königsblau auch noch türkisblau und rostbraun angeboten. Sollte dadurch die Nachfrage maßgeblich angekurbelt werden?

Steffen Kiesner-Barth macht in einem Beitrag für das Forum von »www.faltboot.de« (25.April 2003) auf einen interessanten Artikel in der Zeitschrift KANU-SPORT (Ausgabe 4, 1965) aufmerksam. Dem Text zufolge baute und vertrieb PIONIER ab 1963 auch Kajaks und Segeljollen, die nicht mehr aus traditionellem Baumwollstoff und Gummihaut bestanden, sondern aus dem immer populärer werdenden Polyestermaterial. Gleichzeitig sei auch noch ein Dingi aus Sperrholz in den Verkaufslisten geführt worden.

Verkaufserlöse decken kaum noch die Kosten
In der 50er und 60er Jahren erreichte PIONIER etwa 50 % Prozent des Firmen-Umsatz durch den Absatz von Faltbooten. Die andere Hälfte erwirtschaftete man durch die Herstellung und den Verkauf von Zelten, Ski, Skistöcken und Rucksäcken. Vor allem die Zelte aus Bad Tölz galten als hochwertig. PIONIER hatte sie quasi »ingenieurmäßig« entwickelt: der mögliche Winddruck pro Quadratmeter Zeltfläche war berechnet, die Dichtigkeit der Zeltstoffe bei einer bestimmten Wassersäule im 24-Stunden-Test überprüft, und jeder angelieferte Stoffballen wurde auf Webfehler hin durchleuchtet. Besonders »gewichtsoptimiert« konnten die Zelte so nicht gebaut werden, denn das hohe Stoffgewicht erforderte natürlich auch ein entsprechend stabiles Gestänge. »Unsere ‚Wigwam'-Spitzzelte waren erstklassig verarbeitet und aus bestem Material; und deshalb natürlich auch nicht gerade billig. Als sich dann nach und nach aber die Steilwand-Zelte durchsetzten, unser Absatz spürbar zurückging und PIONIER nur noch durch Preiszugeständnisse verkaufen konnte, - da wurde es dann langsam eng«, erinnert sich die Tochter von Hans Hoeflemayer. In guten Zeiten waren etwa 100 Mitarbeiter bei PIONIER beschäftigt, später in der Krise vielleicht noch 20 Personen. Viele von ihnen arbeiteten bereits seit 30 Jahren in der Werft.

In den 60er Jahren war längst die Rivalität zwischen dem Sportartikel-Handel auf der einen und den Kaufhaus-Ketten auf der anderen Seite massiv spürbar. PIONIER widerstand lange der Verlockung, über den Umsatz in Kaufhäusern die eigene Existenz zu sichern. Denn für einen Faltboot-Hersteller blieb nicht viel übrig, wenn der Vertrieb über die Filialen der großen Kaufhäuser erfolgte. Nur einmal wurde eine preiswertere Version des PIONIER 520 Z Wanderzweiers mit einfacheren Beschlägen und 5-schichtiger Haut über diese Vertriebsschiene verkauft, wenn auch nur kurze Zeit (vermutlich Mitte / Ende der 60er Jahre). Denn die Belegschaft im Werk Bad Tölz sollte schließlich bezahlt werden. Und die Löhne wurden von der PIONIER-Werft immer bezahlt, wenn auch zum Schluß nicht mehr aus der Firmenkasse, sondern aus Hoeflmayers Privatvermögen.

Ende der 60er Jahre stirbt Hermann Locher. Obwohl die Nachfrage nach Faltbooten seit Jahren dramatisch zurückgeht, einzelne Werften aufgeben oder ihre Produktion ins Ausland verlagern, kauft Hans Hoeflmayer die Anteile seines bisherigen Geschäftspartners. Es dauert nicht lange, dann steht auch PIONIER mit dem Rücken zur Wand. »Mein Vater hat dann – ich glaube es war 1969 – die ganze Firma zunächst an einen dubiosen Geschäftsmann verkauft, an so einen richtigen Dampfplauderer, der einem das Fell über die Ohren zog. Und nicht nur die Namensrechte an unserer Werft wurden abgetreten, sondern auch das Grundstück mitsamt der Fabrik. Besser wäre es – aus heutiger Sicht – gewesen, wenn mein Alter Herr damals zumindest die Gebäude behalten hätte. Die hätte er dann an seinen Nachfolger vermieten können.« Hans Hoeflamyer konnte vom neuen Eigentümer der »PIONIER Faltboot- und Zeltfabrik« zumindest noch einen 6-monatigen Beratervertrag heraushandeln. Damit verfügte er zwar zum ersten

Mal seit Gründung der Werft über ein festes Einkommen, aber zu sagen hatte er in seiner Fabrik von nun an nichts mehr.

Neues Management setzt auf Kunststoff-Spanten
Im neuen Porspekt für 1971 (Titel: »Das Top-Programm für die neue Freizeit...«) ist der Bruch mit der PIONIER-Tradition deutlich spürbar. Das beginnt mit der fetzigen Aufmachung der Broschüre und setzt sich fort in grellen Farben und flotten Sprüchen (»PIONIER – der große Freizeit-Macher«). Auch bei den Bootsbezeichnungen versucht man, sich dem Zeitgeist zu nähern: »450 S – Spider«, »450 SS – Sprint«, »520 Z – Traveller« und »540 G – Mariner«. Mit Verwunderung vernimmt der Faltbootfahrer, daß aus Gründen der Gewichtsersparnis bei allen vier Typen Kunststoff-Spanten verwendet werden. Gabriele S.: »Die Plastik-Dinger waren der größte Blödsinn - die brachen schon beim ersten Gerüstaufbau. Soweit ich mich erinnere, waren jedoch nur die mittleren Spanten aus Kunststoff. Auf jeden Fall – der neue Besitzer hat sich völlig blamiert. Und PIONIER hat's den Rest gegeben!«

(Anmerkung des Verfassers: auch PIONIER-Boote mit einem kompletten Satz Kunststoff-Spanten sind bekannt).

Nach dem geschäftlichen Zusamenbruch kaufte Sport-Zimmermann, Heidenheim, die Restbestände auf. Die Gebäude der ehemaligen PIONIER Werft wurden dann zunächst von einem Schlittenbauer, später von einem Installateur übernommen, der übrigens erst Anfang 2003 aus wirtschaftlichen Gründen aufgab. Aktiv eingreifen in das Schicksal seiner ehemaligen Faltboot- und Zeltfabrik konnte Hans Hoeflmayer jedenfalls nicht mehr. Er starb 1977 im Alter von 84 Jahre im wenige Kilometer entfernten Lenggries.

Ein herzliches Dankeschön gebührt Volker Born, Dirk Bredow, Dr. Richard Hilger, Steffen Kiesner-Barth, Kenta Kronenberg, Jörg Peters, Dr. Lothar Prahl und Rainer Siebert für ihre Unterstützung.

zum Autor: Jürgen Kronenberg (Jahrgang 1953) kam erst vor etwas 20 Jahren zum Faltboot. Auf keinen bestimmten Hersteller fixiert, schätzt er die solide handwerkliche Qualität vieler Faltboot-Werften – nicht nur die von PIONIER. Im Berufsleben ist er zuständig für die Presse- und Öffentlichkeitsarbeit eines Maschinen- und Anlagebauers. Kontakt via e-mail: Juergen.Kronenberg@web.de

Das neuverlorene Paradies

von Hanspeter Nobelmann, Bad Zwischenahn

Diese Assoziation zum Titel des dem Faltbootbegeisterten sicher bekannten Buches von dem Faltbootpionier Herbert Rittlinger fällt mir immer ein, wenn ich in einer Gegend wander oder paddel, welche aussieht als wenn die Welt noch in Ordnung ist. Diesmal ist es die Mecklenburgische-Seenplatte, an die ich denke. Wie lange noch wird sie so sein wie sie bisher war, wenn ich so an die stetig wachsende Zahl von Wassertouristen denke, die dieses Paradies jährlich überschwemmen?

Die letzten Jahre bin ich immer für einige Wochen dort gewesen. Neben dem Paddeln habe ich noch eine Leidenschaft, die Ornithologie. Mein Klepper Aerius 1 ist für mich das ideale Boot dafür. Dank der Seitenkenterschläuche liegt es auch bei unruhigem Wasser noch weitgehend ruhig. Das Fotografieren mit Einbeinstativ und Tele geht gut. Dazu macht es das olivfarbene Verdeck möglich, weitgehend unsichtbar zu werden, wenn man irgendwo am Schilfrand in Ruhe beobachten will. Bei dieser Art von Faltbootwasserwandern erlebt man so manche schönen Momente. Ob es nun der Seeadler ist, der tief über einem fliegt oder die Eisvögel, welche man meist erst hört und dann sieht. Vieles davon fällt den anderen nicht auf, die mehr Gewicht auf das Zählen gefahrener Kilometer legen oder, wie mir ein Freund mal sagte, ihn interessiert nur die Natur als Gesamtkunstwerk. *(Hiermit ist wohl der Herausgeber dieses Faltbootjahrbuches zu gemeint ...)* Wie häufig höre ich, wenn ich mit Freunden unterwegs bin die Frage, sag mal welcher Vogel ist das, zu welchem Vogel gehört der Ruf? Von einem netten Erlebnis möchte ich nun berichten, an das ich immer gerne zurück denke.

Mit Freunden machte ich eine Tagestour. Vom Zeltplatz am Drewensee ging es in Richtung Havel. unter der mit einem Dach versehenen Holzbrücke hindurch die Havel hoch. Kurz vor der Schleuse Wesenberg geht links die Schwanenhavel ab zum Plättlinsee. Die Schwanenhavel selbst ist immer wieder ein Erlebnis. Man kommt sich vor wie im Amazonasgebiet. Zu beiden Seiten von Wasser vollgesogenes Erdreich, streckenweise sumpfig. Voller Erlen, Birken und anderer Bäume. Zum Teil kreuz und quer liegend wie sie gefallen sind. Manchesmal muß man sich seinen Weg zwischen den Ästen der über dem Wasser liegenden Bäumen suchen.

Dann durch einen Schilfgürtel hindurch kommt man auf den Plättlinsee.

Linkerhand eine Bucht voller Höckerschwäne und Bläßrallen. In der Luft ist ein Seeadler zu sehen. Regelmäßig seit Jahren ist er dort von mir beobachtet worden. Auf dem Wasser selbst Kormorane, Haubentaucher und manchesmal auch Schellenten. Wenn man Glück hat, in Ufernähe Zwergtaucher und Graureiher.

Im Schilf rufen die Drosselrohrsänger. In der Luft kreist ein Fischadler. Deutlich zu erkennen an den gewinkelten Schwingen, ähnlich den Flügeln des Sturzkampfbombers Ju 87 im 2. Weltkrieg.

Nach der Pause am Badeufer von Wustrow ging es den selben Weg zurück. Auf der Havel trennte ich mich dann von den Freunden. Während sie weiterpaddelten zum Ellbogensee, wollte ich Eisvögel beobachten, die ich auf der Hinfahrt mehrere Male gesehen und gehört hatte. Auf halben Weg zum Finnowsee paddelte ich an das Ufer und hielt mich an einem der im Wasser stehenden bemoosten Pfähle fest.

Was man am Vormittag an Eisvögeln gehört und gesehen hatte, war nun wie weggeblasen. Wahrscheinlich, weil der Verkehr auf der Havel an Motorbooten und Hausbooten am Nachmittag stark zugenommen hatte. Nur einmal hörte ich am anderen Ufer zweimal ein hartes durchdringendes ziht ziht und ein kurzes Aufleuchten des blaugrünen-rostroten Gefieders eines Eisvogels in der Sonne. Aber bei Beobachtungen in der Natur muß man viel
Geduld haben.
Plötzlich schwammen zwei junge flügge Stockenten um mein Boot. Suchten an den Pfählen nach Schnecken und anderer Nahrung. Dann schauten sie sich um nach einem Platz mit Sonne zum Ausruhen. Da das Ufer im Schatten lag, wurde mein Bootsdeck am Bug dafür ausgesucht. Erst etwas Putzen und die Federn ordnen, dann hockten sie sich hin, die Schnäbel unter den Flügeln.
Wenn das Boot durch die Bugwellen der Hausboote etwas zu stark auf und nieder ging, kurz etwas die Balance gehalten und dann wieder geschlafen. Das ging so 20 bis 30 Minuten. Nun wieder ins Wasser, fressen, trinken und zurück auf das Deck zum Ruhen. Ideal dafür solch ein Bootsdeck von einem Klepper-Faltboot. Flach, leicht gerauht und warm von der Sonne.

Ich sprach leise zu ihnen, sie antworteten mit ihren Stimmfühlungslauten. Von den vorbeifahrenden Motorbooten hörte man ab und zu die Worte, »Seht mal da, die Enten auf dem Paddelboot, wie lustig«. Dieses ging so 1 1/2 Stunden , dann verabschiedeten sich beide Enten, nicht ohne einen Klecks auf dem baumwollverdeck zurückzulassen. Dieser helle Fleck auf dem dunklen Olivverdeck ist immer noch zu sehen und erinnert einen an dieses nette Erlebnis.

> **zum Autor:** Hanspeter Nobelmann, junggebliebener Rentner (71) und profunder Kenner der Ornithologe; faltbootet mit Klepper, Leica und Fernglas kreuz und quer durch die Seen und Flüsse der näheren und weiteren Umgebung, insbesondere aber in »Deutsch-Kanada« (MecPomm). Kontakt per Telephon: 04403 - 1471

Reise zu den Smoking Hills *(Teil I)*

Zum Horton River in den Northwest Territories/Kanada

von Hermann Harbisch, Bendorf

5. Juli 2000 – *Yellowknife*
Wir sitzen im Wild-Cat-Café in *Yellowknife*, der Hauptstadt der *Northwest-Territories Kanadas*. Den größten Teil unserer Aufgaben haben wir bereits erledigt: Einkaufen von Lebensmitteln und Ausrüstung, Angelscheine besorgen. Jetzt warten wir noch auf Michael. Er kommt planmäßig heute Abend nach. Morgen früh geht es weiter nach *Norman Wells* am *Mackenzie River*. Von dort wollen wir mit einem Buschflugzeug zu unserem Fluß fliegen, dem *Horton River*, etwa 400–500 km östlich des *Mackenzie River* gelegen und ins Eismeer südlich der berühmten und berüchtigten *Nordwest Passage* mündend.

Michael kommt pünktlich um 22:45 Uhr mit der letzten Maschine aus *Edmonton* an, hundemüde – aber froh, daß alles mit ihm und uns geklappt hat. Wer, wie Robert und er, schon mal an die acht Tage auf das Ausfliegen warten mußte, weil das Gepäck in *London-Heathrow* falsch weitergeleitet wurde, kann ihn – und uns – verstehen – und auch unsere Abneigung, über dieses internationale europäische Drehkreuz zu fliegen: haben wir doch alle schon mit diesem Flughafen unsere schlechten Erfahrungen gemacht, zum Teil sogar mehrfach; bei mir war dies zum Glück immer nur auf dem Rückflug passiert.

6. Juli 2000 – *Horton River*
Wir stehen zwischen unseren riesigen Gepäckbergen in Norman Wells. Jeder hat zwei, Gerhard sogar drei, große Gepäckstücke von gut 32 kg dabei, dazu noch das nicht gerade schmächtige Bordgepäck, und wir haben in *Yellowknife* noch einiges an Lebensmitteln und Ausrüstung zugekauft, von denen wir annahmen, daß es sie hier nicht oder nur sehr teuer zu kaufen geben wird.
Carolyn Wright kommt herein, mit einem fröhlichen Gesicht und lachenden Augen wie immer, begrüßt uns herzlich. Mit dem Pickup von North Wright Air fahren wir »*down-town*« in die Innenstadt, einer Ansammlung etwas größerer Holzhäuser und kaufen in Mary's Store Berge von trockenen Lebensmitteln nach Listen ein, die uns die kommenden vier Wochen auf dem Fluß ernähren sollen.

Draußen am *D.O.T.-Lake* wird die zweimotorige Twin-Otter schon für den Flug von Warren, Carolyn's Mann, bereitgemacht. Bald haben wir unser Gepäck verladen und uns in das Flugzeug gehangelt. Die Twin-Otter röhrt über den See, winzig klein steht unten Carolyn und winkt. Mit einer großen Schleife über den *Mackenzie River* und den Ort dreht Warren nach Osten, zum *Horton River*.

Erst fliegen wir über die felsigen, in Süd-Nord-Richtung sich erstreckenden Felshügel, die den *Mackenzie River* auf seinem Ostufer über viele hundert Kilometer begleiten, mit ihren steilen und tiefen Abbrüchen, langgestreckten Seen und kaum Vegetation. Dann wird das Land flacher und unter uns gleitet schütter mit Nadelbäumen bewachsene Taiga dahin. Im Norden wird die Tundra sichtbar, riesige Seen und Sumpfgebiete erstrecken sich bis zum Horizont, nur in geschützten Lagen sind Bäume zu erkennen. Nach dem *Colville Lake* im Norden passieren wir den Oberlauf des *Anderson River*. Zuletzt taucht im Osten eine felsige hohe Hügelkette auf. Dort liegt unser Ziel.

Ganz unvermittelt sind wir auf den Fluß gestoßen, der sich in einem engen Tal zwischen den Felshügeln dahinwindet. Zweimal kreist Warren über einem See in der Nähe des Flusses, sucht ihn sorgsam nach Hindernissen ab. Dann wassert er, wendet sich dem Nordwestufer zu. Nur wenige Minuten später stehen wir im niedrigen Gebüsch zwischen unserem Gepäck, ein kurzer Abschied, dann zieht Warren die Maschine hinaus auf den See. Brüllend und pfeifend zieht sie über uns hinweg nach Norden, wird kleiner, leiser, verschwindet als winziger Punkt im Sonnenglast über den Hügeln, wir sind alleine in der Wildnis.

Die fällt sogleich mit aller Macht über uns her: Milliarden von Moskitos und Kriebelmücken haben anscheinend nur auf unsere Ankunft gewartet, wollen jetzt ein Fest feiern. In Windeseile haben wir die Flaschen mit Insektenrepellent hervorgeholt, die Bug-Shirts oder das Kopfnetz. Ehe wir eingeschmiert und angezogen sind, haben wir schon eine Unmenge juckender Stiche kassiert. Beim Transport hinüber zum Fluß, wo wir an einer Bachmündung einen guten Zeltplatz gefunden haben, geraten wir bald in Schweiß, was die gierigen Plagegeister noch wilder macht. Auch sonst stellt sich die Wildnis schnell weiter vor: wir haben uns kaum zu einer Ruhepause niedergelassen und ich koche gerade einen Kaffee, da läuft ein Grauwolf an unserem Camp vorbei – und kurze Zeit später poltern drei Moschusochsen im Hang herum.

Am späten Abend sind wir todmüde, schließlich steckt uns auch der Jet-lag noch in den Knochen. Aber der Schlaf will sich auch nicht so schnell einstellen. Jetzt, kurz vor Mitternacht, ist es immer noch taghell, die Sonne steht fast im Norden und brennt heiß auf unsere Zelte. Aber irgendwann gewinnt die Müdigkeit doch die Überhand und wir schlafen tief und fest bis in den Morgen.

7. Juli 2000

Zum Frühstück gibt es die ersten Bannocks. Nach deren Genuß fühlen wir uns endlich wieder richtig »im Busch«. Neben weiterem Packen und Bootsaufbau schauen wir uns heute ein wenig um. Bei der Rückkehr entdeckt Robert im flachen Wasser der Bachmündung, an der wir zelten, einen Fisch. Dem hält er einen der Blinker vor die Nase und zieht das Tier bald auch aus dem Wasser. Aber einen solchen Fisch haben wir noch nie gesehen: ein großer häßlicher runder Kopf, an dem ein scheinbar viel zu kleiner schlanker muskulöser Leib hängt. Vorsichtshalber wird er wieder schwimmengelassen. Erst später erfahren wir, daß es sich um einen Turbot, die nordamerikanische Form der Quappe oder Aalrutte, handelt, ein sehr wohlschmeckender Speisefisch.

8. Juli 2000

Gerhard war es im Schlafsack und Zelt wohl zu warm. Er ist ganz früh aufgestanden, und als wir deutlich später folgen, brennt lustig das Feuer, ist schon Kaffee bereitet. Wir packen zusammen. Obwohl wir gestern mit der Pack- und sonstiger Vorbereitungszeit fertig geworden waren, dauert es doch bis zum Nachmittag, ehe wir lospaddeln können. Da muß hier ein Sack umgepackt, dort mit einem anderen getauscht werden; die Ausrüstung für vier Wochen unterzubringen ist am ersten Tag immer noch recht aufwendig. Wir wissen, das wird bald Routine sein und schneller gehen.

Der *Horton River* zieht ganz eilig dahin, reißt uns durch sein enges Tal. Es ist immer wieder ein eigenartiges Gefühl, die ersten Minuten auf einem fremden Gewässer. So gleiten wir eine gute Stunde dahin, schauen uns um. Rechts und links meist steile, zerklüftete Felswände oder lockere Schutthänge, noch wenig Kiesbänke, aber doch alle paar Minuten Plätze, die sich zum Zelten anbieten. Jetzt ist es nicht nur warm, sondern schwül. Selbst auf dem Fluß müssen wir des öfteren die Mücken verjagen. Mehrfach sehe ich Äschen nach Insekten schnappen. Daher schlage ich vor, zu angeln. Da machen alle gerne mit. Der Erfolg ist innerhalb kurzer Zeit drei dicke Äschen. Das gibt ein genußvolles Abendessen. Wir fahren nicht mehr weit, finden auf einer riesigen Kiesbank gute Zeltmöglichkeiten, müssen aber die Ausrüstung recht weit hoch tragen.

Während ich koche, rückt eine schwarze Wolkenwand über die Hügel, kommt immer näher. So werden die Boote von den anderen gesichert, die fertige Mahlzeit ins Vorzelt gebracht. Während wir dort essen, beginnt es zu regnen. Wir beruhigen uns gegenseitig. Schließlich ist die Tundra bekanntermaßen ein trockenes Land, der Regen kann nicht lange dauern. Es beginnt zu gewittern. Da der Schauer nachläßt, wird das schmutzige Geschirr schon mal zur Feuerstelle gebracht; der Schauer entwickelt sich zu einem Platzregen. Als der Regen nachläßt, wird gespült. Wieder beginnt es zu regnen, entwickelt sich zum westfälischen Landregen. Dem läßt sich am besten im Schlafsack entgehen.

10. Juli 2000

Morgens ist es kühl und feucht, aber es regnet nicht mehr. Wir lassen es wieder langsam angehen, kommen spät aufs Wasser. Das zieht schnell dahin, wir müssen kaum etwas tun, um gut voranzukommen. Es bleibt aber grau, tiefhängende Wolken, Gewittergrummeln in der Ferne. Leider ist so die hügelige und felsige Uferlandschaft nicht so recht zu genießen. Bald beginnt es zu regnen. Wir ziehen die Paddeljacken an – bis auf Gerhard. Der meint, mit Hemd, Bug-Shirt und Käppi sei es ihm warm genug, außerdem höre der Regen wahrscheinlich sowieso bald wieder auf. Das Donnern und Blitzen kommt näher, es regnet heftiger. Nach einigen Stunden Fahrt ist deutlich sichtbar, daß es ihm kalt ist. Ich dränge darauf, daß er seine Paddeljacke

anzieht. Die hat er aber tief im Boot verpackt und findet sie nicht. Robert und Michael suchen nach einer Zeltmöglichkeit. Wenn die benötigt wird, ist sie meist ganz weit weg, so auch diesmal. Gerhard bibbert weiter vor sich hin, auch wenn nun der Regen dünner wird, zuletzt ganz aufhört. Dafür wird es windig und kalt. An einer Bachmündung entdecken wir endlich einen Zeltplatz, nicht gerade schön, aber wenigstens mit etwas Windschutz. Michael und ich fangen schnell noch ein paar Äschen, dann steigen wir alle erst einmal in warme und trockene Sachen.
Da das Wetter nicht besser werden will, kochen wir heute abend im Vorzelt auf dem Benzinkocher. Das dauert länger als auf Feuer, aber wir sind wenigstens heraus aus dem kühlen Wind. Ich bin richtig froh, daß ich beide Vorzeltverlängerungen für mein Tunnelzelt mitgenommen habe; sie geben doch eine Menge Platz für uns vier Männer. Und der nicht allzu sachgemäße Umgang mit Benzin beim Anheizen führt zu einem großen Loch im Moskitonetz, zum Glück nur in einer der Verlängerungen.

11. Juli 2000

Draußen ist es morgens windig, kühl, aber trocken. Welch Glück, daß wir hinter einigen Sandhaufen im relativen Windschutz stehen. Frühstück wird im Vorzelt bereitet; nach der Erfahrung von gestern heize ich den Kocher aber doch lieber draußen an. Wir warten auf besseres Wetter; das will aber nicht kommen.
So gehen wir ca. 14:00 Uhr aufs Wasser. Erst kommen wir gut voran. Dann geht der Fluß und sein Tal in die Breite. Hier schlägt der Wind voll zu. Wir müssen heftig bolzen, um überhaupt voranzukommen. Dazu steht der Wind gegen den Strom. Die entstehenden Wellen sind kurz und steil; das eiskalte Wasser wird uns ständig über den Körper und vor allem ins Gesicht gespritzt. Zur Müslipause finden wir wenigstens einen windgeschützten Platz unter einer steilen Felswand. Im Kehrwasser fangen Michael und ich vier Äschen; Robert schlachtet sie schnell.
Wieder packt der Wind zu. Wir werden stark ausgekühlt. Ach, jetzt müßte mal wieder ein schöner warmer Tag kommen! Es zieht sich hin, bis wir einen Zeltplatz finden. Die Landschaft in diesen ersten Tagen auf dem Fluß ist eigentlich immer sehr ansprechend. Lange Strecken fahren wir in einem weiten Tal mit steilen Felshängen an der Prallseite und etwas runderen Formen am Gleithang, oft spärlich mit Nadelhölzern bewachsen, dazu Buschwerk und gelb und violett blühende Blumen, manchmal in großen bunten Teppichen.
Wieder eine Flußausweitung; heftig bolzen wir gegen die Wellen an und sind froh, wenn wir mal ein Stück im Windschatten einer langen in westlicher Richtung laufenden Felswand paddeln können.
Am rechten Ufer stehen Leute, liegt ein Boot. Es sind Doug und Erika aus *Süd-Ontario*. Sie ist in *Deutschland* geboren, aber schon als Kind mit ihren Eltern aus dem *Schwarzwald* nach *Kanada* ausgewandert. Während wir uns mit ihnen unterhalten, geht Robert auf Suche, Zeltplatzsuche. Nach einigen Minuten kommt er zurück: ein paar hundert Meter weiter können wir im Lee einer Felswand auf einer großen ebenen Fläche das Camp aufbauen. Also nichts wie hin. Tatsächlich, der Platz ist sehr schön. Er liegt hoch über dem Fluß, etwas anstrengend für mich, hochzukommen, aber ich muß ja zum Glück nichts schleppen.
Im Schutz der Felswand wird die Feuerstelle aufgebaut. Heute abend gibt es ein Schlemmermahl: erst Sushi, dann gebratenes Äschenfilet, zuletzt noch einen Linseneintopf. Dazu gibt es eine heiße Brühe, zubereitet aus den Resten der Äschen, zu trinken. Rundherum satt und zufrieden kriechen wir in die warmen Schlafsäcke.

12. Juli 2000

Heute Morgen wird erst einmal einiges repariert. Vor allem muß ich die Zeltstangen meines Glacier alle um ca. 12 mm kürzen; sie passen nur mit Mühe in die Taschen, Robert hat die letzten Tage damit ständig Probleme gehabt.

Erika und Doug haben uns ein Päckchen Buchweizen-Pfannkuchen-Mix geschenkt. Den hatten wir in *Norman Wells* nicht kaufen können. Wir bedanken uns, indem wir ihnen eine unserer Packungen Cathay (Pemmican) geben. Die nehmen sie mit Interesse und Erika liest und übersetzt dabei für Doug – bis sie merkt, daß alles auch auf Englisch aufgedruckt ist.

Durch das Reparieren und die Gespräche kommen wir erst gegen 16:00 Uhr aufs Wasser. Dabei stelle ich fest, daß der linke Schlauch meines Bootes keine Luft mehr hält. Und ich hatte geglaubt, daß ich falsch im Boot sitze, weil es schief liegt. Während der Fahrt blase ich immer wieder nach. Bei der Weiterfahrt kommen wir wieder aus dem Schutz der Felswände heraus. Sie haben uns über mehrere Kilometer recht gemütlich fahren lassen. Staunend haben wir dabei eine Reihe großer Greifvogelnester betrachtet, riesige Bauten, an denen mehrere Generationen von Vögeln gebaut haben müssen. In einem der Nester saß ein Junges und schaute stumm und starr auf uns herab. Nun greift der Wind wieder voll zu, kommt genau von vorn. Gerhard fällt mit seinem Aerius immer weiter zurück. Da ich ihn nicht alleine lassen will, paddle ich auch etwas langsamer.

So kämpfen wir uns bis zur Mündung des *Whaleman River* vor. Darin sind Robert und Michael verschwunden, um nach einem geschützten Zeltplatz zu suchen; vergebens. Also geht es noch

ein Stück gegen den Wind weiter. Vor dem Beginn der Canyons finden wir auf mit Sand und Schlamm bedeckten flachen Felsplatten Zeltmöglichkeiten. Der Platz ist nicht berauschend schön, aber es ist schon fast 21:00 Uhr, so daß wir nicht weiter suchen wollen.

13. Juli 2000 – Ruhetag

Der gestrige Tag liegt uns noch in den Knochen. Wir wollen heute hier bleiben, zumal nunmehr der Bereich der Canyons des *Horton River* vor uns liegt, von dem wir nicht genau wissen, was er uns bringen wird. In den Zelten ist es warm, draußen weht noch kräftiger Wind, aber die Sonne scheint. Erst gegen 11:00 Uhr sind alle zur Kaffeetafel versammelt, bei Pfannkuchen mit Marmelade. Weit vor uns flußauf schwimmt ein größeres Tier, wohl ein Elch, über den Fluß. Dem folgt ein Boot – Erika und Doug. Wir laden die beiden zu einer Kaffeepause ein. Es folgt eine angeregte Unterhaltung.

Doug erzählt uns, daß er ein Satellitentelefon dabei hat. Er bietet Michael an, zu Hause anzurufen. Der hat seine Margit auch sofort an der Strippe. Die ist baß erstaunt und muß zuerst erklärt bekommen. Jetzt laufen zu Hause wohl die Drähte heiß, wenn die jeweils anderen Familien benachrichtigt werden.

Angelversuche haben keinen Erfolg. Dafür beginnt bei Michael die große Wäsche. Als alles auf der Leine flattert, fällt diese um, in den Sand und Staub.

Heute haben wir alle endlich mal etwas Zeit für uns. Die nutzen wir aus und genießen sie. Auch der Aufblasschlauch meines Bootes wird repariert, er hat an der Einblasstelle einen winzigen Riß. Etwas Kleber darauf, das hält.

14. Juli 2000

Sehr kalt war es diese Nacht, auf den Zelten und unseren draußen zum Trocknen aufgehängten Sachen war Rauhreif. Jetzt ist es aber schön: die Sonne brennt vom fast wolkenlosen Himmel, nur leichter Wind. Heute muß wieder alles neu in den Booten sortiert werden, daher sind wir wieder spät auf dem Wasser. Wir kommen aber sehr gut voran. Nach einigen Kilometern treffen wir Erika und Doug. Sie wollen hier einen Tag bleiben. Nach ihrer Aussage sind es noch etwa 20 km bis zum Beginn der Schnellen.

Es geht weiter, generell Richtung Westen. Auf unserer Karte werden nun ein paar scharfe Kurven angezeigt. Vor uns rauscht es auch bald. Michael fährt vor, lenkt dann scharf nach links. Mitten im Fluß liegt eine große flache überspülte Felsplatte, eine Ledge. Dahinter rauscht heftig eine schräge Walze. Bedingt durch den hohen Wasserstand können wir ohne Schwierigkeiten links daran vorbeifahren. Es gibt nur anschließend einen heftigen Schwall mit hohen, aber regelmäßigen Wellen.

Eine Kurve weiter die nächste Schnelle. Michael erkundet. Der Schwall zieht nach links gegen die Felswand, dahinter dreht sich ein großes Loch, gefolgt von hohen stehenden Wellen. Sie lassen sich aber dadurch gut fahren, indem wir rechts ansteuern und in der Schnelle auch rechts halten. Diese Stelle fahren wir einzeln, damit auch fotografiert und gefilmt werden kann.

Nach unserer Karte und den Flußinformationen muß noch eine Schnelle kommen, mit noch höheren Wellen. Die läßt auch nicht lange auf sich warten. Recht dicke Dinger stehen da, vor denen ich einigen Respekt habe. Michael und Robert fahren vor, Gerhard hinterher. Zu meinem Erstaunen lenkt er mitten durch die dicksten Wellen bis unten hin. Ich schummele mich ein wenig links entlang; da werde ich zwar auch ordentlich durchgebeutelt, muß aber nicht so heftig zulangen. Sofort danach wird der Fluß wieder ruhiger, mehrere Kilometer auf einem geraden Kurs nach Westen ist er ganz glatt.

Wieder eine scharfe Rechtskurve, vorher eine große Kiesbank umfahren, danach Einfahrt in ein enges Felsentor, alles ziemlich unübersichtlich. Daher gehen Robert und Michael erkunden: »Alles glatt fahrbar«. Aber nach den Erfahrungen von heute Morgen halten wir einen Erkundungsgang immer für notwendig, wenn die Fahrtstrecke nicht zu übersehen ist.

Rechts hoch über dem Fluß finden wir einen guten Zeltplatz. Die anderen baden erstmal, ich hole die Angel. Zuletzt angelt auch Robert mit. Fünf Äschen sind der Lohn der Mühe. Das wird ein gutes Abendessen geben.

Und so ist es auch. Heute werden vier der Äschen als Blackened Fish von Gerhard zubereitet. Die besondere Gewürzmischung dazu hat er von zu Hause mitgebracht. Die letzte besonders große Äsche gibt es in Alufolie, gut gewürzt; zu viert sitzen wir darum und lassen keinen Brocken Fleisch an ihr. Ein winziger Schluck aus der Brandyflasche, sorgsam bewahrt von Michael, rundet das Mahl ab. Es ist deutlich wärmer geworden – und auch für morgen können wir auf gutes Wetter hoffen. Nur die Mücken sind mit der Wärme auch wieder aktiv geworden. So ziehe ich mich nach dem Essen und Aufräumen auch bald ins sichere Zelt zurück.

15. Juli 2000
Auf dem Fluß geht es ganz schnell wieder mit Schnellen los. Die zweite von ihnen fährt Michael als Erster, ziemlich weit vor uns. Dadurch können wir anderen nicht genau seine Route verfolgen. In der Mitte und links liegen flach überspülte Felsplatten mit dicken Walzen dahinter und engen, für unsere Boote wohl zu engen, Durchfahrten. Ich lenke ganz rechts zwischen einigen Felsen hindurch, ohne besondere Schwierigkeiten komme ich im Unterwasser an. Da sehe ich

Robert schwimmen. Ich rufe laut, damit die anderen es auch bemerken. In einem Kehrwasser in meinem Weg schwimmt die Hälfte seiner Beckenstütze, die sammle ich schnell ein. Robert hat inzwischen sein Boot auf einen Fels gezogen. Dort leert er es über die Seite aus. Es dauert nur wenige Minuten, dann können wir weiterfahren. Ausrüstung und Lebensmittel sind sicher in wasserdichten Packsäcken verstaut.

Michael fährt jetzt wesentlich vorsichtiger an schwierigen und unübersichtlichen Stellen vor. Und davon gibt es noch mehrere. Niedrige Canyons lösen sich immer wieder mit offenen und flachen Passagen mit Kiesbänken ab. Ein weiteres Mal rauscht der Fluß in einer Rechtskurve in ein Felsentor hinein. Michael und Robert gehen erkunden: »Erst in der Mitte fahren, dann nach rechts!«, heißt die Devise, »Zwischen zwei Walzen hindurch, dann ist alles problemlos.« Bevor wir losfahren, entdecke ich noch Moschusochsen oben im Hang am jenseitigen Ufer. Die beobachten wir erst noch durchs Fernglas und fotografieren, ehe der wilde Ritt beginnt.

Dann geht alles unheimlich schnell. Ich fahre ziemlich weit links, zu weit! Dann sehe ich die Walze. Vor mir paddelt Gerhard, was er kann, touchiert die Walze nur noch am äußeren Rand, hopst über die Welle und ist durch. Ich habe nicht so viel Glück. Mir wird klar, daß ich es nicht mehr so weit wie Gerhard schaffe. Daher paddele ich so weit, wie ich noch komme nach rechts, ziehe dann das Boot gerade und fahre »voll Stoff« direkt in die Walze hinein. Das voll beladene Boot bleibt abrupt stehen, der Bug steigt steil hoch. Vom plötzlichen Stillstand bin ich nach vorn gerutscht, sitze ohne rechten Halt im Boot. Trotzdem paddele ich aus Leibeskräften voran. Diese Anstrengung zusammen mit dem vorandrängenden Gewicht des Bootes läßt es über den Kamm der Walze langsam hinwegfahren, der Bug senkt sich wieder in normale Bereiche – und ich bin durch. Ich habe Glück! Hier in dieser Stromschnellenstrecke wäre ich nur äußerst ungern geschwommen. Abgesehen von den vielen Felsen, Strudeln und Kehrwässern, hier wäre ich mit Sicherheit lange geschwommen – und wir hätten auch einige Probleme gehabt, das Boot zu bergen. Aber es bleibt keine Zeit, lange nachzudenken. Die nächste Schnelle rauscht schon – und so geht es diesen ganzen Tag in ziemlichem Tempo fort, nur, daß jetzt öfter vorher nachgeschaut wird.

Wir beginnen, nach einem Zeltplatz auszuschauen. Da rauscht es schon wieder heftig um die nächste Ecke herum. Michael und Robert erkunden. »Ganz links ist es ziemlich harmlos. Aber fünfzig Meter nach dieser Schnelle kommt die nächste, und die müßte ganz rechts gefahren werden. Das ist, zumindest beim jetzigen Wasserstand und dem Tempo des Flusses, nicht zu schaffen.« Unterhalb dieser Schnellen haben sie aber eine gute Zeltmöglichkeit entdeckt. Erst fahren die beiden den ersten Teil, schmuggeln sich dann an den Felsbarren vorbei bis kurz vor den zweiten Teil, wo sie aussteigen. Hier werden wir von ihnen in Empfang genommen und an Land gezogen, bevor wir in den Sog der nächsten Schnelle geraten.

Über dem Ufer wird an einem gut als Sitzgelegenheit dienenden Felsband die Küche eingerichtet, und ich beginne dort zu arbeiten, während die anderen oben auf einer Terrasse aus Sand und Kies die Zelte aufbauen. Wieder gibt es ein mehrgängiges Menu: für jeden: einige Stücke hauchdünn geschnittenen luftgetrockneten Schinken, Sushi, Erbsensuppe mit Speck und zuletzt die gebratenen Äschenfilets. Erst kurz vor Mitternacht gehen wir in die Schlafsäcke. Die rauschenden Schnellen vor unserem Camp singen uns in Schlaf.

16. Juli 2000

Wir machen uns fertig, gehen in die Boote. Das ist gar nicht so einfach, das Kehrwasser pulsiert, irreguläre Wellen klatschen gegen die Boote und lassen sie unruhig tanzen. Endlich sind alle auf dem Wasser, mit einem irren Tempo geht es auf die Kurve und die nächste Schnelle zu, mitten hinein, wie abgesprochen. Die Durchfahrt ist aber auch gar nicht zu verpassen, so breit ist sie. Aber die Schnelle produziert sehr hohe irreguläre Wellen. Ich werde ziemlich durchgeschüttelt. Auf einmal sehe ich vor mir Gerhard schwimmen. Ich rufe so laut ich kann die anderen an, übertöne wohl auch das heftige Rauschen und Brausen, denn sie schwenken ins Kehrwasser am linken Ufer, kurz vor der nächsten Schnelle. Und die scheint alles andere als gemütlich zu sein. So rufen wir Gerhard zu, er solle sein Boot loslassen und ans Ufer schwimmen. Gerhard aber bleibt brav an seinem Aerius und schwimmt damit in die hohen Wellen hinein, entschwindet schnell unseren Blicken hinter einer Kurve. Robert und Michael laufen schreiend ein Stück neben ihm her am Ufer, bis ein hoher Fels sie am Fortkommen hindert. Dann kommt Michael zurück, während Robert hinter dem Fels weiter flußab seinen Weg fortsetzt. »Ich fahre Gerhard hinterher, er muß jetzt wohl die ganze Serie von Schnellen durchschwimmen« sagt er, springt in sein Boot und verschwindet ebenfalls in der Kurve.

Ich muß lange warten. Endlich kommen sie zurück, zu dritt. Gerhard grinst mich an: »Hermann, ich bin durch«, meint er nur lakonisch.

Robert und Michael haben am jenseitigen Ufer eine Möglichkeit entdeckt, mit ein wenig Treideln und Umtragen und mehreren kurzen Fahrtstrecken die lange und schwierige Umtragestrecke zu vereinfachen und zu erleichtern. Denn fahren wollen wir beiden die Strecke nicht. Ich habe nur Michaels Kommentar im Ohr: »Wenn ich gewußt hätte, was da auf mich zu kommt, wäre ich auch lieber zu Fuß gelaufen.« Es geht nur noch um zwei Boote.

Robert und Gerhard paddeln von unten ans andere Ufer, kommen dann langsam den Fluß am rechten Ufer hoch. Michael und ich paddeln rüber zum rechten Ufer, werden dort von Robert aufgefangen. Sodann werden die Boote ein Stück getreidelt. Zuletzt paddeln Michael und ich bis direkt vor den nächsten Abfall, wo wir von Robert in Empfang genommen werden sollen. So ist jedenfalls die Planung. Als Michael und ich am geplanten Zielort auf der anderen Seite ankommen müssen wir feststellen, daß ein Aussteigen hier unmöglich ist. Das steile Felsufer ist viel zu hoch, zusätzlich ist es auch noch unterspült.

Wir schauen uns um. Es geht noch etwa 20 Meter weiter, dann tost das Wasser eine felsdurchsetzte Schräge hinunter. Genau da, wo sich der Wasserspiegel absenkt, liegt wenige Zentimeter unter dem Wasser eine Felsplatte. Dort wollen Robert und Gerhard uns auffangen. Michael fährt vor, erreicht die Stelle. Das Boot liegt schon mit fast 45 Grad nach unten gekippt, als er aussteigt. Dann heben die drei sein Boot hoch auf die Felsen. Bei mir geht es letztlich noch leichter. Robert fängt mich etwas höher auf, so bleibt mein Boot glatt auf dem Felsen liegen, ich kann recht bequem aussteigen.

Ein paar hundert Meter muß ich nun längs der Felswand durch Gesteinsbrocken laufen, ehe ich wieder in mein Boot einsteigen kann. Dabei komme ich an einem am Boden hockenden Adlerjungen vorbei, das mich mit glühenden Augen still anschaut. Um das Tier nicht allzu sehr zu erschrecken, halten wir aber ausreichenden Abstand. Während dieser unserer Anstrengungen tragen Erika und Doug ihre Ausrüstung und ihr Boot am linken Ufer die Gesamtstrecke um.

Wir haben damit die Canyonstrecke des *Horton River* hinter uns. Von jetzt an werden die Hindernisse auf unserer Fahrt erheblich einfacher und seltener. Ganz ruhig fließt unser Fluß nun wieder dahin, tief und klar. Nur angeln darf ich heute nicht; Robert will einfach keine Fische putzen.

Erika und Doug kommen, wir fahren gemeinsam weiter. Dabei wird auch Gerhards abgeschwommener blauer Kleidersack in einem Kehrwasser am Ufer gefunden. Nur einer seiner geliebten Wanderschuhe ist und bleibt verschwunden. Aber unter dem Strich ist diese ungeplante schwimmende Stromschnellenreise für ihn glimpflich abgelaufen.

Kurz bevor sich der felsige Canyon öffnet, wendet sich der *Horton River* in einem langen Kiesbanküberlauf nach links, gegen eine Felswand. Alle unsere Boote setzen im flachen Wasser auf, Gerhard jedoch bleibt richtig hängen. So muß er – nach anfänglichem erfolglosem Ruckeln – aussteigen. Das von der menschlichen Last befreite Boot setzt sich sofort wieder in Bewegung, er hinterher. Zuletzt, bevor es im tieferen Wasser entkommt, springt er mit einem beherzten Satz aufs Heck und hält sich dort fest, treibt längs der Felswand herunter, bis er zu uns aufschließt. Im Päckchen treibend halten wir sein Boot und er kann sich wieder darein schwingen.

Etwas wacklig kommt er im nächsten Kehrwasser an einer Kiesbank an, dort, wo Erika und Doug inzwischen ausgestiegen sind. Der Platz ist gut. Wir nutzen die Gelegenheit zum Baden. Diesmal wird »züchtig« gebadet; schließlich haben wir eine kanadische Lady dabei.

Ich will gerade die Feuerstelle einrichten, als Erika kommt und Wein anbietet. Beide kommen aus der Gegend der Niagara Falls, wo in *Kanada* Wein angebaut wird. Wir bieten unsererseits von unserem luftgetrockneten Schinken an, der gerne angenommen wird. Als der Weinkanister bei einigen ausgepichten Kehlen langsam leer wird, ziehen sich beide Gruppen zum Zubereiten der Mahlzeiten zurück. Heute gibt es bei uns eine Nudel-Käse-Spezialität, keinen Fisch dazu. Gerhard ist von der heutigen Fahrtstrecke etwa einen Kilometer geschwommen. Im Zelt, kurz vor dem Einschlafen, meint er: »Ich bin in den Schnellen die Ideallinie geschwommen!«. Eigentlich muß das auch so gewesen sein, sonst hätte er sich sicherlich in den Schnellen böse verletzt.

17. Juli 2000 – Ruhetag

Wir haben gepennt bis 10:00 Uhr. Die Hitze treibt uns aus dem Zelt. An einem wolkenlosen Himmel steht die Sonne. Es weht zwar ein kräftiger Wind, aber der kühlt im Zelt natürlich auch nicht. Zur Feier des Ruhetages packe ich die beiden Packungen Cocktails »mit Alkohol« aus den Packsäcken für die Lebensmittel. Frisches kaltes Wasser hinzu und es soll sich um Piña-Colada und einen schokoladehaltigen Cocktail handeln. Aber es ergibt nur ein sehr süßes klebriges und labberiges Gesöff, der versprochene Alkohol ist, wenn überhaupt, nur in Spuren vorhanden. Eine Sause mit gefriergetrockneten Likören und Cocktails können wir uns von daher auch für die Zukunft im Busch abschminken.

Zum Abendessen haben wir Erika und Doug eingeladen. Wir wollen eine Soße mit unserem Cathay zubereiten. Und hinterher soll es noch deutschen Pudding geben. Erika will dazu noch einen Kuchen backen.

Den ganzen Tag haben wir im Schatten des Tarps gedöst und rumgegammelt. Nur die Moskitos, Caribou-Bremsen und Black-Flies vermiesen uns die Stimmung. Ich fühle mich fast ein wenig wie das Tapfere Schneiderlein im Märchen, als ich die Leichen der erschlagenen Bremsen um mich herum ansehe. Aber der gestrige Tag steckt uns allen auch noch in den Knochen mit der Schlepperei – und Gerhard natürlich erst recht.

Das gemeinsame Abendessen wird ein richtiger Festschmaus. Wir sitzen danach noch lange zusammen. Es ist warm, wir haben Südwind und hoffen auf ein wenig Abkühlung nach Mitternacht, wenn jetzt für kurze Zeit die Sonne hinter den Hügeln verschwindet.

... weiter geht's im nächsten Jahrbuch ...

---

zum Autor: Hermann Harbisch, Jahrgang 1940, seit ein paar Jahren Rentner, vorher Gewerkschaftssekretär, paddelt seit 1958. Von Anfang an faszinierte ihn die Möglichkeit, mit dem Boot »anderswohin zu kommen«, wie es Herbert Rittlinger ausdrückte. Mit wenigen Ausnahmen fanden daher auch seine Urlaube mit dem Boot statt. Seit in Europa immer mehr Gewässer verbaut und gesperrt werden, zieht es ihn bei seinen längeren Urlaubsfahrten in die menschenarmen Gegenden Skandinaviens oder eben nach Nordamerika auf die dortigen Wildnisflüsse. Kontakte via e-mail: hharbisc@rz-online.de

Anpaddeln

von Frank Fichtmüller, Gaienhofen

Zwiegespräche:
»Soll ich wirklich?« Das Thermometer an der Wand zeigt eine Außentemperatur von 3,8° – und selbst auf Fahrenheit umgestellt, elektrisieren mich die 37° nicht so richtig. Draußen grau. Der See liegt perlmuttfarben da. Paddeln? »Jetzt will ich nur noch ...« Eigentlich austauschbar, was ich will – Hauptsache, ich schinde ein wenig Zeit.
»Weichei!« beschimpfe ich mich selbst. Das wirkt. Trockenhose an, Sachen zusammen gepackt und los geht's. Im Gegensatz um vergangenen Jahr vergesse ich diesmal nichts und stehe kurz nach halb eins beim Boot.

Eis auf dem Vorschiff, auf der Persenning und nach schwungvollem Abziehen auch auf dem Sitz. Und Wasser im Boot. Wenig – aber kalt. Wo kommt das her? Ich habe doch nach der letzten Fahrt alles sauber gemacht? Mit Schwamm und Handschuh lenze ich das Wasser, drücke den Schwamm aus – mit Handschuh? Keine gute Idee – die rechte Hand wird spürbar nass und kalt. Dann – das Boot auf dem Bootswagen – runter zum Steg. Aber wie: Schneereste und Eis in der Schräge – erst rutscht das Boot, dann ich – dann sind wir beide unten. Ich stehe – gerade noch so. Das Motorboot der Rudertrainer steht noch da – etwas schräg und versifft durch Feuerwerks- und Saufreste der letzten Nacht: Sylvester.

Wo ist denn hier das Wasser?
Überhaupt steht der Steg etwas schief – und da merke ich erst die Malaise: Das Wasser ist gesunken. Und wie. Mehr als der halbe Steg liegt auf dem Schlick. Entsprechend schief fällt auch die Paddelbrücke beim Einsteigen aus. Das Boot will mir wegrutschen – vom Steg weg natürlich und ich zwischen Himmel und Erde.
Beim dritten Anlauf klappts. Ich schaue um mich: Die Bojensteine, zentnerschwer, an denen im Sommer die Segelboote festgemacht sind, liegen im Trockenen.. Unterm Boot keine 10 Zentimeter Wasser. »Bodenseepegel Konstanz Zwo – Fünf – Sechs – Tendenz gleichbleibend« höre ich noch die Stimme am Telefon und sehe nun, was das bedeutet. Mit vorsichtigen Paddelschlägen ein Slalom ins Offene. Vor der Kante zwischen Seewiese und tiefem Wasser wird's noch einmal ganz flach. Leise sirrt das Steuer über den Sand. Dann der See, das offene Wasser – und kein Mensch auf dem Wasser. Spaziergänger schauen verdutzt, ich grüße zurück. Die Finger frieren. Also ziehe ich die Handschuhe wieder an. Nun rutscht das Paddel in der Handdrehung.

Die Seefläche öffnet sich weit: Vorne links das Südwestufer der Reichenau, recht gegenüber Berlingen, Mannenbach, Ermatingen und hinten Wollmatinger Ried und der Seerhein. Die Berge des Seerückens sind bis in die Uferlagen hinunter schneebedeckt und das Bild um mich wie aus einem alten Schwarzweißfilm. Der See schimmert in unterschiedlichen Perlmutttönen.

Der See – leer. Vor mir rippeln sich noch ein paar Wellen, lustlos. Selbst die angekündigten ein bis zwei Beaufort haben sich anderswohin verzogen. Da und dort schwimmen Federn – Grüße von Wasservögeln, die die Nacht hier unter Land im Flachwasser zugebracht haben. Vor mir kreuzt ein Schwanenpaar. Am Horizont klar sichtbar das nächste Seezeichen vor Horn – noch zwei Kilometer, ein Katzensprung.

Mein Blick geht nach backbord ans Ufer, wo damals, vor drei Jahren die Zelte zum ersten Faltboottreffen am See standen, die Boote lagen. Ich sehe Stephan vor mir am Grill, Katja unfreiwillig im

Plastikboot, Norman bei seinem Tauchversuch mit dem Erik, Hermann und Angelika an der Feldküche.

Der Siebener kommt näher und ich erschrecke, als ich den Wasserstand nun »objektiv« sehe: Der bewachsene Bereich des Pfahls ragt beinahe zwanzig Zentimeter aus dem Wasser, die Kerbe um den durchschnittlichen Winterwasserstand fast einen halben Meter aus dem Wasser, die Marke für das Sommerwasser weit über meinem Kopf – wo soll das nur hinführen?

Wohin das führen wird, zeigt mir der nächste Augenblick: Fischreiser jenseits des Siebeners ragen zwei Handbreit aus dem Wasser. »Prima – dann brauche ich mich nicht vorsehen« denke ich und erkenne zugleich knapp neben mir im Wasser weitere Pflöcke, knapp faustbreit im Durchmesser – ganz vorsichtig, den Hals weit nach vorn gestreckt und das Paddel immer im Wasser taste ich mich weiter.

Am Horizont ein Paddler? Ich nehme das Fernglas. Kein Paddler – mitten im See, weit draussen zur Reichenau hin steht ein Schwan auf einer verschneiten Kiesbank. Und noch einer. Und eine Kolonie Kormorane, fünfzehn Graureiher, Blessrallen schwimmen zu einer schwarzen Insel zusammengedrängt. Inseln im Untersee? Die Werd, ja. Aber die Kiesbank – und dort noch eine und das Ufer zur Hornspitze hin auch hundertfünfzig, zweihundert Meter trocken gefallen? Ich kann nicht glauben, was ich sehe. Und wenn ich unter mich schaue und den Pegel weitere zehn, fünfzehn Zentimeter tiefer denke, dann wird das hier alles Insel sein ...

Schiffsbegegnung

Das Seezeichen sechs kommt näher – 3,75 km Strecke seit dem Start zeigt das GPS, in das ich heute einige fixe Stationen am See aufnehme: Stege, Seezeichen, die Hindernisse unter Wasser beim Siebener. Und nun doch eine Schiffsbegegnung: Ein Borkenschiffchen mit rotem Papiersegel. Unwillkürlich lächle ich, paddle näher, erkenne Buchstaben auf dem Segel »Danke ...« Jemand hat seinen Dank für das vergangene Jahr festgeschrieben und dann losgelassen. Ich freue mich: Dankbarkeit stärkt die Widerstandskraft im Leben – Spuren eines klugen Menschen, hier, mitten auf dem See, wo jetzt niemand ist.

Niemand? Ein Hupen. Unser Fahrgastschiff, die »Liberty«. Stimmt – eben am Steg war sie nicht festgemacht. Jetzt treffe ich Harald Lang mit seiner Besatzung zur Neujahrsfahrt – Winken und Grüsse hin und her. Wir kennen, respektieren, mögen uns. Nasen an den beschlagenen Scheiben im Fahrgastteil. Staunen. »Was macht denn der da draussen?« scheinen die Gesichter zu fragen und ich ahne, wie Harald Lang gleich ins Mikrofon spricht »Euse Pfarrer – der isch öfter dusse, au em Winder.« Zurück. Jetzt noch weiter »um die Ecke« Richtung Gundholzen. Der Radolfzeller Münsterturm ist schon zu sehen, Undine, die Liebesinsel grösser als zuvor, zwischen dem kahlen Astwerk hindurch das Freizeitheim am Gundholzener Ufer. Vor dem fünfer Seezeichen stellt sich mir ein Schwan in den Weg »Bloß kein Ärger heute« sage ich mir angesichts der ungesicherten Digitalkamera in der Tasche der Paddeljacke. Langsam, stetig, nähere ich mich. Der Schwan zieht zur Seite. Im Passieren beobachte ich ihn noch aus dem Augenwinkel. »Bleib wo´d bisch!« Er bleibt. Mit dem Seezeichen fünf und nun schon im Eingang zum Zeller See schwenke ich nach SSO, um in den Untersee zurück zu gelangen. Irgendwer hat vergessen, die österreichischen Landesfarben auszuhängen das rot-weiss-rot für »Durchfahrt verboten« fehlt und ich nutze die Gelegenheit, auch die beiden Pfähle an der inneren Begrenzung des Naturschutzgebietes als Wegpunkte im GPS aufzunehmen. Der Entschluss »innen durch« zurück zu fahren fällt mir leicht, weil keine Wasservögel zu sehen sind – von den Blessrallen und einigen Schwänen und Reihern abgesehen.

Da habe ich allerdings die Rechnung ohne den Wirt gemacht. Das Wasser wird unmerklich immer flacher und ein Kratzen am Boot reißt mich aus meinen Träumereien in die Wirklichkeit zurück: Ich sitze fest. Langsam stake ich auf der Kante weiter, suche das offene Wasser. Nach zwanzig, dreissig

Metern neben der Steininsel, auf der Pay und ich im Herbst gefrühstückt und Reinhard getroffen haben – die liegt mittlerweile so hoch über dem Wasser, dass sie bei Frost sicher auch ein Zelt tragen kann (Heinz Zölzer mit seiner Seeübernachtung fällt mir dabei ein). Ein weiter Bogen noch um die Insel, fast wieder bis zum Sechser hinaus, und ich bin wirklich auf der Heimfahrt: Der Horner Steg, der Siebener, vor mir der Gaienhofener Steg, dann der Schulsteg der Internatsschule – immer noch versifft. Aber wie aussteigen? Zum zweiten Mal heute freue ich mich über die Mukluks von Wolfgang. Ich steige in den Schlamm, setze mich auf den Steg, spüle die Schuhe ab, ziehe das Boot hoch – es beginnt schon zu dämmern.

»Jetzt ein heißer Tee!« Ich freue mich auf zu Hause, versorge das Boot, mache mir noch einmal mit dem Schwamm die Handschuhe naß, muß leise über meine eigene Dummheit lachen. Luken zu – los geht's.

Abend
Es ist dunkel geworden – schon; so schnell.
Erstaunlich, wie wenig in so einen ersten Urlaubstag passt: Aufstehen, Kaffee, ein wenig miteinander sprechen, etwas Radio hören, ein paar Bücher bei eBay einstellen, aufs Wasser, ein verspäteter Mittagsschlaf, Pizza und Chianti und das wars. Was ist das gegen einen normal-gedrängten Arbeitstag? Als ob die Stunden im Urlaub länger sind – und leerer ... Leerer? Nein: Das dann doch nicht.

> **zum Autor:** Frank Fichtmüller, 54, Pfarrer, verheiratet, drei große Söhne. Wohnt und paddelt seit neun Jahren am unteren Bodensee und hat zu den Bodenseetreffen 2001 - 2003 eingeladen. Bekannt und manchmal berüchtigt durch Beiträge in verschiedenen Internetforen wie z.B. www.faltboot.de, www.forum.spierentonne.de und www.kanu.de – Kontakt via e-mail: frank@faltboot.de

Wenn es reißt und bricht – Improvisationen unterwegs

von Marian Gunkel, Potsdam

Ein Faltboot ist unsterblich. Was sich so vermessen anhört, ist eine Tatsache, die man sich im Unglücks-, aber auch im normalen Reparatur- und Ausbesserungsfall immer wieder vergegenwärtigen sollte. Der modulare Aufbau eines Faltbootes gestattet es, defekte oder altersmorsche Teile einzeln auszutauschen, ohne das ansonsten funktionierende Gesamtkunstwerk Faltboot aufgeben zu müssen. Neben finanziellen und ökologischen Vorteilen bietet dieses aus vielen Einzelteilen bestehende Gefährt auch im Schadensfall die Möglichkeit, schnell und effektiv wieder aufs Wasser zu kommen. Von real stattgefundenen Schadensfällen, aber auch von allgemeinen Problemlösetechniken erzählt dieser Artikel.

Schon in grauer Faltboot-Vorzeit finden sich Berichte über wilde Schäden und abenteuerliche Reparaturen. Armin T. Wegner beschreibt in »Am Kreuzweg der Welten. Eine Reise vom Kaspischen Meer zum Nil« (Berlin: Wegweiser Verlag, 1930, Seiten 286-287) über ein Malheur auf dem Jordan:

»An den Ufern zwischen den Steinen zahlreiche Rinder- und Ziegenherden der Beduinen. Ich suche die zur Tränke drängenden Herden zu fotografieren, als sich das pfeilschnelle Boot einen Augenblick unter uns mit furchtbarem Ruck in die Höhe hebt. Die steilen Felsspitzen, die überall messerscharf aus der Flut ragen, haben unsere Bootswand geritzt.

Eilend suchen wir das tiefe Wasser wieder. Ich fühle mit der Hand unter mich, Wasser ist eingedrungen, ein handlanger Schnitt hat unsere Bootshaut zerrissen, aber die wunderbare Spannung des Holzgestells ist so groß, dass die Ränder des Schlitzes sich von selbst wie zwei Lippen fest aufeinanderlegen. [...] Wir haben inzwischen durch das Leck soviel Wasser gefasst, dass alle Kleider, die wir nicht in den Gummibeuteln verschlossen hatten, schon völlig durchtränkt sind. Notdürftig flicken wir den Riß mit zwei kleinen aneinandergeschraubten Holzbrettern, einer ebenso einfachen wie nutzbringenden Erfindung.«

Aber auch in der heutigen Zeit, mit anderem (besserem?) Material und in eher vertrauten Paddelgegenden kann jederzeit ein Unglück passieren.

Eine Seen- und Flusstour auf der polnischen Drawa stellte ernste Anforderungen an Mensch und Material. Zunächst brach das obere von zwei »Augen« am Selbstbau-Steuerbeschlag eines ca. 50jährigen E65. Da das Steuer als wichtig erachtet wurde, musste also eine neue Aufhängung gebastelt werden, in der sich ein Stift frei bewegen konnte. Nach Inspizierung aller zur Verfügung stehender regulärer Reparaturmittel war guter Rat teuer, bis wir an die Reparaturhülse des Zeltgestänges dachten: ein Rohr, in dem sich der Steuerstift frei bewegen kann. Die Reparaturhülse wurde also mit Gewebeband (ca. 20 Jahre altes, perfekt klebendes Tesa-Band) an das Heck des Bootes geklebt und erfüllte ihre Funktion noch mehrere Jahre, bis die Steuerung durch eine Kühnisch-Lösung ersetzt wurde.

Wenig später auf derselben Tour kenterte eine Paddlerin kurz vor einer Stromschnelle mit selbigem E65, der daraufhin geflutet auf mehrere Steine krachte und zunächst ausgeschöpft und dann aus den Schnellen gerettet werden musste. Zwei Spanten waren angebrochen, eine mehrfach gebrochen. Schnell waren die Spanten aus dem Boot entfernt, mit herumliegendem Holz geschient und besagtem Tesa-Gewebeband fixiert worden. Eine halbe Stunde später waren wir wieder auf dem Wasser.

Nun wird jeder halbwegs ernsthafte Faltbootpaddler als Mittel-für-alle-Fälle eine Rolle Gewebeband im Gepäck haben. Doch für jeden denkbaren Schaden wird Gewebeband nicht reichen. Kreativität und flexibles Denken sind gefragt. Was ist das eigentlich genau? Und wie helfen kreatives Denken und Problemlösetechniken im Falle eines »kranken« Faltbootes?

Kreativität wird in der Psychologie meist als »Fähigkeit zum divergenten Denken« definiert. »Divergentes Denken« ist erforderlich, wenn eine Problemstellung unklar definiert ist *(Dingsbums-Teil kaputt – muss irgendwie wieder heil werden)* und es in Abhängigkeit von den möglichen Problemstellungen unterschiedliche Lösungen gibt *(Dingsbums-Teil austauschen – Dingsbums-Teil auf verschiedene Weise reparieren – kann man nicht auch ohne Dingsbums-Teil weiterpaddeln?).*

Kreatives bzw. divergentes Denken kann also helfen, wenn der Schadensfall eintritt und nicht gerade einfach zu beheben ist. Dazu gehören im einzelnen die »Sensitivität gegenüber Problemen« *(war die Spante schon angebrochen und ist deswegen gesplittert oder ist sie generell zu schwach dimensioniert),* die »Flüssigkeit des Denkens« *(Reparatur als Denksport: die Gruppe soll sich in einer Minute so viele Reparaturmöglichkeiten wie möglich ausdenken),* die »Originalität des Denkens« *(ist die Sente eigentlich wirklich notwendig?)* und die Flexibilität des Denkens *(kann man nicht auch die biegsame, aber zähe Zahnbürste zur Reparatur der Sente nutzen?).*

Sehr kreativ löste Jörg Awiszio auf der Dordogne gleich zwei Probleme:

»Kurz nach Argentat fuhren wir uns dann das erste kleine Loch in den Bug. Ein scharfer Stein unter Wasser war dafür der Auslöser. Natürlich hatte ich das Flickzeug am Zelt gelassen. Zum Glück hatten wir eine dünne Plastiktüte dabei. Die Tüte und ein Badelatschen wurden kurzerhand zwischen Spant und Haut geklemmt und wir konnten unsere Fahrt problemlos fortsetzen. [...] Dann passierte es. An einer der folgenden Stromschnellen [...]. Da gab es einen heftigen Knall und im Auslauf der Schnelle begann unser Boot voll zu laufen. Am Ufer dann sahen wir den zehn Zentimeter großen Riß und mehrere Blessuren der Faltboothaut. Ein Spanten wurde aus der Bodenleiterbefestigung gehauen. Meine Frau wollte nicht mehr weiterfahren und zu Fuß zum Campingplatz gehen. Doch für mich kam das gar nicht in die Tüte. Den Riß habe ich provisorisch mit einem Autriebskörper repariert. Den Auftriebskörper zwischen Gerüst und Haut geschoben, aufgeblasen und reingesetzt. Siehe da, das Faltboot war völlig dicht, allerdings erst nach dem wir drin saßen und der Wasserdruck die Haut gegen den Auftriebskörper drückte. Der Rest der Fahrt lief dann Problemlos, auch durch jede weitere Schnelle. Am Zeltplatz habe ich dann erst einmal die Haut geflickt. Eines Tages werde ich sicherlich mal eine neue schneidern lassen. Doch halten die Flicken noch sehr gut.«

Auch Tom Gieger, in Nordnorwegen unterwegs, passt sich den Gegebenheiten an und nimmt seine Reparatur-Rohstoffe »aus dem Land«, nachdem die erste Lösung nicht lange hielt:

»Man paddelt mit seinem KTW zwischen den Lofotfjorden, da plötzlich ein kleiner Knacks! und die Rückenlehne, schon 50 Jahre alt, ist mittig entzwei, genau zwischen den zwei parallelen Brettchen gebrochen (ok, die sind nachträglich drangebastelt worden statt des »bequemen« Herzchens..., das Holz schon morsch und spröde unter dem Lack). Da das Malheur grad am Anfang der Tour passierte, und weit und breit keine Hilfe zu erwarten war, hieß es erstmal anlanden, Lehne entnehmen, Reparatursack suchen und Multi-Tool und Draht und Tape suchen. Der erste Versuch des Schienens mittels Treibholzstück, umwickeln mit Draht und Schnur hielt grad eine Stunde, also wieder an Land, und nach einiger Zeit fand sich ein Stück Alteisen in Blechform (ein altes Scharnier). Mittels Multi-Tool zurechtgefeilt und gebogen in eine grobe U-Form, dann eine Lage Tape zum fixieren und alles 2x stramm mit Messingdraht umwickelt, und zu guterletzt noch einmal eine Wicklung Tape dazu – das hält nun seit 2 Jahren und ich habe mich an der Optik noch nicht gestört«

Eng verwandt mit dem kreativen Denken sind auch Problemlösetechniken. Ein Problem ist, wiederum psychologisch betrachtet, die Barriere zwischen Anfangszustand *(Dingsbums-Teil kaputt, kann nicht weiterpaddeln)* und Zielzustand *(kann weiterpaddeln)*; die Problemlösung ist also die Überwindung dieser Barriere. Wie können uns Denktechniken weiterhelfen, einen Schaden zu beheben?

Stelle Analogien her!

Wenn Luft aus dem Seitenschlauch entweicht, weil der Stöpsel defekt ist (oder gar zu Hause auf dem Schreibtisch liegt), kann man »X ist ähnlich zu Y« denken und den Stöpsel durch einen selbstgeschnitzten aus Holz oder ein zusammengedrehtes Papiertaschentuch ersetzen.

Nicht immer funktionieren Analogien. Vor allem, wenn zwar äußere Merkmale von X und Y übereinstimmen, deren Funktionalität jedoch nicht, führen Analogien auf einen Irrweg.

Ralf Seyfarth berichtet:

»Es war einmal. Genauer gesagt 1984. Auf einer geplanten mehrtägigen Faltboottour auf der Donau von Beuron nach Ulm passierte es hinter Hundersingen: mein Bruder, der hinter mir im neuen RZ 85/3 sass rief: »Ralf, wir haben ein Leck!«. Und tatsächlich, wir soffen sofort ab. »Leck«, das war ein kleiner Scherz. Ein Riss von mindestens ein Meter Länge verschandelte die PVC Haut. Wir konnten gerade noch mit Hängen und Würgen das volle Boot ans

Ufer ziehen. Vermutlich hatte uns ein Eisenträger nach dem zweiten Wehr in Hundersingen die Chause eingebrockt. Wir sassen einigermassen ratlos am Ufer, wussten nicht weiter, da wir vollkommen blutige Anfänger waren. Aber wenigstens hatten wir eine Rolle mit Reparaturmaterial mit. Fehlte nur noch der Kleber. Und der kam mit zwei netten Damen in einem Aerius angeschwommen. Die hatten sogar eine volle Kleberbüchse dabei. Und die beiden Damen waren wirklich sehr nett und haben uns die Büchse ausgeliehen. Und wir waren wirklich zwei blutige Anfänger. Hypalon, PVC, äh, was ist das? Mit viel Mühe und Liebe haben wir den Kleber über den Riss geschmiert. Richtig lange gewartet, bis er trocken war und dann den Reparaturstreifen daraufgepresst. Und ob es jemand glauben möchte oder nicht, das Ding hing dann sage und schreibe ca. 20 Sekunden am Boot. Auch der zweite Versuch mit längerer Wartezeit, mit höherem Anpressdruck und mit mehr Wut im Bauch brachte nicht das gewünschte Ergebnis. Das endgültige Resultat lautete dann: Fahrtabbruch. P.S.: Den langen Riss haben wir dann in einer Werkstatt fachgerecht von beiden Seiten verschweissen lassen....«

Erweitere den Problemraum!
Wenn die Luft aus dem Seitenschlauch entweicht, und Form und Fahreigenschaften des Bootes beeinträchtigt sind, wäre folgendes denkbar: »*Luft im Schlauch ist wie Socken oder Gras im Schlauch*« und der Seitenschlauch bzw. dessen Raum würde mit alten Socken oder Gras gefüllt.

Bilde Teilziele!
Kann ein Problem nicht mit einem einzigen Schritt überwunden werden, sollte man Teilziele bilden, die jedes für sich die Distanz zwischen Anfangs- und Zielzustand verkürzen. Ist die Spante mehrfach in Einzelteile gebrochen, kann man z.B. zunächst die Einzelteile miteinander verbinden und dann in einem weiteren Schritt (falls die Spante immer noch zu flexibel ist) die Spante im aufgebauten Gerüst fixieren. Dort ist sie zwar immer noch nicht im steifen Ursprungszustand, kann jedoch die Bootsform gewährleisten und Hautspannung wiederherstellen.

In härteren Unglücksfällen müssen Kopf und Hand zusammenwirken können; was der findige Kopf sich ausdenkt, muß natürlich auch in die Praxis umgesetzt werden können.

Hermann Harbisch beschreibt eine Wildnistour, auf der viel Geschick, Erfahrung und Gehirnschmalz nötig war:

»*Die Fahrt fand 1995 auf dem Natla und Keele River in den Mackenzie Mountains in den Northwest Territories Kanadas statt. Der Natla war auf den ersten 35 km ein wahrer Faltbootmörder: ständige massive Verblockung, kaum klare Durchfahrten, relativ niedriger Wasserstand – und sechs bis an den Rand voll beladene Faltboote (Klepper Aerius, T 9, T 6, Feathercraft K 1). Schon an den ersten Fahrtenabenden musste ich mehrfach gebrochene oder angebrochene Senten flicken. Seit dieser Fahrt singe ich das Hohe Lied des Sekundenklebers; den hatten die früheren Faltbootfahrer noch nicht. Später Vormittag, wir erreichen eine massiv verblockte Schnelle mit starkem Gefälle. Es wird beschlossen, nicht zu fahren, sondern zu treideln oder zu umtragen. Beim Treideln des vorletzten Bootes gibt es Kommunikationsprobleme. »Anziehen«, ruft der Eine, »Loslassen« versteht die Andere, das Boot wickelt sich um einen Stein. Mit bedröppeltem Gesicht tragen die drei die Ruine*

runter zum Fuß der Schnelle, laden aus und bauen sie auseinander. Ein schöner Anblick! Wir haben uns dann zu dritt über das zerstörte Gerüst hergemacht, die Haut war heil geblieben. Zwei von uns sind seit Jugendjahren Faltbootfahrer und haben schon des öfteren auch unter Buschbedingungen Faltboote flicken müssen; der dritte ist ein ganz erfahrener Holzbearbeiter. Mir fiel die Aufgabe zu, die zerstörten Spanten und Senten zu flicken, die beiden anderen kümmerten sich um die Bodenleitern. Mit Hilfe von Sekundenkleber, Polyester, leichtem Gewebe und Härter werden die Holzteile wieder zusammengeflickt. Die verbogenen Scharniere der Seitenwände werden wieder gerichtet, als neue Achsen dienen Nägel. Werkzeug: Gerber Tool, Schweizer Messer, kleine Feilen, vor allem eine runde. Einige Nieten werden mit dem Gerber Tool und einem Stein als Schlagwerkzeug wieder gerichtet. Die total zerbrochene Bodenleiter wird mit Reserve-Zelthäringen und naß gemachter Nylonschnur geschient. Die Konstruktion hat die gesamte weitere Reise gehalten, obwohl die Boote noch des öfteren heftig beansprucht wurden. Trotzdem hat die Fahrerin das Boot am Ende verschrottet, weil sie noch einen weiteren Schaden einen Tag später hatte.

In einer engen Passage blieb ihre Vorfahrerin hängen. Um nicht aufzufahren lenkte sie nach rechts in eine Lücke, wo sie stecken blieb. Beim Versuch, das eingeklemmte Boot wieder mit dem Heck herauszuheben wurde der Steuerbeschlag abgerissen und dabei ging die Heckverklebung und -naht auf. Kaum saß sie wieder im Boot um weiterzufahren bekam sie einen nassen Hosenboden. Diesen Schaden haben wir mit unseren Bordmitteln nicht mehr dicht bekommen, trotz viel Tape, nähen und Kleber. Die Haut war auch schon recht alt und so hielten die Nähte einfach nicht mehr. Wir waren froh das Heck soweit abdichten zu können, dass »nur« alle zwei bis drei Stunden bei den Pausen etliche Liter Wasser ausgeleert werden musste.«

Wie kann man sich nun gezielt auf einen Improvisationsfall vorbereiten?
Am wirkungsvollsten ist es, sein flexibles, kreatives Denken zu trainieren (oder eine entsprechend trainierte Person in der Paddlergruppe). Um die tollen Ideen dann auch umsetzen zu können, schadet es nicht, mindestens eine rechte Hand zu haben (oder einen handwerklich geschickten Mitpaddler in der Gruppe ...) sowie einen Grundstock an Rohmaterial und Werkzeug. In den meisten Fällen wird ein scharfes Messer und Gewebeband ausreichen. Für härtere Touren abseits der Zivilisation, so wie von Hermann Harbisch beschrieben, sind sicher auch Kleber fürs Unterschiff, evtl. Ersatz-Unterschiffmaterial sowie Zange oder gleich ein »Multi-Tool« nützlich. Natürlich gibt es immer noch mehr, was man mitnehmen könnte (in diversen Büchern sind entsprechende Listen zu finden, ich spare mir hier eine Wiederholung). Am wichtigsten im Falle einer Reparatur bleibt jedoch der Kopf.

---

zum Autor: Marian Gunkel (Potsdam), 28 Jahre alt, steckt gerade in der Endphase seines Psychologiestudiums und beschäftigt sich v.a. mit Software-Ergonomie und benutzungsfreundlicher Technik.
Mehr Infos gibt es im Internet unter: www.mariangunkel.de.
Außerdem betreibt er (zusammen mit Jürgen Hoh und Rainer Schröter) die Internetseite und »Mutter aller Faltbootseiten« (**www.faltboot.de**), einem Diskussions und Informationsforum für FaltbootfahrerInnen.
Kontakt via e-mail: marian@faltboot.de

Qaanaaq,
eine der nördlichsten Siedlungen der Welt

von Rotraut Kahl, Lübeck

Getreu unserem Wunsch, arktische Regionen im Paddelboot bereisen zu wollen, fällt unsere Wahl eines schönen Tages auf einen Ort im Nordwesten Grönlands. Zu unserer Begeisterung für alte Reiseberichte mischt sich Bitterkeit, wenn wir uns erinnern, wie den Menschen in dieser Gegend übel mitgespielt wurde. Robert Peary benutzte die Einheimischen jahrelang für seinen ehrgeizigen Plan, der Erste am Nordpol sein zu wollen. Peter Freuchen war bestrebt, den Inuit zu helfen und gab seiner Handelsstation den Namen Thule. Aber letztendlich konnte er den Bewohnern der alten Siedlung nicht helfen. Sie mussten den militärischen Ansprüchen der USA weichen und wurden 200 Kilometer weiter nach Norden umgesiedelt. Den Namen Thule konnten sie mitnehmen.
Für die neue Siedlung hat sich in unserer Zeit aber der Name *Qaanaaq* durchgesetzt. Das Gebäude von Freuchens Handelsstation wurde später ebenfalls nach Norden verfrachtet und ist jetzt Museum. *Thule Air-Base (Pituﬁk)* dient ausschließlich dem Militär.

Dort fliegen wir zuerst hin. Da *Qaanaaq* nur einen Hubschrauberlandeplatz hat, müssen wir auf der Air-Base umsteigen. Vier Wochen später – auf dem Rückflug – sitzen wir im letzten Hubschrauber. Der neue Flughafen von *Qaanaaq* ist fertig. Schade eigentlich! Die Aussicht vom

Helikopter aus ist so viel schöner und unmittelbarer! Gletscher, Moränen, Inlandeis – zum Greifen nah! Beim Hinflug stört jedoch bald eine schwarze Wand.
Und wie die stört! *Qaanaaq* empfängt uns mit heftigem Regen. Trotzdem finden wir mit kundigem Blick im schrägen Hang ein ebenes Fleckchen Erde, das von keiner Wasserader durchzogen ist und bauen in Windeseile das Zelt auf. Bei Regen kann man schön ausschlafen.

Um das Schiff wollen wir uns später kümmern. Es soll uns die Kiste bringen, die wir in mühevoller Kleinarbeit mit sämtlichen Ausrüstungsgegenständen vollgestopft und einer Spedition übergeben haben.
Zwei Schiffe liegen dann im Hafen. Eins gehört Greenpeace. Ein paar mutige Leute planen Aktionen in Sachen Air-Base. Das zweite Schiff wird gerade entladen. Unsere Kiste ist nicht dabei. Macht nichts. Der Regen hat auch noch nicht aufgehört. Aufbau im Regen macht keinen Spaß. Der nächste Tag bringt ein neues Schiff. Es bringt viele Waren, nur unsere Kiste ist nicht dabei. Tagelang hört der Regen nicht auf, starker Wind kommt hinzu und das richtige Schiff kommt auch nicht. Unser Schiff soll auf ein Riff gelaufen und leck sein und die Reparatur soll dauern und dauern. Die Hafenangestellten Jens und Kim können unsere langen Gesichter kaum noch ertragen. Das Dorf leidet auch. Die Regenmassen lassen die Gletscherbäche erheblich anschwellen. Bäche und rutschender Schlamm, regelrechte Schlammlawinen, sind eine Gefahr für den Ort. Allen hilft nur Gelassenheit. Zum Glück haben wir sehr viele sehr nette Begegnungen mit Menschen, Touristen wie Einheimischen. Ein Fänger berichtet von seinen Jagden auf Walrosse, ein dänischer Filmer erzählt von seinem nächsten Projekt in der Gegend, die Greenpeace-Leute diskutieren mit uns, eine irische Segelmannschaft unterhält das Dorf eine Nacht lang mit Musik und und und.

Dennoch sind wir froh, als unsere Kiste doch noch kommt. Auch der Regen hört irgendwann auf. Während Rolf mit dem Aufbau des Zweier-Faltbootes schwer beschäftigt ist, unterhalte ich die Herumstehenden. Beim Packen bin ich dann etwas mehr gefordert und packe und stopfe und gebe mir redlich Mühe, vor allem das Essen für die gesamte Zeit geschickt unter Deck zu bringen. Unterwegs gibt es im Gegensatz zu früheren Jahrzehnten nur noch einen einzigen bewohnten Ort, in dem die Chance besteht, etwas nachkaufen zu können. Drei Tage brauchen wir bis dorthin, stellen fest, dass Wochenende und der Laden geschlossen ist. Gut, dass wir autark sind!
Beim Ablegen in *Qaanaaq* hilft uns ein umsichtiger, lieber Mensch, den vollbepackten Zweier ins Wasser zu wuchten. Ein neugieriger Hund ist weniger lieb. Er springt – ratzfatz – ins Boot, reißt ein großes, eingeschweißtes Stück Käse heraus und schießt mit der Beute davon. Freches Stück! Wir werden trotzdem nicht verhungern.

Kaum haben wir *Qaanaaq* in nordwestlicher Richtung verlassen, wird die Landschaft immer schöner. Kieseliger Strand, grasige Matten, durchzogen von milchigen Bächen, wechseln einander ab. Steilwände liegen weiter zurück Das Inlandeis ist nicht zu sehen, weil wir zu nah unter Land fahren. Der Fan-Gletscher hat ein großes, weites sandiges Delta in den Murchison-Sund geschoben. Ein paar Kilometer dahinter finden wir unseren ersten Traumplatz. Ein Falkenpaar macht seine Besitzansprüche lauthals geltend, ein Stück weiter steigen Seeschwalben aus ihrer Kolonie auf und jagen den Fischlein nach und wir machen es uns auf einem alten Lagerplatz gemütlich. Alte Lagerplätze sind immer sehr geeignet, erkenntlich an den Steinen zur Zeltbefestigung. Wir brauchen für unser Kuppelzelt die Steine zwar nicht, aber die Fläche ist meistens

schön eben. Oft liegen alte Schlitten und Knochen auf den Plätzen. Meistens gibt es Trinkwasser in der Nähe.
Die ersten Eisberge schieben sich aus dem Mac-Cormick-Fjord heraus und werden ausgiebig bewundert und umrundet. Auch alle weiteren Fjorde entlassen herrlich bizarre Eisberge in die eisfreie See. Leider weht ein eiskalter Wind tagelang aus Nordwest, also schräg von vorn. Es macht uns nichts aus, wenn wir langsam vorankommen. An der öden Küste zwischen *Umivik* und *Kangeq* baut sich aber eine sehr hohe unwahrscheinlich kabbelige See auf. Aussteigen ist unmöglich. Schutz finden wir weiter innen im Fjord.

Der Ort *Siorapaluk* winkt. Er liegt, nach Süden offen, eingeklemmt zwischen hohen Felskanten. Wir machen es wie immer, wenn wir erschöpft sind. Wir suchen uns ein Plätzchen außerhalb und schauen, ob man zu Fuß zurückkommt. Das klappt auch hier. Der Zeltplatz ist zwar uneben, der Bach hat rotes Wasser und wir müssen zum Ort über die Müllkippe klettern. Aber wir kommen wenigstens ausgeruht hin. Die Leute lächeln geduldig über unsere Fotobegeisterung. Unser besonderes Interesse gilt den Kajaks und wir finden auch noch einige, die zur narwaljagd benutzt werden. Allerdings sind sie mit Leinen, nicht mit Fell bespannt. Vor einigen Häusern sind Eisbärfelle zum Trocknen auf Holzrahmen gespannt und auf Gestellen trocknen Eisbärschädel. Die Kinder begleiten uns, Hunde streunen umher und der grönlandtypische Geruch aus einem Gemisch von Fisch, Robbentran und Hundekot liegt in der Luft. Obwohl auch hier die moderne Zeit Einzug gehalten hat mit Motorboot, Fernseher und Einkaufstüten aus *Qaanaaq*, ist der Ort noch recht urig. Ein Rest von dem, was in der arktischen Literatur über *Siorapaluk* geschrieben wurde, ist noch zu spüren, wenn auch die Zeit, als Jean Malaurie 1951 in einem der alten Erdhäuser überwinterte, lange her ist. Unvergessen ist sein Buch: »Die letzten Könige von Thule«. Die Erdhäuser sind modernen dänischen Fertighäusern aus farbig angestrichenem Holz gewichen, aber den »schönen kleinen Sandstrand« gibt es noch.
Dann hüllt Seenebel alles ein. Wir ziehen uns zurück, umlärmt von Falken und Raben und umschwirrt von stummen Gryllteisten*, deren rote Füße selbst im Nebel noch leuchten. Drei dicke Schneehasen kommen näher, wenig beeindruckt von unserer Gegenwart. Ein Motorengebrumm hält uns vom Schlaf nicht ab und am nächsten Tag stoßen wir nach dem Start im dichtesten aller Seenebel fast gegen die »Greenland-Saga«, dem Schiff, das auch unsere Kiste gebracht hatte.
Ein Prahm hat das Schiff seitlich gekippt und Ware wird entladen. Da weder *Qaanaaq* noch *Siorapaluk* einen richtigen Hafen haben, können Schiffe wegen zu geringer Wassertiefe nicht nahe genug an Land kommen. Der Prahm übernimmt die Waren. Bei Niedrigwasser oder Sturm kann nicht gearbeitet werden.
In den nächsten Tagen wechseln Nebel und Wind sehr schnell. Wir stellen uns darauf ein. Bei nicht allzu dichtem Nebel kann man die Gletscher an dem helleren Schein über dem Eis erkennen. Setzt die Sonne sich durch, kommt auch sofort ein eisiger Wind auf, der die Gletscher herunterfegt. Auf dem Wasser sind Eissturmvögel unsere zahlreichen Begleiter, Eismöwen sind etwas seltener.

---

* [Die Gryllteiste (cepphus grylle) ist ein Alkenvogel, der in feuchten Höhlen brütet und etwas kleiner als eine Lumme ist. Sie hat ein schwarzes Gefieder mit großem weißem Flügelschild und auffallend roten Füßen. Bezeichnend sind auch der sehr leise, hohe, pfeifende Ton und der zinnoberrote Rachen. Es gab auch Brutversuche in Deutschland.]

Gelegentlich ziehen große Schwärme von Prachteiderenten über uns dahin. Am häufigsten sind aber die fliegenden Kobolde, die Krabbentaucher. Ihr Flügelrauschen gehört Tag und Nacht zur Musik der Arktis.

Als wir nach *Neqe* (auch *Nekri*) kommen, betreten wir wieder geschichtsträchtigen Boden. Wir finden eine Oase vor, obwohl *Neqe* von Menschen verlassen ist. Die Sonne setzt sich durch und wärmt herrlich. Wir genießen das vor Nordwind geschützte Plätzchen. Im Hintergrund lärmt ein Bach mit einem zweistufigen Wasserfall. Einige alte Grundrisse von Torfhäusern sind fast mit Gras zugewachsen, zwei turmartige Steinhaufen sind neueren Datums. Wir untersuchen eine intakte Fängerhütte, die mit Ofen, Petroleum, Pritschen, Fellen, Büchern und viel Kleinkram bestückt ist. Sogar Kekse liegen rum. Wie es im Winter wohl hier aussehen mag? Der muffige Geruch treibt uns schnell nach draußen. Zwischen Schlittschuhen, Eisenfallen, modernem Müll und alten Walrossschädeln wachsen gnädig hohes Gras und Weidenpflanzen. Überall blühen die allerschönsten arktischen Blumen, so üppig wie sonst an keinem anderen Platz: Gelbe Arnika, weißes Wintergrün, zartgelber Mohn, blauviolette Astern und andere mehr. Nach diesem wunderhübschen Fleckchen Erde hat die erste Ehefrau von Peter Freuchen Zeit ihres kurzen Lebens Heimweh gehabt! Die folgenden Gletscher erleben wir bei Bilderbuchwetter. Der Diebitschgletscher ist besonders eindrucksvoll mit breiter Mittelmoräne und finsterem, spitzen Nunatakker, der in der Mitte auf dem Eis zu schwimmen scheint. Ein grandioser Eisberg mit Riesentor explodiert, als wir fertig sind mit unseren Fotos und uns Gott sei Dank schon entfernt haben.

Am Clements-Markham-Gletscher ist das Wasser total rot. Aus unserem Plan, eine Hütte aufzusuchen und Pause zu machen, wird nichts, weil der Wind aus einem unbedeutenden Nebengletscher herauspfeift und mit immer stärker werdenden Fallböen aufwartet. Also weiter! Wieder ein paar Reste eines verlassenen Ortes! Es ist der vierte Ort westlich von *Qaanaaq*, der in den letzten Jahrzehnten aufgegeben worden ist. Vom Kap Chalan aus haben wir den besten Rundumblick. In der Ferne winkt die Gletscherwelt der Insel Ellesmere herüber. Rund neunzig Kilometer wäre der Sprung vom nächsten Kap, dem Kap Alexander aus! In diesem Jahr keine Empfehlung, den Sprung zu wagen! Weniger wegen der Entfernung, sondern wegen des Eises! Warten doch die irischen Segler schon seit Tagen darauf, dass wenigstens der Eclipse-Sund nördlich von Baffin eisfrei wird! Nicht weit entfernt vom Kap blinkt ein Stück Weiß des August-Sonntag-Gletschers herüber! August Sonntag war ein Teilnehmer der Hayes-Expedition und verlor sein Leben, nachdem er ins Eiswasser gefallen war. Hayes ließ Sonntags Grab in der Nähe des Gletschers errichten. Geschichtsträchtiges überall! Den beeindruckendsten Ausblick haben wir aber zu den im Wal-Sund (Ikerssuaq) gelegenen Inseln Northumberland (Kiatak) und Herbert (Qeqertarsuaq), ebenfalls voller Geschichte und Geschichten. Schieben wir die Geschichte beiseite und entscheiden wir, wie die Route weitergehen soll! Das riesige Gletscherfeld mit den vielen ins Meer züngelnden Gletschern ist von so magischer Schönheit, dass wir beschließen, einen Tag später umzukehren, um Zeit zu haben, diese beiden Inseln zu umrunden. Der direkte Sprung ist uns aber wegen des starken Windes zu gefährlich und so fahren wir fast dieselbe Strecke zurück, die wir gekommen sind. *Neqe* mutet uns fast heimatlich an und der Schneehase, die Regenpfeiferfamilie und die Schneefinken, die unser Zelt ganz fürchterlich von oben bis unten bekleckert hatten, sind auch noch da.

Nach dem Wind kommt wieder einmal dichter Seenebel. Natürlich ist ein GPS-Gerät äußerst hilfreich. Haben wir aber nicht! Entgegen der Meinung von »Experten« taugt ein Kompass doch etwas. Man muss sich vorher nur genauestens über die Missweisung informieren und dann seinem Kurs stur folgen und nicht irgendwelchen hellen Scheinen entgegenpaddeln. Fast drei Stunden benötigen wir für den Sprung zur Insel Qeqertarssuaq bei unheimlicher Stille und Null Sicht. Nur ein paar Eistaucher und ein paar Robben unterbrechen die watteartige Monotonie.

Nach Karteninformation hätte die Insel bewohnt sein sollen. War sie aber nicht. Es gab nur angekettete Hunde und leere Häuser. Am Abend kamen zwei Männer im Motorboot, um ihre Hunde mit Chips und Pommes Frites zu füttern. Um es vorweg zu nehmen: Als wir nach der Umrundung zurückkommen, sind die Hunde tot. Na, bei dem Futter!?
Die Nordseite gibt sich uns gegenüber nahezu gespenstisch. Die Wolken hängen bis auf unsere Köpfe herunter. Die relativ kleinen Gletscher bekommen aber in der Düsternis eine unheimliche Größe. Am Ufer finden wir viele Walrossschädel mit abgesägten Zähnen. Ein Walrosskadaver ohne Kopf wird von Schmarotzerraubmöwen verwertet.
Der Sprung nach Kiatak ist nicht allzu weit, fünf bis acht Kilometer. Das Licht kommt wieder. Bei bester Sicht und wenig Wind paddeln wir auf die vergletscherte Insel zu, eine der landschaftlich schönsten Stellen. Heiter das Licht, warm die Sonne, lieblich das Geschnatter der kleinen Taucher! Links voraus, verdammt nah, der Kopf eines Walrosses! Rechts hinter uns Geblase, Geschnaufe, Gegrunze, »Geschnerbse«! Das ist mindestens noch ein Walross! Wir haben keine Lust, in die Zange genommen zu werden und paddeln wie die Blöden. Es nützt nichts, dass wir versuchen, uns einzureden, es handele sich um Narwale. Eher krallt sich im Hirn die Vision fest, wie ein Walross seine Hauer über den Süllrand hängt! Walrosse stehen in

dem Ruf, besonders aggressiv zu sein. Sicherheitshalber paddeln wir wie die Wilden weiter, bis sich das Gepruste entfernt. Die Steine am Ufer bleiben Steine und werden nicht zu Walrossen, wogegen wir nichts gehabt hätten. Aber im kippeligen Faltboot? Auch bleiben Zweifel, ob unser wegen der Eisbären mitgeführtes Gewehr als Schutz gegen Walrosse wirklich optimal ist.

Kiatak erweist sich als arktische Trauminsel. Rundherum ergießen sich die verschiedenartigsten Gletscher ins Meer oder schieben Sanderflächen vor sich her. Einige enden mit roter, runder Zunge, andere haben eine lange Moräne, laufen flach aus, sind dreckig oder wild zerklüftet. Das Wasser drum herum ist die reinste Ursuppe. Diverse Arten kleiner Quallen, Krebse, und schwarze Flügelschnecken lieben das Gemisch von Salzwasser und Gletschermilch und locken Fische und viele Vogelarten an. Von Walrossen will ich lieber schweigen, wenn auch die Menge der Gerippe und Schädel unübersehbar ist.

Auch *Kiatak* ist unbewohnt. Der schönste Zeltplatz liegt im Südwesten, weitläufig wie ein »Südseestrand«. Dort wettern wir zwei Sturmtage ab. Die Brandung knallt und koffert wie ein Intercity, der in einen Tunnel einfährt. Wir üben uns in Geduld und freuen uns an den vielen Schneehasen und den Mengen von flugunfähigen Schneegänsen, welche die Hänge hoch rennen. Es wird gelesen und endlich auch ausreichend gegessen, wofür oft genug keine Zeit ist. Dann ist der Sturm vorbei. Bei der Zeltplatzsuche stützen wir uns gern auf verlassene Wohnplätze, aber kindskopfgroße Steine und meterhohe Felskanten schrecken ab. Nicht immer gilt für einen alten Wohnplatz Anlandegarantie. Und so kommt es wie es kommen muss. Wir fahren weiter als geplant, weil wir keinen Platz finden. Die Steilküste will nicht enden. Die Fallwinde

werden heftiger. Wir fürchten die Nähe des Gletschers, wissen wir doch, dass die Böen sich dort noch verstärken. Also raus in der nächsten kleinen nahezu fallwindfreien Bucht! Zwei kleine Nachteile nehmen wir in Kauf: Bei Hochwasser ist der Kieselstrand verschwunden. Es gibt kein waagerechtes Plätzchen und wir planieren stundenlang hoch oben an einem Bächlein ein Fleckchen Erde mit Steinen und wuchten das Faltboot schön hoch. Wie wird man doch bescheiden! Am Abend kehrt Ruhe ein, nur ein Fuchs bellt uns Eindringlinge an und die Scharen von Krabbentauchern üben Fallschirmspringen über unseren Köpfen. Der Kiatak-Gletscher ist zauberhaft, geradezu lieblich bei schönem Wetter. Zeltplätze gibt es reichlich. Ein weites Tal wird durch eine Barre geschützt und eine Fanghütte liegt auch sehr günstig. Bis hierher haben wir eigentlich kommen wollen. Vielleicht das nächste Mal! Eine leichte Beunruhigung bemächtigt sich meiner wegen der Walrosse im Ikerasak-Sund, den wir ja noch einmal queren müssen. Es sind dann aber keine da und wir düsen mit angenehmem Rückenwind und leichter Strömung nach Qeqertarssuaq. Die Südküste weist keine Gletscher auf und bietet auf der Hälfte der Strecke, von Westen aus gesehen, viele bequeme Zeltplätze. Großartig ist der Blick nach Süden über den Wal-Sund hinweg. Sehnsüchte werden geweckt. Gern würden wir hinüberfahren und Neues erkunden, aber wir müssen an den Rückweg denken.

Die Fahrt über den Murchison-Sund gestaltet sich eher gemütlich und es bleibt Zeit, einigen Eisbergen näher zu kommen. Der Blick nach Norden ist grandios. Das Inlandeis liegt wie eine überdimensionale weiße Decke mit ungleichen Fransen über einem schwarzen Bett im blauen Wasser und die Häuser von *Qaanaaq* sind kleine bunte Punkte im Fernglas. Doch die Herrlichkeit ist nicht von Dauer. Nach ausgiebigem Regen folgt der erste Schnee des Sommers. Alles um uns herum ist weiß. Am Ufer taut der Schnee schnell und hinterlässt Matsch, aber die höher gelegenen Hänge bleiben erst einmal weiß. Wir wissen nicht, ob der Sommer damit zu Ende geht, denn als wir unter Mühen das Faltboot in einer zugigen Halle einigermaßen trocken bekommen und die Kiste aufgegeben haben, bleibt nicht mehr viel Zeit zum Kaffeetrinken und Klönen. Wir melden uns auftragsgemäß bei Finn zurück, der viel Interessantes zu erzählen weiß und großes Interesse an unserer Route zeigt. Ob wir wiederkommen? *Imaqaa.* Mal sehen. Vielleicht.

Ein allerletzter Besuch gilt den Gräbern der armen Inuit, die von Robert Peary aus dem Land gelockt worden waren, in der Fremde starben und deren Gebeine erst vor wenigen Jahren eine würdige Ruhestätte fanden. Wir haben den Vorsatz, noch einmal nach *Qaanaaq* zu kommen. Ob er sich erfüllen lässt, steht in den Sternen. Ein anderer Vorsatz ist leichter zu verwirklichen: Noch einmal alte Forschungsberichte lesen! Und dann werden wir unsere Gedanken – so oft wir wollen – um Vergangenes und Gegenwärtiges kreisen lassen.

zu den Autoren: Rotraut (und Rolf-Jürgen) Kahl, von Beruf sind beide Lehrer, paddeln seit ca. 30 Jahren, mit Vorliebe in arktischen Regionen, unterwegs waren sie mit einem Aerius-Expeditionszweier. Kontakt via e-mail: kraslunak@web.de

Dampferbegegnung — Photos von Carl J. Luther

SOMMER IM FALTBOOT

Vor wenigen Jahren war das Faltboot noch fast unbekannt. Kopfschütteln, Spott und Heiterkeit erregte es in Fachkreisen und im Publikum, als es in seinen ursprünglichen primitiven Formen zuerst auftauchte. Es war umständlich zu handhaben, plump und breit, und bei den anfänglich verwendeten Stoffen nicht einmal genügend wasserdicht.

Dann aber kamen Idealisten, Sportfreunde, die gleichzeitig praktischen Sinn und Werkerfahrung hatten. Aus dem unförmigen Ding schälte sich mit überraschender Schnelligkeit ein brauchbares Boot heraus, das in der Handhabung mehr und mehr vereinfacht wurde, so daß schließlich zum Fertigmachen für das Wasser nur noch ein paar Minuten gehörten. Die Form paßte sich bald an, durch zweckmäßige Konstruktion der Sitze und genaues Ausbalancieren des Gerüstes wurde es möglich, eine Schnittigkeit und Eleganz zu erzielen, wie sie kein Holzboot besser aufweisen kann.

Die »Continental« nahm sich des Faltbootsports an. Sie schuf eine Gummihaut für die Boote, die allen Anforderungen entsprach. Sie war unbedingt wasserdicht, zäh, haltbar und gleichzeitig geschmeidig. Es hat sich herausgestellt, daß die »Continental-Faltboothaut« bei den oft unvermeidlichen Berührungen mit Grund, Sand, Geschiebe, Ufer und Hindernissen besser abschneidet, als das meistens ziemlich dünne Holzboot. Durch diese hervorragenden Eigenschaften der Haut wurde das Gebiet des Paddelsportes sehr erweitert, und zwar um den Bereich der ganz flachen und schmalen Flüsse, besonders aber um die Wildflüsse, die ehemals als unschiffbar galten.

Augenblicklich paßt sich die Form des Faltbootes der Gestalt des Holzkajaks an. Man ist sogar manchmal schon so weit gegangen, die Boote fast zu schmal zu bauen und den Wellenbrecher so niedrig zu machen, daß er schließlich zum Holzsüllrand wurde. Das ist für ruhige Gewässer ohne weiteres gestattet. Bei Wildwässern soll man sich allerdings mehr von der Zweckmäßigkeit als vom bestechenden Aussehen des Bootes leiten lassen. Das Faltboot hat sich heute durchgesetzt. Überall findet man es auf den Flüssen

und Gewässern, entweder einzeln oder zu mehreren, oft zu ganzen Flottillen lustig vereint. Seine Verwendungsfähigkeit ist ja überaus groß, der schmale Heidefluß und die See sind ihm offen. Reisen bis Helgoland sind schon in diesen flinken Dingern unternommen worden.

Neuerdings wird es für Forschungszwecke vorgesehen, einige Expeditionen nach Innerafrika wollen sich für schwer zugängliche Gebiete auch des Wasserweges auf den versteckten, schmalen Flüssen mittels Faltbootes bedienen.

Einen Rat im Zusammenhang hiermit: Der erfahrene Paddler verlangt beim Kauf eines Bootes, daß es mit »Continental-Faltboothaut« überspannt ist; wenn er es zum Winterschlaf zusammenlegt, soll er die Haut lose rollen, aber sie nicht knicken. Sind einmal durch scharfes Anfahren auf Glasscherben usw. kleine Schnitte entstanden, so sorge man dafür, daß sie bald gekittet werden, am besten mit Continental-Panzerkitt. Es ist gut, immer etwas derartiges Material bei sich zu haben; denn der böse Zufall läßt bekanntlich jahrelang auf sich warten und kommt dann just in dem Augenblick, wo man nicht für ihn gerüstet ist.

Die Vorteile des Faltbootes springen ins Auge. Den wichtigsten kennzeichnet schon der Name: Man kann es zusammenlegen. Das ist gleichzeitig der Grund für die große Verbreitung des Faltbootes. Man braucht nicht nah am Flusse zu wohnen, man braucht kein Bootshaus, es ist nicht notwendig, einen umständlichen Transport vorzunehmen, man ist nicht genötigt, bei einer längeren Fahrt stets am Wasser zu bleiben. Jederzeit ist es möglich, das Boot zusammenzulegen und so aus der Wasserreise eine Landwanderung zu machen und umgekehrt, während für das Holzboot immer erst eine Unterkunft oder eine Transportgelegenheit gesucht werden muß.

Man kann das zusammengelegte Faltboot einschließlich aller dazugehörigen Ausrüstungsgegenstände bequem mit in das Eisenbahnabteil nehmen und spart auf diese Weise Kosten und Zeit. Die Werften haben ein Spezialstudium daraus gemacht, die einzelnen Teile so praktisch zu gestalten, daß eine Person mit Leichtigkeit ihr Boot über längere Strecken zusammengepackt tragen kann; alles ist denkbar leicht konstruiert, ohne in der Dauerhaftigkeit zu leiden, und zu einem kleinen Paket zusammenzulegen. Allenthalben sieht man ja die Faltbootwanderer auf den Bahnhöfen.

Unsere Bilder. Kreis: Frohe Rast; Unten: Rasche Fahrt.

Erst das Faltboot ermöglicht uns ein großzügiges Wasserwandern. Man kann ohne Umstände überall paddeln, wo man will. Zur Not fährt man ein paar Stunden mit der Eisenbahn flußaufwärts oder zum nächsten Fluß. Faltbootreisen die Donau hinunter, ja bis Konstantinopel und weiter sind keine Seltenheit mehr. Im vorigen Jahre sprachen wiederholt Faltbootfahrer in der Continental vor, die noch größere Fahrten gemacht hatten und monatelang unterwegs waren. Wer sie ansah, frisch, braun, gesund, der glaubte ihnen ihre Begeisterung für diesen Sport und die Freude an ihrem Contiboot.

Die Natur läßt sich nicht mit Gewalt beobachten. Nur wer ehrfürchtig ist und sich ihr still naht, dem enthüllt sie ihre Schönheiten ganz. Heute aber wird mancher abgestoßen durch das aufdringliche Treiben vieler sogenannter »Naturliebhaber«, die in Scharen die schönsten Gegenden unsicher machen. Da ist es schon besser, man sucht abseits der gewohnten Heerstraße seinen Weg, um sich der Welt da draußen zu freuen. Was wäre dafür geeigneter als das Faltboot! Keine staubige Straße ist als Mühe vor das zu erreichende Ziel gesetzt, kein Lärm, keine Hast stört. Das Wasser ist unsere Straße, ewig wechselvoll ziehen die Ufer an uns vorüber, Wald und fruchtbare Gelände, verträumte Dörfer und rastlose Städte, idyllische Mühlen, hohe Ruinen und Bergschlösser bieten sich dem entzückten Auge dar.

Das Wasser haucht Kühlung herauf; die Lungen atmen tief die gute ozonreiche Luft; die Sonne strahlt vom Himmel hernieder und färbt die großstadtblasse Haut bald bronzen; das Blut pulst und zirkuliert lebhaft, das herrlichste Gefühl der Welt, die Empfindung kraftvoller Gesundheit durchströmt den Körper und schafft Daseinsfreude und Lebensfrohsinn. Wie schnell verschwinden Sorgen und Grillen in der sommerlichen Natur, wenn mit leisem Paddelschlag das Boot vorwärtsgleitet.

Man kann die Bequemlichkeit noch steigern. Außer den wasserdichten Wäschebeuteln und den praktischen Ausrüstungsgegenständen kann noch ein Zelt mitgenommen werden. Die getrennten Doppelpaddeln tun da plötzlich höchst nützliche Dienste zum Aufbau des Zeltes, die Fangleine des Bootes wird zur Hauptverspannung, im Augenblick steht das Zelt fertig da. Der sehr dünne Stoff ist absolut wasserdicht und selbst wenn er ein großes Zelt deckt, leicht im Boote zu verpacken und mitzunehmen. Ein Zelt für drei Personen wiegt ca. 5½ kg.

Damit aber ist man ganz unabhängig von Gasthöfen, Dörfern usw. geworden. Eine Decke über etwas Stroh, Laub, Heu oder Reisig gebreitet, darüber das Zelt, ein lustig flackerndes Feuer davor – kann man sich eine idealere Form des Naturwanderns denken?

In den lauen Sommernächten wird oft lange am Feuerchen gesessen. Der Wald rauscht dunkel, am Himmel glitzert die Sternenpracht, wie der Rauch eines fernen Geisterschiffes leuchtet die Milchstraße, und über dem Wasser liegt silbern die breite Bahn des Mondes.

Selbstverständlich wird auch gekocht und gebraten; das gehört zum Zelt und zum Feuer nun mal so dazu. Wer schon einmal einen selbstgefangenen Fisch, der nachts an die Angel ging, im eigenen Saft gebraten, am taufrischen Morgen zum Frühstück genossen hat, der stellt ein solches Mahl über alles. Und auch die übrigen einfachen Gerichte, besonders wenn sie von einer sonngebräunten Gefährtin kredenzt werden, munden ganz vortrefflich.

Und wenn man schließlich noch ein äußerstes tun will, dann ersteht man zu seinem Boot noch eine Segelbespannung. Sie ist ohne Schwierigkeiten anzubringen und läßt es ausgezeichnet zu, günstige Winde auszunutzen und die Geschwindigkeit zu erhöhen. Es ist überaus leicht, das Faltbootfahren zu erlernen. Man lasse sich von einem Freunde unterweisen oder kaufe eine der vorzüglichen Anleitungen, um sich rasch zu orientieren. Ratsam ist es aber durchaus, zunächst auf ruhigem Wasser zu üben und sich nicht gleich, im buchstäblichen Sinne des Wortes, in Schnellen und Strudel zu stürzen.

Es ist erstaunlich, wie leichtsinnig manche Faltbootfahrer sind, die kaum erst paddeln können. Ohne Kenntnis der Strömungsverhältnisse wagen sie sich selbst auf hochwasserreiche Wildflüsse. Da sind Unfälle oft unvermeidlich. Wenn es allerdings bloß das Kentern wäre, dann würde die Sache nicht schlimm sein. Die empfindlichen Sachen sind ja wasserdicht verpackt und untereinander befestigt, so daß man sie wohl wiederfischen kann, obschon reißendes Wasser sie rasch fortträgt. Wesentlicher ist, daß zu dem Leichtsinn oft noch hinzukommt, daß der Fahrer nicht schwimmen oder nur schlecht schwimmen kann. Ein Faltbootfahrer muß ein guter Schwimmer sein. Trotz Erfahrung und Vorsicht kann es schließlich jedem einmal vorkommen, daß er kentert. Wichtig ist deshalb, in ganz leichter Kleidung zu sein, ein Punkt gegen den häufig gesündigt wird. Nasse, schwere Kleider ziehen oft selbst geschickte Schwimmer herab.

Die diesem Aufsatz beigegebenen Bilderzeigen, welche Schwierigkeiten ein geübter Faltbootfahrer überwindet, wenn er sein Boot kennt und in der Gewalt hat. Mächtig lockt der schäumende Gischt, ihn wie ein Pfeil mit dem Boot zu durchfliegen; aber er warnt auch den Unkundigen, sich ihm zu früh zu vertrauen.

Oben: Durch die Widerwelle; Mitte: Lustige Flottille; Unten: Abendstimmung.

Der ultimative Faltboottisch

gesehen und für die Nachwelt festgehalten von Jutta und Jürgen Engert

Diese beiden Konstruktionen wurden im Sommer 2002 bei einer Wandergruppe aus Frankfurt (Oder) am Plauer See gesehen.

Sie sind längst nicht so wackelig wie sie auf den ersten Blick wirken. Die »Stilleben« sind authentisch und bezeugen zusammen mit deutlichen Gebrauchsspuren die Praxistauglichkeit der originellen Mitnahmemöbel.
Ein Nachbau dürfte kaum Probleme machen. Wie groß die Sperrholzplatten und die Bohrungen sein müssen und welche zusätzlichen Aussparungen noch erforderlich sind, damit sie auf Fahrt als fester Boden unten ins Boot passen, hängt von der Dicke der Paddel und vom jeweiligen Bootstyp ab.

zu den Autoren: Jutta, Bauj. 1959, Agraringenieurin, Jürgen, Bauj. 1956, Polytechniklehrer, drei gemeinsame Kinder. Beide sind wir schon in frühester Jugend am Krakower See mit dem Faltbootvirus infiziert worden. Im Winter wurde immer am Boot herumgebastelt und in den Ferien ausprobiert ob es etwas taugte. **KAYAKS:** RZ85 »WERRA« Baujahr 1967 vom Erstaufbau an in Familienbesitz! Ansonsten sei hier noch unser Delphin D140 »MUTAFO« erwähnt, den wir einige Jahre gesegelt, allerdings inzwischen abgegeben haben. Es war unbestreitbar ein Faltboot. **BES. INTERESSEN:** Faltboottechnik, Faltbootsegeln, Basteleien an Faltbooten, Basteleien an der Faltboot-Bastel-Homepage. **BES. KENNTNISSE:** Improvisationen in (scheinbar) ausweglosen Situationen.
KONTAKT via e-mail: derpoly@t-online.de
oder im Internet: www.faltbootbasteln.de

Auf Sibiriens Flüssen

von Karin Haß, Hamburg

Zwei Jahre habe ich an diesen Fluss gedacht, von seinen Wassern, der Landschaft und der Abgeschiedenheit geträumt und versucht, mir eine einigermaßen realistische Vorstellung davon zu machen. Und nun endlich stehe ich an seinem Ufer – ein sehr berührender Augenblick für mich.

Woher die Liebe und Bewunderung für Sibirien in mir stammt, weiß ich nicht. Schon 1998 zog mich dieses Land magisch an, und so paddelte ich zusammen mit vier anderen Frauen 500 km durch die Einsamkeit des mittelsibirischen Berglandes. Bereits damals war mir klar, dass ich zurückkehren wollte nach Sibirien.

Jetzt, im Juli 2003, ist aus dem Vorhaben Wirklichkeit geworden. Meine Begleiter sind dieses Mal vier Männer.

Kurt und Charly wohnen in der Nähe von München. Ich kenne sie seit längerem durch die Faltboottreffen an der Mecklenburger Seenplatte und durch die im Sommer 2001 gemeinsam durchgeführte, von Kurt organisierte Faltboottour auf Eagle, Bell und Porcupine in Kanada bzw. Alaska. Arnold kommt aus Oberösterreich und Harald wohnt am Bodensee. Beide melde-ten sich auf Anzeigen in einer Kanuzeitschrift.

Ich finde immer, dass das größte Abenteuer auf solch einer Tour die Teilnehmer sind, denn man weiß nie, wie sich der Einzelne unter den Tourbedingungen verhalten wird – sich selber manchmal eingeschlossen.

Anreise zum Fluss Tungir

Am 19. Juli flogen wir um 14 Uhr von *München* nach *Moskau* und von dort gegen Mitternacht weiter nach *Irkutsk* an der Angara nahe des Baikalsees, wo wir am nächsten Vormittag Ortszeit landeten. Mitarbeiter des von »TSA-Reisen« in Biberach beauftragten Irkutsker Reisebüros brachten uns und unser umfangreiches Gepäck ins Hotel »Angara«. Zum Schlafen war jedoch keine Zeit, denn wir mussten erst einmal alle Lebensmittel für die nächsten vier Wochen einkaufen und verpacken, da wir gegen 20 Uhr mit der TRANSSIB in Richtung Osten weiter fahren wollten. Obwohl Sonntag war, konnten wir auf einem Markt alles Erforderliche kaufen. Nach dem Einkauf hatte es den Anschein, das Gepäck hätte sich verdoppelt, und der Gedanke, wie das alles in den beiden reservierten Vierbettabteilen unterzubringen sei, machte Andrej aus Irkutsk sichtbare Sorgen. Aber irgendwie geht immer alles, so auch hier.

Über die Fahrt mit der TRANSSIB schreiben manche Leute ganze Bücher. Die Strecke von Moskau nach Wladiwostok ist mit 9300 km die längste Bahnstrecke der Welt. Acht Tage und vier Stunden ist man darauf unterwegs.

Tatam – tatam – tatam – das Geräusch der Schienenstöße stellt die ständige Begleitmusik zur vorübergleitenden Landschaft aus Wäldern, Wiesen, Flüssen, Steppe und Dörfern dar.

Nur auf dem Landweg erhält man eine Vorstellung von der unendlichen Weite dieses Landes. Russland ist das größte Land der Erde, und allein Sibirien ist so groß, dass man darin die Vereinigten Staaten von Amerika einschließlich Alaskas sowie ganz Europa, ausgenommen Russland, unterbringen könnte.

An den Haltestellen gibt es geräucherten Fisch aus dem Baikalsee zu kaufen, vor allem den ausschließlich dort vorkommenden berühmten Omul. Frauen aus der Umgebung bieten sehr leckere, hausgemachte Speisen an. Auch im Speisewagen wurden wir anständig verköstigt und ließen uns das Starkbier Marke »Baltika« munden.

Jeder Schlafwagen hat eine eigene Begleiterin. Bei ihr kauften wir für wenige Rubel hervorragend schmeckenden schwarzen Tee.

Der einzige Wermutstropfen ist die sparsame sanitäre Ausstattung, denn es gibt in den Toiletten an den Waggonenden nur jeweils ein kleines Waschbecken. Damit das Wasser läuft, muss man den Hahn nach oben gedrückt halten. Wie die tagelang reisenden Russen es schaffen, trotzdem immer sauber und gepflegt zu sein, ist mir irgendwie ein Rätsel.

Wir fuhren »nur« 1870 km von *Irkutsk* bis *Mogotscha* und kamen nach rund 33 Stunden im Morgengrauen pünktlich dort an (da sollte der Herr Mehdorn einmal hinfahren und fragen, wie das geht).

In zwei kleinen Pritschenwagen legten wir auf einer Schotterstraße noch 100 km bis zur Ortschaft *Tupik* am Fluss Tungir zurück.

Jetzt hier angekommen, essen wir zum Frühstück ziemlich salzigen, geräucherten Omul. Die beiden Fahrer trinken dazu eine ganze Flasche Wodka aus und brettern danach ohne sehenswerte Beeinträchtigungen zusammen mit Andrej zurück nach *Mogotscha*.

Start in Tupik

Wir stehen vor dem Gepäckhaufen und beginnen bei brütender Hitze, die Boote aufzubauen und das Gepäck zu verstauen. Von dem salzigen Fisch bekommen wir einen Mordsdurst, und ich muss zweimal ins Dorf gehen, um Wasser zu kaufen. War das der Trick – vielleicht hätten wir auch jeder eine halbe Flasche Wodka zum Fisch trinken sollen? Aber uns verweichlichte Westler hätte das sicher mindestens 24 Stunden außer Gefecht gesetzt.

Kinder und Jugendliche umringen uns neugierig, werden immer kecker und nehmen unsere Sachen in die Hand. Haralds freundliche Bemühungen, sie davon abzuhalten, nützen nichts. Als ein Jugendlicher versucht, einen Gegenstand mitzunehmen, ist meine Geduld zu Ende. Ich marschiere zornig mit in die Seiten gestemmten Händen auf sie zu, schreie sie an und scheuche sie auf einen Abstand von 2 Metern zurück.

Beliebt haben wir uns damit nicht gemacht, und wir befürchten, dass sie es uns heimzahlen, wenn wir in erreichbarer Entfernung campieren. Da wir an diesem Tag nicht mehr allzu weit paddeln, stellen wir mit recht unguten Gefühlen vorsichtshalber Nachtwachen auf. In der Nacht bleibt alles ruhig, aber ich bin etwas traurig über die anfängliche, bedrückende Begegnung mit den Menschen hier. Jedoch stellt sich bald heraus, dass diese unangenehme Erfahrung die absolute Ausnahme war.
»So ein Komfort-Campingstuhl mit Armlehnen hat doch was für sich«, denke ich dankbar während der Nachtwache.
Unser Erstaunen war groß, als Harald diesen besagten und in der Folge viel belästerten Stuhl aus seinem Gepäck holte. Kurt überlegte sogar, ob er den nicht aus seinen Dias heraus retuschieren müsse. Auch Haralds übrige Ausrüstung lässt nichts zu wünschen übrig. Er ruht auf einem hoch aufblasbaren Gästebett wie die Prinzessin auf der Erbse und fast jeder seiner Gegenstände sieht absolut neu und high-tech-verdächtig aus.

Erste Probleme

Auf dem Tungir ist die Strömung mäßig, so dass wir zwischen fünf bis sechs Stunden paddeln müssen, um mit 30 bis 35 Tageskilometern auch einigen Vorlauf für Ruhetage zu schaffen.
Die Probleme beginnen bereits nach dem ersten Paddeltag, denn Arnold eröffnet uns am Abend: »Ich fahre alleine weiter. Ihr seid viel zu schnell. Da habe ich mit meinem Boot doch gar keine Chance«.
Arnold fährt ein Schlauchboot von Gumotex, dessen Grundschnelligkeit sicherlich langsamer als die der Faltboote ist, das aber nach unserer Beobachtung genauso schnell ist, w e n n Arnold paddelt.
»Aber vielleicht erfordert das dann einen höheren Kraftaufwand«, denke ich.
Wir reden ihm gut zu, dass er doch s e i n Tempo paddeln solle – wir würden uns nach ihm richten, das sei kein Problem. Aber nein, er will alleine weiter paddeln. Darauf können wir uns natürlich nicht einlassen. Schließlich schlage ich vor, dass ich am nächsten Tag mit ihm das Boot tausche, und dass wir täglich reihum sein Boot paddeln würden, falls es damit wirklich anstrengender ist, vorwärts zu kommen.

Ich paddle am darauf folgenden Tag etwas langsam, jedoch ohne Anstrengung gut dreißig Kilometer in fünfeinhalb Stunden. Das sollte Arnold ebenfalls schaffen können, da er zudem noch über fünfzehn Jahre jünger ist als ich.
So sitzt an den Folgetagen jeder wieder in seinem eigenen Boot. Mein breiter, russischer Zweier-Dampfer, Typ Marinka 2, ist nicht schnittig, aber wendig und kann viel Gemeinschaftsgepäck wie z.B. die Küchenausrüstung und mehr Lebensmittel transportieren als die anderen Boote, obwohl er nicht länger ist als diese. Kurt fährt in seinem Klepper Aerius I, Harald im »Nauti-

raid-Raid I« und Charly in von einem Herrn Tapper gebauten, sehr schnellen Boot. Ihn sehen wir meistens in größerer Entfernung nur von hinten.

Das Maral-Camp

Trotz des hohen und weiter steigenden Wasserstandes finden wir meistens ausgesprochen schöne Zeltmöglichkeiten auf kiesigen Ufern oder größeren Inseln mit genügend Tot- oder Treibholz für das Feuer. Einen Kocher haben wir nicht mitgenommen.

Das Wasser ist sehr klar, leicht torfig gefärbt und kalt – kein Wunder, denn hier ist Permafrostboden, der im Sommer an der Oberfläche ein bis eineinhalb Meter auftaut.

Als wir am Abend des zweiten Paddeltages am Lagerfeuer sitzend das Abendessen kochen, nähert sich eines der langen, schmalen Holzboote mit Außenborder, und wir erhalten Besuch

von drei einheimischen Jägern. Neugierig fragen wir nach ihrer Jagdbeute. Bereitwillig zeigen sie uns den Kopf eines erlegten Marals, einer Hirschart, die nur in Sibirien grenznah zu China und der Mongolei vorkommt, und schenken uns sogleich ein großes Stück Maralfleisch, das als besondere Delikatesse unser Abendessen bereichert. Zum Glück können wir uns mit zwei Messern ein wenig revanchieren.

Wir bleiben einen Tag in diesem Camp, um das Schlafdefizit der vergangenen Tage etwas auszugleichen und vor allem die Lebensmittel bootsgerechter zu verpacken.
Harald nutzt die erste gute Gelegenheit, um bisher verborgenen pyromanischen Trieben nachzugehen und eines seiner beliebten Großfeuer zu entfachen, die Haralds Ansicht nach bis zum Morgen brennen müssen.

Stromschnellen- und Wetterexperten

Auf der nächsten Tagesetappe sind laut der russischen Karte im Maßstab 1:200000 zwei Stromschnellen zu erwarten. Überhaupt sollen auf der Gesamtstrecke bis *Ust-Njuksha* nach Angabe einer russischen Bekannten insgesamt etwa sechzig Untiefen und Stromschnellen bis WW 3 vorhanden sein. Mich wundert diese Aussage sehr, weil ich das absolut nicht aus der sehr guten Karte herauslese. Trotzdem wollen wir Vorsicht walten lassen.

Kurz vor den angegebenen Stromschnellen schlagen wir unser Lager auf. Es ist bereits Nachmittag und Regen hat eingesetzt. Deshalb möchten wir die Schnellen lieber am kommenden Tag bei besserem Wetter und mit frischen Kräften befahren bzw. bei Bedarf umtragen.

Nachdem wir alles Gepäck im Boot festgezurrt haben, paddeln wir am nächsten Tag los, sehen aber leider so richtig keine Stromschnellen. Wahrscheinlich will Kurt das nicht wahr haben und kentert trotzdem. Harald meint hinterher, er hätte kurz gezögert, ob er Kurt helfen oder die Szene lieber fotografieren soll, und natürlich hätte er sich fürs Fotografieren entschieden.

Während der gesamten Tour sind weit und breit keine Schnellen oder Untiefen in der Hauptströmung anzutreffen. Ein Grund dafür könnte der durch die häufigen Regenfälle verursachte hohe Wasserstand sein.

Das Wetter ist in dieser Jahreszeit ziemlich wechselhaft und kaum vorhersehbar. Das stört unsere beiden Wetterexperten allerdings gar nicht.

Arnold ist der Experte für schlechtes Wetter. Beim ersten und bei jedem der nachfolgenden Regengüsse prophezeit er, dass es die nächsten Wochen bis zum Ende der Tour weiterregnen wird.

Charly hingegen rechnet nur mit gutem Wetter. Selbst wenn sich der Himmel unübersehbar kohlschwarz bezieht, vertritt er die feste Überzeugung, dass gleich wieder die Sonne scheinen wird. Und darum zieht er auch keine Regenjacke an. Erst, wenn er nach einer halben Stunde völlig durchnässt ist, hält er den Regen nicht mehr für eine Sinnestäuschung.

In Wirklichkeit ist es tagsüber in der Regel trocken, selbst wenn dicke Wolkenbänke am Himmel hängen. Dafür regnet es vorwiegend morgens und am frühen Abend jeweils eine halbe bis maximal anderthalb Stunden. Meistens hat der Regen aufgehört, wenn wir das Frühstück beendet haben, und noch nicht angefangen, wenn wir am Nachmittag die Zelte aufschlagen. An manchen Tagen aber knallt die Sonne den ganzen Tag vom Himmel und die Temperatur steigt auf über 30 Grad Celsius.

Sibirische Gastfreundschaft

Unterwegs passieren wir zwei Ortschaften.

Das kleine Dorf *Gulja* liegt rund 140 Kilometer unterhalb von *Tupik* und bietet von seinem hohen Ufer am Tungir einen schönen Blick auf den Fluss und die Taiga.

Srednaja Oljokma befindet sich an der Oljokma, kurz nach der Einmündung des Tungir in diese. Hier hoffe ich, die Akkus für den Camcorder aufladen zu können, denn ich kann sie nicht wie geplant mittels der Solaranlage laden, weil ich dummerweise ein bestimmtes Kabel zu Hause vergaß.

Ich frage einen Mann, ob ich meine Akkus bei ihm aufladen darf und ob wir im Dorf einige Lebensmittel kaufen können.

Danach erleben wir Fremden in diesem abgeschiedenen sibirischen Dorf eine unglaubliche Gastfreundschaft und Großzügigkeit, die mich fast zu Tränen rührt und auch irgendwie beschämt. Wir werden von dem Ehepaar sofort zum Mittagessen eingeladen, und als ich frage, ob wir ihnen denn jetzt nicht das eigene Mittagessen wegessen, winken sie nur ab und fordern uns auf zuzulangen.

In den beiden Läden, die heute am Sonntag extra für uns geöffnet werden, gibt es sehr wenig Auswahl, denn die Waren müssen per Boot über eine Entfernung von 270 Kilometern aus *Tupik* herangeschafft werden. Trotzdem verlassen wir den Ort schwer bepackt, denn von allen Seiten kommen Leute und beschenken uns mit Brot, Fleisch, Fisch, großen Gläsern Waldbeeren und Gemüse. Es ist einfach überwältigend.

Wir sind froh, unsererseits Gastgeschenke geben zu können und versprechen, ihnen die Fotos zu schicken, die Kurt auf ihren Wunsch von ihnen gemacht hat.

Wir haben uns darauf geeinigt, an einem Paddeltag maximal dreimal zwei Stunden zu paddeln. Nach jeweils zwei Stunden machen wir eine Pause, bei der ausgiebig gegessen wird. Eine Stunde nach der zweiten Pause beginnen wir mit der Lagerplatzsuche, damit wir möglichst nicht länger als sechs Stunden paddeln müssen.

Kurt und ich finden diesen Zeitplan manchmal ziemlich lästig, aber wenn sich die Pause situationsbedingt einmal verzögert oder nicht rechtzeitig ein guter Lagerplatz in Sicht kommt, ist mit einigen Teilnehmern gar nicht mehr gut Kirschen essen. Eines Abends landet Charly an einem zum Zelten äußerst schlecht geeigneten Platz und will absolut nicht weiter fahren, weil die vereinbarten sechs Stunden schon überschritten sind.

Arnold kommt immer wieder darauf zurück, dass er alleine paddeln wolle, weil wir anderen zu schnell und zu viel paddeln würden. Mit der Zeit verstärkt sich mein Verdacht, dass zwischen uns bereits seit Beginn der Planung ein großes Missverständnis herrscht. Ich hatte gesagt, dass wir im Durchschnitt täglich etwa dreiundzwanzig Kilometer paddeln müssen und damit auch »paddeln« gemeint. Arnold hatte verstanden, dass wir täglich dreiundzwanzig Kilometer zurücklegen müssen und damit offensichtlich »sich treiben lassen« gemeint, wie er das am Yukon und Teslin-River praktiziert und dabei nach seiner Aussage sechzig, achtzig und bis hundert Kilometer am Tag zurückgelegt hatte. Statt hier aber einmal zwei Stunden durchzupaddeln, macht er immer wieder Pausen, während wir ständig auf ihn warten müssen. Glücklicherweise bessert sich die Lage auf der Oljokma, welche eine zunehmend starke Strömung mit mindestens zehn Stundenkilometern aufweist, und endlich ist die Welt für Arnold wieder in Ordnung.

Unbefriedigend finde ich, dass die Arbeit im Camp häufig einseitig verteilt ist, weil durchaus nicht jeder zupackt, wenn es etwas zu tun gibt. Kurt kocht sehr häufig das Essen und ruht nicht eher, bis alle Gemeinschaftsarbeiten getan sind, während andere sich mit ihrem Privatkram beschäftigen oder während des ganzen Tages nur eine kleine Aufgabe übernehmen. Als ich nach längerer Zeit das Problem anspreche und vorschlage, die Tätigkeiten einzuteilen, meint Charly: »Wieso, es klappt doch alles«. Na, warum wohl?

Filmkulissen- und andere Camps

Die Landschaft an der Oljokma wird zunehmend einsamer und gebirgiger. Ich möchte nichts weiter, als nur noch so dahin gleiten, diese wunderbar weiche, reine Luft atmen und die Schönheit der Natur in mich aufnehmen.

Bei großartigem Wetter landen wir an einem herrlichen Sandstrand mit Blick auf das gegenüberliegende sehr hohe, malerische, felsige Steilufer – die reinste Filmkulisse. Keine Frage, hier legen wir einen Ruhetag ein.

Ausgiebig genießen wir die wundervolle Landschaft, baden in dem kalten, stark strömendem Wasser, sonnen uns, waschen Wäsche.
Kurt und ich machen Inventur und stellen fest, dass wir viel zu sparsam mit dem Essen umgegangen sind. Besonders Kurt war immer überaus haushälterisch, ganz im Gegensatz zu seinem Verhalten in der Zivilisation. Aber ab sofort darf Harald sich jeden Tag richtig satt essen! Und nunmehr ist es – rein materialmäßig gesehen – auch fast egal, wenn mir der Topf mit der soeben gekochten, leckeren italienischen Tomatensoße aus der Hand fällt und der Inhalt im Kies versickert, indessen Charly zwar ungeplant, jedoch folgerichtig, beim Abgießen die Spagetti der Tomatensoße hinterher schickt.

Jedes der nachfolgenden Camps hat seinen eigenen Reiz und Charakter.
Das wild anmutende Ufer des »Rustikal-Camps« ist geprägt von großen Gesteinsbrocken, aber vor dem Waldrand gibt es einen schmalen, kiesigen Streifen, auf dem unsere Zelte Platz finden. Das Wasser hat eine rasante Strömung, die ich auf 15 bis 18 Stundenkilometer schätze und in der Harald und ich mit viel Vergnügen herumpaddeln.

Das »Traum-Camp« legen wir an auf einer ausgedehnten Insel mit feinem Kiesstrand, die einen fantastischen Rundblick auf die umgebende, hügelreiche und mit dichter Taiga bewachsene Landschaft gewährt. Überall auf der Insel liegen große, bizarr anmutende angeschwemmte Baumleichen, teilweise übereinander getürmt. Dazwischen ruht das Auge auf weichen Sandhügeln und sich sanft wiegenden Weidenbüschen.
Da wir zwei Tage hier bleiben, lohnt sich der Bau eines großen Tipi aus drei Stämmen, um die Harald und Arnold Baumarktplane wickeln, damit der Bannockteig vor dem Regen geschützt ist. Vorher kochte das Wetter ständig mit und der Teig wurde immer dünner.

Im »Tataren-Camp« erhalten wir Besuch von drei Jägern, von denen einer sagt, er sei tatarischer Abstammung. Zu meiner Überraschung schenkt er mir zum Abschied ein schönes Rentierfell. Ich borge es Charly, dessen Luftmatratze kaputt ist, als Schlafunterlage. Feucht geworden wirkt das Fell zwar nach wie vor gut isolierend, stinkt aber erbärmlich, was sich erst nach dem Trocknen bessert.

Kurt versieht die Sohlen seiner Sandalen mit einem Belag aus silbrigem Tape und krönt damit seine tägliche Näharbeit. Er hat nämlich vor der Reise ganz tolle, preiswerte Fast-Teva-Sandalen gekauft und muss jeden Tag mit Angelsehne die Sohlen nähen, damit sie nicht auseinander fallen.

Kurts Silbersandalen werden aber noch getoppt von Charlys giftgrünen Gummiclogs, in die Charly vorne Löcher geschnitten hat, damit die Luft dort herausströmen kann, wenn er ins Wasser watet.

Der »Tatar« kann im Vergleich der Fußbekleidungen durchaus mithalten, denn er trägt zu unserer Verwunderung Hauspuschen aus kuschligem, kariertem Stoff.

Vor der Landung im »Schöne-Steine-Camp« bummle ich im Boot langsam vor mich hin und kann mich nicht satt sehen an der Landschaft. Unter mir der schnell strömende Fluss, zu beiden Seiten herrlicher, gebirgiger Taigawald und vor mir schönster Sonnenschein – was will man mehr?

Doch von hinten naht schon wieder der Nachmittagsregen, und zwar ziemlich schnell. Als ich die anderen einhole, haben sie bereits einen Lagerplatz und eine Hütte gefunden, in der wir Gewitter und Regen absitzen können, bevor wir die Zelte aufbauen.

Mit viel Wärme und Sonnenschein verwöhnt uns jedoch erneut der folgende Ruhetag, an dem wir Zeit haben, den sehenswerten Uferstreifen unterhalb der Hütte zu erforschen.

Tiefe Schleifspuren führen zu großen Gesteinsbrocken, und ich frage mich, welche enorme Kraft die Steine durch den Kies bis zu dieser Stelle befördert hat. Die Strömung hat zahlreiche Buhnen ins Ufer gegraben. Überall liegen fantastisch gemusterte Steine mit unterschiedlichsten, farbigen Einschlüssen, einer schöner als der andere. Gegenüber mündet zwischen zwei mit dichtem Taigawald bewachsenen Bergen ein glasklarer, eiskalter Bach in die Oljokma.

Die lange Insel, auf der wir am 16. August das »Sparta(nisch)-Camp« aufschlagen, zeichnet sich aus durch Kies, Kies und Kies. Das erste Mal auf der Tour ist es mühsam, genügend Feuerholz zu sammeln und einen Blickschutz für die privaten Geschäfte zu finden.

Der Blick auf den in der Ferne zu sehenden Ort *Ust-Njuksha* macht mich nicht froh, denn morgen endet dort unsere Faltboottour nach 530 Flusskilometern.

Wie gerne würde ich weiter fahren auf diesem herrlichen Fluss, der Stille lauschen, die reine Luft der Taiga atmen und die Schönheit der Natur auf mich wirken lassen. Wehmütig nehme ich an diesem Abend Abschied – und doch auch wieder nicht, denn wie vor fünf Jahren beherrscht mich der Gedanke ans Wiederkommen – das nächste Mal vielleicht allein.

Aber noch ist die Reise nicht zu Ende. Auf uns warten weitere interessante Erlebnisse wie die zweiundzwanzig stündige Fahrt mit der BAM (Baikal-Amur-Magistrale) durch eine sehenswerte Gebirgswelt, die 700 Kilometer lange Schiffstour vom Nord- zum Südende des Baikalsees und die Angara hinab nach *Irkutsk* und schließlich die Stadt *Irkutsk* selbst, bevor wir endgültig die Heimreise antreten müssen.

---

zur Autorin: Karin Hass lebt in Hamburg und arbeitet als Systemanalytikerin und Programmiererin. Kontakt via e-mail: KHassHamburg@gmx.de

Unverbesserlich altmodisch –
Plädoyer für den Faltboot-Zweier

von Otto v. Stritzky (Text) und Marja de Pree, Kelkheim (Zeichnungen)

Zwei Einer überholen uns. Fröhliches Winken und fast mitleidig: «Na, dann schrubbt man schön ...». Warum das? Nun, im Zweier, mögen sie denken, in dem dicken Pott. Und immer zusammen. Kein Vergnügen ... einige Kilometer Elbe abwärts sehen wir sie wieder. So weit auseinander, dass die Lautstärke ihrer Stimmen uns schon von Ferne aufhorchen lässt. Können sich offenbar nicht darüber einigen, ob heute auf Krautsand oder Stör aufwärts gezeltet wird. Inzwischen übernimmt das ablaufende Wasser die Entscheidung: Während »Sie« noch versucht auf der Höhe des Inselzeltplatzes zu bleiben, ist »Er« bereits so viel weiter, dass es gegen die ablaufende Tide kaum noch ein Zurück gibt. Motto: Wer zu schnell fährt, den bestraft die Geschichte – frei nach Gorbatschow.

Ähnlich einmal auf der Donau. »Er« im Faltboot-Einer voraus, »Sie« hinterher. Und dann: «Stopp, Halt, zurück, toller Zeltplatz ...» Sie schreit, steuert an Land und er kehrt um: Mühsam schaufelt er sich im mageren Kehrwasser bis zum kleinen Sandstrand zwischen Schilfwänden heran, legt erschöpft das Paddel auf den Süllrand: «Konntest Du nicht früher ...?» Na ja, das fast? übliche ...

Und schließlich, auch von unterwegs: «Hast Du noch was zu trinken?» »Sie« versucht mit ihrem Einer bei ihm längsseits zu gehen – bei dem Seegang nicht ganz einfach. Denn schließlich muss sie das Paddel zuerst lang legen, es dann zugunsten der Flasche loslassen – Ergebnis: Eine Welle packt das Boot, »Sie«, das Paddel und die Buddel begeben sich auf ´ne weite Reise flussab. Um als Flaschenpost, nach Probeschluck und Fluch des eigentlich Alkohol erwartenden Finders, weiter zu schwimmen.

Zugegeben, drei Situationen, die keinesfalls typisch fürs Paddeln im Einer sind. Wer den fährt, der weiß es besser: Solo hat viele Vorzüge: Unabhängigkeit in der Wahl von Route, Tempo und

Anstrengung, Selbstbestimmung und Individualität. Und gerade mit den beiden letzten »Symptomen« ist man ja heute in, liegt damit im Trend der modernen Zeit. Darum das Mitleid der uns überholenden Elbefahrer und ihre Gedanken zum »immer zusammen«?

Vielleicht ist das so. Vielleicht sind wir aber auch wirklich hoffnungslos altmodisch weil wir wie eh und je zusammen im Zweier fahren. Irgendwann war mal davon die Rede ihn gegen zwei Einer zu tauschen. Nicht lange jedoch. Dann obsiegte Altersstarrsinn, Konservatismus oder einfach die Macht der Gewohnheit und bewahrte uns das Boot und – ja was noch? Eine ganze Menge. Wie anders als im Zweier könnten wir uns so leise miteinander verständigen, dass der Seelöwe da am Ufer der Baja nicht vorzeitig Reißaus nimmt? Wo werden Befehle, sorry Aufforderungen, so schnell vorn, manchmal auch hinten im Boot, gehört und befolgt – anders als an Land? Und wenn wir abends den Platz für die Nacht suchen, dann zusammen: «Da drüben, da bleiben wir ...» Vorn geht »Sie« an Backbord auf voll zurück, »Er« an Steuerbord auf voll voraus, das Boot schwoit herum und schon knirscht der Sand unterm Kiel. Kein Schaufeln im Kehrwasser – es sei denn, wir haben beide gepennt und müssen dafür büßen.

Pluspunkte also für den Zweier. Manchmal bedauern wir sogar die Einerfahrer. Wenn sie getrennt ihre Boote aufbauen, getrennt hier das Zelt, dort die Verpflegung einpacken. Scheint bei uns so viel einfacher: Nur ein Boot aufzutakeln. Was heißt: In den Phasen, da es reicht, wenn einer die Stangen zusammen schiebt, Spanten einsetzt und den Süllrand einklinkt, da kann der/die andere sich um die Packsäcke kümmern, sie so füllen, dass sie bequem unters Deck passen. So auch, dass aus ihnen unterwegs

einfach das zum Vorschein kommt, was gerade gebraucht wird. Die Flasche mit Trinkbarem zum Beispiel, die sich dabei vor Gebrauch nicht auf Nimmerwiedersehen verabschiedet. Wie, wo, außer im Zweier, kann die Nr. 2 achtern in seiner selbst angemaßten Eigenschaft als »Kapitän« bei der Nr. 1 vorn, zeitweise »Smutje«, Schiffskoch ernannt, während der Fahrt einen Imbiss bestellen? Den auch gereicht bekommen?

Und dann der Start durch Brandung am Riff damals, als wir zu wenig Wasser hatten um auf der Insel »überwintern« zu können: Nr. 1 fing schon kräftig an zu paddeln während Nr. 2 achtern noch von der Kante weg anschob, um dann hopp im offenen Cockpit zu landen, Füße am Steuer, Paddel in den Händen. Gibt es den dafür genügend breiten Einstieg eigentlich im Einer?

Im Zweier gleichen sich unterschiedliche Kraftreserven der Besatzung aus. Da kann einer pausieren und der Kahn bleibt doch auf Kurs. Kein Grund, sich darüber aufzuregen, dass »Sie« mal wieder zu schnell ist, »Er« wegen seinem Fototick zurück bleibt. Selten natürlich umgekehrt.

Bisher verschwiegene Nachteile: Wenn, dann kentern beide und müssen sich gemeinsam retten. Was – schon mal ausprobiert – auch ohne im ruhigen Schwimmbecken gelernte, trainierte Methoden in rauer See funktioniert. Alltäglicher ist, dass Nr. 2 keinen freien Blick nach vorn hat. Was sich mit dem Bewusstsein die bessere Aussichtslage großzügig der Nr. 1 überlassen zu haben, kompensieren lässt. Dokumentierter Nachteil jedoch: Auf den Ferienfotos fehlt ein anderes Boot als Vordergrund für die sonst zuweilen langweilige Kulisse. Das wiederum könnte ein Grund dafür sein, nicht allein zu zweit zu fahren. Und man hockt halt immer zusammen. Problem? Bei uns nicht ...

Irgendwo mal gelesen, dass das Wandern im Faltboot- Zweier Einigkeit voraussetze. Einigkeit darüber, dass Nr. 1 die Schlagzahl vorgibt, dass Nr. 2 derselben folgt. Auch, dass Nr. 2 als Steuermann den Kurs bestimmt. Richtig wohl soweit. Da aber Nr. 1 besser als er sieht, was vor dem Bug an Unheil droht, riskiert er zumindest verbalen Ärger, wenn nicht Sachbeschädigung, falls er den Weisungen von vorn nicht schnellstens folgt. Womit seine Rolle als »Kapitän« dann doch wieder in Frage gestellt bzw. aufs normale Miteinander zurück gestutzt wird. Und dann stand da in dem gelesenen Text noch: Klarheit über die Rollenverteilung, Flexibilität beim Ändern derselben, Verzicht auf Prestige und Einigung aufs Wichtige seien im Zweier unumgänglich.

Etwas hochgestochen formuliert. Denn gemeint sind doch nur Zusammenhänge, wie sie das Leben zu zweit auch an Land täglich bietet, bzw. fordert. Auch bei denen, die in ihren Einern unterwegs sind? Dumme Frage. Während für sie aber eher das Wort eines Strategen zutrifft, der vom »getrennt marschieren und vereint schlagen« sprach, bleiben wir, unverbesserlich altmodisch, weiterhin beim

»Wir sitzen im selben Boot ...«.

---

zu den Autoren: Otto v. Stritzky und Marja de Pree sind seit Jahrzehnten mit ihrem Klepper Aerius Zweier unterwegs auf (fast) allen Gewässern dieser Erde und haben im Laufe der Zeit – und im eigenen Verlag – viele informative Reisebücher über Ihre Reisen veröffentlicht. Von Ihnen stammt auch DAS Standardwerk für alle Paddler »Paddel-Handbuch. Wandern auf Salz- und Süßwasser«. Weitere Informationen über die bisher erschienen Bücher gibt es im Internet unter www.paddel-buecher.de
Kontakt via e-mail: stritzky-verlag@gmx.de

Mit dem *TAIMEN 3* im Ostlitauischen Seenlabyrinth

von Ulf Höhne, Ilmenau

Unsere erste Bekanntschaft mit einem Taimen-Faltboot machten wir 1987 in Litauen. Es war unsere zweite Paddeltour überhaupt nach einer Tour auf der Havel. Litauen war damals noch eine Sowjetrepublik. Und wie es in der Sowjetunion üblich war, erhielt man eine Einreisegenehmigung nur auf eine persönliche Einladung. Die Aufenthaltsgenehmigung galt nur für den angegebenen Ort. In der Glasnost-Ära Gorbatschows wurde das zwar nicht mehr so eng gesehen, aber im Ernstfall war es immer mit Risiken für die Gastgeber verbunden, wenn man illegal umher reiste. Das Risiko war aber relativ gering, wenn man in den Wäldern verschwand. Unser Ziel, die Seen des *Labanoras Forst* in Ostlitauen waren da bestens geeignet:

Vidmantas hat uns zu dieser Tour eingeladen. Am Tag vor unserer Tour leihen wir das Faltboot, ein »Taimen 3«, Schwimmwesten und ein Zelt für Vidmantas bei der Gewerkschaft aus, wo man Sportgeräte unterschiedlichster Art ausleihen kann. Aber gemeinschaftliches Eigentum wird mitunter auch nachlässig behandelt und gepflegt. Ein Blick in die Packsäcke oder besser ein Probeaufbau sind empfehlenswert. (Bei einer anderen Tour erhielten wir mal ein Boot mit total verschimmelten Baumwollverdeck – es war von den Vornutzern nass eingepackt worden.) Der Probeaufbau, kleine Reparaturen und der obligatorische Umtrunk dauern bis spät in die Nacht. Es gibt keine Karten. Die erhältlichen »Touristischen Schema« verdienen nicht einmal den Namen Skizze. Unter Paddlern kursieren von topographischen Militärkarten abgezeichnete, detailreiche Karten großen Maßstabs.

Am nächsten Morgen fährt uns ein Freund mit seinem »Lada« zur Einsatzstelle. Auf Waldwegen geht es durch den ausgedehnten *Labanoras Forst* zum *Aisetas ežeras* (ežeras/ež. – See). Die Einsatzstelle liegt an einem Zeltplatz. Zeltplatz? – ein rundes blaues Hinweisschild mitten im Wald, Zelte unter Bäumen am See, ansonsten »Natur«. Überall hört man Russisch. Das Seengebiet liegt nahe der Eisenbahnstrecke *Leningrad-Vilnius* und ist eines der »Naherholungsgebiete« der Leningrader. An den Zelten riecht es verführerisch, man kocht Waldbeeren und Pilze als Wintervorrat ein, eine beliebte wie notwendige Freizeitbeschäftigung.

Wir bauen das »Taimen 3« auf, einen Dreier sowjetischer Produktion mit Aluminiumgestänge – wir, das sind Vidmantas, meine Frau Irena und ich. Durch den gestrigen Probeaufbau erwarten uns keine Überraschungen. Auf dem langgestreckten, 16 km langen See weht uns eine frische Brise entgegen. Wir paddeln zu dritt und kommen gut voran. Auf dem See sind wir allein. Motorboote sind verboten. An dem waldbestandenen Ufer liegen weitere Zeltplätze und Angler versuchen ihr Glück. Am Abend finden wir einen einsamen, hochgelegenen und trockenen Lagerplatz mitten im Wald, was Vidmantas nicht hindert, ein kleines Lagerfeuer anzuzünden. Trotz der umgebenden Sümpfe ist die Mückenplage gering. Trinkwasser schöpfen wir aus dem See.

Am nächsten Morgen verlassen wir den *Aisetas ež*. Am Rand des *Labanoras Forst* führt die *Aiseta* »reguliert« durch das Schilf. Der Blick reicht bis auf dem Grund des hier tiefen Bachbetts, in dem die zahlreichen Fische zum Angeln locken. Bald passieren wir die weiten Schilf-Flächen des *Kiauna ež*. und verlassen dann diesen mit der *Kiauna*. Ab und zu passieren wir Einzelgehöfte, eine alte Mühle, alles in landestypischer Holzbauweise errichtet. Am Ufer stehen Holzhäuschen mit Steg, die obligatorischen Saunen auf dem Land. Nun paddeln wir durch den *Labanoras Forst*. Immer wieder versperren umgestürzte Bäume den Fluss, die sich aber meist durch- oder umfahren lassen. Nach der Eisenbahnbrücke erreichen wir *Vasiuliškė*, einige Gehöfte von Waldbauern, wo wir bei einem Bauern einen Batzen Speck für zwei Rubel kaufen. Eier und Milch sind nicht zu haben. Ohnehin haben wir die meisten Lebensmittel dabei, denn Läden gibt es in den Dörfern nicht.

Kurz danach landen wir bei einem Gehöft an. Wir wollen in das Einzugsgebiet der *Peršokšna* wechseln. Es herrscht eine drückende Hitze und wir machen bis 18.00 Uhr Pause, ehe wir das Boot und das Gepäck in mehreren Gängen durch den Wald zu dem etwa drei Kilometer entfernten *Baltas ež.* tragen. Nach dem Einsetzen paddeln wir über den in der Abendsonne glatt wie ein Spiegel liegenden See. Am Südufer finden wir einen geeigneten Lagerplatz. Es gibt Erbspüree mit gebratenem Speck und Waldpilzen.

Am Morgen begrüßt uns ein Graureiher, der nahe unseres Lagerplatzes fischt. Der trollt sich, als ein Bäuerlein mit Pferdewagen kommt und diesen, beladen mit einem Wasserfass rückwärts in den See rollt, um das Fass voll laufen zu lassen. Danach tritt wieder Ruhe ein, man möchte an diesem friedlichen Platz verweilen. Den im Schilf versteckten Abfluss aus dem See finden wir nur anhand der Karte und gelangen in einen kleinen Schilfsee (*Pastovėlis ež.*) mit prächtigen Seerosen. Es ist schwül. Die Sonne sticht vom Himmel. Durch die Luft surren große dunkelblaue Prachtlibellen und viele andere, unbekannte Insekten. Wasservögel fliegen auf.

Mit der *Baltelė* (Bach) gelangen wir in den schattigen Wald und der Wasserstand wird niedrig. Oft müssen wir im Wasser waten und das Boot ziehen. Baumstämme versperren den Bachlauf und müssen beiseite geräumt bzw. das Boot darüber hinweg gehoben werden. Wir erreichen den *Indrajai ež.* Nach kurzer Querung heißt es wieder Anlanden. Der 250 m lange Fließ zum *Ilgis ež.* ist völlig verkrautet und mit umgestürzten Bäumen versperrt. Beim Ausstieg versinke ich bis über die Knie im schwarzen Modder und sammle eine Rotte junger Blutegel ein, die ich aber erst nach der schweißtreibenden Tragestelle an den Füßen bemerke. Die Mücken sind bissig wie selten zuvor. Auch die Unmengen von Walderdbeeren und Heidelbeeren können uns nicht zum Verweilen bewegen. Wir flüchten auf den *Ilgis ež.* Nach dem Mittag folgt eine ca. 700 m lange Portage zum *Siekštys ež.* und von dort paddeln wir in den *Peršokšnas ež.* Mittlerweile ist es kühler und vor allem windig geworden, so dass die Mücken erträglich sind. Auf einer Halbinsel des *Peršokšnas ež.* steht der Burgberg von *Budriai*. Wir treffen Roxana mit ihrer Familie aus *Kiew*. Sie sind ebenfalls mit einem Taimen 3 unterwegs. Das Taimen ist ein Raumwunder – Vater, Mutter, Tochter, die Großmutter und die Ausrüstung für 4 Wochen Fahrt durchs Baltikum finden in dem Boot Platz. Sie kommen von Weißrussland und wollen noch zur Ostsee fahren.

Mit der *Peršokšna* verlassen wir den See. Zunächst müssen wir das Boot über eine zu niedrige Straßenbrücke tragen, dann mehrere über die *Peršokšna* reichenden Stege überwinden. Von dem nahen, hinterm Schilf liegenden Ort *Prūdiškė* sehen wir nichts, hören nur ab und zu ein paar Stimmen. Bald erreichen wir ein großes Schilfgebiet und arbeiten uns am Rand des Schilfes immer weiter vor, bis es nicht mehr geht. An einem Steg neben einer aus Balken errichteten Sauna legen wir an. Bei dem nahen Gehöft zelten Leute aus *Leningrad*. Sie machen uns wenig Hoffnung. Alles soll zugewachsen sein. Nach 300 m finden wir wieder freies Wasser und setzen das Boot ein. Doch bald schieben wir uns wieder mühsam durch das Schilfdickicht. Vidmantas und ich schwärmen aus und suchen einen Weiterweg. Im Mai/Juni war die *Peršokšna* noch befahrbar, jetzt haben wir es Ende Juli. Ich steige auf eine verkrüppelte Birke. Es sieht nicht gut aus – fast bis zum Horizont ein wogendes Schilfmeer. Eine Möglichkeit zum Passieren ist nicht zu erkennen. Wir beschließen, morgen zu einem nahe gelegenen See umzusetzen.

An einem Bauernhof fragen wir die Bäuerin, ob wir hier zelten dürfen. Als wir nach Wasser, Milch und Eiern fragen, werden wir von der Bäuerin zum Abendessen in die Sommerküche eingeladen. Es gibt Pellkartoffeln mit saurer Rohmilch – wie lecker frische saure Milch schmecken kann. Die traditionelle Sommerküche neben dem Bauernhaus ist eine solide Holzhütte mit einem großen, mit Holz beheizten Herd und Tisch nebst Bänken. Hier kann die Bäuerin kochen, waschen und gleichzeitig den Hof im Blick behalten. Unsere Gastgeberin wohnt hier alleine mit dem jüngsten von fünf Söhnen. Bald wird auch er das Einzelgehöft im Wald verlassen und in ein Kolchos-Dorf ziehen. Dort gibt es Arbeit, dort ist mehr los. Das Gehöft nebenan bewohnt eine 87-jährige Frau alleine. Da diese Einzelgehöfte dem sowjetischen Kollektivierungsgedanken widersprechen, werden sie wohl in nicht zu ferner Zukunft leer stehen und zerfallen. Nach dem Abendessen erkunden wir den Weg zu dem See, der uns die Weiterfahrt ermöglichen soll.

Zum Frühstück gibt es Spiegelei und als Nachtisch Fruchtsuppe mit reichlich Walderdbeeren, frische Eier erhielten wir von der 87-jährigen Nachbarin, und Erdbeeren gibt es im nahen Wald in Hülle und Fülle. Die Frau erzählt uns, dass früher auf der *Peršokšna* geflößt wurde, allerdings auch nur im Frühjahr.

Wir tragen unser Gerödel zum ca. 20 Minuten entfernten *Dumblys ež*. Das folgende »Seespringen« über *Dumblys*, *Didyzai Siaurys*, *Vainiūnai* und *Mažasai Siaurys ež*. soll uns zum Fluss *Lakaja* bringen. Kürzere und längere Portagen über Land wechseln mit Partien über die mal größeren, mal kleineren, idyllisch im Wald gelegenen Seen. Die vielen Blau- und Preiselbeeren laden immer wieder zum Sammeln ein. Als wir eine Landstraße queren, fährt gerade das Lebensmittelauto, eine Staubfahne hinter sich herziehend, vorbei. Das Auto führt nur eine geringe Auswahl an Grundnahrungsmitteln, ansonsten ist auf dem Land Selbstversorgung gefordert. Die Mückenplage ist im Kiefern-Hochwald zum Glück erträglich. Zum Schluss bringt uns eine 2,3 km lange Portage wieder in fahrbare Gewässer. Wir setzen in den *Lakaja ež.* ein. Am Ufer befinden sich zahlreiche Zeltplätze, die der Sprache nach meist von Russen genutzt werden.

Nach Überquerung des ca. 3 km langen Sees fahren wir die in weiten Bögen durch den Wald fließende, naturbelassene *Lakaja* abwärts. Große, im Wasser liegende Bäume müssen umfahren und Holzbrücken, teilweise in abenteuerlichem Zustand durchfahren werden. Graureiher fliegen vor uns hoch. Spät am Abend suchen wir einen Übernachtungsplatz. Am Steilufer finden wir einen schönen Lagerplatz unter hohen Kiefern. Wir sitzen bis drei Uhr früh am Lagerfeuer und schwatzen über »Gott und die Welt«.

Am nächsten Morgen reiht sich im Schilf endlos Mäander an Mäander. Oft versperren umgestürzte Bäume den ganzen Fluss, Paddler vor uns haben einen neuen Fahrweg im Schilf angelegt. Wir passieren die Mündung der *Peršokšna*, die wir ja eigentlich paddeln wollten. In der Ferne hinter dem Schilf sind ab und zu ein paar Gehöfte zu sehen. Endlich hören wir den Zug der Bahnlinie entlang der *Žeimena* und erreichen bald den breit und träge dahinfließenden Fluss. Es ist drückend heiß und die letzten Kilometer bis zur Bahnstation ziehen sich. Am Bahnhof in *Žeimena* haben wir nur eine Stunde Zeit zum Packen, ehe wir das Boot und unser Gepäck in den Dieseltriebwagen nach Vilnius wuchten und es uns auf den Holzbänken bequem machen.

Nachbemerkung:

Viel, sehr viel hat sich seitdem geändert. Litauen ist nunmehr ein eigenständiger Staat und tritt dieses Jahr der EU bei. Visa benötigt man nicht mehr. Man kann sich frei im Land bewegen. Die Eisenbahnstrecke St. Petersburg-Vilnius existiert noch. Ein Ticket Vilnius-St. Petersburg kostete 1999 etwa 20 Euro. Aber für die meisten Russen sind Urlaubsreisen, zudem noch ins teure Ausland, unbezahlbar. So trifft man jetzt auch kaum noch Russen an den Seen, sondern eher Polen, Dänen, Schweden, zunehmend Deutsche und natürlich Einheimische. Aber eigentlich sind es bisher immer noch sehr wenige Paddler. Das Gebiet ist als *Labanoras Regionalpark* geschützt. Es gibt gutes Kartenmaterial. Lebensmittel sind heute kein Problem mehr. Auch auf den Dörfern bekommt man in Tante-Emma-Läden alles, was man benötigt. Die Einzelgehöfte werden oft als Ferienhäuser genutzt. Und die Taimen-Boote gibt es immer noch oder eigentlich wieder – in Deutschland werden sie unter dem Namen Baikal oder Amazonas gehandelt.

Steckbrief der Route:

Aisetas ež. – Aiseta – Kiaunas ež. – Kiauna – Portage 3 km *– Baltas ež. – Ilgis ež. – Indrajai ež. –* Portage 700 m *– Šiekštys ež. – Peršokšnas ež. – Peršokšna –* Portage 500 m *– Dumblys ež. – Didžyzai Siaurys ež. – Vainiūnai ež. – Mažasai Siaurys ež. –* Portage 2,3 km *– Lakaja ež. – Lakaja – Žeimena – Žeimena* Bhf.

Zwei bekannte Touren im gleichen Gebiet sind der »Kleine Kreis« und der »Große Kreis« – beide sind als »sportliche« Touren mit zahlreichen Portagen eingestuft. Den »Kleinen Kreis« haben wir 1999 unternommen, eigentlich sollte es der »Große Kreis« werden, aber aus Zeitgründen wurde es nur ein »Kleiner«.

Der kleine Kreis:

Die nachfolgende Beschreibung folgt im wesentlichen dem litauischen Wasserwanderführer (WF) von 1982. Die Länge der Tour ist mit 86 km angegeben, 67 km Seen, Fließe, Portagen und 19 km Fluss, Dauer 4 Tage, Ausgangspunkt *Žeimenys ežeras*, Endpunkt Mündung der *Kiauna* in die *Žeimena*.

Beginnen kann man die Tour in *Palūšė* nahe Ignalina (Nationalpark-Infozentrum, sehenswerte Holzkirche). Vom *Lūšiai ežeras* (ež.) über den langgestreckten *Šakarvai ež.* gelangt man in den *Žeimenys ež.* (ca. 10 km). Von diesem zieht sich in WNW-Richtung eine Seenkette bis zum langgestreckten *Aisetas ež.*

Der Beginn am *Žeimenys ež.* ist etwas unklar. Die Karten differieren und stimmen mit dem WF nicht überein. Die auf der Karte »Aukštaitijos nacionalinis parkas 1998« empfohlene Variante über den Bach *Jaurupė* haben wir befahren. Diese ist nicht empfehlenswert. Die *Jaurupė* ist schwer zu befahren, stark mäandrierend, zugewachsen, eng und später sehr flach. Wir mussten vor der Landstraße *Kaltanėnai-Ignalina* aufgegeben und haben einen Pferdewagen organisiert, der unsere Boote zum *Prūdas ež.* brachte.

Im WF wird empfohlen, am westlichen Ende des *Žeimenys ež.* anzulanden und die Boote 500 m durch den Wald und über o.g. Landstraße zu dem *Baltys ež.* (34 ha, 0,84 km lang) zu tragen. (Hinweis: Da die Tour oft befahren wird, sind Anlandestellen, Pfade, Einsatzstellen der Portagen i.A. deutlich erkennbar, wenn auch mitunter erst, wenn man davor steht.)

Über den *Baltys ež.* an dessen Nordostufer, hier 200-m-Portage in den *Labakaršys ež.* (12 ha). *Labakaršys ež.* und *Prūdas ež.* (29 ha) trennt ein 150 m sehr flacher Fließ, durch den man die Boote ziehen muss. Im *Prūdas ež.* geht es nach Westen zum Südwest-Ende des Sees, wo eine 200-m-Portage durch den Wald und über die Straße *Kaltanėnai-Linkmenys* in den *Ūsiai ež.* folgt. Der 256 ha große See hat viele Buchten und Halbinseln, an seinem nordwestlichen Ende liegt das Örtchen *Linkmenys*. Die im Ort liegende kurze, niedrige Durchfahrt in den *Žiezdras ež.* führte bei uns sehr wenig Wasser. Die Durchfahrt befindet sich rechts des Bootssteges (oberhalb der Brücke befindet sich an der Straße ein Laden, der verschiedene Sorten Bier – auch gekühlt – führt!). Hier verlässt man den Nationalpark, in dem Zelten nur an den vorgegebenen Rastplätzen erlaubt ist.

Am Ende des *Žiezdras ež.* (57 ha, 1,9 km lang, 36 m tief) führt ein 100 m langer Fließ zum *Pakalas ež.* Die Verbindung befindet sich nicht an der Wiese, sondern etwas weiter nördlich im Schilf. Die im *Pakalas ež.* (71 ha) liegende, baumbestande Insel wird im WF als gute Zeltmöglichkeit empfohlen (haben wir nicht getestet). Nach 1,9 km erreicht man die Anlandestelle unter hohen Kiefern am nordwestlichen Ende des Sees. Die folgende 500-m-Portage führt schweißtreibend über einen ca. 20 m hohen »Berg« (*Ožnugario kalnas*), dessen nahe Kuppe eine schöne Aussicht auf die Umgebung bietet. An der Einsatzstelle in den flachen *Šventas ež.* (28 ha, 1,2 km lang) lädt ein Sandstrand mit Sprungplattform im See zur wohlverdienten Badepause ein. Ein 100 m langer sumpfiger Fließ führt in den nächsten etwas größeren See, den *Žiezdrelis ež.* (58 ha, 2,4 km lang). An dessen Südwest-Ende stehen einige Holzhäuser. Im Frühjahr ermöglicht ein Bächlein die Weiterfahrt über den *Juodenio Žiezdrelis ež.* in den *Aisetas ež.* Im Sommer 1999 war diese Verbindung völlig ausgetrocknet und wir folgten einem Pferdewagen, der unsere Boote auf dem die Bahnlinie querenden Fahrweg zum *Aisetas ež.* transportierte.

(22 km) Der 16 km lange, schmale, sich wie eine Schlange windende See (501 ha, 40 m tief) wird vom größten Wald Litauens, dem *Labanoras Forst* umgeben. Dieser See ist belebter, zahlreiche Zeltplätze liegen an seinen Ufern. Den *Aisetas ež.* befährt man nur ca. 300 m. Dann folgt man der im Schilf nach Süden fließenden *Aiseta*. Diese ist auf den nächsten 3,2 km reguliert. Nach 0,5 km wird die Brücke der Straße *Labanoras-Saldutiškis* unterquert.

(18 km) Eisenbahnbrücke der Strecke *Utena-Švenčionėliai*. Unter der Brücke befindet sich eine Rinne (Pegelmessstelle). Nach 200 m fließt die *Aiseta* in den *Kiaunas ež.* (64 ha, 2,3 km lang).

(16 km) An dem südöstlichen Ende verlässt die *Kiauna* den See und ist etwa bis zur *Pakiaunio malunas* (Mühle) reguliert.

(15 km) Das ehemalige Wehr der Mühle ist zerstört und kann leicht durchfahren werden. Die Mühle ist Architekturdenkmal. Nach einem Kilometer erreicht der Fluss das »*Kiauna* Naturschutzgebiet«. Die *Kiauna* schlängelt sich durch die Aue bzw. den *Labanoras Forst*. Mäander reiht sich an Mäander, am Prallhang schneidet die *Kiauna* das hohe Sandufer an.

(12 km) Eisenbahnbrücke der Strecke *Utena-Švenčionėliai*.

(6 km) Brücke der Straße *Labanoras-Kaltanėniai*. Kurz danach (nach dem Ort *Kūriniai*) ist die *Kiauna* kanalartig reguliert, relativ breit mit sehr geringer Fließgeschwindigkeit und stark verkrautet. (Wir sind diesen regulierten Flusslauf gefahren, ob der natürliche Lauf befahrbar ist, weiß ich nicht).

(4 km) Mündung in den *Gilūtas ež.* (30 ha, 0,92 km lang) mit flachen, sumpfigen Ufern. Die Weiterfahrt ist am Ostufer (etwa Mitte) zu finden, hier auch Rastmöglichkeit (Wiese). Weiterfahrt zum flachen *Sekluotis ež.* (23 ha, 1,1 km lang).

(0 km) Mündung in die *Žeimena* bei der Ortschaft *Šakališkė*.

Der »Große Kreis«

Bis zum *Aiseta ež.* entspricht die Route dem »Kleinen Kreis«. Der Übergang vom SW-Ende des *Aiseta ež.* zum *Stirniai ež.* erfolgt über mehrere Seen und Portagen. Nachfolgend die sinngemäße Übersetzung aus dem WF:

Vom südwestlichen Ende des *Aiseta ež.* in westsüdwestlicher Richtung, die neue Straße nach *Labanoras* überqueren, nach 150 m den kleinen *Varliukas ež.* (a) nördlich umgehen bis zur Forststraße (300 m), diesen überqueren und in etwa gleicher Richtung ca. 400 m weiter zur Forststraße *Papūgž-lynė-Alnė*, auf dieser zwischen den zwei kleinen Seen (b + c) zum nördlichen Ufer des *Strikas ež.* (23,4 ha, 1,35 km lang). Vom südwestlichen Ufer des *Strikas ež.* hügelige Portage über 600 m zum *Samavas ež.* Den auf dem Wege liegenden kleinen See am nordwestlichen Ufer umgehen. Vom *Samavas ež.* (19 ha, 0,9 km lang) führt ein flacher Fließ (0,5 km) über den *Galnakis I ež.* und *Galnakis II ež.* zum *Stirniai ež.* (862 ha, 9 km lang, 34 m tief) mit mehreren großen Inseln und Halbinseln.

Bei dieser interessanteren (die Waldseen sollen sich durch Artenreichtum und Schönheit auszeichnen), aber schweißtreibenden Variante, müssen die Boote über 2 km getragen und etwa 0,5 km durch flache Fließe gezogen werden.

Als leichtere Variante wird der Bootstransport mit Pferdewagen direkt zum *Stirniai ež.* empfohlen (4,5 km). Einen Pferdewagen soll man bei den Waldarbeitern in *Alnė* oder *Žwaigždžaikalnis* ordern können. Auf der Straße passiert man den schönen *Alnis ež.* (110 ha, 3,9 km lang) – dieser ist über einen sehr engen, flachen und verwachsenen Fließ mit dem *Aisetas ež.* verbunden, der für Boote nicht passierbar ist.

Der weitere Weg ergibt sich aus der Karte: *Stirniai ež.* – *Stirnė* – *Tramys I ež.* – *Tramio upelis* – *Tramys II ež.* – *Stirnė* – *Baltieji Lakajai ež.* – *Juodieji Lakajai ež.* – *Lakaja* – *Aldikis ež.* – *Lakaja* – *Lakaja ež.* – *Lakaja* – *Žeimena*.

Kurze Übersicht: Paddeln in Litauen

Der große Strom Litauens, der »Vater der Ströme« ist der *Nemunas* (dt. *Memel*), der 45 km südlich von *Minsk* in Weißrussland entspringt und dort *Neman* genannt wird. Im litauischen Wasserwanderführer von 1982 ist der *Nemunas* mit 928 km befahrbarer Länge angegeben (in Litauen ca. 450 km). Der zweite große Fluss Litauens, die *Neris* mit etwas über 500 km Länge, kommt ebenfalls aus Weißrussland, durchquert *Vilnius* und mündet in *Kaunas* in den *Nemunas*.

Viel interessanter sind die Nebenflüsse, mit den 3.500 bis 4.000 großen und kleineren Seen, von denen 80 % in Ostlitauen, u.a. in der Hochebene von *Aukštaitija* liegen. Die Seen sind meistens glazialen Ursprungs, sie sind lang, schmal, gewunden, tief und weisen oft hohe Ufer auf. Zu nennen sind z.B. die Seen von *Zarasai/Dūkštas*, das Seengebiet des *Aukštaitija Nationalparks* oder die Seen des *Labanoras Forstes/Molėtai*. Nicht umsonst nennt sich das Gebiet auch »Ostlitauisches Seenlabyrinth«. Neben den Seen gibt es auch kleine Flüsse. Zu empfehlen sind z.B. die *Ula* (Nationalpark) und die *Visinčia* (ab *Šalčininkiai*)/*Šalčia*/*Merkys* in *Dzūkija*, die sich durch ausgedehnte Wälder und Sümpfe schlängeln, die *Dubysa* westlich von *Kaunas* oder die *Minija* und die in die Ostsee mündende *Jūra* in *Žemaitija*.

Paddeln in Litauen, das sind vor allem ruhige Seen ohne Motorbootverkehr, umgeben von Kiefern- und Mischwäldern mit reichen Blaubeer-, Walderdbeer- und Pilzbeständen, das sind Fahrten durchs Schilf, durch Sumpfgebiete mit einer reichen Flora und Fauna, das sind eine vielfältige Insektenwelt, aber je nach Jahreszeit auch unzählige Mücken und Bremsen.

Die Orientierung ist durch die Schilfbestände oft nicht einfach, so dass Orientierungsvermögen, Kompass und gutes Kartenmaterial gefordert sind. Die Bäche und kleinen Flüsse sind mitunter durch Stege und niedrige Brücken blockiert, über die das Boot gehoben, getragen oder drunter weg geschoben werden muss. Vorsicht ist nahe den Orten und Stegen geboten. Hier befinden sich eventuell schwer erkennbare Eisenstäbe im Wasser, an denen Fischreusen aufgehängt werden. Wehre sind selten, manchmal aber sind Portagen von See zu See erforderlich. Für längere Portagen sollte man den Bootstransport mit einem Pferdewagen aus einem nahen Dorf in Betracht ziehen. Umgestürzte Bäume blockieren oft Bäche und Flüsse. Meist sind hier durch Paddler bereits Durchfahrten geschaffen. Eine Säge und ein Beil können von Nutzen sein.

Schön gelegene Lagerplätze mit angelegten Feuerstellen gibt es zahlreich. Im Nationalparkgebiet dürfen nur festgelegte Lagerplätze genutzt werden. Manche Feuerstelle liegt abenteuerlich im

Wald. Führt die Tour durch ausgedehnte Sumpf- oder Schilfgebiete, sind geeignete Stellen für einen Lagerplatz mitunter schwer zu finden. Nicht alle Seen sind einsam und verlassen. Wo man mit dem Fahrzeug zum Ufer vordringen kann, zelten die Einheimischen. Man sammelt Pilze und Beeren, angelt und erholt sich, mitunter auch recht laut.

Litauens Wälder, Seen und Flüsse sind keine Wildnis, sondern eine Kulturlandschaft, die aber viel naturbelassener als bei uns ist. Es gibt immer noch viele Einzelgehöfte. Die Gewässer sind meist im naturbelassenen Zustand. Trinkwasser haben wir beim Bauern geholt. Mitunter war es jedoch unerlässlich, Trinkwasser aus dem See oder Bach/Fluss zu entnehmen, jedoch nicht ohne zuvor die Karte zu studieren. Wir haben damit nie schlechte Erfahrung gemacht.

Karten zu den beschriebenen Touren:

- Labanoro giria turistines žemėlapis, 1:50.000, ca. 1990 – nicht mehr erhältlich.
- Labanoro regioninio parko turizmo schema, 1:73.000, Parkverwaltung 1998
- Aukštaitijos nacionalinio parko turistinė schema, 1:65.000, Parkverwaltung 1998
- Aukštaitijos nacionalinis parkas, 1:50.000, Verlag Briedis 2003, ISBN 9955-408-98-7
- Rytų lietuvos ežeru labirintas, ca. 1:130.000, Verlag Briedis ca. 1990 – gute Gewässer-Übersichtskarte – nicht mehr erhältlich
- Rytų lietuvos ežeru labirintas, 1:130.000, Verlag Briedis 2000 – Übersichtskarte

Literatur:

- Juozas Obelienius: Lietuvos TSR Vandens Turistu Keliai, Mintis Vilnius 1982, 2. Ausgabe, »Litauischer Wasserwanderführer«, in litauischer Sprache, neuere Ausgaben sind mir nicht bekannt
- Otto v. Stritzky: »Faltbootfahrt Neman-Nemunas-Memel«
  Kelkheim: Verlag Otto v. Stritzky , ISBN 3-980-8142-2-X;
  [Bericht über eine Paddeltour auf dem Neman/Nemunas durch Weißrussland und Litauen.]

Internet:

- http://www.dundak.de/litauen   *[Homepage von Dundak (alias Roland Einert): Bericht über eine Paddeltour im Dzūkia-Nationalpark/Merkys 2003]*
- http://www.gobaltic.de *[allgemeine Informationsseite zum Baltikum, u.a. Kartenangebot]*
- http://www.tourism.lt/nature/parks/Aukštaitija.html
  [Informationsseite zum Aukštaitija-Nationalpark]
- http://www.Russisches-Faltboot.de
  [Informationsseite über das Taimen, Baikal und Amazonas]
- http://www.litrail.lt/wwwEN.nsf *[Litauische Eisenbahnen]*

---

zum Autor: »waschechter Thüringer«, 48 Jahre, Dipl.-Ing., in der kommunalen Verwaltung tätig, Hobbies: Paddeln, Radfahren, Skilanglauf (Berge vor der Haustür); Bei Interesse an Kartenausschnitten und weiteren Informationen zur Region bitte melden. Kontakt via e-mail: ulf.hoehne@t-online.de

Im Einer-Faltboot von Portugal nach Tanger:

von Hannes Lindemann, Bonn

Im Schulatlas war er dick eingezeichnet, der Guadiana, der südöstlichste Fluss Portugals. Leichthin dachte ich, dann müsse er ja auch entsprechend schiffbar sein. Nichts Böses ahnend fuhr ich mit dem Zug von Lissabon in Richtung Südost zur »Ponte do Guadiana«, zwischen Beja und Serpa im Alentejo, etwa 110 km oberhalb der Mündung in den Golf von Cadiz.

Schon von weitem zeichnete sich das breite Strombett steinig ab. Aber wo war der Fluss? Zwischen Oktober und März sollte doch Regenzeit sein. Es war der 29. Dezember 1951. Besorgt stieg ich in der Station »Brücke über den Guadiana« aus und stolperte mühsam mit dem Boot über Stock und Stein an das bald erkennbare Rinnsal heran. Vereinzelt standen dort, wo Steine und Felsen Platz machten, uralte knorrige Olivenbäume.

Das Boot war schnell aufgeschlagen und sofort ging es vorsichtig flussabwärts, jedoch immer wieder mit nicht vermeidbarer Grundberührung. Nach wenigen Hundert Metern musste ich treideln, leider gab es nicht die Spur von einem Lein- oder Treidelpfad. Immer wieder stieß ich auf flache stabile Rundgebäude, die sich als Wassermühlen entpuppten, deren Inneneinrichtung zur Zeit der Araber wohl genau so aussah. Auf einer waren zwei junge Männer beschäftigt, die mich einluden, bei ihnen zu übernachten. Vorher jedoch, es herrschte noch Dämmerung, meinten sie, ich könnte sie doch auf ihrer Pirsch begleiten. Das Wild schlief wohl schon, wir entdeckten nichts.

Die flach geduckten Mühlen hatten winzige Fenster, die bei dem jährlichen Hochwasser wenig Widerstand leisten und so heil blieben. Am Morgen kam der Besitzer und lud mich zum Frühstück in sein am Hang gelegenes Haus ein. Tiere und Menschen hatten den gleichen Eingang, auf der einen Seite des Hauses lebten die Menschen nebst dem Hirtenhund, auf der anderen Schafe, Ziegen und Hühner. Wir aßen weichen Schafspeck mit hellem Landbrot und dazu schwarzen Kaffee. Unter diesen Umständen ein fürstliches Mahl. Als gegen zehn Uhr morgens die Sonne die Hügel überschritt, verabschiedete ich mich mit einem herzlichen »muito brigado« von der »Molinho dos Fagundos« und seinem Besitzer Augusto Santos.

Der Fluss veränderte sich anfangs nicht, alle paar Hundert Meter musste ich das Boot tragen oder hinter mir herziehen. Bald aber wurde der Fluß eingeengt, seine felsige Begrenzung wurde höher und steiler. Einmal mußte ich das Boot über 30 – 50 Meter hohe felsige Hindernisse tragen. Während anfangs noch hin und wieder kleine Häuser versteckt aus dem Steingewirr herauslugten, waren am Nachmittag nur Felsen zu sehen und nicht ein einziges Haus.

Aus dem Flussgrund lugten Felsspitzen scharfkantig hervor, oft waren sie jedoch nicht zu erkennen. Als ich mir das Herumtragen des Bootes um ein Wehr ersparen wollte, schrammte ich mit dem voll beladenen Boot über ein Riff hinweg. Kurz darauf drang auch schon Wasser ins Boot. Auf einer Sanddüne machte ich Halt und schlug mein Ein-Mann-Zelt auf. Am nächsten Morgen flickte ich zwei eingeritzte Löcher. Der anschließende Erkundungsgang brachte die traurige Gewissheit, dass die Weiterfahrt nicht einfacher werden würde, denn mehrere kleine Wasserfälle, eingeklemmt zwischen steile Felswände, folgten.

Als schließlich das laute Donnern des »Polo do Lobo« (Wolfssprung) zu hören war, wurde es höchste Zeit, anzulanden. Es war steinig, kein Pfad weit und breit. Kaum hatte ich jedoch das Boot zusammengelegt, da kamen »zufällig« zwei Schäfer vorbei. Sofort fragte ich sie, wie man denn am besten durch dieses Stein- und Felsmeer hindurchkommen könne. Sie schauten auf mich, auf das Gepäck und dann nahmen sie die ganze Habe in die Hände und sprangen von Fels zu Fels in Richtung Süden. Die Abenddämmerung brach ein, aber da hatten wir schon den etwa knapp 20 Meter hohen Wasserfall passiert. Sie zeigten in der Tiefe auf einen kleinen, doppelbettgroßen Sandstrand, ich dankte, gab ihnen eine Tafel Schokolade und schon hüpften sie wie Bergziegen davon. Zum Abschied warnte mich noch der ältere von beiden, Wölfe hätten ihm vor zwei Tagen hier in der Nähe ein Lamm gerissen...

Da Wölfe sich höchst selten als Klettertiere betätigen, beunruhigte mich das nicht. Unter einem Felsvorsprung schlug ich, begleitet von der einbrechenden Dunkelheit das Zelt auf, das heißt, ich deckte mich damit zu. Die Felswände strahlten noch Wärme von der Abendsonne ab. Gegenüber auf den Felsen standen in ihrer typischen geduckten Haltung einige Gänsegeier und beäugten neugierig den komischen Gast von gegenüber. Zu Beginn der Nacht heulten tatsächlich Wölfe, aber zum Glück weit entfernt. Mit einem entspannenden Gefühl des Dankes schlief ich bald ein. Es war wohl mein romantischstes Nachtlager an einem mein 31. Dezember.

In aller Frühe schleppte ich mein Gepäck hinunter an den Fluß und mittags ging die Fahrt nüt abfließender Tide – die Flut reicht 50 km bis zum Wasserfall – auf dem jetzt rasch dahinfließenden Fluss weiter.
Begrenzt von senkrechten, bizarr zerklüfteten Felswänden schlängelt sich der Fluss Richtung Atlantik. Jeder Paddelschlag hallte wie in einem Dom wider.

Lautlos glitt das Boot über die Strudel dahin, mal nach der östlichen spanischen Seite hinzeigend, mal nach der portugiesischen. Unheimlich klar hörte man das Glucksen von kleinen Bächen, die von irgendwoher in den Guadiana fielen. Kein Sterbenslaut war zu hören, keine Vogelstimme, nichts als das leise Gurgeln von strömendem Wasser, von säuselnden Wirbeln und Strudeln. Welch ein Frieden! Fast eine feierliche Stimmung. Und doch, wie schnell kann sich das in der Regenzeit ändern, weil die waldarme Gegend keine plötzlichen großen Wassermengen speichern kann. Hin und wieder weitete sich der Fluss zu kleinen Seen, so dass sich Strudel und Wirbel kaum noch abzeichneten.

Guadiana, seltsamer Fluss. Wasser des Anas (Cuad i ana) nannten die Mauren ihn. Völlig verschieden von seinem ostwärts gelegenem Bruder Guadalquivir. Er ist mit marokkanischen Flüssen vergleichbar. Am Nachmittag aber veränderte sich das Bild, die steilen Felswände wurden flacher. Vom Ufer her hörte man das Gackern von Hühnervögeln oder das aufgeschreckte Flattern von Tauben. Und dann endlich die ersten Menschen beim Ernten von Oliven, die sie mit Stöcken herunterschlugen. Mit untergehender Sonne kam die kleine Stadt *Mertola* in Sicht. An einem Kohlefrachter legte ich an, auf dem ich die Nacht verbringen durfte. Im etwas weniger verstaubten Oberdeck schlug ich mein

Lager auf, das Boot machte ich an der dem Ort zugewandten Seite fest. Und wie immer in solchen nicht ganz sicheren Situationen sensibilisierte ich mich gegen Fremdgeräusche; denn ich schlafe fest, so habe ich noch nie einen Alptraum gehabt. Dunkle wild aussehende Gestalten liefen bis spät in der Nacht auf dem Kohlefrachter herum.

Mertola zeichnet sich durch die einzige in Portugal noch erhalten gebliebene Moschee sowie malerische Befestigungsmauern aus. Einige Hauseingänge zeigten noch maurische Ornamentik und Hufeisenform.

Am späten Morgen ließ ich mich mit dem Strom treiben und erfreute mich an der ruhigen felsigen Schönheit der Flußufer. Zeit für Muße, da kamen mir die Worte des griechischen Philosophen *Epiktetos* vor die Augen, denn ab und an schaute ich in ein kleines Notizbuch, in dem ich einige Sätze zum Nachdenken eingetragen hatte: »Nur der ist frei, der so lebt, wie er es sich wünscht«. Für meine Situation ganz passend. Für mein Leben in meinen Abenteuer-Jahren konnte ich mich mit einem anderen Satz von Epiktet auch gut identifizieren, den ich allerdings für mich umgekehrt hatte: entsage und ertrage. Ihm, dem Stoiker, war das »Ertrage-und-Entsage« entscheidend. Für ein ihm wichtiges Ziel wird aber jeder Mensch auch Hardships in Kauf nehmen. Am Nachmittag machte ich in *Alkouzim* halt, wo das Faltboot einiges Aufsehen erregte, weil man einen solchen »Gummischuh« dort noch nie zu Gesicht bekommen hatte. Zwei dänische Kunstmaler, Vater und Sohn Swane, waren mir behilflich, die strengen Zollbeamten bei ihrer Jagd auf Schmuggelware zu besänftigen. *Alkouzim* liegt nämlich gegenüber einer spanischen Ortschaft. Alte Befestigungsanlagen, an die Schweineställe mit trockengeschichteten Mauern grenzten, waren das Auffällendste an dem Ort.

Am nächsten Tag ging es mit ausgehender Ebbe bis nach *Villa Real,* wo ich mich direkt bei der Polizei abmelden musste. Die jedoch fand, dass mein Visum abgelaufen war, so dass sie mich noch mit 125 Eskudos bestrafte. Das schmerzte, weil ich so wenige besaß.

Mit Wut im Leibe kämpfte ich mich bei starker Tidenströmung zum gegenüber liegenden spanischen *Ayamonte* vor, das einen besseren Eindruck machte, auch wenn ein Polizist mit seiner Nase tief in meinem Boot auf der Suche nach Zigaretten herumschnüffelte. In allen kleinen spanischen Häfen kamen damals bei meiner Ankunft sofort Guardia-Zivil-Polizisten, um das Miniboot gründlichst nach Konterbande zu untersuchen, denn in jenen Jahren war der Schmuggel von Zigarretten aus dem Freihafen Tanger in diese Gegenden sehr lukrativ.

Sogleich suchte ich die öffentliche Bibliothek auf, um mir über die Route klar zu werden.
Ein weißhaariger Herr sprach mich dort an und wollte wissen, wohin ich denn wollte. Nach Cadiz
sagte ich, aber die Route sei noch nicht endgültig. Er schlug mir vor, auf jeden Fall den Umweg über *Sevilla* zu machen. So ging es am folgenden Tag nach *Huelva*, das durch die Entdeckung Amerikas zu Berühmtheit gelangte und von dort mit dem Zug nach *Sevilla*. In der weltbekannten Giralda hörte ich, dass die Gebeine des Columbus dort lagerten. Später bekam ich das in der Hauptstadt der Dominikanischen Republik – damals Ciudad Trujillo geheißen – wieder zu hören.

Unweit vom Bahnhof, an einem toten Arm des Guadalquivir, des wasserreichsten Flusses der Iberischen Halbinsel, schlug ich das Faltboot auf. Und zwar gegenüber von Höhlen im etwa drei Meter hohen Stellufer, wo damals noch Zigeuner wohnten.

Unter großem Sachverständnis zahlreicher Kinder entstand also aus drei Gepäckstücken ein namenloses Faltboot. Wo ich denn damit hinwollte, fragten sie abschätzig. »Nach Afrika« antwortete ich, worauf großes Gejohle ertönte. Ebenso gut hätte ich auch sagen können »nach Amerika«.

Schon am frühen Nachmittag paddelte ich langsam aus der Stadt. Durch die stadtnahe Schleuse ließ man mich gebührenfrei, denn mein Boot, »das sei ja wohl ein Kinderspielzeug« meinte der diensttuende Wärter. Mein lautes zustimmendes »Claro que si« klang nicht ganz ehrlich.

Die abfließende Ebbe brachte mich schnell bis Coria del Rio, wo ich zwischen zwei großen Booten festmachte. Im Bug eines Fischerbootes schlief ich. Kälte und harte Unterlage brachten mir in der Nacht meine ersten rheumatischen Beschwerden ein. Am nächsten Tag schob mich ein kalter, aber günstiger Wind nahezu ohne Paddelschlag über EI Puntal, wo Salz in Salinen gewonnen wurde, nach San Lucar de B. und Chipiona. Dort nahm mich ein Lotsenboot sofort in Empfang. Ein Polizist durchsuchte das Boot, während ich mich mit dem Lotsen unterhielt. Er verriet mir die Adresse eines Mannes in Tanger und meinte ohne weitere Angaben, wenn ich in Not sei, solle ich mich man bei ihm melden, er könne immer helfen. Das tat ich später auch. Obwohl er Arzt war, bot er mir das Kommando über ein Schmuggler-Boot an. Das jedoch lehnte ich ab. Offenbar stand der Lotse auf der Gehaltsrolle des damaligen Schmuggel-Königs.

Gegen 04 Uhr wollte ich am nächsten Tag absegeln, aber der Wind war mir zu stark und kalt. Erst vier Stunden später, als die Sonne etwas wärmte, ging es weiter. Bei ungünstigen Winden machte das Boot viel Wasser, der Wind war eisig, so dass meine klammen Hände Mühe hatten, das Paddel fest zu halten. Handschuhe hatte ich natürlich nicht an Bord. Alle paar Minuten mußte ich die Hände ins »warme« Meerwasser von ca. 13 Grad stecken.
Völlig durchfroren landete ich im kleinen Hafen von *Rota* und wurde wieder sofort gefilzt. Von der Polizei erfuhr ich dann, dass die Fischer an diesem Morgen wegen des »Sturmes« nicht ausgelaufen wären. Meine Rheumaschmerzen waren zum Glück nicht schlimmer geworden. Wie so oft schlief ich im Bug eines Fischerbootes, dessen Besitzer ich natürlich gefragt hatte. Am folgenden Tag gelangte ich unter Segel nach Cadiz, das wie ein Amphitheater sich um den großen Hafen schmiegt und legte im Fischerei-Hafen an. In der Stadt kaufte ich Brot, Orangen und etwas Speck.

Als ich am nächsten Morgen in Richtung Tanger paddelte, empfing mich nach kurzer Zeit ein starker Wind aus dem Westen, der das kleine Boot in Richtung *Tarifa* trieb.
Gegen den Wind kam ich nicht an, so dass ich in den kleinen Hafen fuhr. Darüber war der Hafenkapitän nicht erfteut: »Dieser kleine Hafen ist zu gefährlich für Ihr Sportboot« meinte er. Die Straße von Gibraltar kann manchmal überraschend schnell gefährlich werden. Daraufliin packte ich das Faltboot zusammen und siedelte in ein kleines Hotel am Stadtatisgang in Richtung *Algeciras* um.
Sofort schlief ich ein und erwachte am Morgen durch heftiges Jucken – Wanzen. Ich sammelte sie vom Körper ab und bezahlte meine Rechnung: Zehn Peseten, Wanzen inklusive. Dann machte ich mich auf den Weg in Richtung *Algeciras*. Das Faltboot mußte ich wie eine Schubkarre auf zwei Rädern schieben. Es ging anfangs nur bergauf, so dass ich immer wieder eine Pause einlegen mußte. Keine Menschenseele begegnete nur, hin und wieder aber Autos, die infolge der miserablen Strassenverhältnisse langsam dahin schleichen mußten. Heute ist diese Gegend

grün und von Ferienwohnungen belegt, damals gab es kein Haus, keinen Baum und schon gar keine Grasflächen.

Spät am Abend suchte ich mir ein Nachtlager, konnte jedoch kein geeignetes finden. Da kam mir die Idee, in einem Drainagerohr unter der Straße zu schlafen. Gepäck und Boot hinein und zwischen beiden ich. Nein, bequem war das Lager nicht. Sofort schlief ich ein, aber dann weckte mich Wolfsgeheul. Ich redete mir ein, die sind ja weit entfernt. Aber hatte ich mich nicht gegen Fremdgeräusche sensibilisiert? An Schlaf war nicht mehr zu denken, also ging es auf die Kammhöhe in Richtung Osten und dann wurde ich belohnt mit einem unglaublich schönen Sonnenaufgang: Vor mir lag die Bucht von Algeciras, in der sich der langgezogene Felsen von Gibraltar spiegelte und dahinter die schönste Morgenröte, die die Natur zu bieten hat – aber nur für Frühaufsteher. Eine ganze Stunde konnte ich dieses Naturschauspiel aus der Höhe bewundern, Immer wieder veränderten sich die Farben von dunkelblau nach hellblau, von dunkekot nach zart rosa, von violett nach lila. Einfach herrlich. Einige Farbdias konnten nur ein schwacher Ersatz für das Farbspiel der Natur von damals sein.

Der Abstieg von den etwa 600 Meter hohen Bergen ging schnell, der Bootswagen schob mich sanft, so kam ich mittags im. Hafen von Algeciras an. Sorgsam schaute ich auf die Boote, ob da nicht irgendwo ein Besitzer zu erkennen war. So konnte ich wieder mein Nachtlager im Bug eines Fischerbootes aufschlagen, in dem man sich aber nicht ausstrecken konnte. Es war jedoch preiswert, ruhig und es gab kein Ungeziefer. An Bord konnte ich mich meist ganz waschen. Die Wäsche gab ich in eine Reinigung. Als das Wetter einmal besser wurde, wagte ich erneut einen Versuch, nach Tanger zu gelangen. Anfangs sah auch alles gut aus, dann jedoch kam wieder ein starker Westwind auf, dass ich sogar Mühe hatte, umzudrehen. Es wurde dunkel und ich hatte Schwierigkeiten in den Hafen von Gibraltar zu gelangen. Aber da kam schon ein Polizeiboot und schleppte mich zu einem eingehenden Verhör. Ein britischer Offizier versuchte zu erklären, vor dem Kriege seien deutsche Faltbootfahrer als Spione entlarvt worden, die genaue Hafen- und Verteidigungsanlagen aufgezeichnet hätten. Sie untersuchten das Boot nicht auf Schmuggelware sondern nach Fotos oder Zeichnungen. Als sie sicher waren, keinen Spion vor sich zu haben, boten sie nur an, im Gefängnis zu übernachten, das mit dem Boot leicht erreichbar war. Ich stimmte zu und meinte am Morgen zum Offizier: »So luxuriös war ich lange nicht mehr untergebracht, vielen Dank. Sie sollten ein Hotel daraus machen.« Ja, seit Lissabon hatte ich zum. ersten Mal in einem richtigen Bett schlafen können. Offenbar gab es außer mir keinen Gast. Man brachte mir sogar noch ein Frühstück. Mittags landete ich wieder im vertrauten *Algeciras*. Jeden Tag fragte ich beim Hafenkapitän nach den Wetteraussichten eu den kommenden Tag. Das Wetter war schlecht in jenem Januar 1952. Am Hafen traf ich viele junge Leute, die sich alle

um Arbeit bemühten. Deutsche waren nicht darunter. Von Französisch-Marokko wurde mir abgeraten, in *Tetuan* soll es günstiger sein. Dann lernte ich den Belgier Hugo kennen, der gerade aus Marokko kam und dort auf einer amerikanischen Airforce-Basis gearbeitet hatte. Er ermunterte mich, meine Bemühungen auf Marokko zu konzentrieren. Nebenbei sammelte ich jedoch alle Adressen von Firmen, die in Afrika Niederlassungen hatten. Dabei war mir Hugo auch späterhin aus Antwerpen noch behilflich.

Mehrere Tage regnete es, danach stürmte der Wind aus dem Westen wieder. Als der Wind endlich aufklarte und das Wetter günstig zu sein schien, glaubte ich meine Chance sei gekommen. Gegen zwei Uhr hatte ich alles verstaut, und sofort legte ich ab. Kaum hatte ich die schützende Bucht hinter mir, begann das Paddeln gegen eine mäßig starke Strömung, jedoch gegen steife Winde mit Regen vermischt. Entlang der spanischen Küste tastete ich mich von Riff zu Riff vor, bis *Tarifa* vor mir lag. Als Nothafen kam der Ort gerade recht. Es war kurz vor Mitternacht, ein Polizist war mir behilflich, das Boot an Land zu bringen. Ich war erschöpft, meine Hände wund und schrundig, ich hatte die Nase gestrichen voll. Er zeigte mir einen Bootsschuppen, in dem ich erschöpft Unterschlupf finden konnte. In der Nacht hatte es zu stürmen begonnen. Am nächsten Morgen sah ich die riesige Brandung, Boote waren im Hafen zu Bruch gegangen, das Faltboot hatten Fischer in den Schutz einer Mauer getragen – »muchas gracias«. Noch immer war überhaupt nicht an ein Auslaufen zu denken, der Sturm blockierte den gesamten Hafen.

Als an einem Morgen das Meer etwas ruhiger zu sein schien, startete ich erneut. Ein leichter Westwind hinterließ nur wenig Spuren auf dem Wirbel bildenden Wasser. Eine riesige Schule von Delphinen wollte offenbar einen Besuch im Atlantik machen, sie schnauften, sprangen, platschten, schnieften, prusteten und einer schien Asthma zu haben, sein Luftholen glich einem asthinatischen Pfeifen. Schulen von diesen kleinen Walen sind selten über 100 Tiere stark, aber diese umfaßte rund 500 Tiere. Viele schauten sich neugierig nach mir um, kein Wal aber gefährdete das Boot.

In der Mitte der Straße kam urplötzlich – wie aus dem Nichts – eine stürmische Böe auf; schlagartig erreichten die Seen eine Höhe von vier bis fünf Meter. Sie kamen aus dem Westen angerauscht – mit einem Geräusch, das man von einer starken Strömung kennt, nicht aber vom Meer. Das ganze Schauspiel machte den Eindruck, als ob jemand im Westen Riesenschleusen geöffnet hätte. Nur wenige Brecher schäumten hier und dort, aber Wirbel und aufquellendes Wasser von der Größe eines Tennisplatzes machten meinen Weg zu einem unfreiwilligen Zickzack. Ohne aufblicken zu können suchte ich verzweifelt, den Bug nach Westen zu halten. Die 15 Kilometer von *Tarifa* nach *Tanger* waren nicht das Problem, sondern die verschiedenen Strömungen: Aus dem Atlantik floß der Oberstrom ins Mittelmeer und etwas tiefer floß warmes Mittelmeerwasser in den Ozean. Daher die schwierige Situation für ein kleines Boot. Die plötzlichen Änderungen in den Wind- und Wasserverhältnissen erforderten höchste Aufmerksamkeit. Aber nach einer knappen Stunde verschwand das grandiose Schauspiel, die Seen schrumpften schnell, das Rauschen und Brausen verschwand, allein Strömung und Wirbel blieben, bis ich endlich erleichtert in die große Bucht von Tanger einlaufen konnte.

Es war Kaffeezeit, jedoch mein Magen mußte erst zur Ruhe kommen. Ich dachte an die Kajak-Angst der Eskimos, einer phobischen Reaktion, die auch »Kajak-Syndrom« genannt wird. Jetzt hatte ich viel Verständnis für diese Art der Panik-Angst, ich mochte das Faltboot nicht mehr sehen. Abstand brauchte ich, Zeit, um diese Situation zu verdauen. Das Faltboot verkaufte ich daraufhin noch am gleichen Tag an einen französischen Yachtsegler, der eine wunderschöne Ketsch im Stile eines Colin Archer (Doppelender) als Hausboot besaß. Wenig väter verscherbelte ich auch meinen Kompass an einen anderen Segler.

In einer kleinen Pension erwischte ich ein extrem einfaches, jedoch für einen anspruchlosen Solitario wunderbares Zimmer auf der Dachterrasse. Neben mir wohnten ein Italiener und seine spanische Frau. Wenn die beiden sich nicht gerade zankten, war es eine Insel der Ruhe. Die laute Stadt schien weit entfernt. Allerdings tagsüber war es warm bis heiß, morgens dagegen angenehm. Von der Dachterrasse konnte man den Hafen und die Bucht überblicken und an klaren Tagen die Silhouette der spanischen Küstenberge erkennen.

In der damals noch »Internationalen Stadt Tanger« lungerten viele Glücksritter, Gestrandete und Gesuchte hemm, aber auch Arbeit Suchende aus ganz Europa und Nordamerika trafen sich hier.
Auf dem französischen Konsulat wollte ich ein Arbeitsvisum für das damals noch französische Marokko beantragen, jedoch einmal war ich schon als Bittsteller mit der Begründung abgewiesen worden, dass Deutsche noch nicht in Marokko arbeiten könnten. Nachdem ich dann schon drei Wochen nur von Brot und einer Orange pro Tag gelebt und alle Habe von Wert bereits veräußert hatte, versuchte ich es nochmals, dieses Mal mit geänderter Strategie. Geschmückt mit meinem einzigen Schlips, die Hose in der Nacht unter dem Bettlaken frisch »geplättet«, voll auf dem »Qui-Vive« bat ich entschlossen und mit größtem zur Schau getragenem Selbstbewusstsein um eine Unterredung mit dem Genealkonsul. Die wurde mir im Gegensatz zum ersten Besuch sofort gewährt. Ich trug meinen Wunsch vor, seine klare Antwort: »Non Monsieur, das lässt sich nicht machen. Aber sagen Sie« ... und seine Augen verengten sich, als habe er mich schon ertappt, weil ich kein gültiges Visum besaß ... »wie sind Sie denn eigentlich hierher gekommen?« »Mit dem Faltboot« erwiderte ich schnell, um ihm ja keine Gelegenheit zu geben, nachzudenken. Neugierige Überraschung auf dem Gesicht meines Gegenübers: »Was? Mit einem canot pliant?« »Ja. Mit einem Einer.« Und dann erzählte er mir, dass er gleich nach dem Kriege Konsul in München gewesen wäre und dort auch ein Faltboot besaß. »Mit einem Faltboot« wiederholte er kopfschüttelnd, denn die sehr waghalsige Überquerung im kleinsten Faltboot über die unberechenbare Straße von Gibraltar erregte damals Aufsehen. »Da fühle ich mich ja verpflichtet, Ihnen als Sportkollegen behilflich zu sein.«

Und tatsächlich, ich erhielt ein Visum. Endlich. Ich konnte arbeiten. Anfangs als Laborant, dann als Arzt. Für mich war das ncht nur Glück, es wurde auch ein absoluter Wendepunkt in meinem Leben. Jedoch das ist eine andere Geschichte, die in wenigen Jahren in meiner Biographie nachzulesen sein wird.

---

zum Autor: Dr. Hannes Lindemann, 81 Jahre, überquerte 1955 den Atlantik in einem Einbaum (!) und wiederholte dieses Abenteuer 1956 in einem Klepper-Aerius (alleine und in 72 Tagen). Seit 46 Jahren lebt Dr. Lindemann als erfolgreicher Arzt und Schriftsteller in Bonn-Bad Godesberg. Sein erstes Buch »Allein über den Ozean« erschien in mehreren Verlagen, in mehreren Auflagen und in unterschiedlicher Ausstattung und ist als Ullstein Taschenbuch (ISBN: 3-548-23062-8) im Buchhandel noch erhältlich; ebenso wie die englische Ausgabe (Titel: »Alone at See«, Pollner Verlag, 2.Aufl. 1998, ISBN: 3-925660-27-5). Das letzte Buch: »Wer glaubt, lebt besser« ist in diesem Jahr – schon in der 8.Auflage – vom Goldmann Taschenbuchverlag neu aufgelegt worden .]

Pack die Badewanne ein ...

oder:

PakCanoe Falt-Canadier der Firma Pakboats

von Ralf Schönfeld, Altbach

Allgemeines und Kurzinfo
Während die »Ally« Falt-Canadier der norwegischen Firma Bergans bei uns sehr populär und weit verbreitet sind, führen die PakCanoe's der US-amerikanischen Firma Pakboats hierzulande ganz zu unrecht noch ein ziemliches Schattendasein.
Beiden Konkurrenten ist gemein, daß ihre Boote aus einer strapazierfähigen äußeren PVC-Haut bestehen (analog einer LKW-Plane), die durch ein zusammengestecktes Gerippe aus dünnen Aluminiumrohren ausgesteift ist.
Entwickelt und gebaut werden die PakCanoe's von dem Norweger Alv Elvestad in dem US-Bundesstaat New Hampshire. Alv Elvestad kann auf eine jahrzehntelange Erfahrung im Umgang mit Faltcanadiern zurückblicken. 10 Jahre lang (von 1984 bis 1994) war er Importeur der Ally's in Nordamerika, die sich dort bei zahlreichen Wildnis-Trips großer Beliebtheit erfreut haben.
Allerdings haben sich bei diesen Unternehmungen an den damaligen Ally-Modellen auch diverse Schwachstellen herauskristallisiert, und Lösungsvorschläge zur Verbesserung wurden von dem Importeur an die Herstellerfirma herangetragen. Diese fanden jedoch beim Hersteller kein Gehör. Daraufhin hat Alv Elvestad die Entscheidung getroffen, einen besseren Faltcanadier zu entwickeln und zu fertigen. Die PakCanoe's sind also nicht einfach nur Kopien des Ally-Konzeptes.

Die PakCanoe zeichnen sich im wesentlichen durch zwei Besonderheiten aus:
Eine geschlossenzellige Schaumstoffmatte auf dem Boden des Bootes, die fest mit der Außenhaut verbunden ist. Mit ca. 6 mm ist sie dünner als bei anderen Herstellern, aber dafür ist das Material des Bodens besonders robust ausgeführt. Dadurch ergibt sich ein kleineres Packmaß als bei der Konkurrenz, und der Aufbau ist durch die fixe Bodenmatte wesentlich einfacher.
Die Oberfläche der Matte selbst ist glatt, und sehr robust und reißfest ausgeführt, eine Beschädigungsgefahr besteht kaum. Im Fall des Falles wäre sie zudem problemlos zu reparieren.
Eine dickere Bodenmatte hätte den Nachteil, daß sie sich sehr negativ auf die Stabilität des Bootes auswirkt, wenn es mit Wasser gefüllt sein sollte. Der Schaum ist ja ganz unten im Boot plaziert, so daß er dann zwangsläufig unter Wasser wäre. Wegen des Auftriebs ist der Schaum aber bemüht, an die Wasseroberfläche zu gelangen. Dies würde das Boot instabil machen (Erhöhung der Kippgefahr).

An den Seitenwänden links/ rechts sind innen zwischen Außenhaut und Gestänge jeweils 3 separate Luftkammern über die gesamte Länge des Bootes angeordnet (= »Air Tubes«).
Sie sorgen für die Spannung der Bootshaut, liefern den Löwenanteil für den Auftrieb und sie dienen zusätzlich als Puffer bzw. »Stoßdämpfer«.
Das Fehlen dieser »Stoßdämpfung« an den Seitenwänden ist bei anderen Faltcanadier-Konstruktionen ein Schwachpunkt.

Bei eventuellem seitlichen Steinkontakt (»entlangschrabbeln«) ist nämlich der Abrieb an der Außenhaut genau dort relativ hoch, wo das Gestänge direkt an der Seitenwand anliegt (sehr hohe punktuelle Belastung; keine Nachgiebigkeit).
Zudem trägt dieses Konstruktionsprinzip zur Erhöhung der Sicherheit bei, da die »Air Tubes« sehr effektiv Auftrieb liefern, wenn das Boot innen mit Wasser gefüllt sein sollte (seitlich angeordneter Auftrieb stabilisiert ein Boot wirkungsvoll)

Als weitere Besonderheit sind alle Segmente der Längsstreben über eine Gummischnur verbunden (wie z.B. bei Klein-Zelten ebenfalls üblich), und nicht durch anfällige Feder-Verbindungselemente (ein weiterer Schwachpunkt bei anderen Konstruktionen).
Wie allgemein bei Faltcanadier dieser Art üblich, ist der Rumpf in sich zwar steif, aber in Längsrichtung flexibel.

Die PakCanoe-Modellreihe:
Die Falt-Canadier werden in einer Länge von 14, 15, 16 und 17 Fuß angeboten, also in Längen von 4,25/ 4,55/ 4,90 und 5,20 Metern. Die Länge in Fuß spiegelt sich auch im Namen der Boote wieder: PakCanoe 140, 150, 160 und 170. Eventuell ergänzt in naher Zukunft noch das besonders universell einsetzbare PakCanoe 165(T) die Modellpalette (5,05 Meter; sehr gut geeignet für Solo als auch Tandemeinsatz).
Die Modelle 140 und 150 sind Solo-Boote (Lieferung mit 1 Sitz), aber ggf. auch als Tandems erhältlich (= 140T und 150T; Lieferung mit 2 Sitzen).
Die 140T und 150T haben die gleiche äußere Bootshülle wie die Solo-Boote, sind aber etwas breiter und dafür etwas niedriger (Höhe Seitenwände).
Es gibt als Zubehör spezielle Umrüstsätze für diese beiden Boote (Satz Querspanten), damit sowohl die Ausführung »T« als auch »Solo« je nach Bedarf dargestellt werden kann (= Conversion Kit). Für das »165-er« ist dies ebenfalls geplant.
Als Allroundboot gut geeignet ist das PakCanoe 160. Es ist für ausgedehnte Gepäckfahrten mit 2 Personen noch geeignet, und stellt auch den Solofahrer vor keine Probleme.
Das »170-er« dagegen ist als Tandem schlechthin das »Arbeitspferd« für ausgedehnte Wildnis-Trips oder gar Expeditionen.

Durch seine Länge und Breite fasst es sehr viel Gepäck, und eignet sich durch sein Volumen auch hervorragend für seichte Flussabschnitte.
Als Solo-Boot ist es allerdings nur sehr bedingt geeignet und empfehlenswert.

Alle Boote sind in den Farben rot oder grün erhältlich, und es steht für sie eine ganze Reihe von optionalem Zubehör zur Verfügung (Kniepolster, Tragejoch, Spitzdecke mit Schürzen, ...).

Gewicht, Aufbau und Packmaß
Ein Gewicht von 24 kg für das PakCanoe170 ist für ein 17-Fuß Boot ein sehr guter Wert.
Das PakCanoe 160 bringt ca. 23 kg auf die Waage.

Die Konkurrenzprodukte mögen zwar ein paar wenige Kilos leichter sein, aber der besonders robuste Bootsboden, und die einzigartigen seitlichen Luftkammern schlagen sich in einem etwas höheren Gewicht nieder. Wegen der damit verbunden Vorteile nicht unbedingt ein Nachteil zu nennen. Der einfache, aber praktische und sehr solide Transportsack (Größe ca. 89x43x33 cm)

ist serienmäßig im Lieferumfang eines Bootes enthalten. Das ist bei anderen Herstellern bisher nicht der Fall. Bei Preisvergleichen also ggf. mit einkalkulieren, und beim Vergleich von Gewichtsangaben berücksichtigen. Dieser nimmt komplett alle zum Aufbau erforderlichen Teile, inkl. Bootshaut und zweier Sitze auf (ggf. auch noch Zubehör wie Kniepolster, Tragejoch, ...).

Beim PakCanoe 170 ergibt sich ein Packmaß von ca. 90 cm Höhe und einem Umfang von etwa 145 cm. Bei allen Ausführungen warten ca. 20 Einzelteile auf den Zusammenbau.

Außenhaut/ Bodenmatte

Zunächst wird die robuste, massiv verstärkte Außenhaut ausgebreitet. Sie besteht aus einem strapazierfähigen synthetischen Gewebe, die mit einer besonders abriebfesten PVC-Haut beschichtet ist. Die Außenhaut des Bodens ist nochmals verstärkt. Innen ist die Bootshülle im Bodenbereich fest mit geschlossenzelligem Schaum versehen, also dieser fixen Bodenmatte (u.a. Schutz vor hoher punktueller Druckbelastung durch Gestänge, effektive Isolation gegen die Kälte des Wassers, sorgt neben den »Air Tubes« für Auftrieb bei einer eventuellen Kenterung).

Der Aufbau des Bootes gelingt durch die fixierte Bodenmatte sehr einfach.

Alugestänge/ Bootsgerippe

Im gesamten müssen 9 Längstreben verbaut werden. Sie haben Farbmarkierungen um den Aufbau zu erleichtern. Zudem sind die einzelnen Segmente der Stangen über die erwähnte Gummischnur verbunden.

Zunächst werden links und rechts die Süllrandstäbe in die Kanäle der Kanuhaut eingeführt und dann miteinander verbunden (Dollbord). Weitere Längsstäbe und die Steven folgen. Schon innerhalb kurzer Zeit nimmt das Boot bereits erste Gestalt an.

Luftkanäle/ »Air Tubes«
Nun ist die Zeit gekommen, in der die Luftkanäle schon eine ihrer vielen Funktionen erfüllen. Sie werden leicht aufgeblasen, um den weiteren Aufbau zu erleichtern.
Dann werden die Querstäbe, also die Spanten eingesetzt. Sehr robuste Schnappverschlüsse bilden die Verbindung. Die Montage gelingt ohne großen Kraftaufwand. Werkzeug o.ä. ist für den Aufbau nicht erforderlich.
Nach Abschluß der Arbeiten werden die Luftkammern stärker aufgeblasen, bis sie sich hart anfühlen. Das Boot erhält damit seine entgültige Spannung.

Bootsform
Die Form des Bootes selbst ist symmetrisch, und es erhält durch die Form der Spanten einen flachen V-Boden, sowie an den Seiten etwas Tumblehome.
Sowohl der Boden als auch die Seitenwände weisen eine fast perfekte harmonische runde Form auf. Sie sind dadurch fast nicht von einem festen Canadier zu unterscheiden.

Endkappen/ Sitze/ Kniepolster
Durch Stoffkappen an Bug und Heck, sowie der Montage der Sitze wird das Boot vollends komplettiert. Ggf. werden dann noch die optional erhältlichen Kniepolster eingesetzt (= Knie-Pads; empfehlenswert). Die im Transportzustand raumsparend flach zusammengeklappte, geschäumten Sitze sind ausreichend bequem und isoliert.
Sie können an mehreren verschiedenen Stellen im Boot positioniert werden (über 2 Gurte fest mit dem Boot fixiert). Zum individuellen Trimmen des Kanus schon von großem Vorteil.
Weder mit Stiefeln, noch bei Trägern großer Schuhgrößen gibt es Platzprobleme.

Meine Beschreibung mag jetzt vielleicht nach kompliziertem Zusammenbau klingen, ist es aber absolut nicht.
Wenn man erst einmal mit der Aufbaureihenfolge und den Bauteilen vertraut ist, läßt sich dies alles ohne Mühe innerhalb von 20 bis 30 Minuten locker bewerkstelligen.

Fahreigenschaften auf Flachwasser
Bei den PakCanoe's können die Fahreigenschaften durch Verteilung des Gewichtes sehr effizient beeinflußt werden (Personen und Gepäck; Variation des Kielsprunges).
Erfordert jedoch etwas Sorgfalt und Beachtung bei der Positionierung der Sitzplätze und der Verteilung des Gepäcks (Gewicht).

Auf See- und Flachwasserpassagen (ruhige, nicht strömende Gewässer) begeistern die PakCanoe's durch ihren leichten schnellen Lauf. Die Fahreigenschaften sind mit denen eines vergleichbaren Expeditions-/ Wildnis-Canadiers mit starrem Rumpf durchaus vergleichbar (engl. Riverrunning/ Tripping-Canoes).

Mit dem superschnittigen Design und der Linienführung eines hyperschnellen »Winona«-Cruisers kann ein PakCanoe natürlich nicht konkurrieren, aber dafür würden sich diese Boote

181

im strömenden Wasser/ Wildwasser nicht annähernd so gut bewähren, sofern sie überhaupt dazu tauglich wären.

Durch Verteilung des Gepäcks über die gesamte Länge ergibt sich bei den PakCanoe's eine gerade Kiellinie. Guter Geradeauslauf und wenig Krafteinsatz für eine hohe Geschwindigkeit ist das Resultat.

Im Vergleich dazu ist das Fahrverhalten von Schlauchcanadiern äußerst zäh und windanfällig. Diese sind keine empfehlenswerte Alternative. Zudem bieten sie kaum eine Führung für einen akzeptablen Geradeauslauf.

Fahreigenschaften auf fließenden Gewässern und im Wildwasser

Auf typischen Wildnis-Flüssen wechseln sich üblicherweise Flachwasserpassagen und Stromschnellen stetig ab.

Bei solchen »gemischten« Flüssen dann einfach die schwereren Brocken des Gepäcks mehr zur Bootsmitte hin konzentrieren. Dadurch wird der Kielsprung erhöht (engl. Rocker).

Solch gemischtes Terrain ist auch auf zahlreichen Wanderflüssen in Süddeutschland und dem angrenzenden Ausland anzutreffen.

Ist in Stromschnellen ein extrem wendiges Boot mit sehr großem Kielsprung gefragt, das Gepäck inklusiv Paddlern noch mehr in die Nähe der Mitte positionieren und die Enden unbelastet lassen.

Generell sollte im Wildwasser kein Gepäck in den Bereich der Bugspitze gepackt werden, um trockenen Lauf sicherzustellen. Damit ist es auch problemlos für WW III gerüstet.

In anspruchsvolleren WW-Passagen, auch wenn mit Gepäck vollbeladenen, bewährt sich die flexible Rahmenstruktur der PakCanoe's bestens.

Vor allem wenn Bug und Heck unbelastet sind, »klettern« die Boote über die Wellen anstatt durch sie hindurchzustechen, wie dies bei starren Canadiern tendenziell der Fall wäre.

Die Wellen werden also »abgeritten«. Bei Schwallstrecken und stehenden Wellen, aber auch in Walzen und Löchern laufen die Boote daher schön trocken.

Dies ermöglicht trotz schwerbeladenen Booten eine Fahrt durch bewegteres Wasser/ Wildwasser, ohne den fahrbaren Untersatz »abzufüllen«.

Die PakCanoe's bieten daher zum Teil die positiven sicheren Eigenschaften von Schlauchcanadiern im WW, aber ohne deren ausgesprochen negativen Eigenschaften auf stehenden Gewässern.

Fazit:

Die PakCanoe erweisen sich in der Praxis um ein vielfaches robuster und widerstandsfähiger, als es das dünne Alu-Gerippe und die dünne Bootshaut zunächst vermuten lassen.

Unglaublich wie unempfindlich die Boote gegen Materialabrieb sind, wenn Steinkontakt wegen knappem Wasserstand unvermeidlich ist.

Die Boote zeichnen sich mit ihren zusätzlichen Luftschläuchen durch ein ungewöhnliches, aber in der Praxis wirklich sehr geniales und funktionierendes Konzept aus.

Sie bestechen durch zahlreiche durchdachte kleine Details, die sich erst auf den zweiten Blick zeigen, bzw. sich erst in der Dauerhaltbarkeit und Zuverlässigkeit unter Beweis stellen können.

Für Wildnis-Trips kann man sich insgesamt kaum ein geeigneteres oder besseres Boot vorstellen.

> **zum Autor:** *Ralf Schönfeld (geb. 1959; Dipl. Ing. (FH) für Fahrzeugtechnik) liebt die herbe, aber reizvolle Schönheit des Nordens, egal ob im Norden Europas oder Nordamerikas. Er ist Mitbegründer des German Open Canoe e.V. (GOC) www.g-o-c.de, und betreibt im Internet die »Canadier und GPS Info – Seite« unter www.kanadier.gps-info.de*

Liebeserklärung an ein Faltboot:

Zwei »Schlingel« auf der herbstlichen Altmühl zur Donau unterwegs

von Erich Fuchs, Schweinfurt

Es fing alles damit an, daß ich diesem alten, wettergegerbten Wanderfahrer begegnete, der trotz einer Regenwoche von *Lichtenfels* bis *Würzburg* durchhielt ...
Und das kam so: Weil ich an diesem schrecklichen Regentag im versumpften Garten nichts Rechtes anstellen konnte, außer vielleicht Reis anpflanzen, erkannte ich die Gunst der Stunde. Ich zog die Paddeljacke an, stülpte meinen Südwester auf und zog die Spritzdecke über den Süllrand. So ausgerüstet schaufelte ich los auf dem regenverhangenen Main.
Da kam er mir paddelnd entgegen. Wassertriefend, doch zünftig und wetterfest. »Du, Schlingel (der Bootsname hat inzwischen auch auf mich abgefärbt), die Altmühl mußt du unbedingt fahren – einmalig! Vor drei Wochen hatte ich dieses unvergeßliche Flußerlebnis. Das Wasser reicht aus, du kommst durch. Danach war ich noch auf der Donau, bis *Passau* hinunter ...«
Da war es um mich geschehen. Warum auch nicht? Ich tätschelte dem »Schlingel« liebevoll die nasse, alte Haut. »Hast du gehört?« Er sagte: »Du alter Knabe kannst dieses Flüßchen auch noch mit 93 ½ Jahren bewältigen. Wie wär's mit Schwarzem Regen, Inn oder Lech? Das sind wilde, männliche Flüsse!«

Erstaunt bin ich gar nicht, denn der »Schlingel« spricht häufiger mit mir. Wenn ein Boot liebevoll und kameradschaftlich behandelt wird, nimmt es geradezu menschliche Züge an. »Außerdem«, raunt er weiter, »waren wir schon dort.« »Aber das ist fast dreißig Jahre her. Ich möchte mal sehen, was sich durch den Kanalbau verändert hat.« «Ist fast alles noch genauso wie früher, nur du bist älter und schwerer geworden.« »Aber bis zu meinem 93. Geburtstag will ich nicht warten!« »Warum nicht?« »Da kann ich nicht mehr paddeln, da hab' ich Rheuma und Gicht, und alle Gelenke sind hoffnungslos abgenutzt.« »Sei still, du steuerst mich noch mit 120 Lenzen durch ferne Gewässer«, trumpft er auf. »Wenn du nicht zuvor absäufst, was ich aber unendlich bedauern würde!« So ein »Schlingel« ... »Also gut, ich bin bereit. Aber zwänge mich nicht nochmals so arg in die engen, muffigen Packsäcke. Scheußlich ...«

Jetzt stehen wir wieder einmal an der Gepäckabfertigung und noch immer ist derselbe Bahnbeamte da. »Wo geht es diesmal hin mit dem Unterseeboot?« Der »Schlingel« knirscht leise, das hört er nicht gerne.
»Zur Altmühl. Nicht Rhein, Mosel oder Weser?« »Haben wir schon mehrfach, das wissen Sie doch.« Der »Schlingel« wird gewogen und darf wie immer mit zwei Gepäckkarten reisen. Ich muß nicht auf die Waage. Bei über zwei Zentnern Lebendgewicht wäre das auch ein recht teurer Spaß geworden! Hoffentlich habe ich jetzt die verantwortlichen Herren der Bundesbahn nicht auf eine neue Idee gebracht; denn wenn's ums Geldeinnehmen geht, sind sie allemal sehr erfinderisch.

Zwei Tage später schiebe ich im strömenden Regen mein Gerümpel bei *Gunzenhausen* zur Altmühl. Die Packsäcke sind mit all den vielen Flußnamen verziert, die wir schon erlebt haben oder noch kennenlernen wollen. Alles tropfnaß! Unterwegs kaufe ich noch schnell Verpflegung. Über der Schulter baumelt die Sporttasche. Mit der linken Hand dirigiere ich mein Gefährt, und rechts schneiden mir die schweren Plastiktaschen in die Finger. Was nun, bei dieser Dauerbrause? Da wölbt sich eine uralte Bogenbrücke über die Altmühl und die angrenzende nasse Wiese. Unter der letzten Rundung, nahe dem Flüßchen, finde ich ein halbwegs trockenes Eckchen zwischen abgelagertem Unrat! Jetzt wird der »Schlingel« aus seiner mißlichen Lage befreit. Da liegt er nun, zerknittert und voller Falten. Ein Bild des Jammers! Schnell stelle ich das Zelt auf und werfe hinein, was hinein gehört. Der Kocher summt. Nach und nach setze ich das hölzerne Innenleben des »Schlingel« zusammen. Langsam wird er prall und stattlich wie immer.

Im Oktober wird es rasch dunkel. Mit Hilfe der Taschenlampe gestalte ich das Zeltinnere wohnlich. Der Regen prasselt unaufhörlich gegen die Steinbrücke und wird immer stärker. Ich genieße eine Tasse Pfefferminztee mit Bienenhonig gegen die Kälte als Schlummertrunk. Der »Schlingel« motzt: »Weit bist du heruntergekommen. Früher war dir kein schwarzer Tee oder

Bohnenkaffee stark genug. Hochprozentigen Schnaps oder dunkles Bier hast du gerne getrunken oder edlen Rebensaft. Da warst du noch ein Kerl ... Mach nur so weiter!«
Inzwischen hat sich unter dem nächsten Joch landwärts ein Landstreicher niedergelassen. Die halbe Nacht zischen Bierflaschen. Sein Dauerhusten wird von der Wölbung verstärkt wie fernes Gewittergrollen und vermischt sich mit dem Heulen des Sturmes. Dauernd tappt er herum, findet keine Ruhe.
»Hallo, Nachbar. Trinke einen heißen Kamillentee, der wird dir guttun.« Strafend blickt er mich an, als hätte ich ihn schwer beleidigt. Der »Schlingel« giftet vorwurfsvoll, nur für mich hörbar: »So weit sind wir gesunken, nächtigen schon bei Landstreichern unter Brücken. Das hatten wir noch nie!« »Halt's Maul! Das sind doch auch Menschen.«
Die Altmühl nimmt uns mit, gemächlich und bedächtig. Der Volksmund spricht von Bayerns schüchternstem Fluß.

Die Silhouette von *Gunzenhausen*, mit Spitalkirche und Färberturm, zieht im ersten Morgenlicht herbstlich nebelverschleiert an uns vorbei. Der »Schlingel« gekränkt und ärgerlich: »Du immer mit deinen weiblichen Flüssen: Die Altmühl, die Donau ... Alter Gauner! Da willst du doch hin.«
»Na ja, ein Jüngling bin ich wirklich nicht mehr, aber begeistern kann ich mich noch wie damals. Und wenn du nicht aufhörst, mich andauernd zu kritisieren, mache ich aus dir auch eine ›Sie‹. Dann heißt Du eben Susi, Püppi oder Evi!« Das sitzt haarscharf! Beim Wehr umtragen über eine morastige Wiese. Erste Sonnenstrahlen lugen sternförmig aus den Uferweiden und überwinden Dunst und Nebel. Ausgelassen treibe ich den »Schlingel« vorwärts auf der schmalen Altmühl; noch ein reizendes Wiesenflüßchen. Die milde Herbstsonne verzaubert das Land. Direkt vor mir ein Eisvogelpärchen voller Lebensfreude. Linkerhand liegt *Unterasbach* mit seiner weit ins Land schauenden Kirche St. Michael am Hang. Wir paddeln vorbei an *Windsfeld* durch eine weite Wiesenlandschaft. Im Süden nähern sich die steilen Hänge des Hahnenkamms. Von *Bubenheim* haben wir einen herrlichen Blick auf den Nagelberg. Immer wieder erfreuen uns die seltenen Eisvögel. Ich wandere hinüber zum Karlsgraben (Fossa Carolina). Schon 793 wollte Karl der Große zwischen Rhein und Donau eine Verbindung schaffen. Heute kümmerliche Reste!

Gegen Mittag habe ich bereits acht Eisvogelpaare gezählt. Ihr buntes Gefieder hebt sich kontrastreich von den gelben Blättern ab. *Treuchtlingen* ist nicht mehr weit. Still paddle ich dahin. Die ganze Altmühl gehört uns, und der »Schlingel« ist schweigsam. Zwanzig Kilometer und auch *Treuchtlingen* liegen hinter uns. Beim zweiten Wehr füttert ein etwa sechsjähriges Mädchen Enten. Dann kommt noch das jüngere Schwesterchen und zuletzt die ganz Kleine mit einer Babypuppe auf dem Arm.
»Dürfen wir mitfahren?« Drei Augenpaare sehen mich erwartungsvoll an. Daß kein Platz mehr im Boot ist, lassen die Kleinen nicht gelten. »Du kannst uns doch vorn und hinten mit hineinsetzen.« »Ihr dürft doch nicht mit einem Wildfremden fortfahren. Es gibt doch ganz böse Kerle.« »Ach, Paddler sind immer gut!« Lieber Gott, was soll ich jetzt sagen? »Also, dann lauft heim und fragt den Papi; falls ich noch da bin, dürft ihr mit.« Sie rennen los. So schnell war ich noch niemals im Boot!
Schon bin ich in *Dietfurt*. Sehr seicht. Die Paddel erreichen den Grund. Wir kommen durch und sehen nach einigen Kilometern die mächtige Burgruine der Grafen von Pappenheim. Ein Wehr. Beim Umsetzen füttere ich auch Wildenten mit Brot und Kuchenresten. Später *Wehr Zimmern*.

17.00 Uhr ist es bereits, als ich nach 40 km in *Solnhofen* mein Zeltchen errichte. Gleich ist es Nacht … In der Pfanne meines Sturmkochers brate ich ein halbes Hähnchen. Einmal muß ich gut essen. Dann noch ein Lindenblütentee; jetzt ist mir warm. Ich kuschle mich in den Daunenschlafsack und bin restlos zufrieden. Träume von schönen Versteinerungen und lebendigen Urvögeln.

Früh liegt dichter Nebel über dem Flußtal, als wolle es seine Geheimnisse verbergen. Die Felsen der Zwölf Apostel im Dunst. Ich mühe mich ab, ein brauchbares Foto zu erhaschen. Versuche alle Kunststücke. Neige mich aber zu weit nach links, wo der Wasserkanister liegt. Da verfängt sich der »Schlingel« hinten im Ufergestrüpp, und die leichte Strömung will mich umdrücken. Der »Schlingel« mit seiner Haßliebe will sich rächen! Aber die Schande, ausgerechnet in der Altmühl zu kentern, hätte ich niemals überwunden! Darauf der »Schlingel« kleinlaut: »Du immer mit deiner Vorsicht und Umtragerei; ich bin doch kein rohes Ei!« »O je, die Eier sind sicher ausgelaufen, es wird so pappfeucht im Rücken …« »Lenke nicht ab!« Und rotzfrech: »Mit deinen garstigen Kunststoffbooten, da machst du alles und fährst auch Wehre!«

Also jage ich ihn bei der Hammermühle die Bootsrutsche in der Mitte hinunter. Geht's schief, ist es halt das Ende vom »Schlingelfaltboot«. Im Unterwasser hohe Wellenbuckel. Steine schleudern uns nach rechts und links … Herbstliche Wälder, herbstliche Landschaft, Lebensherbst …

Bei *Hagenacker*, ein ähnliches Wehr, habe ich sowas aber nicht mehr gemacht, obwohl die gute alte Haut nur leichte Schrammen abbekam und der gebrochene Stab schon angeknackst war. Da kommt Fritz, ein alter TID-Kamerad (Tour International Danubien) mit seiner Frau im geräumigen Kanadier daher. Große Freude – alte Erinnerungen werden wach. Plötzlich ist auch die Sonne da. Immer wieder »Weißt du noch, …?« »Wohnst du noch in *Altenmuhr*?« »Ja, jetzt heißt es *Muhr am See*, und man kann darauf paddeln.«

Dollnstein – Abschied. Fritz hat immer den besten Salat aus Schafskäse, Zwiebeln, Tomaten, Paprika und anderen geheimen Zutaten gemacht. Und erst seine Fischsuppe … Oh!
Bubenrother Mühle. Beim Umtragen gönne ich mir erstmal ein Honigbrot und schlürfe die Reste der zerschepperten Eier.

So gestärkt fahren wir volle Kraft voraus. Nach der Straßenbrücke von *Breitenfurt* Grundberührung. Dieser Ort macht seinem Namen alle Ehre. So könnten die mittelalterlichen Furten ausgesehen haben, also seichte Flußübergänge. Jetzt sitzen wir ganz fest. Kein Schaukeln, kein Kraftakt mit dem Paddel macht uns flott. Da hilft nur, Schuhe und Socken auszuziehen, Hosenbeine hochkrempeln und Wasser treten im eiskalten Naß. Nach 20 Metern kann ich wieder einsteigen. Beine abtrocknen und Socken und Schuhe anziehen ist im engen Boot wirklich ein Kunststück. Dabei treibe ich schon wieder auf eine seichte Stelle zu. Aber für heute reicht's! Erst in *Obereichstätt* fühle ich wieder meine Füße, und in *Wasserzell* sind sie einigermaßen warm. Beim *Rebdorfer Wehr* reibe ich sie mit Spiritus ein. Das Laufen tut gut.

Da wächst die Willibaldsburg in den blauen Oktoberhimmel. Vor und nach *Eichstätt* Wehre. Früher Nachmittag, aber 10 km möchte ich noch schaffen. 16.30 Uhr – nach der schönen, alten Brücke von *Pfünz* Schwall und Steine. Mich haut's fast aus dem »Schlingel«. Bei *Inching* geistern schon Nebelfetzen über das Wasser, und als ich die Brunnmühle erreiche, dunkelt es bereits. Beim *Waltinger Wehr* wird es Nacht. Aus den Wiesen steigen weiße Nebel. Hinter uns liegen nochmals 40 km Altmühl, von acht Wehren unterbrochen.

Heute kommen wir nicht mehr weiter. Mit der Taschenlampe in der Hand errichte ich blitzschnell meine Behausung auf einem brennesselbestandenen Plätzchen. Ein echter Abenteuerzeltplatz!
Bleich dämmert der Morgen des dritten Tages. Um 7.00 Uhr schon in voller Fahrt ... *Risshofen*, *Pfalzpaint*, *Gungolding* – die Ortsnamen stehen meist an Brücken. Rechts mündet der Schambach. Gute Strömung. Um 10.00 Uhr habe ich schon 15 km heruntergepaddelt und gehe in *Kipfenberg* an Land. So bequem der Ausstieg am Zeltplatz ist, so primitiv und abenteuerlich ist der öffentliche Ausstieg. Seicht, Steine, Wasser in den Schuhen ... Vielleicht will man hier keine Kanuten, die sowieso nur Vorräte einkaufen, die dann den Einwohnern abgehen.

Kinding. Der Himmel färbt sich bleiern. An der Kratzmühle einzelne Regentropfen. *Beilngris*. Regenschauer. Regen bis *Kottingwörth*. Umtragen im Regen, Filmwechsel im Regen, Paddeln im Regen! Wassermännchen hüpfen herum. Da, ein rotumrandetes Schild: Achtung! Keine Durchfahrt! Nach 100 Metern aussteigen! Also gehe ich bei *Töging* an Land. Erst 14.30 Uhr und schon 40 Flußkilometer. Ich erkunde die Lage: Großbaustelle des Rhein-Main-Donau-Kanals bei *Dietfurt*. Gewaltige Erdbewegungen, kein Durchkommen. Das Altmühlwasser stürzt ein Steinbrockenwehr hinunter und wird abgeleitet.

Als das Zeltchen steht, hört der Regen auf. Nur die hohen Zitterpappeln rauschen die ganze Nacht. Anderntags in aller Herrgottsfrühe beschwerlicher Landtransport von »Schlingel« und Gepäck über lehmverschmierte Straßen im dichten Nebel. Dazu die vielen Baufahrzeuge ... Viele Stunden bewege ich mich so am äußersten Straßenrand. Endlich erreiche ich das Flußbett der Urdonau, späteren Altmühl, bis vor kurzem Ludwig-Donau-Main-Kanal und jetzigen Rhein-Main-Donau-Kanal.
Nichts ist mehr wie früher. Nur vereinzelte Altwässer erinnern an die Altmühl. 30 km langweiliger Kanal ...
Ich träume von einer Maid – jung, lieblich und verlockend schön ... »Lieber Schlingel! Ich bin deine Sehnsucht. Ich heiße Donau.« Ich hau' die Paddelblätter immer schneller ins träge, trübe Wasser des Rhein-Main-Donau-Kanals. Kann es kaum mehr erwarten, auch, wenn ich das kleinste Schiffchen hier fahre.

Endlich bin ich auf dem Strom, der mir alles bedeutet: Glück, Freude und Verlangen ...
Gegen die mächtige Strömung im Donaudurchbruch arbeiten sich beide »Schlingel« zum Kloster Weltenburg hinauf. An der Langen Wand zähle ich 65 eingelassene Ringe, an denen sich früher die Fischer bei Bergfahrt vorwärtszogen. Aber uns nutzen sie rein gar nichts ... Ein »Schlingel« stärkt sich im schattigen Klostergarten, der andere wartet geduldig auf der Geröllbank. Eine milde Herbstsonne vergoldet die Märchenlandschaft.

Endlich gehen wir mit unserer Jugendliebe auf und davon. Jagen im wilden Taumel durch die Weltenburger Enge, vorbei am Römerfelsen, an der Steinernen Kanzel, am Hohlen Stein und am Räuberfelsen, um nur einige aufzuzählen. Wir schaukeln über die Wellen der Schiffe Renate, Ludwig des Kelheimers und Maximilian II.
Lassen uns von der Donau entführen, den Regensburger Strudeln entgegen.

Wer noch mehr von Erich Fuchs und seinen »Schlingelgeschichten« lesen möchte, sollte eine Postkarte schicken an: Erich Fuchs. Wiesengasse 7. D-97424 Schweinfurt (Preis: 10.-- €)

Ferienfahrt im Eskimofaltkajak (1953)

von Lorenz Mayr, München

Wir schreiben das Jahr 1953. Wir, mein Freund Paul und ich, luden in aller Frühe, im kühlen Morgengrauen, unser Kajakgepäck, unsere »Bassgeigen«, wie es im heimatlichen *München* genannt wurde, auf das Dach eines recht hinfällig erscheinenden Omnibus hinauf. Fast direkt am Wasserrand der Bucht von *Kotor*, neben den Häusern des gleichnamigen Städtchens. *Kotor*, weit im Süden an der jugoslawischen Küste. Was machten wir hier? Wie waren wir hergekommen? Wo wollten wir hin?

Alles begann vor einem Jahr. Wir paddelten in den damals üblichen Faltbooten von 4,50 Meter Länge und 65 Zentimetern Breite mit ihren gewaltigen Süllrändern. Im Gegensatz dazu begegnete uns auf der Isar immer wieder ein sonnverbrannter, muskulöser Mann in einem Eskimokajak, der lang, schmal mit kleinem Mannloch und niedriger Seitenlinie in begeisternder Eleganz sich durch die Wellen schwang. Um es kurz zu machen: Dieser Mann, ein weitbekanntes Original unter den Münchner Schifahrern, ließ uns seinen Kajak ausprobieren, und unsere Begeisterung kannte keine Grenzen. Nach einigen umständlichen Recherchen bekamen wir Pläne vom

österreichischen Eskimoguru Herbert Slanar, die uns Franz von Alber, ebenfalls österreichischer Eskimopaddler, mit vielen Grüßen zuschickte. Denn Werftbauten dieser Boote gab es nach dem Krieg nicht mehr. Wir hatten uns also die Gerüste selbst gebaut, Herbert Köpf in *München* besorgte das Überziehen, und so sahen wir uns nach beachtlichen Mühen im Besitz von zwei wunderbaren Eskimofaltkajaks, 5,30 Meter lang, 48 Zentimeter schmal, niedrig, mit kleiner, runder Sitzluke und vor allem, mit den berückenden Eskimosteven. Es waren die sportlichsten Boote, die man zur damaligen Zeit haben konnte. Abstützen war mühelos, Konterfähren waren effektiver, Schrägwalzen berührten das schmale, tiefliegende Boot wenig, und vor allem: Der Eskimokajak war zu der Zeit das einzige Boot, das sich sicher auf jedem Wasser wieder aufrichten ließ! Während der konzentrierten Werkstattarbeit phantasierten wir, wohin uns diese Kajaks wohl bringen würden. Und plötzlich stand uns Monte Negro – wie allein schon der Name klang! – mit seinen sagenhaften Schluchtenflüssen vor Augen, über die wir nur von Büchern der Vorkriegsbefahrer eine fast märchenartige Vorstellung hatten.

Lim, Tara und Drina wurden zum ersehnten Ziel. Wobei eine Fahrt zum Balkan damals, 1953, eine fast unvorstellbare Fernreise war, von deren Ablauf vorher keiner sagen konnte, ob sie überhaupt gelingen würde, denn wir konnten über Jugoslawien kaum etwas in Erfahrung bringen, ja, es war das erste Jahr, daß Deutschen eine Einreise erlaubt wurde. Jetzt war es soweit! Wir beide hatten uns zwei Monate im Sommer freischaufeln können.

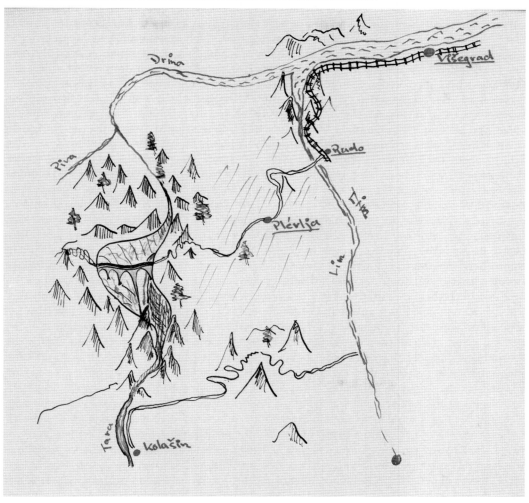

Wir hatten an den wundervollen österreichischen Flüssen Enns und steirische Salza Station gemacht, wir waren auf Möll und Drau der jugoslawischen Grenze nähergekommen, und nach kurzem Aufenthalt in *Rijeka* hatten wir auf einer glitschigen Planke den Dampfer erklommen, der uns zu guter Letzt nach *Dubrovnik* gebracht hatte. Hier nun begann unsere Fahrt in Jugoslawien. Wir bestiegen unsere Kajaks und paddelten an der wuchtigen Steilküste entlang in die Bucht von *Kotor*. Die Fahrt entlang der völlig unzugänglichen Felsenmauer bei beachtlichem Seegang prüfte uns eingehend bis auf Herz und Nieren, überraschte uns andererseits in der riesigen, alpenseeähnlichen Bucht von *Kotor* mit einer zauberhaften kleinen Insel, in deren schattigem, duftenden Klostergärtchen wir eine ruhevolle Zeltnacht hatten. In glühender Hitze hatten wir am Strand von *Kotor* die Kajaks abgebaut, des Nachts auf zwei Parkbänken selig geschlafen und nun im Morgengrauen unser Gepäck auf das Dach eines seltsamen, maroden Omnibus' verladen: Er war ungewöhnlich lang, hatte aber die Hinterachse nur wenig hinter der Mitte eingebaut, was einen weit überstehenden Hinterteil zur Folge hatte. Die Reifen waren vollkommen abgefahren, die Leinwand zog sich wie ein Gürtel rundherum. Wir hatten unseren Platz ganz hinten auf der letzten Bank gefunden, und sahen den langen, mit Menschen und Koffern und Bündeln vollgestopften Innenraum vor uns. Es gab Sitzbänke in der Fahrtrichtung, und welche, die umgekehrt standen, so daß wir vielen Leuten in das Gesicht sahen, alte Frauengesichter, die von den Kopftüchern bis zu den Augen und von den Halstüchern bis zur Nasenspitze verdeckt wurden. Braungebrannte Männergesichter, von grauen Bartstoppeln zugewachsen, die unvermeidlichen Zigaretten zwischen narbigen Lippen, dazwischen hübsche junge Frauen ohne Vermummung mit glatter Haut und lustigen Augen. Daruntergemischt kleine Kinder, Säuglinge und Hühner in Käfigen. Abfahrt. Der Wagen schaukelte sich in den Schlaglöchern der Sandstraße zu weithergeholten Schwingungen auf, die uns auf der letzten Bank bemerkenswert in die Höhe prellten und gleich darauf in magensausende Tiefen beförderten. Nach furiosem Auftakt minderte sich das Tempo stark herunter, denn der Aufstieg auf den Lovcen-Paß begann. Mühsam kurvte der Bus die beklemmend engen Kehren hinauf, und da begriffen wir, warum der Radstand so kurz gewählt war. Das Wagenheck schwenkte weit außerhalb der schmalen Straße über die abschüssigen Hänge. Dies gewährte interessante Tiefblicke, die uns dann aber aufzuregen begannen, als der Omnibus so manche Kurve nicht auf einmal nehmen konnte, sondern, oh Graus, zurückstoßen mußte, und wir von unseren Plätzen aus den Straßenrand unter uns zurückweichen sahen, und weit über den Abhang hinausgeschoben, den Blick sozusagen im freien Fall bis zu den letzten Spitzkehren hinunter schicken konnten. Dann mußte die Fuhre anhalten: Ein Reifen hatte die Luft verloren. Alle Räder wurden mit Steinen am Zurückrollen gehindert, für den Wagenheber mußte ein Steinfundament errichtet werden, damit er die notwendige Höhe hergab, dann wurde montiert. Der kaputte Reifen mit der durchgefahrenen Leinwand wurde gewechselt gegen einen anderen Reifen, dessen Leinwand auch rundherum zu sehen war. Inzwischen kam die Sonne über die Berge des Lovcen herauf, und sie sah uns wieder in langsamer Fahrt die enge, schlaglochbedeckte Sandstraße weiterfahren. Nach langen Stunden – wir waren auf der anderen Seite des Lovcen-Passes wieder bis zum Meer bei der Fischerinsel Budva hinuntergefahren, dann in das staubige Inland – verließen wir endlich in *Titograd* das schwankende und auf- und niederschaukelnde Landstraßenschiff, an dessen Außenseite von den geöffneten oder fehlenden Fenstern schräg nach hinten verlaufende Streifen von geopferten Frühstücksspeisen Zeugnis ablegten von den wenig seefesten Mägen der Landbewohner. Ein Anschlußomnibus brachte uns schließlich in schier endloser Fahrt durch ausgetrocknete Täler und allmählich grüner werdende Hügellandschaften ins Hochland, wo wir abends, völlig gerädert, in Kolasin, an der oberen Tara gelegen, ausstiegen. In *Kolasin*, wo unsere Flußwanderung auf der vielbesungenen Tara, unserem Traumfluß, ihren Anfang nehmen sollte.

An unseren letzten Paddeltagen hatten wir immer zwischen 60 und 100 Meter Wasser unter dem Kiel gehabt. Jetzt standen wir in dem glasklaren Fluß Tara, wo wir gestern auf einer Uferwiese das Zelt gebaut hatten, und es reichte nicht einmal an die Knöchel heran. Wie ein dünner Film war das Naß zwischen den Ufern ausgespannt, plätscherte weiter unten als ein geringes

Rinnsal über die Steine und verteilte sich dann wieder als magere Schicht im Flußbett, dem anzusehen war, daß es eigentlich einen beachtlichen Wildfluß aufnehmen könnte. Aber so, wie es ausschaute, war hier nichts zu machen, wenn man Bootfahren in Betracht zog. Dafür war es ein idyllischer Platz unter schattigen Bäumen, und wir mochten uns gar nicht besonders aufregen. Zuerst einmal wuschen wir unsere paar Kleider blitzblank, dann uns selber und wanderten wie neugeboren dem Marktplatz von *Kolasin* zu. Die Morgensonne beschien auf dem großen Platz ein recht orientalisches Leben, wie wir glaubten. Das Land der Minarette war erreicht. Auch hier stach so ein schlanker Turm in den Himmel. Die Männer waren mit blusigen Hemden bekleidet, über welchen sie schwarze Westen trugen. Ihre Hosen sahen wie gewickelt aus, mit hohem Bund, und lockerem, sackartigem Schritt, der sich den Knieen zu stark verengte und an den Waden schließlich dicht anlag. In Schafwollsocken und mokassinartigen Schuhen mit einem wunderbar geflochtenem Oberteil und einem aufgebogenem Lederschnabel an der Spitze steckten die Füße. Runde Filzkappen auf den Köpfen und nie verlöschende Zigaretten zwischen den Lippen, so sahen wir viele Männer, nicht alle, aber doch fast alle älteren, ihrem Tagewerk nachgehen. An Tischen, aus rauhen Brettern über Kisten oder Böcke gelegt, boten die Frauen Gemüse und Obst und irgendwelche, in verdächtigen Behältern schwimmende, eingelegte Dinge an. Wir sahen, wie mit starken Armen gar nicht so kleine Waagebalken frei in die Luft gehalten wurden und flinke Hände das Laufgewicht verschoben, die Waren in der leise schaukelnden Schale abzuwiegen. Die Frauen waren in ganz weite, pluderrockartige Hosen gekleidet, deren Schritt aber allerhöchstens bis zu den Waden reichte, und die an den Knöcheln zugebunden waren. Das Ganze war aber so reichlich geschnitten, daß sie ganz unbehindert die größten Schritte und jede Bewegung machen konnten. Mannigfach verschlungene und gefaltete Blusen versteckten Oberkörper, Schultern und Arme, die Kopftücher zogen sich über die Stirn bis zu den Augen, und bei manchen Älteren vollendete ein Schal gleich unter den Augen die Verhüllung. Aber diese ganzen Gewänder waren aus leuchtend hellen, bunt bedruckten, leichten und fließenden Stoffen gemacht, so daß eine heitere Fröhlichkeit von ihnen ausging, die noch bestärkt wurde durch ihre neugierig herumblickenden Augen mit den Lachfältchen im Schatten der tiefen Kopftücher. So saßen sie in kleinen Gruppen lachend und gestikulierend auf dem Marktplatz, verstummten aber sofort, wenn wir an ihren Ständen vorbeigingen, um gleich darauf, wenn wir passiert hatten, wie bei einer Explosion in Gelächter und aufgeregtes Hin- und Hergerede auszubrechen.

Wir versorgten uns auf diesem bunten, fröhlichen Markt mit Zwetschgen, geräucherten Würschteln, Käse, Brot und vor allem einem Sackl Polenta, die zu unserer Essensgrundlage werden sollte. Dann gingen wir zur Tara zurück.

Unsere Lage erforderte Nachdenken. Hier würden unsere Kajaks keine Handbreit weit auf der Tara schwimmen. Ein Blick auf die Landkarte zeigte uns noch ungefähr 25 Kilometer Strecke in dem weiten bergumkränzten Tal an, in dem wir gerade in wohltätigem Schatten lagen. Nach diesen 25 Kilometern erheben sich auch Berge am Ende des Tales und die Tara schneidet sich dorthinein, ihre fast sagenhaften Schluchten betretend. Die paar Häuser an dieser Stelle heißen *Mojkovac*. Dorthin wollten wir aufbrechen, in der Hoffnung auf einige wasserreiche Zuflüsse zur Tara. Kurze Zeit später sah die heißgewordene Sonne zwei junge Männer ihre Faltbootwagerl mit den aufgeschnallten »Bassgeigen« auf der staubigen Sandstraße dahinschieben. Ein daherratternder Lastwagen ließ uns aufsitzen, so daß *Mojkovac* bald erreicht war. Aber leider hatte sich kein weiteres Wasser dazugesellt, die Tara verschwand dünn wie sie war hinter der Kurve. Keinerlei Weg oder Steg führte taraabwärts, weder in Ufernähe, noch weiter entfernt, sie verschwand einfach zwischen den aufsteigenden Bergen, ohne daß wir folgen konnten, bis sie befahrbar wurde. Erneutes Kartenstudium. Im Nachbartal, ostwärts von uns gelegen, hinter dem Bergzug der Bjelasica verläuft der Fluß Lim. Ihn wollten wir eigentlich, nachdem wir über Tara und Drina die Ortschaft *Visegrad* auf eigenem Kiel erreicht hätten, von unten her mit der Eisenbahn kommend, ab *Rudo* befahren. Wenn wir hier über das Gebirge wanderten, dann würden wir ihn weit oberhalb *Rudo* an seinem Oberlauf treffen. Wenn er aber genauso wenig

Wasser wie die Tara hätte? Was dann? Also? Gut. Von der Tara wußten wir mit Bestimmtheit, daß sie zuwenig Wasser führte, wir brauchten nur den Kopf zu drehen. Vom Lim wußten wir es nicht! Also gehen wir nachschauen!! So einfach ist das. So einfach war's aber nicht. An die 20 Kilometer lagen vor uns. Es führte nur ein einfacher Saumpfad steil in die Höhe. Liter von Schweiß vergossen wir, um die Gepäckwagerl hinter uns herzuzerren, oftmals mußten wir sie wieder aufrichten, wenn das Wegerl so schmal geworden war, daß ein Rad hoch auf die Böschung rollte, und die ganze Fuhre das Übergewicht bekam. Der Puls klopfte hinter den Schläfen, wenn wir einen besonders steilen Aufschwung mit rutschenden Schuhsohlen geschafft hatten, wenn wir die Wagerl über hochragende Felsen hinübergehoben und auf Felsabsätze gestemmt hatten. Es war wie bei einer heimatlichen Bergtour auf den Blankensteinsattel oder die Benediktenwand. Nur länger. Und durch die Faltbootwagerl viel schwerer. Und viel, viel heißer!! Auch kreuzten, als weiteren Unterschied, viele Eidechsen unseren Weg. Die Abenddämmerung sah uns auf einer Art Paßhöhe, einer weitgestreckten, mit Almwiesen bedeckten Einsattelung. Weit ging hier der Blick über endlose Bergketten mit dunklen Wäldern. Wir waren unserem Traumland Monte Negro hautnah und vor Anstrengung ächzend auf den Pelz gerückt! Bald darauf kamen wir an einem einsam gelegenem Gehöft vorbei. Die freundlichen Leute luden uns zum Bleiben ein. Hier kamen wir das erste Mal in ein Bauernhaus in Monte Negro. In das Küchenhaus. Das Wohnhaus, nicht viel größer als das Küchenhaus, stand ein paar Schritt weit daneben. Die offene Feuerstelle in einer Ecke, steinummauert, saubere Bretterregale, Töpfe und Pfannen an Haken, Sitzplätze auf dicken Balken, eine Petroleumlampe, so machten wir in aller Gemütlichkeit unser Abendessen mit Brot und Speck, Salat und Zwetschgen. Die Gastgeber steuerten Milch für unseren endlosen Durst bei.

Anderntags verabschiedeten wir uns von unseren Gastgebern mit einem kleinen Geschenk . Wir verehrten ihnen eine Flasche Essigessenz, unter Aufführung eines gestenreichen Pantomimenspiels, um sie von der Notwendigkeit einer Verdünnung zu überzeugen. Dann zogen wir über die weiten Almhügel unter der schon heißen »früh-am-Tag-Sonne« dahin. Und wir kamen und kamen nicht ins Tal. Leichte Gegenanstiege peinigten uns, die Räder der Wagerl versanken im lockeren Geröll, Felsstufen und große Einzelsteine mußten überhoben werden, dann wieder konnten wir sie kaum bremsen, wenn ein ausgewaschenes Wegstück ein paar Meter Fahrt über den steilen Abhang erzwang. Nach Stunden zeigten vereinzelte wilde Obstbäume, die zwischen die Kiefern eingestreut wuchsen, daß wir doch tiefer gekommen waren. Einen von ihnen, einen kleinen Apfelbaum, nützten wir als Apotheke. Den einzigen Apfel, den er noch trug, zerkleinerte ich mit dem Messer zu »geriebenem Apfel«, denn der Pauli wurde seit heute früh von einer gestörten Verdauung geplagt. Endlich erreichten wir den Fluß. Im Schatten einer einfachen, kleinen Brücke legten wir uns für eine halbe Stunde ins Wasser und ließen uns aus einem Dörrzustand sozusagen wieder aufschwemmen. Von innen halfen wir mit Zitronenwasser nach. Die Örtlichkeit hieß der Karte nach *Vrapca Polje*, aber wir schienen allein in diesem hitzeflimmernden Flußtal. Aller Hitze zum Trotz aber bauten wir die Kajaks auf, wenn auch ganz langsam und mit Pausen. Wie immer stopften wir sie dann wie die Kirchweihgänse mit Gepäck voll. Und bei dieser Verrichtung füllte der Paul plötzlich das Tal mit lauten, endlosen Flüchen an. Zum hundertsten Mal ärgerte ihn die hundshäuterne sechseckige Apothekenbüchse, die wieder einmal um einen Mausbeutel nicht durch die Spanten hindurch wollte. Er plagte sich sowieso mit den sperrigen Kochtöpfen, und ab heute auch noch mit dem Polentasack herum, aber diese ekelhafte Apotheke bekämpfte ihn seit dem ersten Moment, damals vor hundert Jahren in *Radstatt* an der Enns, mit hinterhältiger Bosheit als wäre sie ein lebendiges Wesen, und spreizte sich jedes Mal wirkungsvoll gegen das Einpacken. Und jetzt, nach den gerade überstandenen Widrigkeiten, bei der Hitze, und wo er viel Aufmerksamkeit dem Gewurle in seinem Bauch zuwenden mußte, wollte er keine unliebsame Überraschung erleben, jetzt war das Maß voll. Wutentbrannt schmiß er die sechseckige Büchse ins Vorschiff, stieg selber ein und trampelte unter Verwünschungen und krachenden Geräuschen die Apotheke mit den Füßen soweit ins Boot, bis sie nicht mehr im Weg umging. Der Wasserstand war hier nicht übermäßig, die Kajaks wollten vorsichtig durch kleinere Katarakte geführt werden, Stufen und schnelle, seichte Oberläufe frischten die Fahrt zwischen ruhigen Gumpen auf. Doch wir kamen sehr gut vorwärts auf einem fröhlich machenden Fluß, bis wir dann am Spätnachmittag doch einigermaßen geschafft unser Zeltlager aufschlugen.

Wir folgten für die nächsten Tage dem Lim, einem lustigen, lebhaften Fluß durch Hügelketten und kleine Schluchten, nie übermäßig schwer, aber spannend allein dadurch, daß es für uns unbekanntes Wasser war. Überall an den Hängen kleine, weiße mit Holz gedeckte Bauernhäuser. An manchen Dörfern gingen wir an Land und kauften für ein paar Dinar etwas Brot oder einen wunderbar milden Slivovitz. Der Lim war damals einsam, nur einige Pfadspuren fanden sich an seinen natürlichen Ufern.

Einen schönen Katarakt fuhren wir bereits bei frühmorgendlichem Sonnenschein hinunter. Anscheinend waren wir kurz nach dem Hellwerden aufgestanden! Der Fluß wurde ruhiger, Oberläufe und stille Abschnitte, die wir gleich als »Limseen« tauften, wechselten ab. Das machte aber nicht viel aus, denn die Kajaks folgten immer leicht und mühelos gleitend den Paddelschlägen, so daß die Ufer schnell vorbeizogen. Vom Paddeln hungrig, schauten wir nach einem Platzerl zum Mittagmahlen aus. Gerade durchquerten wir einen kleinen Talkessel, den der Fluß mit einer scharfen Kurve zwischen höheren Felsen auf der anderen Seite wieder verließ. Genau hier, hinter der Kurve, etwas abseits der Felsen, lag ein winziges Plateau, beschattet von zwei Bäumen, der ideale Platz. Der schnell aus Steinen gelegte Ofen zog prächtig, die aufgequollene Polenta, unsere Neuerfindung, wartete schon aufs Rausbraten, da wurde eigenartiges Gelärm und Treiben aus dem Talkessel nebenan, hinter den Felsen vernehmbar. Wir störten uns daran nicht weiter, sondern schöpften wie immer das Teewasser aus dem Fluß und stellten es aufs Feuer. Herrlich schmeckte der Plentenschmarrn mit Zwetschgenkompott, dazu stillten wir den Durst mit Unmengen von Tee. So zufrieden, wurden wir doch neugierig auf das immer noch hörbare Treiben jenseits der Felsen. Was mußten wir sehen? Ungefähr hundert schwitzende, vor Anstrengung ganz rotgesichtige Soldaten badeten ihre manövermüden Füße mit lustvollen Gestöhne und ächzendem Schreien im unschuldigen Fluß! Gedankenvoll schmeckten der Pauli und ich, jeder für sich, dem genossenen Tee bis in die Tiefen der Eingeweide nach.

Ein anderes Mal trieben wir an einer breit sich dehnenden, langsameren Flußgerade dahin, da sahen wir den schmalen Pfad am Hang eine Frau in der verhüllenden, aber fröhlich bunten Moslemtracht, wie wir sie schon in *Kolasin* gesehen hatten, mit einem großen Ballen herunterkommen, den sie in völlig aufrechtem Gang auf dem Kopf trug. Ohne von uns Notiz zu nehmen, betrat sie den Fluß. So wie sie das in ihrem schwingenden, aufrechten Gang und ohne eine Sekunde zu zögern tat, entstand wirklich der Anschein, als betrete sie den Fluß. Der Eindruck verwischte sich auch nicht, als sie immer tiefer eintauchte und schließlich mit der Brust das Wasser durchfurchte. Am anderen Ufer entstieg sie tropfnass dem Wasser und ihre angeklatschte Kleidung zeichnete einen kräftigen Körper nach, an dem die Bauchmuskeln spielten, als sie ohne anzuhalten den jenseitigen Hang erstieg, während ganze Sturzbäche sich aus ihren Pluderhosenbeinen ergossen.

Die Karte sagte uns, daß wir heute, am 26. August, den Lim hinter uns bringen müßten, wenn nicht besondere Schwierigkeiten dies verhinderten. Um eine solche mit den Hornissen nicht gleich herauszufordern, erhoben wir uns leise wie die Diebe, lösten ganz sachte die Heringe aus dem Boden, legten die wasserdichten Kleidersäcke, die immer neben dem winzigen Zelt übernachteten, auf die niedergesunkene Leinwand und schleppten das Ganze wie einen großen Einkaufsbeutel auf Zehenspitzen und nur leise flüsternd an den bewährten Platz am Ende der Kiesbank davon. Die Sonne hatte sich gerade durch den Nebel gearbeitet, als wir abstießen. Einige »Limseen« warteten auf uns. Ein bißchen maulten wir schon, da frischten uns ein paar Stufen auf, gerade zur rechten Zeit, denn plötzlich rauschte ein mächtiger Katarakt, hinter der Einfahrtswalze durch eine Kurve versteckt. Wir drehten die Kajaks im letzten Kehrwasser, nachdem wir taxiert hatten, uns bis hierher trauen zu können. Vom Land aus suchten wir die möglichen Durchfahrten und hofften zuversichtlich, sie mit dem Boot richtig zu erreichen. Dann begann das Spiel mit den Zungen und Walzen, den zu knapp überronnenen Steinen und den, geblendet durch Spritzwasser, verborgenen engen Durchlässen. Ich war dankbar, daß sich der Kajak mit langsamer Fahrt halten ließ, weil mittendrin, in steinigem, hartschlagenden Wasser eine Konterfähre angesetzt werden mußte, um einem schlimm erscheinenden Stück weit unten, das wir nicht besichtigen konnten, auf jeden Fall auszuweichen. Erst jetzt, in der Nachbarströmung angekommen, konnte ich den Kajak freilassen, ihn mit Schwung den Schwall hinuntertreiben und sein rhythmisches Schwingen voll genießen.

Der Paul kam noch besser durch als ich, er hatte eine Durchfahrt günstiger erwischt. Wir befanden uns in der dritten Limschlucht, die noch mit manchen Stufen aufwartete. Das frühe Vormittagslicht spielte mit den Schatten und den Lichtreflexen auf den Abhängen und im Wasser, wenn der Fluß sich wendete. Dann blieben die steilen Fluchten zurück, offene Hügel gaben einer einsamen Sandstraße Raum, die auf einer Brücke den Lim überquerte. Hier stand ein rasanter Schwall, der in schwere Stufen überführte. Über sie hinweg bahnten wir uns den Weg in die vierte Limschlucht. Die war ein landschaftlicher Höhepunkt in dieser tagelangen, in sich geschlossenen Flußfahrt in den abgelegenen, freundlichen Tälern. Hohe, jähe Felswände mit silbergrauen Plattenschüssen wechselten mit brüchig-gelben und matten, rostroten Steinmauern. Dann wieder säumten riesenhafte, einzelnstehende Felstürme, die manchmal an verzerrte Unholdfiguren von Kirchturmgröße erinnerten, die Flußränder. Dazwischen steile Reißen mit Waldstreifen und hellem Geröll, das sich zu hohen Kegeln am Wasser türmte. In manchen Felsen hatten Bäume Fuß gefaßt, die weit in die freie Luft hinausragten und ihre Kronen der Tiefe entgegenneigten. Nur mäßige Schwierigkeiten nach der Einfahrt ließen uns die ganze sonnenhelle Schönheit genießerisch auskosten, ein Gefühl, das von spritzigen Wellen und quirlenden Ecken weiter in die Höhe gespitzt wurde. Unvermittelt kam die Einmündung in die Drina. Hier lag wie eine Sperre die gesprengte Eisenbahnbrücke im Fluß, deren neuerbautes Spiegelbild zu unseren Köpfen die Drina überquerte. Vom Ufer aus sahen wir, wo sich die günstigste Fahrbahn zog und dorthin führten wir die willigen Kajaks. Wunderschöne langgezogene Schwälle mit hohen Wellen entstanden durch die reichlich verdoppelte Wassermenge im engen Felsental und spornten uns in Hochstimmung zum Paddeln an, bis einige saftige Walzen bei Slip wieder mehr Voraussicht und Besonnenheit auf uns herabsenkten. Ab jetzt hielten wir nach *Visegrad* Ausschau. Eine alte Frau, der wir im Vorbeizischen die Frage nach *Visegrad* zuriefen, hob den dürren Arm und keifte bellend hinter uns drein. Dann plötzlich sahen wir sie, an einer ruhig fließenden, stark verbreiterten Ausdehnung, diese herrliche Türkenbrücke über die Drina mit ihren vielen Jochen aus gemauerten Steinquadern, die schon ein paar Jahrhunderte den Fluß überspannte. Hier lag *Visegrad*, direkt am Ufer. Bei einigen festgemachten Flößen legten wir an, stiegen aus und suchten den Weg zum Bahnhof. Hier berührte die in den Zeiten der k. und k. Monarchie erbaute Eisenbahn, die Bosnische Ostbahn, so glaube ich, wurde sie benannt, auf Umwegen von *Belgrad* hierher kommend, die Drina, deren Verlauf sie teilweise als weitere Wegstrecke benutzte, um bei Ustipraca, flußaufwärts gelegen, nach *Sarajewo* abzubiegen. Eine Abzweigung führte das Limtal aufwärts nach *Rudo* und weiter bis *Priboj*, und eine zweite, bei *Ustipraca*, drinaufwärts bis *Gorazde* und weiter nach *Foca*. Wir waren ja vor allem in dieses Traumland gereist, um die einsamen Schluchten der Tara zu durchfahren. In *Kolasin* hatte sie zu wenig Wasser, an der Eintrittspforte zu ihrer Gebirgsstrecke, bei *Mojkovac* war's auch noch nicht besser, so kam als nächster Startpunkt nur der große Talübergang in der Nähe von *Rasova* in Betracht. Hier war kurz vor dem Beginn des zweiten Weltkrieges eine riesenhafte Brücke über das Tal, dessen Sohle zweihundert Meter tiefer lag, für eine Straßenverbindung entstanden, welche von *Rudo* über das Hochland und durch die Waldgebirge nach *Niksic* führte. Dieses *Rasova* an der Tara hofften wir mit einem Omnibus von *Gorazde* aus über *Pljevlja*, mitten im Hochland an jener Straße gelegen, zu erreichen.

Nach einer Irrfahrt, die entstand, weil wir uns nicht verständigen konnten, gelangten wir endlich nach *Mededa*, einer Bahnstation, direkt an der Mündung des Lim in die Drina gelegen. Lange Zeit verstrich, bis ein anderer Zug von *Visegrad* her den Weg limaufwärts einschlug. Zu unserer Überraschung erlebten wir, daß die Eisenbahnlinie hoch über dem Fluß in die Flanken der

Schluchtabhänge hineingebaut ist und durch viele Tunnels und Rampen und Viadukte die glattesten Felswände und tiefeingeschnittene Rinnen und Geröllhalden überwindet. Keuchend und rumpelnd arbeitet sich der Zug in langsamer Fahrt durch diese wilde Gegend, und wir konnten, weit aus den Fenstern hängend, ab und zu einen Blick auf den in weißen Bändern zerrissenen und dann wieder in unversehrtem, blinkerndem Spiegel dahinströmenden Fluß ergattern.
Plötzlich ein stechender Schmerz in meinem Auge! Die Rauchwolken aus dem Lokomotivenkamin waren dicht mit ganz massiven Rußteilchen durchwoben. Ein solches hatte mich ins Auge getroffen, und es mußte groß und abscheulich spitz und eckig sein. Krampfartig zuckte das Lid, reichlich Tränenwasser quoll hervor und im Nu war alles verschwollen. Versuche, das Korn zu entfernen, machten die Sache nur schlimmer. In *Rudo* stieg ich wie ein tränenverseuchtes, zugeschwollenes, krätzehäutiges Monster aus dem Zug. Und gerade hier, wo eine stille Stunde zur Behebung oder Linderung des Übels gut gewesen wäre, gerade hier stand vor dem Bahnhof ein Omnibus zur Abfahrt nach *Pljevlja* bereit. Kaum hatten wir das Bootsgepäck auf dem Dach verstaut, fuhr er auch schon an. Eine Gelegenheit, bei der wir unbedingt zupacken mußten, konnten wir doch so schlecht fragen oder auch verstehen, wie und wann der nächste Autobus fahren würde. Vielleicht ja erst in zwei oder drei Tagen?! Also verbiß ich den Schmerz und arrangierte mich so gut es eben gehen wollte.

Viel sah ich von der Fahrt über das Hochland nicht, aber eine Szene von nahezu biblischer Urwüchsigkeit entging mir nicht. Neben einem niedrigen Bauernhaus wurde ein angebundener Esel im Kreis herum getrieben. Er ging auf einem Teppich von goldbraunen Getreideähren, der von der Bauersfrau mit einer Schaufel andauernd neu aufgehäuft wurde. Auf einem zweiten Dreschplatz daneben, vom Esel offenbar vor kurzem verlassen, stand der Mann breitbeinig und warf mit gewaltigen Schwung das Gedroschene in die Luft, wo es der Wind in einem weiten Bogen weitertrug, aus dem, wie einen Fächer bildend, die Körner und die leeren Hülsen weit getrennt zu Boden regneten.
Pljevlja, gegen Abend zu erreicht, war Endstation. Wir ließen unsere Faltbootwagerl in einer Art öffentlicher Grünanlage, magere Wiese mit vertrockneten Büschen und ein paar Bänken, vertrauensselig stehen, und suchten das einzige, einfache Restaurant auf und stärkten uns an kaltem Braten, heißen Zebatschitschi und weinartigem Slivowicz.

Zur Übernachtung schickte uns der Kellner, sich an das großzügige Trinkgeld erinnernd, einen Burschen daher, der uns zu einem beachtlich großen Rohbau am Ende der Hauptstraße führte. Ein Hotel, zu zwei Dritteln fertiggestellt, bewohnten wir zu zweit. Unser Zimmer war vollständig eingerichtet, bis auf die fehlenden Wasseranschlüsse am Waschbecken und die fehlende Klomuschel am Örtchen. Sonst war noch überall im Haus Baustelle. Da standen wir vor den Betten mit den blütenweißen Kissenbezügen und dem untadeligen Bettüchern, und sahen an uns herunter: schwiemelig, verdreckt und angekrustet von der langen Zug- und Autobusreise machten wir nicht den Eindruck von Leuten, die sich in frischduftender Bettwäsche wälzen sollten. Waschen ohne Wasser ging auch nicht. So trugen wir die sauberen Decken, Einschlagtücher und Bettücher sorgfältig zur Seite, und breiteten die Schlafsäcke auf den Matratzen aus.

Am andern Tag hing ein trüber Nebel tief auf das Hochland und ein eintöniger Schnürlregen wässerte alles, was unter dem Himmel lag. Doch das Beste war, daß ein alter, schon sehr zittriger Landarzt mit lange geübter, plötzlich wiedergewonnener Souveränität die Malaise mit meinem Auge in Sekundenschnelle behoben hatte. Dann fanden wir ein Lastauto, das uns einige Kilometer der Tara näherbrachte, doch den letzten Rest, so an die 12 Kilometer, mußten wir dann selber, mit den Faltbootwagerln im Schlepp, im Regen dahinmarschieren

Unvermittelt waren wir angekommen. Von einer kleinen Anhöhe erblickten wir den Riesenspalt der Schlucht, der die Hügelketten voneinander trennt. Die Sandstraße verwandelte sich in eine Teerpiste, die in einer elegant gezogenen Kurve ins Freie vorstößt und dem jenseitigen weit entfernten Rand entgegenstrebt. Ansätze von zierlichen Streben und Bögen verlieren sich in der dem Blick verdeckten Tiefe. Dann standen wir endlich am Geländer und starrten eine Weile sprachlos hinunter. An unserer Seite, flußabwärts gesehen rechts, fiel eine steile, von senkrechten Felsplatten und Geröllinseln durchsetzte Halde bis zum Grund hinunter. Unten, zweihundert Meter tiefer zog ein kristallklarer, ins smaragdene schimmernder Fluß seine Bahn, von großen Steinen da und dort aufgerissen, wo dann weiße, strudelnde Bänder ihren Anfang nahmen, bald wieder aufgesogen wurden und weiter über kleine Stufen trieben. Und überall, von den Ufern herein und auch von Fels zu Fels im Fluß, hatten sich viele Bäume festgesetzt und bauten richtige Barrieren. Von so weit oben sah das recht spielerisch aus, doch wenn wir an die schweren Stämme dachten, die an uns vorbeikutschiert waren, darin würde es auf dem Wasser da unten schon schwierig werden. Flußabwärts verschwand es um ein paar Ecken in einem dunkelgrünem Urwaldtal, aus dem leise ein modulierender Ton drang und schwebend verharrte: wir hörten den Gesang des Flusses unserer Träume. Endlich nach langen Umwegen. Dieser Augenblick rührte uns schon an. Nach ein paar meditativen Minuten schob sich wieder eine nüchterne Betrachtung aller Verhältnisse vor. Und die zeigte uns über dem anderen Taraufer, das sich buschdurchwachsen und felsschrofig an die fünfzig Meter in die Höhe zog, so einen eigenen Canyon für den Fluß im großen Taleinschnitt bildend, eine Art Wiesenterrasse, die sich in verschiedenen Anstufungen bis zum jenseitigen Talrand hinaufzog. Niederwald bedeckte teilweise diese Hänge, ein paar kleine Bauernhäuser lagen dort, und eine unbefestigte Wildnisstraße führte in einigen Serpentinen von der Brückenhöhe bis auf die niederste Terrasse, unmittelbar an den Rand des Flußeinschnittes heran. Dort schien ein Zigeunerlager mit einem langen, niedrigen Zelt zu stehen, um das einige zerlumpte Gestalten hockten.

Dann schauten wir nochmal in die Runde. Drüben holperte ein Lastauto mit seiner Holzlast gerade die Piste hinunter, bog schwankend auf die letzte Terrasse und kam schließlich am Rande des Abhanges neben dem Zigeunerlager zum Stehen. Die hockenden Gestalten gingen hin, andere kamen aus dem Zelt zum Vorschein, alle zusammen begannen am Lastwagen zu hantieren, schleppten Bohlen und richteten sie zur Hangkante aus. Die Ladefläche stellte sich schräg, das Auto fuhr an und ließ den Stamm hinter sich rutschen, die Männer bugsierten ihn über die Planken zur Kante, und gleitend und rollend polterte der Baumstamm den Abhang zur Tara hinab. Alles sah mühelos und winzig aus, so an die hundertfünfzig Meter unter uns, kein Arbeitslärm drang an die Ohren, wir fühlten uns wie Zuschauer bei einem Puppenspiel. Jedenfalls war es kein Zigeunerlager, dort am Tarahochrand, sondern Arbeiter plagten sich da mit schwerer Tätigkeit. Beruhigt machten wir uns auf den Weg. Das war ein Platz auch für unser Zeit.

Einige Tage verbrachten wir an diesem Fleck, im Angesicht der unglaublich filigranen, eleganten hochgespannten Brücke, denn der Regen ließ nicht nennenswert nach. Und wir wollten den heißersehnten und endlich erreichten Fluß nur bei schönem Sonnenschein befahren. In diesen

Tagen drehten wir einen ausgewachsenen Hammel am Spieß, den uns die »Trifteris«, die Holzknechte aus dem Zelt neben uns, fachgerecht über einem heißen Gluthaufen gebraten hatten.

Aus einer richtigen Räuberschenke, an einem Brückenende in einer verdächtigen Holzhütte eingenistet, holten wir noch ein paar Flaschen Slivowicz, und so stand einem allgemeinen »großen Fressen« nichts mehr im Wege. Auch trübe Tage haben ihre hellen Seiten!! Außerdem war ein Kulturfilmteam auf uns aufmerksam geworden und hatte uns gebeten, mit der Abfahrt solange zu warten, bis Filmwetter angebrochen wäre. Sie erboten sich auch, mit herbeigeschafften Lebensmitteln uns über die »erzwungene« Pause hinwegzuhelfen.

Die abenteuerliche Flußfahrt im Faltkajak (ab jetzt auf der »wilden« Tara) wird fortgesetzt auf Seite 259 ...

zum Autor: Lorenz Mayr, Faltboot-Urgestein und Wildwasser-Falt-Kakak-Pionier aus Leidenschaft, lebt in Müchen. Sein Buch: »Eskimokajaks auf Wildflüssen . Lesebuch für Selbstbauer von Faltbootes«. München: Selbstverlag, 1996 kann direkt bestellt werden beim Autor: Säbener Str. 208, 81545 München, Tel.: 089/645642.

Das »neue« Wayland-II

traditionelle Wertarbeit aus Polen

von Holger Löbell, Berlin

Dass der fest eingefahrene und sehr klein geschrumpfte Faltbootmarkt in Deutschland seit einiger Zeit neu durchmischt wird, ist ja mittlerweile ein offenes Geheimnis geworden.

Für alle, welche die moderneren Aluminiumgerüste im Wanderbootbereich nicht so gerne mögen, bietet die polnische Firma WAYLAND eine interessante Alternative:
Der Zweisitzer Wayland-II, mit einem solide verarbeiteten Holzgerüst und einem sympathischen Baumwoll-Oberdeck.
Für alle, die sich nicht so sehr an langen Texten erfreuen, seien hier einmal die Kurzdaten präsentiert:
Länge 5,30 m, max. Breite 90 cm, Gewicht inkl. Steueranlage, Sitzen und Packtaschen (also alles das, was man tatsächlich auch tragen muss) – 36 kg. All jene, welche sich schon im Vorjahr mal mit dem Thema Wayland beschäftigt haben, werden also gleich merken, dass das Boot so einiges an Gewicht verloren hat!

Dies ist in erster Linie dem neuen Unterwasserschiff zu verdanken, welches nun ein modernes Hypalon-Material ist. Zugegeben, das alte Material hat seinesgleichen gesucht an Abriebsfestigkeit, aber eben auch an Gewicht.

Die Beschläge sind aus leichtem Aluminium, die Aufbautechnik erinnert – leicht – an ein Poucher-Boot. Aber was bleibt einem heutzutage groß übrig, will man nicht das Rad neu erfinden oder sich auf einen Lizenz-Prozess mit dem zweiten deutschen Hersteller einlassen.

Der Einstieg ins Cockpit ist bequem und auch für größere Menschen leicht und ohne Verrenkungen zu bewerkstelligen. Die Sitze, auch hier eine freudige Überraschung, sind bequem gepolstert und lassen sich serienmäßig stufenlos verstellen. Die Rückenlehne wird sehr leicht eingehängt, was einen leichten Zugang zum Gepäck sicherstellt. Ach ja, aber dabei hilft ja auch noch die serienmäßige Gepäckluke…

Aber da nun schon mal das Wort ‚serienmäßig' gefallen ist: Ich bin wirklich überrascht, wie komplett ein Boot in der Serienausstattung zu einem niedrigen Einsteigerpreis bereits angeliefert werden kann: Kielstreifen, Decksbeleinung, Paddeltaschen, Gepäckluke – und, nicht zu vergessen, die natürlich zum Wesen eines Faltbootes gehörenden zwei Packtaschen!
Ja, das Einzige, das noch zum sofortigen Lospaddeln fehlt, sind in der Tat die Paddel und, im Falle einer größeren Unternehmung, die Spritzdecke.

Sitzt man erst mal drin, so möchte man eigentlich gar nicht mehr aussteigen, so bequem ist die Sitzposition. Ich bin auf jeden Fall, beim ersten Probeaufbau in meiner Wohnung, von dem schönen gedeckten Rot und der bequemen Sitze so sehr in Verzückung geraten, dass ich tatsächlich kurzzeitig darüber nachgedacht habe, anstelle eines Sofas das Wayland in meiner Wohnung zu belassen. Aber dann hat doch die Paddelgier gesiegt, und ich habe es wieder auseinandergenommen, um es an den Wannsee zu transportieren. Der zweite Aufbau ging dann schon bemerkenswert schnell von Statten, schon beim zweiten Mal ging es in weniger als einer halben Stunde. Dank der Luftschläuche lässt sich das Gestell gut und bequem in die Haut einführen und aufbauen. Die Gepäckverstauung ist gar kein Thema und erst recht kein Problem, und auch lange Beine finden einen bequemen Platz, der ein Paddeln ohne Venenabschnürung ermöglicht.
Das Boot liegt schön kippstabil und einstiegsfreundlich auf dem Wasser. Bereits nach wenigen Paddelschlägen wird deutlich, wie leicht das Wayland auf seine Reisegeschwindigkeit kommt und wie schön kraftschonend man diese auch beibehalten kann. Das Boot liegt angenehm spurtreu im Geradeauslauf, lässt sich aber dank der gut justierten Steueranlage problemlos steuern.

Schade, dass im Spätherbst auf dem Wannsee die Saison der Ausflugsdampfer bereits beendet ist. Ich hätte gerne mal das Verhalten im Wellenbereich ein bisschen intensiver ausgetestet.

Selbst meine Paddelpartnerin hat sich – zuerst über solche »barbarischen« Hoffnungen entsetzt – nach kurzer Zeit im Wayland so sicher gefühlt, dass selbst sie übermütig sich die Dampferwellen herbeigesehnt hat.

Fazit: Mit dem Wayland ist nicht nur ein schönes, sondern auch ein sehr gutes weiteres Wanderfaltboot mit traditionellem Holzgerüst auf dem Markt erschienen. Ich freue mich auf jeden Fall, dass unsere EU nicht nur größer wird, sondern auch um solche Werte bereichert wird.

Polnische Frauen sagen über sich ja gerne, sie seien die Schönsten. Dem möchte ich nicht widersprechen, aber hinzufügen, dass ihre Wanderfalter ebenfalls sehr weit oben rangieren.

> **zum Autor:** Holger Löbell, geboren am 5. Juni 1967. Studium der Slavistik in Tübingen, danach arbeitete er in Berlin im Osteuropa-Handel im Vertriebsbereich. Bereits nach wenigen Jahren machte er sein Hobby zum Beruf und gründete zusammen mit einem Partner das Faltbootzentrum (Out-Trade GmbH). Kontakt via email: loebell@out-trade.de

LEFKAS

von Roland Prietz, Mörfelden-Walldorf

Ich sitze im Kino und sehe die Anfangsszene von »Die Bounde Identität«: sturmgepeitschtes Wasser, Gewitter und ein Regen, der wie ein Vorhang vom Himmel fällt. »Na, so ist das Mittelmeer ja hoffentlich nur im Kino«, denke ich bei mir.... Aber manchmal ist auch das wahre Leben wie ein Film....

Ein wolkenloser Himmel und 20° C empfangen uns, als wir Anfang Oktober früh morgens am Flughafen von *Preveza* aussteigen. Drei Freunde und drei Faltboote, die in den nächsten zwei Wochen die griechische Insel *Lefkas* im ionischen Mittelmeer umrunden wollen.

Im Schatten des Flughafenterminals bauen wir unsere Gefährte(n) aus Holz, Aluminium, PVC und Stoff auf, verstauen unser Gepäck und wollen per Bootswagen die 2 km bis zum Meer ziehen. Wir, das sind Monika mit Feathercraft K1 (Oh, diese Nase!!), mein langjähriger Tourenkamerad Sven mit seinem Klepper Aerius und ich selber, seit ein paar Tagen stolzer Kapitän eines Pouch Single 2000. Schon hier auf dem Trockenen spielt meine »Rothaut« ihre ersten Vorteile aus: Obwohl im Bootsaufbauen noch nicht sonderlich geübt, ist der »Kahn« nach einer drei-viertel Stunde klar zum Auslaufen. Der Aufbau ist im Vergleich zu anderen Faltbooten ziemlich einfach und geht jetzt beim zweiten oder dritten Mal schon recht zügig. Heute wie auch die nächsten Tage stelle ich fest: Das Beladen ist einfach ein Traum!! Durch das von oben zu öffnende Hinterdeck kann man den Single wie einen Kofferraum beladen: Hier ein bisschen packen und drücken, dort etwas stauen und einpassen – Oberdeck zu und gut! Auch nach vorne lässt sich das Gepäck dank des Handlochdeckels gut beladen. Allerdings muss die Luft aus den Seitenschläuchen zum Be- und Entladen immer abgelassen werden. Beim Aufpumpen leistet mir meine kleine Luftpumpe (Quicker Doppelhub-Pumpe) unschätzbare Dienste. Je strammer die Schläuche aufgepumpt sind, um so steifer ist das Boot und um so besser sind seine Fahreigenschaften.

Spiegelglatt ist das Meer. Die Sonne brennt jetzt in der Mittagszeit noch so erbarmungslos, dass sie nur mit feucht gehaltener Schirmmütze zu ertragen ist. Während wir so die ersten Kilometer paddeln, lasse ich meine Gedanken schweifen: Wie wird wohl diese erste griechische Paddeltour werden? Keiner von uns war bisher in diesem Land. Unsere ersten Sporen im Tourenpaddeln haben wir uns in norwegischen Gewässern verdient, *Sognefjord, Vesterålen*, Südküste. Durch viele vorangegangene Wander- und Skitouren kannten wir da schon ein wenig die lokalen Gegebenheiten: Trinkwasserversorgung, Zeltmöglichkeiten, Sprache, Landschaftsformen. Hier ist das alles für uns absolutes Neuland und dementsprechend spannend.

Nachdem wir *Lefkas-Stadt* mit seiner Festungsruine und einem Labyrinth von künstlichen Lagunen, Kanälen und Brackwasserseen hinter uns gelassen haben, geht es auf der westlichen Inselseite nach Süden. Die Küste besteht hier auf der Wetterseite aus steilen, schroffen, 100m hohen Felsen mit herrlichen, vorgelagerten Sandstränden. In Ufernähe liegen viele Gesteinsbrocken und Riffe mit bizarren Formen, wie wir sie noch nie gesehen haben: Das Gestein ist zerklüftet und ausgewaschen, teilweise aber auch blank poliert, dann wieder so spitz und scharfkantig, dass wir mit unseren empfindlichen Faltbooten respektvoll Abstand halten. Auch müssen wir immer wieder die Wasseroberfläche vor uns absuchen, um nicht auf einen dieser Brocken zu laufen, die sich ganz knapp unter der Oberfläche verstecken. Richtig faszinierend sind die vielen Grotten und Felsspalten, die das Mittelmeer hier geschaffen hat. Aufgrund der ruhigen See, können wir riskieren in die eine oder andere Höhle hineinzufahren, jedoch immer auf der Hut, um im Dämmerlicht nicht doch ein Riff zu übersehen.

So hangeln wir uns die ersten Tage von Strand zu Strand, scheuchen fliegende Fische auf, schnorcheln im warmen Wasser und begeistern uns an der völlig abgefahrenen, eigentlich unnatürlichen Wasserfarbe, über die unsere Boote gleiten. Würde man einen Pool in dieser Farbe kacheln, ich würde es als netten, aber völlig unrealistischen Kitsch abtun.

Zelten ist die ersten zwei Tage noch etwas problematisch, da es keine Campingplätze gibt und die Gegend zum wild Zelten eigentlich zu dicht besiedelt ist. So paddeln wir bis zur Dämmerung und schlagen unsere Zelte an den dann verlassenen Stränden auf. Wo uns noch jemand über den Weg läuft, fragen wir artig nach, ob wir bleiben dürfen. Wir dürfen immer! Diese Taktik bewährt sich den ganzen Urlaub hindurch.

Da es im Oktober bereits gegen 19.00 Uhr dunkel wird, finden Zeltaufbau und Kochen meistens mit Stirnlampe statt. Von der Dunkelheit völlig unbeeindruckt sind leider die aggressiven Mückenschwärme, die uns fast jeden Abend besuchen. Deutlich fühlbar freuen sie sich darüber, dass in der Nachsaison noch ein paar Touristen vorbei schauen und sogar über Nacht bleiben!

Die bekannteste Ecke von *Lefkas* ist der Strand »*Porto Katsiki*« und das nicht zu unrecht. Bevor die Westküste hier zu Ende geht, gibt die Natur noch einmal alles: weißeren Sand, blaueres Wasser, schroffere Felsen, größere Überhänge und steilere Wände findet man auf der ganzen

Insel nicht. Von daher eigentlich nicht verwunderlich, dass dieser Strand auch in der ausklingenden Badesaison noch sehr gut besucht ist.

Da ich aber nun mal ziemlich unerfahren bin, was Badeurlaube angeht (siehe unsere Reisevita weiter oben) bin ich doch sehr erstaunt, wie viele Handtücher auf einmal pro Quadratmeter Strand platz finden: Es werden immer mehr, je weiter ich um die den Strand einfassende Felsnase herumpaddle. Nun müssen wir nicht auf Riffe aufpassen, sondern auf jede Menge im Wasser treibende Touristen. Allerdings werden auch wir als ziemliche Exoten hier bestaunt. Da es an diesem Strand keinen Platz zum Anlanden gibt, steuern wir kurzerhand die nächste Bucht für unser Mittagessen an.

Leider ist es schon relativ spät am Tag und wir wollen heute auf jeden Fall noch um die Südspitze »Kap Lefkas« herumkommen. Für morgen ist schlechteres Wetter vorhergesagt worden, welches wir nicht an der ungeschützten Westküste aussitzen wollen. Das die See hier auch unfreundlicher und grober sein kann, haben wir in den letzten Tagen eindrucksvoll an der Küstenformation zu sehen bekommen.

So müssen wir »*Porto Katsiki*« und die nachfolgenden Buchten, mit den ebenso interessant aussehenden Grotten, relativ schnell hinter uns lassen. Wir umschiffen das Kap, von dessen Felsen sich dereinst die antike Schönheitskönigin Aphrodite aus Liebeskummer zu Tode stürzte und nutzen die erstbeste Gelegenheit, um anzulanden und einen Zeltplatz zu suchen. Das ist an diesem Küstenstreifen nicht einfach. Wie eine natürliche Kaimauer zieht sich der felsige Uferstreifen am Wasser entlang; ein bis zwei Meter hohes, nadelspitzes Gestein (lang lebe der Kielstreifen !), darüber leicht ansteigender Untergrund mit einem undurchdringlichen Dickicht bewachsen. Eine winzige Kiesbucht ist die erste und wie wir zwei Tage später feststellen, auch einzige Ausstiegsstelle zwischen dem Kap und dem nächsten Ort *Vassiliki*. Wir entladen unsere Boote und kraxeln, mit unserem Gepäck im Rucksack, 20 m die Felsen hoch, bis wir zu einer kleinen Sandpiste kommen, auf der wir noch ein weiteres Stück bergauf gehen und schließlich einen ebenen Platz für die Zelte finden. Der Boden ist so hart, dass man kaum einen Hering hinein bekommt. Es ist inzwischen wieder so spät geworden, dass wir im Licht unserer Stirnlampen große Steine suchen, um die Zeltleinen zu beschweren. Es folgt eine unruhige Nacht, da durch unsere exponierte Lage und den einsetzenden Wind die Zeltplanen wild um sich schlagen, was sich IM Zelt noch schlimmer anhört als es ist. Der nächste Tag besteht aus Wind und Regen, aber die Aussicht ist phänomenal: *Ithaka, Kefalonia* und die weiter südlich gelegenen ionischen Inseln liegen direkt vor unserem Panoramafelsen, der sich 100m über dem Meersspiegel befindet. Gebannt beobachten wir mehrere große Wasserhosen, die sich nicht weit von uns, über dem Meer bilden und Richtung Landesinnere ziehen. Es gibt sicher schlechtere Plätze für einen Zwangspausentag!

Einen Tag später haben sich Wind und Wellen so weit beruhigt, dass wir die Boote wieder beladen und weiter nach *Vassiliki* paddeln können, unserem nächsten Abstecher in die Zivilisation um uns u.a. neu zu proviantieren. Ein Gewitter und zwei heftige Regengüsse leisten uns auf dem Weg dorthin Gesellschaft. Auch während unserer Quartiersuche im Ort werden wir in schöner Regelmäßigkeit von tropischen Regenfällen und Gewitterstürmen heimgesucht. Ein besonders schönes Exemplar geht abends nieder, als wir im Dunkeln unsere Boote am Strand vor unserer Pension ausladen; Gewitter, das Meer und Ufer für Sekunden in ein gespenstisches Licht getaucht, dazu ein Regen, der wie ein Vorhang vom Himmel fällt. »Woher kenne ich dieses Bild, diesen Anblick?« überlege ich. »Ach ja, der Kinofilm neulich!« Tja, manchmal ist das wahre Leben wie ein Film... Aber immerhin erging es uns bisher noch besser als Odysseus oder dem Apostel Paulus.

Am übernächsten Tag starten wir zu unserem nächsten Höhepunkt: die Grotte *Spilia Giovani* auf der Insel *Meganisi*. Vom Strand *Poros* brauchen wir gut 1,5 Stunden für die Überfahrt. Die Grotte ist mit ca.10m Höhe die größte in dieser Gegend und endet nach ungefähr 100 Metern an einem Sandstrand! Selbstverständlich fahren wir hier hinein, machen reichlich Fotos und lassen es uns nicht nehmen, an dem einzigen Strand in diesem Gebiet Mittag zu essen, noch dazu bei einer absolut regensicheren Überdachung. Schade nur, dass es heute mal NICHT regnet!

Wir paddeln an der Ostküste von *Lefkas* wieder in nördliche Richtung. Die Küste ist an dieser Inselseite dichter bewohnt und touristisch gut erschlossen: Surfbrettverleih reiht sich an Yachthafen, Yachthafen an Segelschule und Segelschule an Surfbrettverleih. Als kleine Referenz an die Kollegen von der windnutzenden Zunft schließen wir uns zu einem Trimaran zusammen, hissen unser Treibsegel und machen mit achterlichem Wind mal für eine Stunde 5 sm ohne einen Paddelschlag zu tun. Überhaupt ist das Wetter dieser Tage sehr wechselhaft und das Meer dementsprechend unruhig. Aber in meinem Boot gefällt mir dieser Seegang. Im Vergleich zu anderen Faltbooten ist der Single ein sehr steifes Boot. Man schwabbelt nicht über die Wellen herüber, sondern reitet, beinahe wie in einem Festboot, die Kämme ab. Die Steuerung unterstützt dabei sehr effektiv das Kurshalten. Nach drei Tagen kreuzen wir vor der Festung von *Lefkas-Stadt* unseren Hinkurs und haben somit unsere Inselumrundung geschafft. Unser Faltbootabenteuer endet mit der letzten Etappe nach *Preveza*, wo wir vor dem Flughafengebäude unsere Boote wieder in flugzeugtaugliches Gepäck verwandeln. Griechenland hat uns Nordlandfahrer nicht enttäuscht!

> **zum Autor:** *Roland Prietz ist 33 Jahre jung und verdient sein Geld als Ausbilder für Flugzeugmechaniker. Hobbies: Paddeln, Langlaufski, Radfahren, Wandern, Gitarre spielen, Fotografie. Tourentraum: kombinierte Ski-Paddeltour auf den Lofoten. Kontakte via e-mail: roland.prietz@online.de*

Schnäppchen 2003

von Thomas Theisinger, Mosbach

Es stand zum Jahresende in den »Fränkischen Nachrichten« und in anderen Postillen womöglich auch. Die Geizkultur kommt in großem Stil.

Auch die Faltbootleute sind ganz gewaltig hinter allen möglichen Schnäppchen her, nicht erst seit heute. Es sind beliebte Dönkes, die über das Thema verbreitet werden.

2003 war ich auch dabei, bei der großen Schnäppchenjagd. Das kam so: Anfang Januar klingelt mein Telefon. Es ist der Paddelkamerad Ernst aus dem Ruhrgebiet, er wohnt aber jetzt noch viel weiter nördlich. Er hätte einen Anschlag auf mich vor. Er suche nämlich ein Zweierfaltboot. Zum Segeln. Mit seinem Sohn. Damit wollte er jetzt endlich anfangen. Im Kanu-Sport habe er gerade eine Anzeige entdeckt, die sei vielversprechend. Ein Aerius. Der sollte 600 Euro kosten und das wär ja schon eine Stange Geld für ein älteres Faltboot und Ausgaben hat er ja allerhand. Es sei bei dem Boot aber allerhand dabei, Segel und so weiter. Der Verkäufer mache soweit am Telefon einen guten Eindruck. Er, Ernst, habe ausgemacht, dass der Verkäufer das Boot reserviert und demnächst einer vorbeikommt, der was davon verstünde, sich das anschaut und dann entscheidet. Ganz

unbesehen kann man soviel Geld für ein altes Boot nicht ausgeben und selbst hinfahren geht auch nicht. Das Boot befände sich nämlich in der Gegend von Stuttgart in einer Garage und vom Odenwald aus sei das nicht so weit. Er hoffe doch, dass ich das machen könne. Ernst hat schon allerhand für mich gemacht. Für Ernst würde ich noch viel weiter fahren. Mit alten Aeriussen habe ich Erfahrung. Eine Stunde später war ein Termin mit dem Verkäufer ausgemacht, der Anfahrtsweg wurde mir haarklein beschrieben.

Bei eisiger Kälte geht es bald am Abend los rund hundert Kilometer in Richtung Stuttgart. Erfreulich wenig Verkehr. Überall liegt Schnee, auf der Straße zum Glück nicht. Dank der ausgiebigen Beschreibung ist das Zielobjekt bald gefunden, völlig ohne GPS. Wie ich behaupte, schärft ständiges Wanderpaddeln den Orientierungssinn auch im Straßendschungel. Am Haus stimmt alles, Hausnummer, Klingelschild, Schmitt senior, Schmitt junior. Hoffnungsfroh wird geklingelt. Verkäufer ist der Senior. Keiner da! In der Nachbarschaft auch nirgendwo ein Anhaltspunkt für sinnvoll zu entwickelnde Aktivität. Es ist reichlich kalt auf der Straße. Also zurück ins Auto. Der Fortschritt der Technik wird eingesetzt. Selbstverständlich habe ich die Telefonnummer dabei und sogar ein mobiles Telefon. Der Fortschritt nützt aber nichts, weil Herr Schmitt nicht abnimmt. Also abwarten. Faltbootfahren schärft nicht nur den Sinn für die Orientierung. Man hat auch immer seinen Tee und was zum Futtern dabei, in der Großstadt gleich gar. Lesestoff möglichst auch. An dem Tag ist zufällig ein Kanuklassiker mit der Post eingekommen. Baden Powell, lange vor der Faltbootzeit. Nicht ganz stilecht für einen Klepperkauf. Aber Not kennt kein Gebot. Die Lektüre ist erfreulich, nur muss ich zwischendurch eine Decke holen und mich einwickeln. Nach langer Zeit, es ist schon stockfinster, tut sich endlich was. Es trudeln Leute ein, als Tochter und Enkel von Herrn Schmitt zu vermuten. Ob ich der Mann wäre, der wegen dem Boot kommt? Der Opa wäre am Ortseingang und würde dort auf mich warten. Weil der Weg so schwer zu finden wäre ... Da muss ich an ihm vorbeigewitscht sein, ich war nämlich früh dran. Er steht in der Kälte und wartet auf ein Auto mit exotischem Nummernschild und ich sitze in die Decke gewickelt vor seinem Haus in eben diesem exotisch beschilderten Fahrzeug und lese von Warington Baden Powell: »Canoe Travelling«.

Kurz darauf taucht Herr Schmitt auf. Er ist bestimmt schon gut 70. Wir sind beide froh, dass es jetzt zur Sache gehen kann. Das Boot ist in der Garage. Es ist erbärmlich kalt, Herr Schmitt setzt ein Heizgerät ein. Das Boot ist wie erwartet und beschrieben. Zwanzig Jahre alt, altersentsprechend. Das Gummi noch geschmeidig, keine Spur von Kartoffelhaut, einzelne Flicken und Gebrauchsspuren. Der Bumerang muss nachlackiert werden, das Boot hat sicher ganz schön was hinter sich. Das Gerüst sonst völlig in Ordnung. Dann geht es an das Zubehör.
Packsäcke komplett und vorschriftsmäßig; zwei Doppelpaddel und ein Halbes; Spritzdecke mit Gummiwülsten, Schürzen dazu, Lukendeckel; Blasebalg, hochwertige Bootsleinen; Packsäcke, Gummirollsäcke zum Aufblasen (die Generation vor den heutigen, aber noch geschmeidig); Bootswagen mit Hartgummireifen, Flickzeug, kleine Seitentaschen von Klepper mit Reißverschluss, selbstgemachte lange schmale Wäschesäcke, alles in Ordnung; eine Wimpelstange mit DKV-Wimpel, auch recht, Ernst ist im DKV.

Dann müssen wir in den Keller. Das S-4 Segel wird ausgerollt und wieder verpackt. Sogar der Verklicker ist vorhanden. Das Zelt von Sportberger, Doppelnest, wird ausgebreitet, außer einer harmlosen Macke am Kunstleder bestens in Ordnung. Derweil erzählt mir Herr Schmitt so allerhand. Es hätten zwischenzeitlich schon viele Leute angerufen, er hätte alle mannhaft vertröstet. (Ernst hatte das Heft eben ganz früh am Morgen in die Hand bekommen und gleich angerufen). Hinter dem Zelt und dem Segel seien einige Leute her gewesen, zum Teil ganz penetrant. Von dem Alter des Bootes seien die Anrufer weniger begeistert gewesen. Natürlich habe er schöne Zeiten mit dem Boot erlebt, hauptsächlich sei man Segeln gewesen. Der Nachwuchs wolle allerdings nicht so recht. Es hätte keinen Sinn, das Boot länger zu behalten. Natürlich brauche ich nicht lang zu fackeln. Das Boot wird gekauft.

Wir nehmen es auseinander und verpacken alles. Zum Abschluss gehen wir in die Wohnung hoch. Frau Schmitt hat Kaffee gekocht. Ein Segen nach der Kälte, zumal für Herrn Schmitt. Er erzählt von seinen Unternehmungen, eine sozusagen klassische Paddlerkarriere, Donau und so weiter. Der Enkel taucht auf. So ungefähr acht Jahre alt, der wuselige Kevin-Typ mit runder Brille: »Hasch es verkauft? Wo is die Kohle?« Er stürzt sich auf den Geldbeutel. Der Opa meint, nein, das Geld behalte er selber. »Un weisch au, warums i verkauft hab?« Aus der Unterhaltung ergibt sich das. Herr Schmitt hat mit dem Jungen öfter was unternommen und ihn zum Zelten und Bootfahren mitgenommen. Nur wär halt überhaupt nichts mit ihm anzufangen, er hätte nicht die mindeste Anstelligkeit gezeigt und alles den Opa machen lassen. Die Szene war schon seltsam und auch ein wenig schmerzlich. Der Mann hat einen absolut verständigen Eindruck gemacht. Warum so jemand sein Boot verkauft – schwer zu sagen. Vermutlich hätte es ihn mehr geschmerzt, wenn er all die schönen Sachen noch in seinem Besitz gewusst und zugleich gespürt hätte, dass er sie nicht mehr verwenden kann und der Nachwuchs sie nicht nutzen will.

Einige Wochen war ich dann stolzer Verwalter all der aufgezählten Herrlichkeiten. An den Flicken wurde ein wenig nachgearbeitet, der Bumerang mehrfach lackiert, die fehlende Plastikbuchse für das Steuerseil durch einen Nachbau ersetzt. Eine Probefahrt hat stattgefunden. Beim Umkrempeln der Haut war danach eine feuchte Schwachstelle am Hecksteven zu entdecken. Von dort her wird das Gummi irgendwann seinen Geist aufgeben. Es ist eine Achillesferse. Dagegen ist wenig zu machen. Absaufen wird das Boot deswegen aber noch lange nicht.

Im April konnten wir dann die Weitergabe veranstalten. Familie Ernst hat Bekannte in meiner Umgebung besucht, Ernst bekam einen Tag frei und konnte mit mir eine Tagestour unternehmen. Nicht im gekauften Klepper. Ernst hat seinen T 9 mitgebracht und aufgebaut, während das Auto von mir verstellt wurde und mein E 65 derweil ausruhen durfte. Wo wir da gefahren sind, tut nichts zur Sache, Ernst hat unterwegs gleichzeitig einen Storch und einen Reiher gejagt, was ihm erst mal einer nachmachen muss. Das ist von mir fotografisch dokumentiert worden. Für kriminalistische Zwecke reicht das Foto, hier wäre es zu blass. Ernst muss sich diese Szene bis zum Ende seiner Tage von mir vorhalten lassen.

Unlängst haben wir wieder mal telefoniert. Mit dem Boot ist Ernst vollauf zufrieden. Er möchte eben in seinem Urlaub und dem nicht mehr fernen Ruhestand mit seinem Sohn Utz den Aerius hauptsächlich zum Segeln einsetzen. Und das Berger Doppelnest wird sicher auch mal aufgebaut. Selbstverständlich seien sie schon unterwegs gewesen. Sohn Utz habe sich auch ganz anstellig gezeigt und das Segeln ebenso genossen wie er selber. Und wenn man so alles hin- und her überlege, werde das Boot seinen Ruhestand sicher noch aushalten, so ganz wilde Sachen müssten ja ohnehin nicht sein. So gesehen habe der Kauf die Erwartungen im Grunde voll erfüllt.

Das also ist die die Geschichte von meiner bescheidenen Teilnahme an der großen Schnäppchenjagd. So ganz bedeutend war das Schnäppchen wohl doch nicht, alles in allem war das aber ein recht vernünftiger Kauf. Vielleicht noch der Vollständigkeit halber: Familie Ernst ist nicht etwa vom Geist der neuen Zeit überwältigt worden. Gepflegt segeln und möglichst wenig dafür zahlen. Oder so ähnlich. Nein, es verhält sich völlig anders. Sohn Utz ist bestimmt schon über 30. Er ist körperlich und geistig schwer behindert.

Kontakt zum Autor via e-mail: ttheisinger@gmx.de

Novembereste:

von Hans-Jürgen Staude, Hamburg

Früher gab es einmal den Bußtag. Gut zum Nachdenken und besser noch bei einer körperlichen Ertüchtigung, am Besten noch bei Regen. Der Ketzer allerdings empfindet noch Lust dabei und enttarnt sich als leidenschaftlicher Faltbootfahrer, wobei das Leiden keinesfalls körperlichen oder seelischen Schmerz bedeutet, sondern als sprachliches Paradox entlarvt werden soll.

Faltboote sind zum Paddeln da, aber was ist das Paddeln schon ohne die besondere Variante des kontemplativen Schiebens des beladenen Bootswagens über längere Strecken? Bahnhof Tating – Tümmlauer Bucht: 5 km, dahinter die weite Nordsee; oder Unterlüß – Lutterloh 6 km, der Weesener Bach war früher noch erlaubt, das sind Entfernungen, bei denen sich die Vorfreude erst so richtig entwickeln kann, die Ouvertüre zum großen Stück, oder die Zeit, in der der Baß mit dem gebürsteten Schlag die Phase vorbereitet, in der Miles zum Solo einsetzt, während Wayne Shorter schon in sein Sax näselt: »Miles in the Sky« spielt, während ich diese Zeilen schreibe, im November, wenn der Himmel wieder so richtig tief hängt, daß die Flüsse sich schon auf die nährenden Tropfen freuen, und so ein Weg zum Faltbootfluß erst den richtigen ernsten Charakter bekommt. Ich habe Verständnis, wenn der Nichtleser des Faltbootjahrbuchs das jetzt alles nicht verstehen kann. A »Kind of Blue«.

Ganz knapp: Sprötze – Bötersheim, das ist die traditionelle Strecke, gepflegte 9 km lang. Am Anfang der Bahnhof in der Nähe Hamburgs, am Ende eine schmale Wiese, der vertraute Einschnitt mit dem Bach darin, der hier nur vom 1. November bis zum letzten des Februars bepaddelt sein darf. Das ist gut so, sonst gäbe ja es keine traditionelle Novembertour mit Exklusivcharakter. Am Ende der Fahrt liegt Buxtehude, auch wieder mit Bahnhofanschluß. Diesmal ist der Weg etwas kürzer, auch führt er durch beleuchtete Einkaufsstraßen. Nun gut, die Leute gucken etwas komisch über die feuchtigkeits- und erdgezeichete Gestalt mit dem seltsamen Schiebeobjekt. Das Licht ist auch zu dunkel, um das Blitzen in den Augen zu bemerken, das anzeigt, wie gut diese Novembertour mal wieder war, egal bei welchem Wetter.

Ein Kocher ist ein absolutes Muß als Utensil bei so einer Tour, nicht nur für die warme Suppe und den Tee danach. Es war mal so kalt, daß mein alter Pouch sich einfach nicht strecken wollte. Weder Kraft, schon gar nicht Fluchen half. Beherzt vollbrachte das Wunder der Faltbootwerdung ein Liter kochenden Wassers, der brutalst in die störrische Pelle gekippt wurde. Welch ein Kontrast: zu viel Hitze beim Akteur und Reif zwischen den Halmen in der Wiese.

Ganz toll wird es dann, wenn schon Eiszapfen dem Wasser am Ufer entgegenwachsen, die Sonne durch das herbstliche Laub (ja, das gibt es auch im November, und wird von mir nicht als unangenehm empfunden!), und der Geruch diesen ganz gewissen Moder transportiert, der mir Estedschungel, Abenteuer und das ganz besondere Wirgefühl vermitteln kann, wenn das Ich und das Es, der »Tjeld« (norwegisch Austernfischer) wieder einmal auf diesem Bach, der sich Este nennt, sitzen. Wie weit hat der Mäander die Engstelle an der Erle durchschnitten, wo das Lebermoos besonders dicht wächst? Blüht noch eine der letzten altrosa Nachtnelken in irgendwelchen Refugien? Was macht der Zeugenhügel, wo vor zwanzig Jahren der Fluß die Kurve außen herum genommen hat, ein Hochwasser den Arm linksherum mit Sand zugeschüttet hat und einen Baumstamm zur perfekten Vollendung des Staus quergelegt hat? Zeigen sich die Marder, deren Krallen sich zart im Flußschlick abgedrückt haben? Natürlich könnte man per GPS diese Orte entweihen, aber wozu? Es erscheint viel verlockender, sich selbst diese Stellen zu erschließen, das private Geheimnis, das in keinem Flußführer erscheint.

Ach ja, die Querstämme. Da macht es kaum was aus, daß die Este auch in die Gummistiefel drängt, daß das Mitzählen um die unbeschriebenen Umtrage-, Überschiebe- und Unterquetschstellen von der Unlust auf Arithmetik an solchen Tagen verdrängt wird. Lieber laß ich da noch mal in dem alten Jahr den betörenden Duft schnell oxidierenden und dehydrierenden Fallholzes wirken, dessen thermischer Nebeneffekt so manche Härte des Novemberpaddelns nimmt, egal ob bei Sonne mit frühem Eis oder zäher Feuchte. Bald folgt ein altes Wehr, an dem es immer so angenehm plätschert, die Serie der kleinen Schwallstrecken, die Freude über die beständige Wasseramsel, manch ein rotblauer Edelstein.

Zwischendurch wird der Fluß vom Wehr in Moisburg unterbrochen. Zum Umkarren hat man nie Lust, es stört die Konfrontation mit dem ewig präsenten Autoverkehr. Abwärts stellt sich jährlich neu die Erwartung, ob der alte Steg in Wasserhöhe nun doch endlich zusammengebrochen ist. Bei Hochwasser kann man darübergleiten. Irgendwo hier, wo die Talaue sich weitet, habe ich einmal eine der unangenehmsten Situationen überstanden: Boot treibt an einem Baum quer – wer kennt das nicht – doch es war schon dunkel, und plötzlich schwamm das Paddel weg. Für die See hat es sich bewährt, es anzutüdeln, doch hier? Mutig riß ich einen Ast ab, ruderte in vollendeter Technik nach dem Zufallsprinzip weiter und fand es doch endlich in dem Restlicht glänzen, das in der Stärke wohl nur als astronomische Dämmerung definiert sein kann. Als Ignorant mag der gelten, der in den letzten Kurven vor Buxtehude die Stirnlampe einschaltet.

Vergängliche Trophäe dieser Tour: die Lache Estewasser, die sich unter den Faltboottaschen im Packabteil des Zuges zurück nach Harburg bildet.

> **zum Autor:** Hans-Jürgen Staude ist mit seinen Faltbooten (E 65 und RZ 85 aus DDR-Zeiten) viel im Salzwasser unterwegs, DIE Plattform, um die Natur zu erleben und das Bewußtsein zu erweitern. Kontakt über den Herausgeber.

Hochwasser auf der Elbe

oder

Wenn einer eine Reise tut, dann kann er was erzählen.

von Hans Joachim Müller, Wallenhorst

Donnerstagabend, keine Mitfahrer für eine Hase- oder Dütefahrt, obwohl beide Flüsse einen Spitzenwasserstand haben. Sind die Kanuten noch im Winterschlaf? Ich weiß es nicht. Zugegeben, das Wetter sieht nicht so verlockend aus, aber nach der langen Winterruhe zieht es mich aufs Wasser. Es müssen ja nicht die Hausbäche Hase oder Düte sein.

Schneeschmelze im Böhmerwald und in den deutschen Mittelgebirgen. Das dürfte doch einen guten Wasserstand auf der Elbe geben. Anruf bei Ralf in Schönebeck: »Ja, die Elbe ist randvoll. Wir erwarten, dass am Wochenende die 5,60m-Grenze überschritten und die Schiffahrt eingestellt wird. Ihr dürft dann auch nicht mehr aufs Wasser. Wir haben unsere Bootslager schon geräumt und die Boote in den Saal nach oben gebracht. Ab 5,20 m steht unser Bootshaus im Wasser.«

Und noch ein Anruf, dieses Mal nach Leipzig. Ich brauche niemanden zu überreden. Ute ist leicht zu begeistern. Sie schwärmt immer noch von unserer Hochwasserfahrt vor vier Jahren, als die Hase das halbe Emsland unter Wasser gesetzt hatte. Schnell sind wir uns einig. Mit unseren Faltbooten wollen wir am Wochenende auf der Hochwasserwelle von Roßlau nach Schönebeck »reiten«.

Ein Blick in den Fahrplan. 9.06 Uhr ab Osnabrück verspricht eine passende Interregioverbindung nach Leipzig, ohne der übliche Wochenendstress in Hannover durch heimreisende »Vaterlandsverteidiger« zu sein.

Jetzt heißt es stopfen! In den Bootsrucksack und in die Stabtasche müssen nicht nur der Schlafsack und die Isomatte, sondern auch Kenterzeug, Rettungswesten, Machete, Säge, Kulturbeutel und all die anderen Kleinigkeiten verstaut werden, die man bei einer Wochenendtour sonst immer gleich vom Auto ins Boot packt. Nach der feuchten Erfahrung mit einem Eisenpfahl im Wasser der Elbe bei Bad Schandau wird auch die dicke Rolle Klebeband mit eingepackt. Zum Schluss wird an die untere Seite der Stabtasche das Spezialfahrgestell Marke »Müller« angeschraubt, um den Transport des unhandlichen schweren Gepäckstückes auf dem Bahngelände zu erleichtern. Mein mit einer neuen Haut wieder zum Leben erwecktes Faltboot, Marke »Hart«, Baujahr 1952, ist aus solidem Eschenholz gebaut und bringt schon ohne Ausrüstung 25 kg auf die Waage.

Aus Erfahrung weiß ich, dass der Einsatz eines Bootswagens im Zug kaum möglich ist. Die Türöffnungen sind zu schmal, darum wird der Bootswagen zusammengelegt in einer Tasche schnell griff- und einsatzbereit als Handgepäck mitgeführt.

Freitagmorgen bringen mich Christa und Uwe zum Bahnhof. Die Stabtasche ist zu lang. Nur mit umgeklapptem Sitz kann sie im Passat untergebracht werden. Mein Reisegepäck ist schwer, aber auf dem Bahnhof in Osnabrück besteht der Stabtaschenspezialroller seinen Härtetest. Der Interregio 2543 von Münster nach Berlin Ostbahnhof ist pünktlich und noch angenehm mäßig besetzt. Ich binde die Stabtasche einfach aufrecht stehend mit einem Gurt in einer Ecke im

Fahrradabteil fest. Der Bootsrucksack, in dem auch noch die Reiselektüre und der Reiseproviant Platz finden mussten, kommt mit ins Abteil.

Hannover ist dann der erste Höhepunkt dieser Faltbootreise. Als sportliche Einlage für ihre Kunden lässt die DB zwei Interregiozüge mit Umsteigmöglichkeiten aus Norddeich Mole nach Dresden, meine weitere Verbindung, und den Interregio 2543 dort halten. Natürlich nicht am gegenüberliegenden Bahnsteig. Immer sportlich bleiben. So strömen die Fahrgäste aus beiden Zügen gegenläufig die Treppen runter die Treppen rauf. Bei Ankunft meines Zuges werden die Bahnreisenden durch die freundliche Durchsage: »Der Interregio 2333 über Braunschweig, Magdeburg, Halle, Leipzig nach Dresden steht abfahrtbereit auf Bahnsteig 11« dann noch zusätzlich beflügelt.

Mein Spezialfahrgestell ist auch rolltreppengeeignet. Einmal runter, quer durch den Tunnel und an der anderen Seite wieder rauf. Das Fahrradabteil ist im Steuerwagen am Ende des Zuges. Den schweren Rucksack auf dem Rücken, in einer Hand die Tasche mit dem Bootswagen, in der anderen das Ende der Stabtasche, rolle ich auf dem Bahnsteig an dem langen Zug entlang, weil die aufwärtsführende Rolltreppe im vorderen Drittel des Zuges auf dem Bahnsteig endet. Das Verstauen ist schon Routine, der Steuerwagen ist fast leer. An einem Sitzplatz mit Tisch komme ich zu meinem mitgebrachten 2. Frühstück. Viereinhalb Stunden dauert die Bahnfahrt von Osnabrück nach Leipzig, da finde ich Zeit und Muße, die letzten »Spiegel« in Ruhe durchzulesen.

Meine Faltbootausrüstung ist doch noch nicht perfekt. Als ich bei der Einfahrt des Zuges in Leipzig den Rucksack aufsetzen will, platzt die nicht verschweißte Metallöse am Tragegurt auf, der Rucksack lässt sich nicht mehr auf den Rücken nehmen. Zum Glück steht Ute hilfsbereit am Bahnsteig. Der Bootswagen braucht nicht zusammengebaut zu werden, mit einem Kofferkuli wird mein Gepäck zum Parkhaus gerollt, welches im Bahnhof kundenfreundlich mit eingebunden ist.

An der Sigismundstraße verbleibt die Stabtasche gleich im Auto. Ute entschwindet schnell wieder ins Institut, während ich den lädierten Rucksack die 87 Stufen in den fünften Stock hochschleppe. »Bewegung ist Leben!« Ha, ha, ich will es glauben. Mit einer stabilen Nylonschnur ist die Reparatur schnell durchgeführt. Auch die Gurtbefestigung auf der anderen Seite wird vorsichtshalber gleich ersetzt.

Gegen 17.30 Uhr erscheint Ute, und jetzt kommt doch ein wenig Hektik in das Chaos aus Spantenteilen, Kentersäcken und Zeltausrüstung in ihrem Wohnzimmer. Sie hatte doch wohl nicht so recht an diese Fahrt geglaubt, entsprechend mäßig waren ihre Vorbereitungen. 100 Stufen in den Keller runter und wieder rauf, um die restliche Ausrüstung zu holen, hält jung und macht locker für den nächsten Tag.

»Vertrauen ist gut, Überprüfung ist besser«. Nachdem ich bei meiner ersten gemeinsamen Paddeltour mit Ute an der »Blauen Küste« in Schweden ohne Spritzdecke im Hafen von Svartö stand, bin ich vorsichtiger geworden. Auch Hermann soll ja immer darauf bestehen, dass ihm jeder vor dem Einchecken seine Reisedokumente vorzeigt, nachdem einmal auf dem Rückflug aus Kanada der Flugschein und der Reisepass von Heinz Zölzer, in einer Jacke gut verstaut im Faltbootgepäck, schon auf dem Förderband lag.

Was soll's, ich muss damals wohl ziemlich verwirrt gewesen sein, sonst wäre mir dieser Kardinalfehler vor einer Seetour sicherlich nicht passiert. Aber ich bin ja noch bildungsfähig. So überprüfe ich jetzt vor dem Verstauen in die Stabtasche noch einmal Utes Zeltausrüstung. Keine Heringe! Wo sind die, im Keller? Nein, Ute hatte ihr Zelt im letzten Sommer verliehen und ohne die Heringe zurückbekommen. Zum Glück ist Leipzig kein Dorf und die Geschäfte sind bis 20.00 Uhr geöffnet. 87 Stufen runter, zum nächsten Ausrüster gefahren, ein Dutzend Heringe gekauft, zurückgefahren, 87 Stufen wieder rauf. Bewegung ist Leben!

Der Zug nach Roßlau fährt um 07.04 Uhr. Kurze Grundsatzdiskussion, wann müssen wir aufstehen? Ich bin für 05.00 Uhr, Ute für 05.30 Uhr. Wir einigen uns auf 05.15 Uhr. Wie sich am nächsten Morgen dann zeigte, war die Zeitreserve durchaus angemessen. Entgegen Utes Annahme war Roßlau nicht im Fahrkartenautomaten gespeichert, und es wurde schon wieder sportlich, obwohl wir noch gar nicht auf dem Wasser waren.
Ein, es können auch zwei Gläser Rotwein gewesen sein, sie sorgen für Stressabbau und die nötige Bettschwere. Erst rufe ich jedoch noch einmal die automatische Wasserstandsdurchsage vom Pegel in Barby an. 5,39 m, das müsste gerade noch reichen, um ohne Ärger mit der Wasserschutzpolizei von Roßlau nach Schönebeck zu kommen.
Die Nacht war traumlos, kurz und schwer. Bevor der Wecker schnarrt, werde ich von allein um 10 Minuten nach fünf Uhr wach. Die inneren Koordinaten scheinen noch in Ordnung. Erst einmal Anruf beim automatischen Pegel. 5.44 m, Tendenz also noch steigend, über Nacht 6 cm. Ein starker Kaffee weckt auch Utes Lebensgeister. Sie schimpft mit mir, weil ich sie bei den letzten Vorbereitungen so treibe. Wir müssen noch zum Bahnhof, das Auto soll doch möglichst in Bahnhofsnähe gebührenfrei abgestellt werden, außerdem haben wir noch keine Fahrkarten. Fünf Minuten vor der Zeit ist des Schutzmanns Pünktlichkeit, so hieß es früher immer, als ich noch im Dienst war. Diese eingefahrenen Gewohnheiten habe ich bis heute noch nicht wieder abgelegt.
Die Zeit reichte noch. Ute setzte mich mit dem Gepäck vor der Osthalle ab. Während sie das Auto in einer Nebenstraße abstellte, schaffte ich nach und nach unsere diversen Gepäckstücke in die obere Bahnsteighalle. Und wirklich, genau fünf Minuten vor Abfahrt des Zuges saß sie mit unseren Fahrkarten in der Hand schwitzend neben mir im überheizten Abteil

Hinter Dessau zeigte uns ein Blick aus dem Fenster das Naturschutzgebiet »Muldetal« schon als eine große Wasserfläche, welche dann kurze Zeit später nahtlos in die überschwemmten Elbeauen überging. Wir überqueren die Elbe und sind direkt hinter der Brücke um 08.40 Uhr am Bahnhof in Roßlau. Idealer Einsatz- oder Endpunkt für Wasserwanderer mit Faltbooten. Vom Bahnhof geht man auf einem Fußweg in nur fünf Minuten bis zum Anleger des Kanuvereins. Der direkte Weg vom Bahnsteig durch den Fußgängertunnel ist immer noch, wie schon bei unserer ersten Elbefahrt Ostern 1990, durch ein Eisentor mit Kette und Vorhängeschloss, blockiert. Warum? Das kann niemand sagen. Bei solch unverständlichen Dingen hieß es auf meiner Dienststelle früher immer: »Macht nix, steht im Buch.« So karren wir unsere Ausrüstung auf die Bootswagen geschnallt durch die Bahnhofshalle und über die Straße zum Tunnel. Hier ist immerhin eine doppelte Fahrradspur an den Treppen. Gemeinsam wird auch dieses letzte Hindernis vor der Elbe überwunden.
Das Bootshaus der Roßlauer Kanuten befindet sich in einem Elbekahn, der aufs Trockene gesetzt und durchgeschnitten hier auf seine alten Tage immer noch der »Schiffahrt« dient. Wenn die Elbe jetzt noch 50 bis 60 cm steigt, liegt das alte Schiff wieder im Wasser. Ob es wohl an den Schnittstellen, wo jetzt die Eingangstüren sind, dicht ist? Neben dem Bootshaus hat die Elbe uns noch eine kleine trockene Rasenfläche gelassen, wo wir im Windschatten und wärmender Sonne die Faltboote aufbauen. Der Aufbau dauert länger als geplant. In dieser kühlen Jahreszeit sind die neuen Kunststoffhäute doch recht sperrig. Während ich packe, erfährt Ute

beim Wasser holen auf der Werft, dass dort jetzt nur noch einzelne Segmente von Schiffen und Brückenteile gebaut werden. Im Frühling vor 12 Jahren waren es noch richtige Schiffe.

Um 10.30 Uhr ist es endlich soweit: Zwei Faltbootveteranen werden nach gründlicher »Werftüberholung« unter neuen Namen wieder in Dienst gestellt. Langsam gleiten »Ophelia« und »Vallö« über den im Wasser liegenden Rasen in ihr vertrautes Element. Kaum sind die Spritzdecken geschlossen, nimmt uns der Stromzug mit. Schnell verschwindet Roßlau mit Bootshaus und Werft hinter uns.
Die ersten Eindrücke auf dem Wasser sind für mich überwältigend. Wir paddeln nicht auf einem großen Fluss, sondern bewegen uns mit unseren kleinen Booten in einer amphibischen Landschaft. Nur die noch wenige Zentimeter aus dem Wasser ragenden Radarreflektoren auf den überspülten Buhnenköpfen erinnern an einen Fluss mit Schifffahrt. Im Stromzug ist alles in Bewegung, kleine Wirbel, Pilze oder Verschneidungen. Auf der Backbordseite ist das Ufer nur an den auf hohen Stelzen stehenden Bootshäusern der Dessauer Kanuten zu erkennen. Der Blick geht durch kahle Baumgruppen über eine große Wasserfläche bis an einen weit entfernt liegenden Wald am höher liegenden Ufer der Mulde. Auf einem schon fast überfluteten Sandhügel steht ein einsames »Blechzelt«. Wenn das Wasser noch weiter steigt, wird der Besitzer nur noch wenig Freude an seinem Gefährt haben. Das Elbewasser ist kakaobraun, voller Schwebestoffe, und wird seine Marken sicherlich hinterlassen. Jetzt nach Steuerbord einschwenken und über die unter Wasser liegenden Wiesen in Richtung der Getreidespeicher von Roßlau fahren, würde uns die Fahrtstrecke über die vor uns liegende große Flussschleife um einige Kilometer verkürzen. Wir bleiben doch lieber im Stromzug, Weidezäune aus Stacheldraht und Faltboothäute vertragen sich nicht.

Trotz großflächiger Überschwemmung ist der Einfluss der Mulde an dem optisch sauberen Wasser deutlich zu erkennen. Hier hat der Fluss die mitgeführten Sedimente offensichtlich im Muldestausee zurückgelassen. Die leichte Brise über dem Schmelzwasser ist kalt.

Nach den Erfahrungen während der Osterfahrt im letzten Jahr auf der Elbe haben wir beide Handschuhe mitgenommen. Ich habe meine Skifäustlinge mit Silikonspray wasserdicht gemacht und behalte so trockene und warme Hände. Als der Fluss sich am Ende der großen Schleife wieder nach Norden wendet, lassen wir uns treiben und machen im Windschatten eines überfluteten Auwaldes mit heißem Kaffee aus der Thermoskanne eine schwimmende Mittagspause. Durch die Paddeljacken lassen die wärmenden Sonnenstrahlen im Rücken einen Hauch von Frühling erahnen.
Der Fährbetrieb ist überall eingestellt. Die Seilfähren schwimmen, für Benutzer unerreichbar, weit draußen im Strom. Die Anleger sind nur an den aus dem Wasser ragenden Verkehrsschildern zu erkennen. Der Druck des Wassers auf die an den Gierseilen hängenden Fähren ist so stark, dass die gelben Schwimmkörper der Stahlseile teilweise unter Wasser gedrückt werden. Da heißt es für uns rechtzeitig Ausschau halten und das freie Fahrwasser wählen, um beim Vorbeifahren nicht mit den Seilen und den darin verhakten Bäumen und Treibgut in Konflikt zu kommen.
In Aken treffen wir zwei Kanuten, die sich in der Nähe eines Bootshauses durch den überschwemmten Auwald stromaufwärts kämpfen. Ein kurzer Gruß und die Fragen: »Woher? Wohin?« Und schon hat der Strom uns weitergetrieben. Inzwischen ist es 15.30 Uhr geworden, wir sind müde vom Paddeln und suchen einen windgeschützten Zeltplatz, der vom Strom aus

nicht einzusehen ist und keine unerwünschten Besucher erwarten lässt. Das rechte Ufer liegt in der tiefstehenden Sonne im Windschatten des Auwaldes. Erst beim Näheranfahren bemerken wir den Deich, der sich wie ein grünes Band am Wald entlangzieht. Ein Pärchen, welches an der Deichkrone in der Sonne sitzt, zeigt uns, hier sind wir vor neugierigen Blicken nicht sicher.

»Das Kanu ist das älteste Fortbewegungsmittel der Menschheit. Kanuwandersport ist die schönste und freieste Sportart, die ich kenne«, schrieb Herbert Rittlinger, der Wegbereiter des Kanuwandersportes in Deutschland, vor über 50 Jahren. Bäche, Flüsse und Seen sind die Straßen der Wanderfahrer, doch dort sieht es bei uns mit der »freiesten Sportart« heute sehr traurig aus. Hunderte von Bächen, Flüssen, Seen und selbst die Küstengewässer können von uns nur noch mit erheblichen Einschränkungen, oft jedoch gar nicht mehr befahren werden. Mit deutscher Gründlichkeit wurde hier dem Kanuwandersport im wahrsten Sinne des Wortes das Wasser abgegraben.
Klein machen, nicht auffallen ist darum schon seit Jahren mein Prinzip, um bei Wanderfahrten mit Boot und Zelt unangenehmen Auseinandersetzungen mit Feld- und Forsthütern, Jagdpächtern oder selbsternannten Naturschützern aus dem Wege zu gehen. Das Deck meines ersten Faltbootes, ein Hammer Reisezweier, war aus Sicherheitsüberlegungen signalrot und auf dem Wasser und an Land kaum zu übersehen. Heute gehen meine Überlegungen in eine ganz andere Richtung. Die Bootshaut unser Faltboote ist schwarz und der Deckstoff NATO-olivfarben, so sind die Boote an Land schon hinter dem nächsten Busch fast unsichtbar. Klein machen, nicht auffallen!
 So wenden wir und treiben mit kräftigen Paddelschlägen die Boote per Seilfähre im spitzen Winkel dem anderen Ufer zu. Dort finden wir nach kurzer Suche im überschwemmten Wald eine kleine Insel. Nur wenige Zentimeter über dem Wasser gibt es dort eine trockene Rasenfläche, die noch in der Sonne liegt. Ein etwa 2m hoher Sandhügel verspricht zusätzliche Sicherheit, wenn das Wasser über Nacht wider Erwarten schneller steigen sollte. Während Ute das Zelt aufbaut, habe ich schnell ein wärmendes Feuer entfacht. Obwohl ich Handschuhe anhatte, habe ich steife Hände. Die Waldarbeit der letzten Wochen, wir heizen unser Haus mit Holz, liegt mir noch in den Knochen. Zu allem Überfluss habe ich mir beim Bootsaufbau heute morgen auch noch einen Fingernagel blau geklopft. Eine Tasse heißen Kaffees, die letzten Sonnenstrahlen im Rücken, und das Feuer von vorn wecken die Lebensgeister wieder.

Unser kleines Eiland ist schnell erkundet. Auch auf der Rückseite der Insel verliert sich der überschwemmte Auwald im strömenden Wasser. Utes Benzinkocher ist die Winterruhe nicht bekommen. Die Dichtung zwischen Pumpe und Siggflasche ist undicht geworden. Bevor die ganze Sache in die Luft fliegt, wird das Lagerfeuer zum Kochfeuer umgewidmet und »zweiflammig« weitergekocht. In der zur Seite geschobenen Glut ist unser Abendessen schnell zubereitet. Dem Gepäckvolumen angepasst »einfache Hausmannskost«. Nudeln mit Tomatensoße, dazu ein Becher leicht angewärmten Rioja. Für die Flasche hatte ich im vollen Bootsrucksack noch Platz gefunden.

»Vorne hat er große Hitze, wenn er doch auch hinten schwitze«. Genau so wie in dem Lied geht es uns an diesem Abend am Lagerfeuer. Von vorn werden wir vom Feuer angenehm aufgewärmt. Aber der leichte Wind, der über das kalte Wasser durch die kahlen Büsche streicht, kühlt von hinten aus und lässt uns frösteln. Mit der Abenddämmerung verschwinden wir gegen 19.00 Uhr im Zelt. 14 Stunden »Freizeitausgleich«, so bezeichnet man ja jetzt den Kanuwandersport, waren für heute genug. Utes neuer Daunenschlafsack, extra groß, besteht seinen Härtetest. Warm eingepackt sind wir schnell in Orpheus' Armen. Mitten in der Nacht weckt uns ein starker Wind, der durch die hohen Pappeln rauscht. Beide haben wir die gleichen Befürchtungen: »Wie wird der Sturm uns morgen auf der Elbe beuteln?« Ich nutze die kurze Schlafunterbrechung, um den am Abend gesteckten Pegel zu überprüfen. Meine Überschlagsrechnung stimmt. Das Wasser steigt, aber es steigt langsam. Wir werden morgen mit Sicherheit noch auf dem Trockenen frühstücken können. Beruhigt schlafe ich schnell wieder ein.

Am Sonntagmorgen werde ich um 06.30 Uhr wach. Mich umgibt absolute Stille, der Wind ist eingeschlafen. Petrus, Neptun, Poseidon oder andere Götter hatten Mitleid mit uns. Kein »Knüppeln« gegen den Wind und die kurzen hohen Wellen, die sich immer aufbauen, wenn der Strom gegen den Wind läuft. Ute kämpft noch mit dem Aufwachen. Feuer anmachen und Kaffeekochen ist am frühen Morgen für mich Routine. Der Duft von frischen Kaffee bringt sie schnell aus dem Zelt.
Frühstück am wärmenden Lagerfeuer, mitten in einer amphibischen Landschaft im Herzen Europas. Was will das Wanderfahrerherz noch mehr? Ein schlechtes Gewissen, weil wir einfach frei mitten im Wald gezeltet haben? Warum? Wir haben niemanden gestört und lassen nichts zurück. Die wenigen Spuren des Lagerfeuers werden noch heute vom Hochwasser beseitigt. Nur noch fünf Zentimeter, und unser Biwakplatz verschwindet in den braunen Fluten der Elbe.

Während wir die Boote packen, kommt ein Frachtschiff stromauf. Die Hochwassermarke ist also noch nicht erreicht, und somit kann uns heute noch keiner vom Wasser holen. Schnell verschwindet das Schiff mit hoher Fahrt hinter den Bäumen der nächsten Biegung. Der Schiffer ist wohl bestrebt, vor der Sperrung seinen Bestimmungshafen noch zu erreichen. Kurze Zeit später, es ist erst 09.15 Uhr, sind auch wir auf dem Wasser.

In der Höhe von Barby kommt uns ein Boot der Wasserschutzpolizei entgegen. Mit Ferngläsern werden wir und unsere Ausrüstungen genau begutachtet. Unsere Boote sind für Fahrten auf einer Schifffahrtsstraße vorschriftsmäßig beschriftet. Auch unsere Rettungswesten, außen NATO-oliv, darum sicherlich der Blick durch die Ferngläser, haben wir bei diesem Wasserstand vorschriftsmäßig angelegt. Es gibt nichts zu beanstanden, ein freundliches Winken und schon rauscht das Boot vorbei. Die hohe Heckwelle läuft mit dem Strom abwärts und sorgt lange Zeit für verwirbeltes Wasser.
Wir sind jetzt fast 3 Stunden auf dem Wasser. Nach meinen Schätzungen müsste das Bootshaus in Schönebeck langsam an der Backbordseite auftauchen. Aber heute ist alles anders. In den überschwemmten Uferregionen kann ich keine bekannten Landmarken erkennen. Doch plötzlich sehe ich im Wald den Sommerdeich, und hinter der nächsten Biegung taucht schon das Schiffshotel mit seinen hässlichen Anbauten, die heute im Wasser liegen, vor uns auf. Der Anblick ist für mich irritierend, denn nicht nur das Schiffshotel, auch das Bootshaus steht im Wasser. Wir fahren über die Straße und das geöffnete Tor bis an die Treppe zu den oberen Räumen. Wir sind zu früh in Schönebeck. Es ist niemand im Haus. Ralf, mit dem ich mich verabredet hatte, ist noch beim Eskimotierlehrgang. Die offen gelassenen Umkleideräume nützen uns wenig, denn ohne Boote kommen wir hier nicht weg.

Wir fahren weiter bis zum Ort. An einem Seitenarm finden wir eine Treppe in der Kaimauer und dahinter einen windgeschützten Abbauplatz. Die alten Knochen waren doch wohl ein wenig eingerostet. Beim Aussteigen verliere ich das Gleichgewicht, wäre um Haaresbreite rückwärts in den Bach gefallen. Das hätte reichlich Bruch gegeben, denn Ute saß in ihrem Boot unter mir an der hohen Kaimauer und drückte meinen Kahn ans Ufer. Was soll's? Im entscheidenden Augenblick war die richtige Reaktion dann doch noch da, und es ist nichts passiert. Läuft alles unter »Freizeitausgleich« oder »Bewegung ist Leben«.

Auch der Abbau der Boote dauert länger. Es erscheint jetzt unerklärlich, wo auf der Hinfahrt neben den Faltbooten .die anderen Sachen in den Säcken Platz gefunden hatten. Endlich ist das Verstauen und das Trimmen auf den Bootswagen geschafft, und wir rollen zum Bahnhof. Ute hatte extra die Zugverbindungen von Schönebeck nach Leipzig ausdrucken lassen. Aber schlau wie wir sind, schauen wir erst unmittelbar vor dem Bahnhof auf diesen Plan, um dann festzustellen, dass der nächste Zug in genau fünf Minuten abfährt. Wir haben noch keine Fahrkarte, und vor uns liegt auch am Bahnhof Schönebeck noch das sportliche kräftezehrende »Tunnelprogramm« der Deutschen Bahn AG. Zur Ehrenrettung der Bahn muss ich jedoch berichten, dass dort ein Personenaufzug auf den Bahnsteig führt. Der war jedoch für unser beider »Handgepäck« zu klein. Ich bin ja belastbar und durfte tragen, zumal es höchste Zeit wurde, weil der Zug schon einfuhr.
Die Regionalbahn von Magdeburg nach Halle ist überfüllt. Im sogenannten Fahrradabteil wird der wenige Platz durch eine fest eingebaute Minibar verschenkt, die natürlich nicht in Betrieb ist. Utes Gepäck mußten wir in der Eile mit angeschnalltem Bootswagen in den Zug heben. Zwischen den anderen Fahrgästen im Gang kniend schraube ich das Gefährt auseinander. Auch dieser Teil unserer Faltbootausrüstung entspricht nicht meinen Erwartungen. Die Montage bzw. Demontage ist viel zu zeitaufwändig und kompliziert. Bahnfahrten mit Regionalzügen zeigen erschreckende Züge deutscher Kleinstaaterei. »Wer die Musik mitbezahlt, der bestimmt auch, wo sie spielt« Sachsen-Anhalt lässt seinen hochmodernen Regionalzug natürlich im eigenen Land verkehren, und damit fährt er nur bis Halle. Dort beginnt für uns und andere Fahrgäste das »kundenfreundliche« Treppen-Tunnel-Sportprogramm mit Beschleunigung, weil der »sächsische« Regionalzug auch gerade einfährt. Wir haben Glück, der Personenaufzug ist groß genug und betriebsbereit. Die Weiterreise im veralteten Doppelstockzug nach Sachsen endet pünktlich um 18.22 Uhr in Leipzig.
Noch auf dem Bahnsteig baue ich meinen Bootswagen auf. Ich hätte natürlich den Rucksack vorher absetzen sollen. Der war so schwer geworden, dass ich mich auf den Hintern setze und allein nicht wieder auf die Beine komme. Beide Stabtaschen auf einen Bootswagen geschnallt, mit dem Fahrstuhl nach unten durch die Osthalle an den Straßenrand geschoben, und Leipzig hat uns wieder. Während ich das Gepäck bewache, versorgt Ute uns mit Kuchen. Das fehlende Mittagessen macht sich durch akute Raumleere im Magen bemerkbar. Auto holen, Gepäck verstauen und ein letzter sportlicher Gewaltakt beim Gepäcktransport an der Sigismundstraße auf den 87 Stufen himmelwärts, dann ist es geschafft.

Wir sind auch geschafft. Erst ein heißes Bad bringt die Lebensgeister wieder in Bewegung. In Utes kleiner Wohnung herrscht das blanke Chaos. Man kann kaum treten. Ich beschließe, einen Tag länger in Leipzig zu bleiben, um als »Herr Saubermann« tätig zu werden. Die Boote müssen getrocknet, verpackt und irgendwo in der Wohnung verstaut werden, denn unsere nächste Faltbootreise von Leipzig aus ist schon geplant. Es gibt noch viel zu tun, packen wir es an!

Hans-Jürgen Müller ist 70 Jahre jung und seit 40 Jahren aktiver Faltboot-Wanderfahrer. Kontakt über den Herausgeber.

Mit dem Faltboot ein bisschen segeln ...

... und ein wenig Drumherum

Triton Neva-III

von Ralph C. Hoehn, Norwich, Vermont USA

Unsere »Familienkutsche« ist ein Neva-III (Dreier) von Triton. Hinten sitze ich, in der Mitte die Mutter und im Bug haben zwei Kinder Platz, ohne sich auf die Nerven zu gehen. Jeweils einer der Kurzen kann sogar mitpaddeln. Und wenn es wirklich im Bug einmal Streit geben sollte, dann zieht der kürzere Kurze kurzerhand auf den immer noch großzügig bemessenen Alternativplatz vor dem Heckpaddler und dann herrscht Ruhe. Ist die Persenning aufgezogen, Triton-typisch mit breitem Klettband auf dem Seitendeck befestigt, dann verbleiben drei echte Paddlersitze, je mit einer normalen Kajak-Spritzdecke ausgestattet. Unsere beiden Kinder werden allmählich zu groß um bei »Wasser von oben« aus einem Loch zu schauen, da werde ich mir bald eine Bastellösung für den Alternativplatz ausdenken müssen – »Hundeloch« mit Rollverschlusstüte?

Der Neva-III ist ein echtes Frachtschiff. Lang, relativ breit und von enormen Innenausmaßen, da frei von jeglichen platzraubenden und gewichtserhöhenden Luftschläuchen. Um trotz der fehlenden Schläuche ausreichend seitliche Spannung in die Haut zu bekommen, hat man sich bei Triton etwas Raffiniertes einfallen lassen: die U-förmigen Spanten im Cockpitbereich bestehen aus einer geschlossenen Rohrschlaufe, d.h., das U ist praktisch doppelt ausgeführt. Die inneren, vertikalen Rohrteile der Spanten sind drehbar gelagert und dienen dadurch dazu, beim Aufbau des Bootes den Cockpitrand und damit die Haut auf dem Seitendeck zur Bootsmitte hin zu spannen.

Für die Besegelung greifen die Faltbootbauer bei Triton in die Geschichtskiste: Windsurfer-Rig anno siebziger Jahre, dazu doppelte Ausleger mit Schwimmern, die wie Zusatztreibstofftanks der ersten Düsenjäger geformt sind. Alles robust, funktionstüchtig, einfach ausgeführt und solide verarbeitet. Die Seitenschwerter mit hydrodynamischen Profil sind sauber ausgeführt. Sie werden mittels kräftiger Flansche auf die Querrohre geschoben und dort per Federknopf gesichert. Selbiger Federknopf ermöglicht ein Aufdrehen der Schwerter nach achtern um neunzig Grad. Nach vorne sind sie mit Bungee-Leinen abgespannt, nach achtern holt man sie mittels individueller Leinen auf und belegt sie in der gewünschten Stellung.

Der Mast ist frei drehbar am vorderen Querholm befestigt und steht auf einem Zusatzbeschlag auf der Bodenleiter. Der Doppelbaum umfasst das Segel, eine einfache Schot gibt die nötige Kontrolle. Das Segel ist so geschnitten, dass der Mast leicht gebogen wird, wenn es richtig gespannt ist. Dadurch erreicht man ein sehr flaches Segelprofil, was am Wind sehr effizient zu sein scheint. Auf einem größeren See haben wir die Besegelung im Laufe mehrerer Tage unter wechselhaften Bedingungen etwas ausgiebiger testen können.

Als erstes stellte sich heraus, dass man die Position des Mastes und damit verbunden der Seitenschwerter, die ja auch am vorderen Querholm sitzen, sehr sorgsam wählen muss, da sonst die serienmäßige Ruderanlage leicht überfordert wird. Das führt unweigerlich dazu, dass man das ganze System von Boot, Ruder und Rigg automatisch gut abstimmt, damit einem übermäßigen Rudereinsatz vorbeugt und dadurch wiederum sicherlich recht effizient fährt! Immerhin waren laut GPS Geschwindigkeiten über Grund von gut 3 bis 4, in Spitzen auch bis zu 5,5 Knoten möglich und das bei Kursen von ca. 45 bis 135 Grad zum »gefühlten« Wind – das macht keine Jacht aus dem Faltboot, lässt sich aber durchaus sehen.

Bei stärkerem Wind und daraus resultierenden kabbeligen Wellen ging ich mit leichten Bedenken ans Werk: Ob die Schwimmer an den Auslegern unterschneiden würden? Und wenn ja, würden die Holme, bzw. die Beschläge das mitmachen? Sorgen hätte ich mir keine zu machen brauchen. Einerseits ist das ganze Gefährt letztendlich recht flexibel und steckt daher so einiges weg. Andererseits entfalteten die Schwimmer eine erstaunliche Fähigkeit sich nicht in die Wellen zu bohren und das sogar ohne dass sich Besatzungsmitglieder nach Luv gelegt hätten. Im Gegenteil, wenn mehrere Kinder im Boot fuhren, entfiel in dieser Beziehung jegliche Disziplin, was die Geschwindigkeit nur minimal verringerte.

Die Kinder waren auch die ersten, die herausfanden, dass die Kombination von Schwimmern und starken Querholmen ideale Wiedereinstiegsmöglichkeiten boten. Aus dem obligatorischen Mann-Über-Bord-Drill wurde deshalb schnell ein Badefest. Erst als der Abend graute, die beiden Kleinsten glücklich erschöpft eingeschlafen waren und auch die älteren Beiden nur noch zufrieden und ruhig dasaßen, konnten die beiden Erwachsenen wieder ernsthafter segeln. Übrigens sollte man sich vor Augen führen, dass wir es hier mit ca. 300 kg Besatzungsgesamtgewicht zu tun hatten, d.h. wahrscheinlich eine Verdrängung von insgesamt ca. 350 kg. Es war noch ausreichend Platz und Freibord für wesentlich mehr!

Um aus diesem Triton-Produkt ein expeditionstaugliches Gefährt zu machen, bedarf es sicherlich einiger Bastelinvestition. Aber für den normalen Gebrauch ist es ohne weiteres in Betracht zu ziehen und selbst für ehrgeizige Unternehmungen würde es meines Erachtens als solide Ausgangsbasis dienen. Dazu sollte man wissen, dass Triton die Besegelung in zwei Abmessungen anbietet, was meine Phantasie auf Hochtouren bringt: Schoner-Rigg, Yawl-Rigg, ... irgendwann werde ich schon noch dazu kommen damit zu spielen!

zum Autor: Ralph C. Hoehn macht seit über 30 Jahren in verschiedenen Faltbooten die Gewässer auf beiden Seiten des Atlantiks unsicher und tummelt sich seit über 10 Jahren im internationalen Geschäftsleben ... leider nicht nur mit Faltbooten. Kontakt via e-mail: FoldingBoats@aol.com

Wie ich Faltboot-Wanderfahrer wurde:

von Peter-Josef Schünemann, Bremen

Meine Lehrer befanden, ich sei ebenso faul wie charakterschwach, und meiner bisherigen Biographie nach stimmt diese Einschätzung. Ich vermute, daß nicht wenige Lehrer ihre Schüler mit derartigen Eigenschaften ausstatten, und dennoch finden diese dann nach der Schule den Weg in ein geordnetes Leben. Bei mir hat die Entwicklung zum anständigen Mitbürger jedoch wohl deshalb nicht Fuß fassen können, weil ich jeden Schultag ein Stück am damals intensiv von der Berufsschiff(f)ahrt genutzten, und in diesem Teil überdies tidenabhängigen Küstenkanal entlang gehen und ihn dann noch überqueren mußte. Dazu gab es eine Hubbrücke, auf der man während des Hochund Herunterfahrens stehen bleiben konnte. (Heute ist das verboten.) Besonders schön war es, wenn ein von einem gewaltig qualmenden Schlepper gezogener Schutenverband die Brücke passierte, aber auch die geschäftig tuckernden Selbstfahrer hatten ihren Reiz.

Solche Bilder zogen mir durch den Kopf, der Nachhall der Maschinen verstopfte die Ohren und die daraus erwachsenden Träume füllten mein Herz. In solchem Zustand saß ich dann in der Schule. Mit der attestierten Charakterschwäche hatten meine Lehrer zweifellos recht-, gegen die Verlockungen des Reisens auf dem Wasser – vorerst noch träumend – war ich trotz gelegentlich gefaßter bester Vorsätze schlicht machtlos. Meine Mutter erkannte die Gefahr nicht, ja selbst die in den Stürmen und Wirrnissen des Lebens erfahrenen Großeltern waren in dieser Hinsicht blind. Wohl weil beide nicht an Flüssen (oder Kanälen) aufgewachsen waren. Der Sonntagsspaziergang führte denn auch mit fast teuflisch zu nennender Regelmäßigkeit immer mal wieder zur nahegelegenen Schleuse, wo es Jollensegler, Ruderer und Paddler zu bestaunen gab. Wasser macht süchtig, das wissen wir alle.

Einmal wäre es beinahe gelungen, mich zu kurieren. Ich durfte in einem motorisierten Faltboot aus Vorkriegstagen mitfahren. Das gefiel mir überhaupt nicht. Dann hatte ich Gelegenheit, die ganzen Sommerferien auf einem Binnenschiff als Schiffsjungenvertretung mitzufahren. Einwände gab's schon deshalb nicht, weil am Ende der Reise zwanzig Mark Lohn – genug für ein gebrauchtes Fahrrad – winkten.
Da war es dann endgültig um mich geschehen, aber das erste eigene Boot lag noch in weiter Ferne. Eine andere Schule, ein in dieser Hinsicht ungefährlicher Schulweg deckte die Träume für eine Weile zu.

Irgendwann verdiente ich das erste eigene Geld. Nicht genug, um davon ein Boot kaufen und unterhalten zu können, und überdies zu Zeiten, die mit dem damals noch streng gehandhabten Vereinsleben nicht zu vereinbaren waren. Dem Wasser kam ich angelnd nun wieder näher.
Mit dem später begonnenen Studium gab es neue Freiräume, und darin fand dann auch das erste Boot seinen Platz. Kein Falt-, sondern ein Schlauchboot. Ich hatte den Faltbootausflug nicht vergessen!
Laut Prospekt konnte es mit Rudern, Segel oder Motor bewegt werden. Die Paddelbarkeit mit dem Stechpaddel habe ich dann dazuerfunden und mich darauf und den Einsatz des kleinsten Motors beschränkt.

Boot und Zubehör paßten genau in das Unterteil eines auf dem Sperrmüll gefundenen Küchenschranks, der Motor wurde auf dem Balkon untergebracht. Zu den wechselnden Einsetzstellen transportierte ich Boot, Motor und Zeltausrüstung mit dem Fahrrad nebst Anhänger.

Dann versuchte ich mich in bürgerlicher Existenz, wurde Mitglied in einem Kanuverein ohne Bootshaus, suchte mir einen Liegeplatz und tauschte das mittlerweile hinzugekaufte größere Schlauchboot gegen einen Polyestercanadier. Immer vom selben Hafen loszufahren gefiel mir nicht lange, und gegen ein Auto hatte ich mich schon vor Jahren entschieden. Ein echtes Reiseboot mußte her, eines das im Zug – wohin auch immer– mitzunehmen war! Sollte ich es doch mit einem Faltboot versuchen? Einen milden Herbst und den Winter bis Weihnachten guckte und probierte ich. Faltcanadier erschienen mir plünnerig, wie man hier sagt, in Faltbooten, zu denen ich auf wunderbare Weise neues Zutrauen gefaßt hatte, konnte ich nicht länger als eine halbe Stunde sitzen – dann wurden mir die Beine taub und ich kam nicht mehr aus dem Boot-, aber ein Schlauchcanadier, 4,2 in lang und 1 Meter breit, paßte wie ein Schuh. Der wurde dann auch mein, besser: unser Reiseboot. Inzwischen hatte ich nämlich eine Tochter, mit der ich schon im Polyestercanadier unterwegs war. Große und abenteuerliche Reisen auf Weser und Elbe, kleine auf Wümme, Hamme, Lesum und Weser haben wir beide damit gemacht.

Kinder werden erwachsen, müssen den ganz eigenen Weg ins Leben suchen – das ist allgemein bekannt – , aber beim Finden, denke ich, sind die Erlebnisse mit Boot und Zelt ganz hilfreich. Als nun wieder Einzelpaddler, noch immer zu faul für Vereinsarbeitsdienste und weiterhin zu charakterschwach, um den Verlockungen des Reisens auf dem Wasser widerstehen, mußte ich einen weiteren Versuch mit dem Faltboot wagen. Gescheitert war das Experiment vor etwa zehn Jahren am Sitzenkönnen, überlegte ich, baute mir ein Faltbootsitzmodell und übte sitzen. Eine Woche lang trat das vertraute Phänomen nach etwa einer halben Stunde auf, dann wurden die komplikationsfreien Zeiten allmählich länger. Was genau ich anders gemacht habe, weiß ich nicht, aber irgendwann ging's. Prima! Jetzt brauchte ich nur noch ein Faltboot, einen Zweier, den ich allein fahren würde. Da könnte ich mir den Luxus von Spitzenbeuteln leisten und käme dennoch auf Reisen ohne Decklast aus. Mein Boot, Klepper Blauwal 4, wenig benutzt, sachgemäß gelagert, fiel mir dann wenig später sozusagen in den Schoß. Noch immer faul und charakterschwach wurde ich so Faltbootwanderfahrer. Die Betonung liegt hierbei auf »Wander«, denn für weniger als eine Woche spare ich mir den Ab- und Aufbau.

Faulheit und Charakterschwäche führen denn auch dazu, daß ich beim Paddeln – oder sollte es doch mehr ein Sichtreibenlassen sein? – über der Bequemlichkeit zuträgliche Veränderungen bei Boot, Zelt und übriger Ausrüstung nachdenke. Begünstigt wird dieses Nachdenken durch die Flüsse, auf denen ich bevorzugt unterwegs bin: stundenlang zwischen sich kaum merklich verändernden Uferlandschaften habe ich mich schnell daran sattgesehen. Bevor ich nun zu einigen Beispielen für die Ergebnisse solchen Denkens komme, möchte ich noch kurz auf meine erste Wanderfahrt mit dem für mich neuen Boot eingehen.
Als Canadierfahrer halte ich mich für einigermaßen erfahren, aber als Kajak- und Faltbootfahrer habe ich die Reise von Neuruppin nach Geesthacht als Neuling, um nicht zu sagen: blutiger Laie, angetreten.

Einen ersten Versuch mit dem Doppelpaddel über 10 Kilometer hatte ich schon komplikationslos hinter mich gebracht, und so glaubte ich denn auch, auf die beim Canadierfahren bewährten

(Radfahrer-) Handschuhe (Vollsynthetik) verzichten zu können. Irrtum. In Berlin gab's dann welche. Wanderfahrer, heißt es, sind in die Packerei vernarrt. Ist ja auch schön, statt einiger Paraphernalien den ganzen eigenen Mikrokosmos wasserdicht verpackt durch die Gegend zu schippern – mehr noch, es ist jene Art Freiheit, von der der Camel- oder Marlbororaucher lediglich träumt, und, anstatt sie zu leben, sie blauem Dunst anvertraut. (Ich habe nichts gegen Tabak, und gegen Zigaretten bei anderen schon gar nichts, sind sie doch die gerechte Rache der Indianer am Weißen Mann.) Der Canadierfahrer hat's beim Packen leicht; was zusammengehört, wird zusammengepackt und findet seinen Platz wie von selbst. Auch der so beliebte Unterwegskleinkram ist problemlos griffbereit und wasserdicht unterzubringen. Das ist beim Faltboot anders. Statt einiger großer Packsäcke muß eine Vielzahl kleiner Beutel hierhin und dorthin in neu bedachter Ordnung gestaut werden – bis alles seinen Platz hatte, dauerte es bei mir einige Tage.

So ist denn auch die folgende Bastelei entstanden:
Die von Klepper angebotenen Täschchen zum Einhängen am Süllrand sind mir immer im Weg und überdies dem um einen Spant nach vorn gerückt sitzenden Einzelfahrer im Zweler schwer erreichbar gewesen. Ich habe sie frohen Herzens verschenkt, nachdem ich zwischen Spant 3 und 4 eine offene Netztasche aufgehängt hatte. Am Anfang stand ein Gummigurtband, 5 cm breit, mit angenähten D-Ringen, das mit Knopflochgummi oben am Spant und unten an der Sente gehalten wurde. Brotdose und Trinkflasche blieben so brav an der Bordwand liegen, rutschten nun nicht mehr bis an den Kiel. Noch schöner, dachte ich, wäre jedoch, wenn ich auch anderen Kleinkram dort unterbringen könnte. Ein Netz zum Schutz von Feinwäsche in der Waschmaschine gab es als zunächst unbemerkte Dreingabe bei einem Feinwaschmittelkauf. und da stellte sich die Frage, was wäre, wenn ich dieses Netz am einen Ende mit einem Hohlsaum versähe, durch den das bereits vorhandene Gummi gezogen würde und am anderen mit Bändern zum Aufhängen am Spant? Als ich soweit mit meinen Überlegungen war, kam ein Brief von Jürgen aus Bottrop mit einer Probe PVC-Gitter.

Er kannte die Gummibandkonstruktion schon und hatte offenbar in dieselbe Richtung gedacht – so was freut mich. Das Gitter war dann aber doch zu steif. Inzwischen habe ich den Bootsboden frei und den Unterwegskleinkram griffbereit.

Eine Spritzdecke ist wegen des Wassertransports am Paddel entlang nicht zu verachten. Ich habe mir eine »Schönwetter«-Spritzdecke aus Ferranyl 350 gemacht. Sie wird mit Tenax-Knöpfen (die mit dem großen Kopf!) am Süllrand befestigt. Die darin für die Spantenbeschläge vorhandenen Schraublöcher habe ich durchgebohrt, die mit M5 versehenen Unterteile der Tenax-Knöpfe auf M4 heruntergeschnitten, und die Löcher in den Spantenbeschlägen soweit aufgerieben, daß eine Gewindehülse M4 hindurchpaßt. Um die Süllrandspitze ist eine Gummischnur offen geführt, die dann durch Ösen im Hohlsaum der Spritzdecke verschwindet und vor dem ersten Tenax-Knopf diesen wieder durch eine Öse verläßt und mit einem Knoten gesichert wird. Das fahrerseitige Ende dieser Spritzdecke hat links und rechts ebenfalls Ösen, die über die Klampen am Süllrand gezogen werden und sich – wegen der Gummischnur- dort ebenso gut halten, wie sie sich leicht lösen lassen. Falls es noch einmal einen so schönen Sommer gibt wie 2003, denke ich über eine solche Spritzdecke aus Persenningtuch nach.

Zum regen- und blickdichten Verschluß des Cockpits habe ich ebenfalls Ferranyl 350 benutzt. Die Plane wird wie die Spritzdecke befestigt, nachdem die abgenommen ist. Beides hat sich so gut – die Plane bei kräftigem Regen, die Spritzdecke bei Vegesack im Kabbelwasserbewährt, daß ich denke, die Mühe des Hinschreibens lohnt. Soviel zum Boot.

Nun zum »Lagerleben«.
Ein Tarp ist eine prima Ergänzung zum Zelt; nur mit dem AlleinAufstellen tut sich mancher schwer. Vernünftigerweise fährt man ohnehin zu zweit, höre ich den mir beim Schreiben über die Schulter guckenden Uwe sagen. Zu zweit geht öfter was schief als allein, sagt der Hannes, gebe ich zurück. Eine solche Zu-Zweit-Reise war nämlich der Anlaß für das Entstehen des im folgenden vorgestellten.

Wünschenswert schien mir, die Position der die Aufstellstangen haltenden Heringe schon vor dem Aufstellen festzulegen. Zu Hilfe gekommen ist mir dabei die in anderem Zusammenhang betriebene Beschäftigung mit der Geschichte der Landvermessung. Bevorzugt werden zu vermessende Areale, habe ich dabei erfahren, in rechtwinklige Dreiecke aufgeteilt. Rechtwinklige Dreiecke? Da gibt es doch eine ganz besondere Formel, die das Verhältnis der Seiten zueinander definiert ... richtig!
Den Lehrsatz des Pythagoras, dem wir alle in der Schule begegnet sind: $a^2 + b^2 = c^2$. Für die praktische Anwendung heißt das, daß bei einem Dreieck mit den Seitenlängen 3, 4 und 5 zwischen den Seiten 3 und 4 ein rechter Winkel eingeschlossen ist. Zuerst war also die bis zu den Endheringen verlängerte Firstlinie auf dem Boden abzutragen, und dann daran von den Endheringen aus jeweils zwei rechtwinklige Dreiecke anzutragen. Mit zwei Leinen, von denen eine die Endheringe verbindet und die andere im Verhältnis 3 zu 4 zu 5 mit eingebundenen Schlaufen der Länge nach geteilt ist, wird die Position der sechs benötigten Heringe im Voraus festgelegt. Einen Gurt, der die Stangenspitzen verbindet, hatte ich mir schon früher angefertigt, weil so der Zug auf das Tarp in Firstrichtung klein genug gehalten werden kann. Nach dem Aufstellen der ersten Stange stecke ich mit einem Erdnagel das freie Ende des Firstgurtes fest. Der restliche Aufbau ist nur noch Sache von Minuten. Erwähnenswert ist wohl noch, daß ich mein Tarp immer als Satteldach mit einer kurzen und einer langen Seite aufbaue und die lange Seite mit Gummischnüren (6mm) abspanne. Die kurze Seite (75 cm) steht auch ohne zusätzliche Stützen ziemlich flach, wenn die Abspannleinen lang genug sind.

Mein persönliches Idealtarp ist 3 x 4 Meter groß, die Stangen sind 2 Meter lang. Die Dreimeterseiten sind zusätzlich zu den Endschlaufen regelmäßig im Abstand von 75 Zentimeter geteilt, die Viermeterseite in diesen Abständen: 75, 50, 75, 75, 50, 75 Zentimeter. Je nach den örtlichen Gegebenheiten wähle ich als Firstlänge 3 oder 4 Meter, deshalb ist meine ungeteilte Leine 7 Meter lang und bei 6 Meter mit einer eingebundenen Schlaufe versehen. Die Spannleinen für die kurze Dachseite habe ich am einen Ende mit kleinen Aluminiumkarabinern versehen; das erleichtert den Aufbau ziemlich. Beim Abbau, speziell bei Wind, hake ich die Endschlaufen des Tarps zusammen und fixiere sie vorübergehend an den Spannleinen der Stangen.

Nach dieser Methode habe ich mein Tarp bisher bei jedem Wetter problemlos allein auf- und abgebaut.

ARCHE NOAH

oder:

Wie ich im Herbst 1998 ein kleines Shetty Pony vor dem Ertrinken rettete.

eine wahre Geschichte

von Frank Otterbach, Bielefeld

[Dies ist ein wahre Geschichte – von mir selbst erlebt – und allen Faltbootfahrerinnen und Faltbootfahrern gewidmet, die auch heute noch an das Gute und Wahre in unseren Paddlerherzen glauben.]

Wie immer reisten wir am letzen Freitag im Oktober nach *Münchhaus* zum alten *Wardener See*, hatten wie gewohnt gemütlich unsere Zelte und Boote aufgebaut, und ich sagte zu meinen Bekannten und Freunden: »Ich will nur noch schnell vor der Dämmerung mein neues Paddel einfahren, ich komme sofort zurück, macht schon mal alles klar, es dauert ja nicht lange.«

Ich also rein in mein geliebtes E65er, das neue Galetto-Paddel aus Kirschbaum mit Walnussblatt gegriffen und ab gings um die nächste Ecke, rein in den alten *Warden Kanal*. Richtig glücklich war ich, das Herz tanzte vor Freude und der Kahn zog ab wie Schmitz´ Katze. Zapp, Zapp, Zapp – tauchten die Löffel ins kalte Naß und die kleinen Wollpäckchen an den Drähten der Weidezäune huschten wie im Fluge vorbei. Langsam und unerbittlich zog die Dämmerung herauf – es war immerhin Ende Oktober, die Zeit schon zurückgestellt – und ich dachte erst spät an Rückkehr, wendete behende meinen Plünnenkreuzer (der Kanal ist nur 4,85 m breit) und zog lang und ruhig weg in Richtung des scheinbar glühenden Campingplatzes. Für den Abend plante der Betreiber ein rauschendes Herbstfest und überall in den Ästen der großen Linden waren orangerote Lampions aufgehängt. Eine sehr romantische, leicht bizarre Stimmung, für die ich an diesem Abend mehr als empfänglich war.

Da ! – Plötzlich hörte ich ein leises Wimmern und Kratzen aus einer kleinen Bucht, die vor Jahren mit jetzt vergammelten Holzpalisaden abgesteckt war. Ich verlangsamte die Fahrt und ließ mein Boot treiben, um nicht durch irgendetwas Schlimmes oder Beängstigendes (unerwartet) erschreckt zu werden. Mein Kahn lugte zart um die Ecke und ich sah vor mir einen pelzigen unscharfen Schatten etwa eine Handbreit aus dem grünbraunen Wasser herausragen. Es bewegte sich, und hielt manchmal einfach nur inne. Eine behaarte Wasserschlange? Ein Dämon? Kalt vor Schweiß zitterte ich am ganzen Leib. Die Vorreiber der Bodenleiter bibberten und klickten im Takt des heftig pumpenden Herzens – klickediklick, klickediklick, klickediklick. Urplötzlich eine aufgewühlte Gischt, weisse Krönchen auf schwarzem Wasser, und ich sehe direkt in das Gesicht eines kleinen Shetland Ponys. Die Augen weit offen und weiß vor Angst, der kleine Racker war sicher dem Ertrinken nah.

Es bedurfte keiner langen Überlegungen. Ich hatte mich derweil beruhigt und war wieder hinreichend handlungsfähig, also gab's nur eins. RETTUNG der armen Kreatur. Ich reiße die Spritzdecke herunter, schiebe das Paddel aufs Deck und fasse mit letzter Kraft und klammen Händen das arme Tier am Hals. Oh! – Schreck – ist das schwer. Meine Karre schwankt und kippelt, beinahe wäre ich dem Tier in den sicheren Tod gefolgt. Doch irgendwie fasste ich noch einmal nach, und schwupps hatte ich den kleinen Bengel zu einem Drittel in der Luke. Wir wurden eins und plötzlich funktionierten unsere Instinkte gleichgeschaltet, fast wie bei Geschwistern. Das Pony faltete sich äußerst geschickt zusammen, so dass ich es halb im, halb auf dem Boot mit Gummileinen halbwegs stabilisieren konnte. Ein Schwall verschluckten modrigen Wassers machte mir noch eine ganze Weile zu schaffen, da bei der Aktion unter anderem der Lenzschwamm über Bord gegangen war.

Ein sicher unglaubliches Bild, wenn es denn jemand hätte sehen können, aber wir gelangten so wirklich aus dem Kanal auf offenes Wasser und sahen in der fortschreitenden Dämmerung am Horizont das verheißend feuchtrote Glühen des erlösenden Campingplatzes. Zu meiner größten Verwunderung begann das erschöpfte Tier nach einer Weile – unaufgefordert (!) – mit den Vorderläufen mitzupaddeln. Ich konnte meine Paddelarbeit zunehmend einstellen und genoß dieses sicher als Dank zu wertende Gepaddeltwerden Minute um Minute.

Das Photo wurde von der Wasserschutzpolizei Münchhaus [POM Jürgen Bratzke] unter schwierigen Lichtverhältnissen mit dem neuen Rip-Scanner auf Wachfahrt im Einsatz aufgenommen.

Als wir beide uns dem rettenden Ufer näherten, standen schon blinkende Polizei – und Krankenwagen ungeordnet auf der Wiese umher und hatten – wohl beim Bremsen – schwarzbraune Streifen in das satte Grün des Rasens gerissen. Durch das blaue und orangene Blinklicht wirkte die Szenerie richtig gespenstisch. Heute weiß ich nicht mehr, wie wir beide damals aus dem Boot gekommen sind, aber entgegen unseren Erwartungen wurden wir überhaupt nicht freundlich empfangen. Der Wirt und Campingplatzbetreiber schimpfte wutschnaubend über meinen und des Tieres unduldbaren Leichtsinn. Wir hätten zudem das ganze Fest zerstört, denn wer wolle sich schon nach solch einer Sensation noch fröhlich seinen Bratwürsten nähern. Meine

Freunde haben sich – wohl enttäuscht über meinen neuen Freund – zügig abgewendet, und plötzlich verstand ich diese Welt nicht mehr. Dieser kleine Ausflug hatte meine ruhige und berechenbare, bürgerliche kleine Welt in diesen wenigen Stunden aus den Angeln gehoben.

Ich packte erst gar nicht wieder groß alles zusammen. Einen kurzen Augenblick noch besah ich meine geliebte ARCHE NOAH , betastete die schöne blassblaue Baumwolle, atmete tief und intensiv den wohligen Geruch des alternden PVC´s, streichelte die patinierte Esche und das alte Alu an Spant 3 und fühlte mich wie selten zuvor, eins mit dem Kosmos und der Schöpfung.

Mich umdrehend griff ich unbewußt zum geretteten Pony – doch oh Schreck – es war unbemerkt im Dunkel der seit zwei Stunden nun nicht länger unschuldigen Oktobernacht verschwunden. Ohne ein Zeichen des Abschieds, ohne eine Geste der Dankbarkeit, einfach gegangen, einfach weg. Nichts. Eine Leere und Kälte wie ich sie vorher noch niemals spürte.

zum Autor: Frank Otterbach, Baujahr 59, lebt und arbeitet in Bielefeld, Architekt, E65-3 Sonntags-Trocken-Paddler, Kontakt via e-mail: frank.otterbach@gmx.de

Begegnung der dritten Art (Teil II)
(Fortsetzung von Seite 42)

Reise von Feldberg über Carwitz nach Küstrinchen

In Lychen angekommen, telefoniere ich mit Fide. Der ist kurz vor Fürstenberg und ich habe noch genügend Zeit, um mal auf den ehemaligen Biwakplatz am Platkowsee hinauszufahren. Dort angekommen treffen Anna und ich leider das erwartete Bild an – alles komplett zurückgebaut!
Wir machen uns recht frustriert auf den Rückweg nach Lychen. Fide, Seb und Sandy sitzen schon in der »Alten Mühle«. Wir essen Mittag und beraten, was zu tun sei. Fide schlägt vor, daß wir doch mal beim Bürgermeister vorbei schauen sollten, um aus berufenem Munde eine Aussage bezüglich des Platzes und einer Ersatzlösung zu bekommen. Der Bürgermeister hat aber heute keine Sprechstunde.
Während Fide, Seb und Sandy nach Feldberg starten, schauen Anna und ich noch schnell in der Touristeninfo in Lychen vorbei. Hier wird uns bestätigt, der Küstrinchen hat momentan einen Lattenpegel von 21 cm und steht damit definitiv nicht auf unserem Tourenplan.
In Feldberg angekommen, schlagen wir unser Lager auf dem Zeltplatz am Breiten Luzin auf. Der Spaß kostet für ein Zelt, zwei Nasen 24,-- DM, zuzüglich 1,-- für das Boot und 1,-- für

Müll. Wir fragen, warum wir eine Mark für Müll zahlen müssen, wir haben doch gar keinen mit. Der Zeltplatzwart entgegnet, daß wir aber welchen produzieren werden und es wäre auch ein Wunder, wenn nicht! Wir bauen unsere Zelte und Boote auf und sind uns sicher, wir werden heute Müll produzieren! Getreu dieser Tagesmaxime werden die Vorratsbehälter nach angebrochenen Packungen durchsucht und alles, was hochmüllverdächtig ist aufgefuttert. Am nächsten Morgen werden wir stolz eine ganze große Mülltüte präsentieren, unsere Vorräte sind damit mülloptimiert.

Der Tag ist irrsinnig heiß und wir warten noch den frühen Abend ab, um mein Auto nach Küstrinchen zu fahren. Dem Fischer drücken wir als Parkgebühr bis Sonntag zehn Mark in die Hand und schauen noch mal zum Lattenpegel an der Einsatzstelle – 21 cm. Die Auskunft war also korrekt! Auf dem Biwakplatz ist schon ganz schön was los, es wird zum Küstrinchen umgetragen, trotz der aufgestellten Warnhinweise. Ich spreche eine Gruppe an und weise sie darauf hin, daß es nicht nur verboten ist, bei diesem Lattenpegel zu fahren wegen der Neunaugen und der Flussmuscheln, sondern, daß man auch sich und den Booten keinen Gefallen tut. Die Ansprache fruchtet nicht, hätte ich mir auch gleich denken können – Leihkanadier, alles egal. Danach spreche ich noch eine viertel Stunde mit dem Feuerlöscher in meinem Auto – der hört mir wenigstens zu.

Auf dem Rückweg in Fides Auto diskutieren wir das Thema noch mal ausgiebig, ohne Ergebnis. Wir stellen nur mal wieder fest, daß es eben Paddler und Paddler gibt und dann sind halt eben noch die Leihkanadier, alles egal.

Wieder in Feldberg angekommen, können wir uns schnell darauf einigen, den Grapefruitsaft mit Wodka zu verdünnen. Die Literflasche überlebt den Abend nicht. Bei Kerzenlicht sprechen wir über Paddelerlebnisse aus vergangenen Zeiten, erzählen Fide von unserem ersten Teil der Paddeltour und dem ganzen aufgestauten Frust. Die Stimmung ist aber heute Abend schon besser, das Wetter ist toll und Fide ist da! Fide heißt mit richtigem Namen Friedrich, ist Anfang vierzig und früher mal richtig zur See gefahren. Heute arbeitet er bei der Hamburger Hafenpolizei. Eine interessante Persönlichkeit, die ein Gefühl von väterlicher Geborgenheit ausstrahlt! Am schönsten ist es immer, wenn Fide Käpt`n Blaubär-Geschichten erzählt oder Mundharmonika spielt, so auch an diesem Abend. Am Besten ist immer die Blaubär-Geschichte mit Back- und Steuerbord, die erzählt er eigentlich jedes Jahr mindestens einmal. Das wäre also dieses Mal ungefähr die zehnte Wiederholung. Schön ist es trotzdem.

Der erste Paddeltag

Wir starten zu einer gemäßigten Uhrzeit gegen Mittag hinaus auf den Breiten Luzin. Die Sonne strahlt, daß die Heide wackelt. Hut und Sonnenblocker sind wichtigstes Marschgepäck. Wir genießen den Schmalen Luzin mit seinem klaren Wasser, passieren die Fähre und machen einen Badestop an der Badestelle. Das Wasser ist frisch und es kostet uns eine Menge Überwindung, das aufgeheizte Körperchen zu wässern. Fide nutzt die Gelegenheit und packt seinen neuen Gatzkanadier noch mal um. Mit der neuen Lastverteilung geht es dann viel besser.

Um die Ecke herum sehen wir schon Carwitz, der Wind bläst uns mittlerweile böig ins Gesicht. Der Luzin zieht sich und wir sind froh, die Bäk zu erreichen. An der Umtragestelle trifft dann auch mein Bruder Robin mit dem Auto ein. Wir bauen sein RZ85 auf und machen, daß wir auf den Carwitzer See raus kommen. An der Umtragestelle herrscht mittlerweile Volksfeststimmung. An die zwanzig Boote dürften derzeit hier liegen, Tendenz stark steigend. Selbst Ruderboote werden heute umgetragen.

Auch der Carwitzer See erwartet uns mit starkem Gegenwind, die Wellen bauen sich gewaltig auf. Wir kürzen vor dem Bohnenwerder ab und fahren unter der kleinen Brücke durch, eine schöne idyllische Durchfahrt liegt vor uns. In dieser verschnaufen wir kurz und stellen uns dann erneut dem Wind, der durch unsere Richtungsänderung nun von hart Steuerbord kommt. Die drei Inseln auf dem Carwitzer See queren wir und halten Kurs auf das Nordufer. Dort besuchen wir den Schwarz-Biwakplatz, den meine Dresdener Kumpels oft nutzen und befinden ihn für nicht geeignet. Unser weiterer Weg führt uns in den Zansen, ein Ausweichplatz ist schell gefunden. Unsere drei Zelte haben gerade so Platz gefunden. Drei Flaschen, die auf dem Platz umher liegen wandern in unseren gelben Sack. Die Feuerstelle werden wir auch an diesem Abend nicht nutzen, substitutiv tut es wie immer auch Fides Petroleumlampe. Am Abend gibt es die üblich Seefahrer- und Paddelgeschichten, mit dem Ergebnis, daß die gefangenen Fische und die Touren in der Erzählung wieder ein Stück länger geworden sind. Der Wels vor zwei Jahren hat mittlerweile 20 Pfund und von Hamburg nach Singapore sind es ca. 85tausend Seemeilen.
Es wird erst spät dunkel und das immer noch wehende Lüftchen hilft gut gegen die lästigen Insekten.

Der zweite Paddeltag
Der nächste Morgen begrüßt uns mit Sonnenschein und einem Ruderboot voll lärmender Pfingstausflügler. Auch heute lassen wir uns Zeit mit dem Packen. Was die Länge der geplanten Tour anbelangt, werden wir genau so genügsam sein, wie gestern. Die Inseln im Carwitzer See werden von uns gequert, auch das Bohnenwerder kürzen wir heute wieder ab. Auf dem Carwitzer herrscht buntes Treiben, ungefähr so, wie Sonntags 17.00 Uhr auf dem Berliner Ring. Faltboote sind eine Seltenheit. Das Bild wird geprägt von Ruderbooten und Leihkanadiern. Vor der Durchfahrt zum Dreetz See bildet sich ein Stau, dieser war im Radio nicht angesagt! Die Durchsage hätte sich wie folgt angehört: »... und nun noch die Meldungen für die Feldberger Gewässer. Auf dem Carwitzer See ist durch erhöhtes Verkehrsaufkommen mit erheblichen Behinderungen zu rechnen. An der Durchfahrt zum Dreetzsee fünfundzwanzig Boote Stau durch Entenfütterer. Der Leihkanadier im Schilf nach der scharfen Linkskurve konnte mittlerweile geborgen werden. Fahren sie in diesem Bereich trotzdem vorsichtig, für Nachschub ist gesorgt.« Egal, heute ist Pfingsten, mit dem Verkehrsaufkommen hatten wir gerechnet, sich beschweren ist daher müßig.
Auf dem Dreetzsee bietet sich uns das gleiche Bild, Boot an Boot und ein Lärm, wie auf einem Rockkonzert.
Wir landen am Thomsdorfer Zeltplatz an und bereiten das Umtragen vor. Der halbe Kilometer umtragen ist mit all dem Marschgepäck gewohnt beschwerlich, aber die nachfolgende Paddelstrecke wird uns für unsere Mühen belohnen. Am Eingang zum Zeltplatz, oben auf dem Berg, warnt ein kreisrundes Schild: Wasserstand am Küstrinchen unter 30 cm, deshalb wird die Befahrung nicht empfohlen (?!).
Am Krüselin angekommen nehmen wir ein erfrischendes Bad. Ich borge mir Fides Schnorchelausrüstung und schwimme das Ufer ab. Fantastisch, wie im Aquarium. Umringt von Barschen und Rotaugen gleite ich durch das Wasser. Im Schilf steht ein großer Hecht. Große Schleien kreuzen meinen Weg und ich tauche hinterher und vergesse, wie lang der Schnorchel ist. Dafür muß ich Wasser schlucken.
Nach einer halben Stunde komme ich ziemlich durchgefroren wieder zurück, total überwältigt von dem Gesehenen und mit blauen Lippen. Macht nichts, die Sonne wärmt ordentlich durch.

Wir beobachten noch eine Weile das Treiben an der Umtragestelle und können mehrere Delikte der Bootsmisshandlung vermelden. Kanadier, die als Schlitten genutzt werden und RZs, deren Bäuche sich unter der Last bis zum Boden biegen. Mit zwei Bootswagen und einer Kiste Bier in der Mitte bekommt der Begriff »Kielsprung« eine ganz andere Bedeutung ...

An der Einsatzstelle steht eine große Übersichtstafel, die Informationen zur Umgebung liefert. Es sind im Gegensatz zum Wasserwanderatlas alle Flüsschen und Seen mit Namen gekennzeichnet. Später, in meinem Reisebericht, kann ich mich leider nicht mehr an alle Namen erinnern.

Interessant sind für uns die Ausführungen zum Küstrinchenbach. Das mit den Neunaugen, den Muscheln wissen wir und das die guten Tierchen vom Aussterben bedroht sind, hat sich mittlerweile auch schon rumgesprochen. Der Tafel ist aber weiterhin zu entnehmen, daß der Küstrinchen bei unter 30 cm nur nicht befahren werden sollte, was uns deutlich zu lasch formuliert ist. Das »sollte« erinnert uns von der Wirksamkeit her an den Aufdruck einer Zigarettenschachtel: »Rauchen gefährdet die Gesundheit« und es schert sich ja auch kaum jemand drum. Ich hatte hier ein Schild erwartet, auf dem klipp und klar steht, daß es unter Androhung einer Ordnungsstrafe VERBOTEN ist, den Küstrinchen bei unter 30 cm zu befahren ...

Gegen drei sind wir wieder auf dem Wasser. Die große, schwere Umtragestelle über den Thomsdorfer Zeltplatz hat den Vorteil, daß sich das Feld von Wasserwanderern stark ausdünnt. Wem der Aufwand zu groß ist, bleibt in der Gegend um Carwitz und das ist gut so.

Die nächste Umtragestelle zum Krüseliner Fließ ist zügig erreicht. Ich genieße noch kurz den Blick auf den Krüselin mit Insel und nehme etwas wehmütig Abschied von einem der schönsten Seen hier oben.

Die Boote sind schnell und problemlos auf der anderen Seite. Einzig und allein ein Paddelblatt muß sich unter Sebastians Gewicht vom Schaft trennen. Kein Thema, es ist ja ein Doppelpaddel und im halbierten Zustand, mit der noch intakten Seite auch als Stechpaddel zu gebrauchen. Das Wasser ist sehr flach und die Boote liegen auf Grund. Es hilft nichts, wir müssen 100 Meter treideln. Auch die weitere Fahrt gestaltet sich nicht so einfach. Die eine oder andere Schneise im Schilf mahnt zu konzentriertem Steuern.

Vor uns liegt der kleine Mechowsee idyllisch mit Seerosen und breitem Schilfgürtel. Der Wind schiebt uns direkt auf die Ausfahrt zu. Wir genießen die Stille und lassen uns treiben. Auch die Durchfahrt zum Großen Mechowsee ist nicht minder idyllisch. Wir werden von einem Eisvogel begrüßt. Wir einigen uns darauf, daß es sich hierbei um den vom Landratsamt angestellten obligatorischen Seeausgangseisvogel handelt, der trotz der Pfingstfeiertage seinen Dienst versehen muß. Der Rest seiner Familie wird wohl über Pfingsten in eine ruhigere Gegenden ausgeflogen sein.

Auf dem Großen Mechowsee angekommen, haben wir erstmal Schwierigkeiten, die Ausfahrt zu erspähen. Wir einigen uns nach einem Bier, dem ersten für heute, auf eine Richtung, die sich später als korrekt erweist.

Die Tour von Feldberg nach Lychen haben wir zwar schon oft gemacht, aber so zugewachsen und verkrautet, wie in diesem Jahr, habe ich sie noch nie erlebt. In den meisten Durchfahrten hat man eigentlich keine Alternative, der Weg führt irgendwie immer durch Schilf oder über See- und Teichrosen. Es tut mir in der Seele leid und wir versuchen so wenig, wie möglich Schaden anzurichten. Das ist aber an vielen Stellen bereits egal. Die zerfetzten Blätter und geknickten Halme zeugen von der Masse, die vor uns hier schon durch ist.

Wir genießen die Durchfahrt hinter dem Großen Mechowsee. Das Fließ schlängelt sich durch eine reizvolle und abwechslungsreiche Landschaft. Gesäumt wird der Weg von Schilf, Seerosen und anderen Wasserpflanzen. Die kleine Fußgängerbrücke muß nicht umtragen werden. Wir, im RZ, rutschen durch, den Kanadier von Fide müssen wir mit vereinter Kraft herunterdrücken. Danach wieder Seerosen, Schilf, Natur ...

Wir lassen uns auch auf dem Aalsee sehr viel Zeit und als wir an der Kolbatzer Mühle ankommen, ist es schon fast 19.00 Uhr. Die Sonne sticht. Es dürften immer noch fast dreißig Grad sein. In Anbetracht der allgemeinen Lustlosigkeit schlagen wir unser Lager auf der Wiese oberhalb der Anlandungsstelle auf. An der Informationstafel ist der Pegelhinweis für den Küstrinchen falsch eingestellt. Jetzt steht dort in Blauen Lettern: »Pegelstand über 30 cm, Küstrinchen befahrbar.«. Ich zücke mein Taschenmesser und löse mit dem Schraubendreher die Schraube um das Schild dem tatsächlichen Pegelstand anzupassen.

Eine Stunde später, will ich noch mal ins Wasser springen. Ich komme am Schild vorbei und wie durch Zauberhand muß laut Schild der Pegelstand am Küstrinchen sprunghaft angestiegen sein. Da ich diesmal kein Taschenmesser dabei habe, verschiebe ich die Pegelsenkaktion auf später.

Der See bringt die erwünschte Abkühlung, auch wenn das Schwimmen im verkrauteten Wasser recht gewöhnungsbedürftig ist.

Die Sonne verschwindet langsam hinter den Bäumen und oben, auf unserem Lagerplatz wird es erträglicher. Wir kochen erstmal Spagetti mit Speck und scharfer Tomatensoße. Nach dem reichlichem Mahl bauen wir die Zelte auf. Ich werde heute Abend nicht alt. Erstens nerven mich auch heute wieder diese kleinen Fliegen und zweitens habe ich etwas zu viel Sonne abbekommen. Fieber scheine ich keins zu haben, dafür ist mir aber schlecht und zu heiß. Auf meinem abendlichen Rundgang stelle ich fest, daß auch dieses Mal das Pegelschild, wie von magischer Hand verstellt wurde. Jetzt ist der Küstrinchen wieder unter 30. Ich bin zufrieden und verschwinde im Schlafsack.

Der Rest der Crew trotzt den Quälgeistern aus dem Reich der Insekten auch nicht mehr lange, um 23.00 Uhr kommt Anna zu mir in den Schlafsack gekraucht. Ich schicke sie unter ihrem Protest in die andere Ecke des Zeltes, denn für jegliche Art von Körperkontakt ist es einfach viel zu heiß.

Ich halte mich lieber an meinem kühlen Bier fest, schließlich habe ich mal gelesen, daß man bei Sonnenstich viel Flüssigkeit zu sich nehmen soll.

Der Dritte Paddeltag

Gegen acht regt es sich in den anderen Zelten. Ich öffne die Tür und der Himmel begrüßt mich in optimistischem Steingrau. Gut, denke ich mir, dann wird es heute vielleicht nicht so heiß.

Wir sind gerade beim Frühstück, als am Horizont ein kleiner Peugeot entlang fährt. Zu allem Überfluss hält dieser auch noch an und eine grünlich gekleidete Frau mit adrettem Hütchen steigt aus. Als erstes werden unsere Zelte fotografiert. Dann tritt sie zu uns an den Frühstückstisch um sich vorzustellen. Kein Problem, wir kennen die Dame mit dem leicht spröden Auftreten aus dem Vorjahr vom Biwakplatz am Platkowsee. Ich lehne mich etwas entspannt zurück, denn wir haben irgendwann unterwegs ausgemacht, daß diesmal Fide dran ist mit dem Argumentieren ...

Es folgt diesmal nicht der erwartete Belehrungsmonolog, denn Fide hakt schnell ein. Die Dame ist auch zu einem Gespräch bereit. Fide argumentiert, daß wir uns hier auf keinem Privatbesitz befinden, sondern auf öffentlichem Boden. Als Bürger dieses Landes haben wir ein im Grundgesetz verbürgtes Recht, öffentlichen Grund und Boden zu nutzen. Dieses Nutzungsrecht verwirken wir erst, wenn wir das Land nachteilig verändern oder die Nutzbarkeit für andere gefährden.

Aber diese Hammerargumentation ist gar nicht notwendig. Die Dame hat schnell erkannt, daß hier eine Gefährdung des öffentlichen Bodens nicht gegeben ist. Die alte Feuerstelle ist unbenutzt und einen Müllsack haben wir standardmäßig mit dabei. Außerdem glaube ich, möchte sich die Dame nicht aufs Diskussionsglatteis begeben, denn wir sprechen sie sofort auf den Biwakplatz am Platkowsee an und weisen auf fehlende Alternativen hin. Das Fegefeuer ist nur bachabwärts zu erreichen und der ist halt ab Küstrinchen gesperrt. Wir erfahren, daß der Biwakplatz geschlossen wurde, weil Wasserwanderer trotz Waldbrandstufe 4 Feuer gemacht haben. Der Revierförster ist vorbei gekommen und hat die Damen und Herren, und das muß man hierbei betonen, in freundlicher Art und Weise belehrt und auf die Warnstufe und deren Bedeutung hingewiesen. Man muß dazu wissen, daß eine Tafel mit der aktuellen Waldbrandstufe direkt über der Lagerfeuerstelle am Platkowsee befestigt war! Das Feuer wurde gelöscht. Als der Förster jedoch weg war, wurde es umgehend wieder in Gang gesetzt. Das Ergebnis ist bekannt, der Biwakplatz wurde auf Hinwirken des Försters, der verständlicher Weise keine Lust hatte, daß man ihm den Wald wegbrennt, geschlossen.

Eine Alternative zu diesem Platz ist in der Diskussion, es soll wohl der Zenssee sein. Aber einen so wunderschönen und für Wasserwanderer, abgesehen vom Anstieg zum Platz hoch, optimalen Platz wird es wohl nie, nie, nie wieder geben.

Deshalb noch mal ein Dank an die Damen und Herren Pyromanen! Das habt Ihr fein hinbekommen!

Dann unterhalten wir uns mit der »Landschaftsschützerin« natürlich auch darüber, daß ein normaler Zeltplatz für einen Wasserwanderer keine Alternative darstellt, wir Wasserwanderer schon dazu bereit wären Geld für eine Übernachtung und Müllentsorgung zu zahlen, aber nicht dafür, um unter Dauercampern und Motortouristen zu veröden. Als Wasserwanderer möchte ich mit Gleichgesinnten abends am Lagerfeuer oder ersatzweise an der Petroleumlampe sitzen und Geschichten austauschen. Es wird die Idee besprochen, daß man z.B. beim Landrat oder auf Zeltplätzen für einen gewissen Obolus eine Mülltüte kaufen kann (muß), je nach Tourenlänge eine oder auch zwei. Diese Tüte kann man dann auf jedem Zeltplatz abgeben. Den Müll, den ich im Boot mitbringe, bekomme ich auch wieder weg.

Weiter berichten wir von einer Idee, die wir in Nordschweden kennengelernt haben. Eine Art »Parkscheinautomat«, an dem man die Übernachtung auf dem Biwakplatz zahlt. Neben dem Automaten steht eine Tafel, die kurz und bündig über die Verhaltensweisen auf dem Platz informiert, wie z.B. über Stellen, wo gezeltet werden kann, Waldbrandinfo etc. Wir haben in Schweden oft auf solchen Plätzen gezeltet. Vor allem unterscheiden sich diese von anderen dadurch, daß es außer einem Biokompostgravitationsklo und zwei, drei kleinen Wetterunterständen, keine weitere Bebauung gibt. Alles andere bleibt naturbelassen und wie »leicht« und rückstandslos so ein solcher Platz auch wieder rückbaubar ist, haben wir am Platkowsee gesehen.

Es muß doch einfacher sein, den Wasserwandererstrom durch solche Plätze zu kanalisieren, als den sonstwo verstreuten Zelten hinterherzulaufen und zehnmal am Morgen die gleiche Belehrungsleier abzuziehen – würde mir als Angestellten doch auch stinken.

In einem sind wir uns aber einig, das Land Brandenburg hatte im Vergleich zu Mecklenburg für Wasserwanderer im ersten Ansatz etwas getan und überhaupt erst einmal Biwakplätze eingerichtet. Wie es uns in Mecklenburg ergangen ist, habe ich ja im ersten Teil bereits berichtet. Das man jetzt aber im Ansatz stecken bleibt und sich von solchen Pyromanen, wie am Platkow, den Wind aus den Segeln nehmen lässt, ist schade.

Wir können die Ideen natürlich nicht vor Ort zu Ende diskutieren, dafür sind sie zu komplex und unsere Ansätze manchmal sicherlich auch zu pragmatisch.

Das Thema Küstrinchenbach schneiden wir kurz an und bringen nochmals unsere Enttäuschung darüber zum Ausdruck, daß hier keine klare Sprache verwendet wird und man sich vielmehr auf eine Ausdrucksweise, wie »sollte« zurückzieht, anstatt klare Sanktionen zu formulieren. In einem sind wir uns einig. Ein Appell an die Vernunft bringt keinen Erfolg. Leute im Leihkanadier, alles egal, fahren diese Stecke in ihren Leben vielleicht einmal zum Ausprobieren und kommen nicht fast jedes Jahr wieder, wie wir. Manchmal kann man es ihnen gar nicht verübeln, werden sie doch von ihren Verleiher nicht mal darauf hingewiesen. Und dann gibt es noch die anderen, die noch in der tiefsten DDR-Zeit leben und eigentlich gar nicht mitbekommen haben, daß heute mindestens die zehnfache Menge an Leuten übers Wasser schubbert.

Die allgemeine Ratlosigkeit bei unserem Gesprächspartner lässt sich nicht verleugnen. Wir sagen ihr noch das eine oder andere aufbauende Wort und versprechen den Platz sauber zu hinterlassen – OK, versprechen müssen wir es nicht, sie hat uns verstanden.

Die Einsatzaktion auf der anderen Seite der Kolbatzer Mühle ist problematisch. Der Hang ist sehr steil und es ist zu wenig Wasser im Fließ. Wir fahren die Boote mit dem Bootswagen zum Bach und bringen den Großteil der Ausrüstung hinterher. Sebastians RZ macht mit dem Bootswagen den Abgang und kullert den Hang hinunter. Mein RZ findet diese Übung auch ganz witzig und tut es seinem Vorgänger gleich. Kein Problem. Wir können beide Kähne abfangen. Nur Sebastians Schlafsack gelangt bis in den Bach. Da der Schlafsack aber wasserdicht verpackt ist, entseht kein Schaden.

Nachdem die Boote beladen sind, geht die Treidelei los. Anna läuft vorn und ich hinten. Wir haben uns eine Seil über die Schultern gelegt, um das Boot etwas anzuheben, sonst geht gar nichts. Wir haben im Schnitt um die fünf bis zehn Zentimeter Wasserstand. Die Treidelei kotzt mich an, Wasserwandern kommt halt doch von »wandern«. Meine Bootshaut tut mir leid, der Bachgrund auch, wieder zurück kommt nicht in Frage.

Nach etwa einem Kilometer und einer Vielzahl von Mückenattacken haben wir wieder genügend Wasser unter dem Kiel, das ist vielleicht 50 Meter vor dem nächsten kleinen See. Auf die Schönheit des schönen, verschilften Sees kann ich mich nicht ganz konzentrieren, ich bin noch sauer wegen der Treidelaktion. Der Himmel ist mittlerweile auch aufgerissen und Berta sticht mal wieder vom Himmel. Jetzt sind wir eben mal zweihundert Meter gepaddelt und müssen schon wieder umtragen an der Schreiber Mühle. Das ist eine haarige Aktion, besonders was das Herausholen der Kähne anbelangt. Es gibt zwar einen Steg zum Anlanden, der Hang dahinter zur Straße hoch ist jedoch derart steil, daß man fast das ganze Boot auspacken muß.

Der Rest ist dann recht schnell erledigt, vier Mann – vier Ecken. Eine halbe Stunde kostet uns der Spaß trotzdem. Drei RZ85 und ein 5,25 Meter langer Gatzkanadier. Drüben gönnen wir uns erstmal ein Bier. Das zweite direkt danach auf dem Großen Küstrinsee. Es geht nach Steuerbord und hinter der Forellenzucht sechs Strich Backbord. OK, an der Einfahrt bin ich vorbei gerutscht. Auch diese ist ungeankt verkrautet und zugewachsen.

Es ist gegen 14.00 Uhr, als wir am Biwakplatz in Küstrinchen anlanden. Dort ist schon mächtiger Tumult. An Land liegen um die zwanzig Boote. Ein Teil wartet auf den Shuttleservice, ein anderer will weiter – den Küstrinchen runter. Auch hier warnt ein Schild: »Pegelstand unter 30 cm!« Ich schaue noch mal nach und siehe da, ganz knapp über zwanzig. Genau kann man es nicht ablesen, es plantschen zu viele Menschen in Wasser umher, die ihre Boote in den Küstrinchen einsetzen.

Ein junger Mann mit Fragebogen kommt uns zu und will uns befragen, aber erst mal kommt er ins Kreuzverhör. Er ist Zivi und führt die Befragung für den WWF durch. Wir sind heute (14.00 Uhr!) das 107te bis 110te Boot und ungefähr die Hälfte der über hundert Boote vor uns ist den Küstrinchen schon gefahren. Mir wird kotzübel, Sebastian bekommt einen roten Kopf und Fide findet die Situation auch nicht zum Lachen. Auch die Information, daß sich der Förster für heute am Fegefeuer positioniert hat, ist uns jetzt nicht behilflich. Der junge Mann vom WWF fühlt sich, wahrscheinlich zu Recht, nicht dazu in der Lage, die Leute von ihrem Tun abzuhalten. Stattdessen stellt er ihnen Fragen aus dem Fragebogen, bei denen der Ernst der Situation nur zwischen den Zeilen zu erahnen ist. Eine Frage, ob man Neunaugen und Muscheln streicheln und füttern darf, ist für mich die Idiotie in der Potenz zum Quadrat und ich kann nicht ganz nachvollziehen, was das soll. Aber der Typ ist nett und wir geben ihm bereitwillig Auskunft. Wir verwickeln ihn noch etwas in ein Gespräch zu den Grundsätzen des WWF. Dort werden wir darauf hingewiesen, daß der WWF an einem friedlichen Miteinander von Natur, Naturschutz und Menschen glaubt und dieses vor allem durch einen Appell an die Vernunft erreichen will. Sebastian und ich stellen uns jeder noch zu einer Gruppe, die zum Küstrinchen übersetzen. Wir sprechen beide zu den Damen und Herren eine etwas deutlichere Sprache als der WWF. Zuerst betroffene und ratlose Gesichter, dann der zaghafte Entschluss vielleicht doch den Shuttleservice in Anspruch zu nehmen oder den Rückweg anzutreten. Bis Thomsdorf oder Feldberg ist das ohne Gepäck problemlos zu schaffen, so suggerieren wir. Notfalls kann auch einer nach Lychen trampen und ein evtl. dort abgestelltes Auto holen, derer Alternativen tun wir eine Menge auf. Das Argument mit dem armen Boot zählt nicht, es sind Leihkanadier, alles egal, die von Feldberg mit Rückshuttle ab Lychen gebucht sind. Ich bitte sie, den Vermieter anzurufen, daß er sie nicht in Lychen, sondern schon in Küstrinchen abholen soll und biete sogar mein Handy an, schließlich arbeite ich ja bei D2... es nützt alles nichts.

Wir treffen uns wieder am Eingang zur Räucherei und müssen zusehen, wie beide Gruppen trotzdem am Küstrinchen einsetzen.

Ich gehe zum Auto hinüber und rede mit dem Feuerlöscher. Der hört mir wenigstens zu ...

Dann geht bei uns alles sehr schnell. Während wir Männer die Autos von Feldberg holen, bauen die Frauen das Lager auf. Anna baut mein Boot ab und als ich wieder ankomme, ist alles schon getrocknet und verpackt. In einer viertel Stunde ist mein Auto beladen und wir sind abmarschbereit. Eigentlich wollten wir noch eine Nacht bleiben und am Montag in aller Ruhe nach Hause fahren, das kommt mir heute aber nicht in die Tüte. Ich habe einen derart dicken Hals, daß mir das Bier heute Abend sowieso nicht schmecken würde. Anna und ich verabschieden uns von Fide, den wir leider viel zu selten sehen ... ich hasse Abschiede ... Den anderen Truppenteil, Sandy, Sebb und Robin, sehen wir ja fast jedes Wochenende, deshalb ist das nicht ganz so schlimm. Dann geht es für Anna und mich zurück nach Hause.

Der Biwakplatz am Küstrinchen füllt sich weiter und wie man uns später berichtet, wird er so voll, daß fast kein Zelt mehr drauf passt. Natürlich wird Lagerfeuer gemacht, klar, es ist doch nur Waldbrandwarnstufe 4.

Die Umtragethermik zum Küstrinchenbach ist noch bis in den Abend hinein im vollen Gang. Und nicht nur Leihkanadier, auch ein paar RZs wurden heute den Küstrinchen herunter gequält. Vielleicht stand der Förster ja am Fegefeuer, und? Aber es ist viel wahrscheinlicher, daß ihn dort die kleinen Fliegen aufgefressen haben.

Als Bachneunauge am Küstrinchen muß man sich wahrscheinlich vorkommen, als ob einem ständig eine Horde Wildschweine durch das Wohnzimmer latscht ... da würde ich auch irgendwann ausziehen.

Ein Problem, was das Wasserwandern mit sich bringt ist, daß der überwiegende Teil der Leute nach den Urlaub wieder in ihre Heimat verschwindet und sich deshalb einerseits nicht in die vor Ort geführte Diskussion einbringen kann. Andererseits ist es den meisten auch egal, was mit der Natur dort passiert, schließlich kann man ja, wenn alles verdreckt, kaputt und sonst wie ist, auch nach Polen ausweichen.
Dann gibt es auch noch die, die aus dem uninformierten Massentourismus ihren finanziellen Vorteil ziehen. Manchen Leihbootfahrern kann man es gar nicht übel nehmen. Es wird oft vom Verleiher nicht die Chance genutzt und die zwei Minuten investiert, um die Leute, die oft ohne irgendwelche Peilung bezüglich des empfindlichen Ökosystems, nicht nur am Küstrinchen, aufzuklären. Es kann doch nicht so schwer sein, zumindest im Ansatz darauf hinzuweisen, daß z.B. der Küstrinchen unter 30 cm gesperrt ist, oder daß dieses und jenes Gebiet nicht zu befahren ist.
Na klar ist dann am Küstrinchen Schluss. Das ist unbequem und nicht geschäftsförderlich. Man ist dann gezwungen den viel zu teueren Shuttleservice zu nutzen, aber es gibt wenigstens einen. Oder man trampt zu seinem Auto nach Lychen. Aber das ist auch kein Problem, denn mit dem Trampen nach Lychen bin ich allemal schneller hin und zurück, als mit dem Boot den Küstrinchen hinunter.
Aber auch dem kann man ausweichen, wenn man sich vorher informiert. Wenn ich im Winter in die Alpen fahre, schaue ich mir vorher auch die Lawinenvorhersage an.

Wenn die Marktwirtschaft nicht funktioniert, sondern sich auf Kosten der natürlichen Ressourcen ernährt, wenn Bequemlichkeit und Ignoranz siegt und ein Appell an den gesunden Menschenverstand nicht genügt, dann ist es die Aufgabe des Staates, einzugreifen, alles andere ist Kindergarten. Es macht keinen Sinn die ganze Welt zu sperren, um sie vor dem Menschen zu schützen.
Hier müssen klare Sprachregelungen und Sanktionsmöglichkeiten geschaffen werden. Ein »sollte nicht« und »Bitte« als Appell an die Vernunft ist, wie wir sehen, nichts anderes als geformte Luft.

Etwas steht für mich aber fest, ich werde immer und immer wieder, auch über Pfingsten nach Mecklenburg/Brandenburg fahren und versuchen, mit den Leuten zu reden. Denn getreu nach dem Motto: »Wenn der Klügere ständig nachgibt, dann wird die Welt bald nur von den Dummen regiert«, werde ich mich nicht nach Polen oder sonst wo verdrücken, auch wenn es manchmal nervt und dieser Urlaub im Nachhinein nicht wirklich erholsam war ...

Norman Langer, auch bekannt als der »rasende Reporter« ist zu erreichen via email: stormy_normy@yahoo.de

Eine neue Haut

von Ullrich (Ulli) Laube, Donaustauf

Unser erstes Faltboot war ein Zweier. Genau genommen drei Zweier, die uns per Zeitungsanonce ins Haus geflattert waren.
Da erschien es sinnvoll, zwei der Boote wieder zu veräußern und nach einem Einer zu suchen. Zunächst mal nur nach einem, denn meine Frau war mit **einem** Boot zufrieden.

Als ich das Boot – einen wenig gefahrenen PIONIER 450S mit neu anmutendem Gestell aber harter Haut und brüchiger Decke – im Jahr 2002 ergattert hatte, merkte ich bald, dass das Schiffchen nicht nur Wasser zog, sondern auch kaum mehr zu zerlegen war. Das Gerüst war an der sich auflösenden Gummihülle festgeklebt.
Ausgiebige Nachforschungen im Internet, z.B. auf den Seiten von »www.faltboot.de« verwiesen mich wahlweise an den Hautschneider Markus Heise und die ABC-Sattlerei von Jürgen Oertel bei Chemnitz.
Nach mehreren informativen Telefonaten mit Herrn Oertel über Ausstattungsvarianten und dazugehörige Preise hatte ich das Boot im März persönlich nach Chemnitz gebracht. Ich wollte die Werkstatt persönlich kennen lernen und zugleich die Gelegenheit wahrnehmen, einen eben neu bezogenen PIONIER bewundern zu können. Zahlreiche, auf neue Häute wartende Faltbootgerippe und der neu bezogene PIONIER bestärkten mich, auf das Können des Meisters zu setzen und ihm mein Boot anzuvertrauen.

Am 2. Mai 2003 sollte die neue Haut für mein Faltboot fertig sein.
Jürgen Oertel hatte versprochen, auch am 1. Mai am Boot zu arbeiten, um den Termin zu halten. Ich wollte die Fahrt dorthin gleichzeitig zu einer Wochenendreise für meine Frau und mich ins für uns unbekannte Thüringen nutzen.

Der 2. Mai war ein wunderschöner Frühlingstag und die dreistündige Reise von Regensburg über Plauen nach Chemnitz war für uns wie eine kleine Urlaubsreise. Punkt 12 kamen wir an. Mittagspause. Die Werkstatt ist geschlossen.
Aber vor dem Tor liegt aufgebaut mein nigelnagelneuer PIONIER. Unterschiff schwarz, Decke und Sitz dunkelblau. Die Lehne hatte ich, parallel zur gut erhaltenen orangenen Originalsitzdecke auch teilweise in orange gelassen, um noch bisschen an die ursprüngliche Version erinnert zu werden. Eine langsame Besichtigungsrunde um das Boot – und dann Probesitzen. Es sitzt sich in einem blauen Boot nicht anders wie in einem orangenen. Aber es sitzt sich in einer neuen Haut viel, viel besser wie in einer alten.

Meine Traumversion wäre ja ein sattes Braun der Decke über grauem Unterschiff gewesen. Das hätte es aber nur gegen mehr Geld als Sonderanfertigung gegeben. So wählte ich unter den Stoffballen in gelb-orange, türkis-grün, hell- und dunkelblau den dunkelblauen Stoff und nahm mir vor, mich auch an die schwarze Haut zu gewöhnen, zu mal diese ja größtenteils unter Wasser liegt und sie ja beim Paddeln sowieso nicht zu sehen ist.
Was ich beim Probesitzen nicht wusste und auch beim Abbau nicht merkte war die starke Spannung der neuen Haut was später zu schweißtreibenden Aufbauaktionen führen sollte.

Die Mittagspause war zu Ende, und der Handel wurde, unter vielen Lobpreisungen meinerseits für die schöne Arbeit abgewickelt.

Was tun mit dem angebrochenen Tag? Wir fragten in der Werkstatt, ob sich in der Nähe Sehenswürdigkeiten befänden, ob sich etwa eine Besichtigung von Chemnitz lohnen würde. Eine Näherin meinte, dort würde es uns sicher gefallen, alles wäre neu und das größte Kaufhaus Deutschlands sei dort zu bestaunen. Oder vielleicht Europas?

Wir fuhren lieber nach Dresden, was nicht mehr allzu weit war. Unser Wissen über Dresden umfasste die Stichpunkte Elbe, Dresdner Zwinger, Hochwasser 2002, die baldige Fertigstellung der Frauenkirche und deren Krönung durch neue Glocken.

Vom Parkhaus war es nicht weit zum Zentrum, natürlich der Elbe entlang, die tief unten dahinströmte. An den Gehölzen auf der Uferböschung in Straßenhöhe, 9m über dem Fluss hing noch Schwemmgut vom Hochwasser 2002. Unvorstellbar.

Wir schlenderten durch die Gassen, tranken einen Kaffee nahe der Semperoper und bewunderten staunend die Auferstehung der Frauenkirche. Und liefen dann in Richtung Elbbrücke, wo die Menschenmassen auffällig mehr wurden. Wir hatten den Eindruck, dass neben vielen Touristen auch zahlreiche Dresdner darunter waren. Alles drängte auf die Brücke, wir ließen uns mittreiben.

Auf der Brücke, mitten über der Elbe, schob sich ein Tieflader im Schritttempo Richtung Innenstadt. Der Wagen war festlich geschmückt, Blasmusik spielte und auf der Ladefläche standen – die sieben neuen Glocken für die Frauenkirche.

zum Autor: Uli Laube, von 1947 bis 2002 Nichtpaddler, ab 2002 mit Ehefrau binsenbummelnd (Metzler Zweier, Pionier 450 S – der mit der neuen Haut – , Pouch E 65). Kielstreifen, Talkum und PVC- Kleber finanziere ich mit den Erlösen aus meiner Tätigkeit als Landschaftsarchitekt. Kontakt via e-mail: ulrich.laube@dst-r.abdsb.bayern.de

Was bedeutet schon Zeit ...

... wenn das Abenteuer des Lebens ruft!?

Mit dem Faltboot rund um Europa

von Franziska und Rainer Ulm, Lichtenau

Zuerst einmal möchten wir alle Faltbootfans und -freunde grüßen. Ja, es gibt sie anscheinend immer noch, jene Menschen, denen es in den Fingern juckt, die ihr Faltboot aus Kellern oder Dachböden hervorholen, um kurze oder längere Fahrten auf Flüssen, Seen oder Meeren zu unternehmen. Wir hoffen, dass dieser Bericht euch ermutigt, wieder einmal eure Faltboote flott zu machen.

Wir beide, Franziska und Rainer Ulm, haben jahrelang begeistert die abenteuerlichen Reiseberichte und -beschreibungen von Kapitän Romer, Dr. Lindemann und vor allem Herbert Rittlinger gelesen, und davon geträumt, eines Tages selbst einmal auf große Fahrt zu gehen.
Allein: Zwischen Idee und Umsetzung liegt ein großer Schritt, mit vielen »Wenn und Aber«. Wir ignorierten die Skepsis von Freunden und Verwandten, an der man wirklich verzweifeln konnte, und ließen uns nicht beirren bei unserem Vorhaben, den Schritt ins Ungewisse zu wagen. Es müsste doch zu schaffen sein, Europa mit zwei Faltbooten zu umpaddeln: die Donau hinab durch Österreich, Slowakei, Ungarn, Rumänien, Bulgarien bis ins Schwarze Meer. Die Schwarzmeerküste entlang bis Istanbul, durch den Bosporus in das Marmarameer, an den Dardanellen vorbei in die Ägäis bis nach Bodrum, über die zwölf Kykladeninseln der Ägäis nach Athen, durch den Kanal von Korinth, weiter an den zwölf griechischen Inseln im Ionischen Meer bis nach Süditalien, den Stiefel entlang ins Tyrrhenische Meer, über das Ligurisches

Meer nach Monaco und weiter nach Frankreich in den Löwengolf, nach Spaniens Costa Brava, Costa Blanca am Balearenmeer bis zur Costa del Sol nach Gibraltar.

9.000 km liegen bereits hinter uns –insgesamt werden es wohl 14.000 bis 15.000 km werden – und den nächsten zwei Jahren dann »nur noch« der Atlantik und die Nordsee. Vorbei an Portugal, Spanien, Frankreich, Englischer Kanal, Belgien, Nordsee, Holland wollen wir im Jahr 2005 Hamburg erreichen ...

Aber zurück zum Anfang: Nachdem sich also einmal diese Idee in unseren Köpfen festgesetzt hatte, bezog sich unser ganzes Handeln und Denken nur noch auf die Umsetzung und Durchführung, angefangen von Sponsorensuche über Kündigung von Versicherungen bis zu Visaanträgen, die gestellt werden mussten ... usw.

Das alles geschah nebenher, denn bis eine Woche vor dem Start haben wir beide gearbeitet. Bei der Planung gab es viel zu überdenken: Welches Boot, welche Ausrüstung für Sommer und Winter muss dabei sein, wie soll alles verstaut werden. Zum Schluss waren dann unsere zwei Klepper Zweierfaltboote Aerius Quattro Expedition mit jeweils 120 kg beladen und ganz schön schwer.

Am 01.05.2000, dem Tag des Starts, ließen wir unsere Boote in Ulm ins Donauwasser. Etwa 150 Bekannte, Freunde und Familien waren zur Verabschiedung gekommen. Und schon nach den ersten Kilometern auf der Donau, fiel der ganze Stress der letzten Monate von uns ab, als ob dieser Fluß all die aufgestaute Spannung von uns fortspülen würde.

Ein überwältigendes Gefühl zu wissen, dass man es geschafft hat, den angeblich unersetzbaren Luxus, der uns täglich umgibt und beherrscht, loszulassen. Aber noch einige Wochen dauerte es, bis wir realisierten, Zeit zu haben.

In diesen ersten Wochen auf der Donau befreiten wir uns auch noch von allen überflüssigen Ausrüstungsgegenständen, die wir unbedingt meinten mitnehmen zu müssen. Die Donau war ein gutes Training und Vorbereitung auf das Schwarze Meer.

Bis Wien gibt es 30 Schleusen. Das ist etwas nervig. Besonders, wenn uns ältere Leute von der früher einmalblauen Donau, ihrer Strömung und den Sand und Kiesbänken erzählten. Ungarn war reizvoller mit den vielen Sandinseln, auf denen man ungestört übernachten kann. Leider mussten wir das Teilstück der Donau durch Serbien auslassen, da der Strom zu dieser Zeit noch an vielen Stellen vermint war und immer wieder gesprengte Brücken im Wasser lagen.
Ein Visum für Serbien hätten wir wohl gar nicht erst bekommen. So fuhr uns ein Ungar mit seinem Transporter um Serbien herum und wir setzten in der ersten Stadt in Rumänien, *Calafat*, wieder die Boote ein. Das heißt: wir wollten einsetzen, denn wir wurden gleich verhaftet und der Spionage verdächtigt. Aber da hätte viel passieren müssen, ehe wir die Boote und komplette Ausrüstung allein zurücklassen. Innerhalb einer halben Stunde standen zwanzig Leute um uns herum, wollten alles sehen und anfassen. Bis wir vom Verhör zurückgekommen wären, hätten wir vermutlich nichts mehr vorgefunden. So wurde Franziska im Polizeiauto zum Revier gebracht.
Zwei Stunden später kam sie zurück, denn es hatte sich endlich jemand gefunden, der englisch sprach und die Vorwürfe – dabei musste sie die unmöglichsten Fragen beantworten – entkräftigt werden konnten. Und auch unsere Visa wurden akzeptiert.
Genauso so viel Nerven wie Franziska benötigte ich indessen selbst mit den Rumänen um mich herum. Sie schienen tausend Hände zu haben. Die Menschen in dieser Gegend sind wirklich arm und selbst wir hatten des öfteren unsere liebe Not mit der Verpflegung. In solchen Augenblicken, in denen unsere Vorräte zu Neige gingen, waren wir froh, immer einige Rationen unserer Expeditionsverpflegung der Marke »Reiter Travellunch« dabei zu haben, die uns immer, wenn es nichts anderes gab, z.B. auf menschenleeren Inseln oder bei Sturm guten Dienst leisteten!

Das Donaudelta ist ein Traum; hier könnte man Wochen, ja Monate in ungestörter Natur verbringen (aber nicht ohne Kompass und Karte, denn dabei kann man sich wahrlich verirren). Pelikankolonien, Wildschweine und viele andere Tierarten entschädigten uns für die abendlichen Moskitoangriffe.

Nach zweieinhalb Monaten erreichten wir das Schwarze Meer. Die ersten Tage lag es ruhig und still vor uns. Später aber erlebten wir einige heftige Stürme, zum Teil einhergehend mit einem Wellengang von zwei bis drei Metern! Und dann geschah es: Während eines Segelmanövers kenterte Rainer. Das passierte, weil die Halterung der Seitenschwerter zu hinderlich war, um den Mast mit dem Segel schnell genug zu bergen. Fast zwei Stunden schöpften wir Wasser, um das Boot so weit zu entleeren, dass neue Brecher es nicht wieder füllen konnten. In dieser Situation kreuzten wir gerade eine große Bucht und waren deshalb weit vom Land entfernt. Wir kämpften drei lange Stunden, um das Ufer zu erreichen. Dies veranlasste uns, in Zukunft auf die Seitenschwerter zu verzichten: Ab mit ihnen nach Hause! Lieber würden wir etwas Abdrift in Kauf nehmen, dafür aber die Segel sekundenschnell bergen können, um sie zusammen mit dem Mast einzurollen. Die Spitze des eingerollten Segels wird vorne seitlich in die Gepäckspinne geschoben und der Mast hinten festgemacht: so stört beides nicht beim Paddeln.

Die ewiglange Hafenmauer des Industriehafens von Constanza hätte uns fast die Boote, vielleicht sogar unsere Leben gekostet. Wieder ein heftiger Sturm und ein harter Kampf für uns. Unvergessen bleibt uns auch der Abtransport unserer Boote auf einem LKW aus einem militärischen Sperrgebiet und die Vielzahl von Polizisten und Soldaten, die mit gezückter Pistole vor uns standen.

Am Tag bevor unser rumänisches Visum ablief, kam der Tourismusminister, um uns zu verabschieden. Nachdem wir schriftlich versichert hatten, keine Drogen und Waffen mit uns zu führen, wurden unsere Pässe am Strand abgestempelt. Wir paddelten nach Bulgarien. Allerdings ist es unmöglich, mit dem Kajak innerhalb 24 Stunden den ersten bulgarischen Hafen zu erreichen, in welchem wir unsere Einreisestempel bekommen sollten.

Am Abend des fünften (illegalen) Aufenthaltstages in Bulgarien gingen wir an einem ehemaligen »Club Med« Hotel an Land. Sofort waren wir DAS Gesprächsthema. Wir wurden zum Essen eingeladen, unterhielten uns mit russischen Generälen und reichen Geschäftsleuten aus dem Ostblock, die sich hier trafen, um Geschäfte zu machen und Verbindungen zu knüpfen. Das ganze Arsenal war bewacht und einige dieser Leute hatten Ihre Leibwächter dabei. Und wir mitten drinnen im augenscheinlichen Mafianest!
Einer dieser »Geschäftsleute« tätigte einen Anruf. Am Folgetag bekamen wir in der Wohnung des Hafenmeisters aus dem nächsten Hafen ohne irgendwelche Formalitäten unseren Einreisestempel. Ein anderer rief seinen Bruder an. Der erschien am folgenden Tag mit Auto und Dolmetscherin. Er gab ihm 2000 DM mit dem Auftrag, uns zwei Wochen zu begleiten. So sahen wir nicht nur die schöne bulgarische Schwarzmeerküste von unseren Faltbooten aus, sondern auch Sehenswürdigkeiten im Landesinneren – und das alles kostenlos!

Wo auch immer wir unterwegs waren, trafen wir auf wohlmeinende Zeitgenossen, die versuchten, uns Angst einzuflößen und uns vor allem Möglichen warnten. Meist sind diese Menschen selber noch nicht viel unterwegs gewesen, doch sie wissen unheimlich viel vom Hörensagen. Natürlich gibt es Gegenden, wo man etwas mehr aufpassen muss, aber je länger wir unterwegs waren, desto mehr bekamen wir ein Gespür für brenzlige Situationen.

So erreichten wir endlich Istanbul, die Stadt der tausend Gesichter, in der sich Antike und Neuzeit vermischen. Diese Stadt faszinierte uns und die Gastfreundschaft der Menschen, die uns allerorts entgegen schlug, eroberte im Nu unsere Herzen. Wo anders als in der Türkei kann es einem passieren, mit einem Blumenstrauß begrüßt zu werden und am Abend ein rauschendes Fest erleben zu dürfen, das extra für uns zwei Faltbootpaddler organisiert wurde und auf dem das ganze Dorf vertreten war!?

Noch in Istanbul trafen wir den bekannten österreichischen Schriftsteller Robert Gratzer. Er schrieb über uns:
»Es gibt sie noch, die großen Abenteuer. Es ist nicht wichtig, ob »GEO« oder »National Geographic« diese Abenteuer kommerziell auswerten und irgendwelche Abenteurer um die Welt schicken: die großen Abenteuer finden, wie Andre Heller gesagt hat, im Kopf statt. Die Griechen haben nicht gewusst, wo die Donau entspringt und haben den Ursprung in Istrien vermutet und zum Fluss deshalb »Istria« gesagt. Die Briten haben in 1780 nicht gewusst, wie der Niger verläuft, und sie haben ganze Schiffsbesatzungen verbraucht und dennoch den Flussverlauf nicht herausgefunden. Und noch mehr Schiffsbesatzungen haben sie verbraucht, um herauszufinden, wo in Labrador die Nordwest-Passage ist. Hunderte Männer sind gestorben, und es gibt sie dennoch nicht. Und

der Joseph Conrad, einer der besten Schreiber der Welt, hat uns erzählt, wie er mit einem Seelenverkäufer von England nach Indien gefahren ist und mitten im Ozean hat seine Kohleladung von selbst zu brennen angefangen. Da hatten die Männer dann das Problem zwischen Feuer- und Wassertod. Und derselbe Joseph Conrad, ein gebürtiger Pole, hat uns erzählt, wie er mit einer lausigen Dampfbarkasse am Ende des 19. Jahrhunderts den Kongo hinaufgefahren ist und wie seine Freunde und Gefährten von Kannibalen aufgefressen worden sind. Ich kenne ein paar Leute, die das verhältnismäßig gefährliche Abenteuer einer Donau-Befahrung mit Paddelbooten unternommen haben. Die meisten haben an den hundert Staudämmen, die man zur Bewirtschaftung der Elektrizitätsbedürfnisse eingerichtet hat, aufgegeben, andere an den ehemals sowjetischen Grenzen. Andere kenne ich, die haben im Donaudelta die Orientierung verloren und sind in das nächste Dorf und an den nächsten Bahnhof geflüchtet, um aus diesem uferlosen Land zu verschwinden. Und jetzt kommen mir auf einmal zwei Leute unter - ein Mann aus Franken und eine Frau aus Kärnten - die scheinen das zu schaffen: die paddeln mit zwei Faltbooten um Europa herum. Von Ulm bis nach Hamburg, und das dauert fünf Jahre. ...«

Nach 3-4 Monaten unterwegs im Faltboot waren uns unsere Boote endgültig zu unserem Zuhause geworden. Unsere Ausrüstung ist in wasserdichten Ortliebsäcken verpackt; alles hat seinen festen Platz, jeder Beutel gesichert mit Leinen und Karabinern. So kommt bei einer Kenterung nichts abhanden.
Menschen, denen wir unterwegs begegneten und die noch kein Faltboot zu Gesicht bekommen hatten, staunten über die Boote und uns. Auch deutsche Urlauber trafen wir immer wieder: Die konnten sich noch gut an frühere Faltbootjahre erinnern oder hatten sogar selbst noch ein ganz altes Faltboot auf dem Dachboden - bis die Kinder es dann eines Tages auf dem Sperrmüll »entsorgten«!

Am Marmarameer – es war ein regnerischer Tag, wir waren komplett eingemummt mit der Spritzdecke darüber und segelten so vor uns hin –, hörten wir plötzlich Rufe aus einem Haus am Strand. Dort standen drei Leute und winkten, wir sollen zu ihnen kommen. Wir nahmen an, sie wollten uns zu einem Tee einladen und berieten uns. Wir entschlossen uns aber, weiterzupaddeln: Für eine Tasse Tee aus den Booten auszusteigen und dabei völlig nass zu werden, schien der Mühe nicht wert; also weiter.
Im nächsten Dorf, an dem wir vorbeisegeln, stand ein Auto und blinkte ständig mit der Lichthupe zu uns aufs Meer. »Mensch, was wollen die bloß?« Wir entschlossen uns, doch anzulanden.

Ein Mann hielt mir sein Handy hin. Am Apparat war eine Frau, die uns auf deutsch erklärte, dass dies der Bürgermeister sei, der uns nun mit dem Auto zu ihrem Haus bringe.

Der Bürgermeister stellte einen Polizisten als Wachposten für unsere Boote ab und brachte uns zum Haus. Dort waren auch die Leute, die schon vom Strand aus gewunken hatten: Ali, ein persischer Millionär, der unbedingt wissen wollte, wer diese zwei Verrückten wären, die sich bei diesem Sauwetter auf dem Meer wagten. Er ließ unsere Faltboote mit seinem Motorboot zu seinem Haus schleppen. Dort bekamen wir eine heiße Dusche, Essen und Trinken angeboten. Am Abend organisierte er eine traditionelle Musikgruppe, die am Strand bei Lagerfeuer spielte. Ali wollte, dass wir unbedingt mit der Pumpgun eines seiner Wächters schießen sollten und drängte uns auf, die Waffe beim Weiterpaddeln mitzunehmen.

Diese sechs Tage bei Ali waren der helle Wahnsinn. Von vorne bis hinten wurden wir bedient und Ali hat uns die ganzen folgenden acht Monate Türkei finanziell gesponsert: ein Mann mit einem großen Herz (... und dickem Portemonnaie)!

Es fiel schwer, wieder in die Faltboote einzusteigen, vor allem wenn man genötigt wird, länger zu bleiben. Aber nach einem Tag im Faltboot stellt sich rasch die alte Routine ein: Freiheit, Natur und jeden Tag neue Erlebnisse – da kommt keine Langeweile auf.

Wo wir Wasserwanderer abends campieren, hängt davon ab, wie weit Wind und Wellen uns vorankommen lassen. Gut gefielen uns die kleinen Fischerhäfen. Und immer waren wir sofort umringt und wurden schnell ins Dorfleben integriert. Wir saßen dann oft stundenlang in den Häusern der Fischer; Holzöfen strahlten gemütliche Wärme aus und wir spielten Backgammon, während die Fischer ihre Netze flickten.

Wenn wir dann bei unruhiger See starteten, versuchen die Dorfbewohner, uns zurückzuhalten; keiner traute den kleinen Baumwoll-Nußschalen so richtig. Immer wieder warnte man uns vor den Dardanellen und der dortigen Strömung. Doch wir spürten nichts davon und kamen gut in die Ägäis hinaus.

Hinter Kuschadasi erwischte uns ein Sturm. Wir gingen in einer Bucht an Land und wollten gerade die Boote auspacken, da kamen zwei Soldaten den Berg herunter. Mit Händen und Füssen machten sie uns klar, dass wir uns in einem militärischen Sperrgebiet befänden. Sie riefen ihren Vorgesetzten an. Der meinte, wir sollen ein wenig weiterfahren, um dann bei dem kleinen Militärstützpunkt zu übernachten und die Schlechtwetterfront abzuwarten.

Wir kämpften uns bis dorthin durch und wurden – wie konnte es auch anders sein – sogleich bewirtet. Danach zeigen uns die zuständigen Offiziere, was sie hier mit ihren Metalldetektoren gefunden hatten – meist alte Münzen, z. T. sicherlich von nicht geringem Wert. Einige davon bekamen wir sogar geschenkt.

Unser erstes Weihnachten und Neujahr verbrachten wir in Focca, einer zu der Zeit menschenleeren Urlaubssiedlung. Die Temperaturen waren ganz schön niedrig. In der Frühe war das Zelt mit einer Reifschicht überzogen, oft auch die Schlafsäcke. Doch unsere Schlafsäcke aus Kunstfaser trockneten in der Sonne sehr schnell – sofern diese schien ...

Unsere letzte Station in der Türkei war Turgutreis in der Nähe von Bodrum gegenüber der Insel Kos. Oft fragten wir uns, was wohl passieren würde, wenn wir die Türkei verliessen und bei einer Kontrolle der Pässe bemerkt werden würde, dass unsere Visa um fünf Monate überschritten waren. Schon Wochen zuvor ließen wir beim Kaffeetrinken mit dem Konsul der Deutschen Botschaft in Istanbul nebenbei einen Satz bezüglich der abgelaufenen Visa fallen, worauf der anwesende Pressesprecher meinte, dass er dies jetzt gar nicht gehört hätte. – Und wie ist es ausgegangen?

Nach acht Monaten Paddeln in der Türkei verliessen wir das Land. Zwei große Schiffe der Grenzwache und viele Fischerboote, samt Bürgermeister und Gemeinderat von Turgutreis geleiteten uns in internationale Gewässer, wo wir
schon vom Bürgermeister der Insel Kos, ebenfalls mit Gemeinderat, Presse und Medien erwartet wurden. Alle zusammen stiegen wir auf die große Fähre um, die eigens für diese völkerverständigende Aktion gechartert worden war, und feierten mit einer türkischen Folkloretanzgruppe unseren Abschied aus der Türkei und die Ankunft in Griechenland. Was für ein Ereignis! Und niemand fragte nach unseren Pässen.

Die zwölf Kykladeninseln auf dem Weg nach Athen waren eine echte Herausforderung. Wir wussten nicht, dass zwischen Juni und August dort der Meltemi, ein Nordwind, bläst. Gegen den hatten wir anzukämpfen. Die einzigen hilfreichen Wetterinfos bekamen wir durch die Deutsche Welle. Doch wenn es dort hieß: »Ägäis 3-6 Beaufort« konnten wir uns selber aussuchen, wo genau nun 3 und wo 6 Beaufort Wind bliesen. Hinzu kam, dass der Wind zwischen zwei Inseln oft eine Düsenwirkung entstehen läßt, die uns dann zusätzlich zu schaffen machte. Einige dieser Inseln waren zudem auch nicht an einem Paddeltag zu erreichen. Ohne GPS oder Kompass wären wir aufgeschmissen gewesen.

So kamen wir fix und fertig und total ausgelaugt von der Überfahrt in Athen an. Später waren wir froh, dass man den Kanal von Korinth, den Isthmus, eineinhalb Stunden – extra für uns – sperrte. Wir genossen das einmalige Erlebnis, dort durchpaddeln zu dürfen in vollen Zügen.

Die folgende Überfahrt entlang der zwölf Inseln auf dem Weg nach Italien forderte uns ganz schön. Im Nachhinein würden wir dieses »Inseljumping« auf keinen Fall mehr in diesen Monaten machen; wenn aber doch, dann in umgekehrter Richtung! Nun, man kann nicht alles im Vorhinein wissen. Es war einfach unsere Unwissenheit, dass wir die Querungen zu so einem ungünstigen Zeitpunkt wagten!

In Italien traten Probleme mit meiner Bandscheibe immer öfter auf. Manchmal mussten wir eine Woche rasten. Im Zelt liegend nahm ich Medikamente und machte leichte Übungen, bis mein Zustand sich so weit besserte, dass wir weiter konnten. In *Táranto* war es dann soweit: Die Bandscheibe war geplatzt, doch wir ahnten das noch nichts und doktorten noch einen Monat selber rum. Kein Arzt oder Krankengymnast kannte sich richtig aus. Erst als nichts mehr ging, fuhren wir mit dem Nachtzug nach Rom zur Notoperation. Die waren entsetzt, als sie von uns hörten, dass wir nach 15 Tagen Krankenhaus wieder ins Zelt »umziehen« wollen und die Aufbauübungen dort selber machen wollten – und das im Januar.

Die vier Monate in *Táranto* waren eine harte Zeit: Natürlich fragten wir uns, wie und ob es überhaupt noch weitergehen könne. An solchen Tiefpunkten half es uns, die Europakarte herauszunehmen und zu sehen, was schon alles hinter uns lag. Nein, Aufgeben kommt nicht in Frage, wir lassen diesen Gedanken erst gar nicht aufkommen. Unser Vertrauen in Gott hilft uns in schwierigen Situationen, wir beten und danken und nehmen alles aus Gottes Hand:
»Wer unter dem Schutz des Höchsten wohnt, der kann bei ihm, dem Allmächtigen, Ruhe finden. Auch ich sage zu Gott, dem Herrn: Bei dir finde ich Zuflucht, du schützt mich wie eine Burg. Mein Gott, dir vertraue ich (Psalm 91,1-2)«

Der Golf von Táranto bis hinunter zur Strasse von Messina mit seinen langen Sandstränden erschien uns langweilig. Bei Gegenwind gab es keinerlei Schutz: wir waren dem Wind vollkommen ausgesetzt. Der Weg durch die Strasse von Messina war hart. Vor allem die starke Strömung und Kreuzseen machten uns zu schaffen. Ganz anders die Felsküste von Amalfi und Sorrento mit ihren vielen kleinen Buchten, die man nur vom Wasser aus erreichen kann. Sie war für uns die reinste Freude.

Wann immer es möglich war, paddelten wir in einen Hafen, um Lebensmittel und Wasser aufzufüllen. Einerlei, in welchen (Luxus) Hafen wir auch kamen: man nahm uns immer begeistert auf. Natürlich half es, dass sich die Medien für unsere Geschichte interessierten. Im Yachtclub von Monaco machte sich auf unsere Frage, wo wir unser Zelt aufstellen dürften, Entsetzen breit. Zehn Minuten später wurden wir vom Club für vier Tage in ein Hotel einquartiert. – Das waren wenige Tage, in denen wir Luxus genießen konnten – wenn wir da an Plätze denken, an welchen wir schon übernachtet haben ... Na lieber nicht!

Es gab Tage, da lag das Meer da wie ein Spiegel, so, als könne es gar keine Gefahr geben. Aber tags darauf verwandelte es sich wieder in eine Waschküche und erschreckte uns. Keiner kann sagen, er kenne das Meer – einerlei, wie lange er auch schon darauf unterwegs ist.
Ab eineinhalb Meter Wellengang konnte man oft nicht genau erkennen, welche Bodenverhältnisse am gewünschten Landungsplatz vorherrschen und häufig waren wir einfach zu weit von

der Küste entfernt, um Sand, Kies, Geröll oder Tuffgestein zu erkennen! Deshalb sind die Ferngläser eine Riesenhilfe. So manche Fehleinschätzung konnten wir dadurch verhindern.

Beim Fahren unter Segel gibt es bis 3-4 Beaufort Rückenwind keine großen Probleme. Ab 4-5 Beaufort wird es schwieriger, das Segel zu halten. Auch bei verkleinertem Segel bleibt das Problem mit den von hinten anrollenden Wellen, da am Wellenkamm das Steuerruder frei in der Luft hängt und wir quer zur Welle schlagen. Mit abgebautem Segel haben wir uns auch schon bei 7 Beaufort (50-61 km/h) Rückenwind vorwärtstreiben lassen. Paddeln ist dann nicht mehr erforderlich. Bei Seitenwind und Wellen kann man noch bis 5-6 Beaufort gut segeln. Der Vorteil besteht darin, dass wir das Segel jederzeit auslassen können oder größere Wellen anders ansteuern. Voll gegen den Wind kreuzen bringt gar nichts, da heißt es Paddeln und Kämpfen. Man bringt auch ein mit ca. 100-120kg schwer beladenes Faltboot gegen 6-8 Beaufort voran. Auch wenn man dann für nur zwei Kilometer vier Stunden braucht – in manchen Situationen bleibt einen nichts anderes übrig: besonders vor Steilküsten ohne Ausstiegsmöglichkeit, indessen der Hafen schon in Sichtweite ist!

Auch in solchen Extremsituationen würden natürlich tolle Bilder entstehen. Doch wer holt schon seine Kamera raus, wenn die Gischt ins Gesicht spritzt und man sich mit allen Sinnen auf die Wellen konzentrieren muss, um nicht zu kentern.
Wie schaffen das wohl andere?

Seit wir in Frankreich einen seiner Meinung nach bekannten deutschen Abenteurer trafen, hinterfrage ich nicht nur solche Bilder, sondern auch die Berichte. Es gibt viele spektakulär aufgemachte Abenteuer, die sich bei näherer Betrachtung als mehr oder weniger gut geplante Urlaubsreisen herausstellen. Jedenfalls hat das Negativtreffen mit diesem Menschen uns an dieser Stelle die Augen geöffnet.

Es gäbe noch viel zu berichten, was wir in Frankreich oder nun hier in Spanien noch erlebten, doch würde das ein ganzes Buch füllen. Wir sind jedenfalls gespannt, wie es uns auf dem Atlantik ergehen wird.

Das ist eine neue Herausforderung und wir freuen uns, wenn Ihr auch weiterhin an unserem Abenteuer teilhabt und uns »virtuell« auf unserer Homepage begleitet.

Liebe Grüsse, Franziska und Rainer Ulm und Entendame Enza, die seit der Toskana mit dabei ist!

---

zu den Autoren: Rainer Ulm hat 1964 in Rothenburg ob der Tauber das Licht dieser Welt erblickt, arbeitete als Bäcker und Schlosser, seit 1996 verheiratet mit der sieben Jahre jüngeren Verlagskauffrau Franziska (Gollmann) aus Kärnten/Österreich. Seit vier Jahren paddeln die beiden nun schon um die (europäische) Welt und werden dieses wohl auch noch eine ganze Weile tun ... Weitere Informationen über die Faltbootabenteurer und ihre Europa-Umrundung gibt es im Internet unter »www.ulm-outdoor.de«. Kontakte via e-mail: fam-ulm@web.de

Kein Loch im Eimer, aber nen Riss im T9

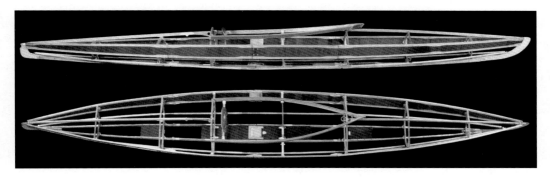

Der Klepper T9 im Riss

von
Rudolf Zacharias, Gelnhausen (Text und Zeichnungen)
und Stefan Effner, Dreieich (Photos)

Im letzten Jahrbuch habe ich den Aerius II im Riss vorgestellt, dieses Jahr hatte ich die Möglichkeit das Gerüst eines Klepper T9 zu vermessen. Bei diesem Boot handelt es sich um ein Einerfaltboot, welches meines Wissens von 1959 bis Anfang der 80er Jahre weitgehend unverändert gebaut wurde. Gedacht war das Boot, laut historischem Katalog, für den sportbegeisterten Solofahrer.

»Alle loben seine Wendigkeit, die sich auch auf wilden Wassern bewährt ..... Bootsfreunde, die zwischen dem T 9 und dem T 67 schwanken, sollten dem T 9 den Vorzug geben, wenn sie das Boot vornehmlich auf dem Meer fahren wollen. Dieses Boot hat in der Dünung eine viel bessere Haltung, es bohrt nicht, sondern klettert souverän über die Wellen.«

Angegeben war das Boot mit einer Länge von 450cm, einer Breite von 68cm und einem Gewicht von 22Kg.

Ich möchte hier erwähnen, dass es sich um ein Boot handelt, welches schon einige Jahre alt ist. Eine Adresse, die auf einem Bauteil gedruckt ist, besitzt noch keine(!) Postleitzahl. Differenzen mit anderen Booten, auf denen auch T9 draufsteht, könnten durchaus möglich sein. Das Gerüst ist in einem guten Zustand, deshalb habe ich es für die Vermessung herangezogen.

Die Konstruktionsmerkmale weichen von denen meines Aerius Zweiers in einigen Bereichen ab. An Spant 3 und 6 werden die Senten mit Haltern aus Aluminium gehalten, wie ich sie vom Klepper Master her kenne. Die Spanten 4 und 5 sind zur Führung der Senten nur halb ausgespart, ohne dass sie gehalten werden. Lediglich die Spanten 2 und 7 sind mit den bekannten Gummihaltern befestigt.

Ebenso wie bei den Aerius Modellen wird der Süllrand mit den Spanten durch den berühmten Spannhebel verbunden. Zusätzlich findet dieser Beschlag auch bei der Befestigung des hinteren Decksstabes am Spant 5 Verwendung. Genauso werden die meisten Spanten von den bekannten Schnappbeschlägen aus Aluminium gehalten, einige werden allerdings nur eingehängt und das Holz durch Aluminium vor Abrieb durch ein Blech geschützt.

Ob der Leser sich aus dem Riss ein Boot bauen möchte, eines optimieren, mit seinem vergleichen, oder einfach nur den Artikel lesen möchte, sei ihm überlassen.

Dem geneigten Selbstbauer möchte ich hier noch einmal auf das Selbstbaubuch von Lorenz Mayr »Eskimokajaks auf Gebirgflüssen« empfehlen welches beim Autor für etwas über 30.-- Euro zu beziehen ist.

Die verwendeten Materialien für das Gerüst sind Multiplex Sperrholz in 12 mm Dicke für die Spanten, die übrigen Längsteile bestehen aus Eschenholz. Die Bordwände und die Bodenleiter sind mit Füllungen aus ca 4 mm »Tropensperrholz« versehen, die sie stabiler machen. Die übrigen Wandstärken sind Folgende:

Die Leisten für die Bodenleiter 12 x 31 mm. Die obere und die untere Bordwandleiste haben einen Querschnitt von 13 x 17 mm, an den Stellen, an denen Scharniere befestigt sind, verbreitern sie sich nach innen (in Richtung der 4-mm-Füllung) auf 24 mm.

Die Deckstäbe haben einen Querschnitt von 12 x 25 mm, wobei der Hintere noch eine Teilung aufweist, um auf das richtige Packmaß zu kommen.

Der Querschnitt des Süllrandes beträgt 15 x 37 mm. Er ist mit einer Nut versehen und fixiert das Oberdeck kleppertypisch.

Die mittlere Wandstärke der Spanten beträgt bei Spant 1,2,3,6 und 7 ca. 27mm, beim 4. Spant 40mm und beim 5. Spant 35mm. In den Ecken und Übergängen ist das Material um ca. 10mm breiter bzw. mit Radien versehen.

Die Breite der Bordwand beträgt:

Am Vordersteven	76mm
An Spant 1	95mm
An Spant 2	115mm
An Spant 3	126mm
An Spant 4	128mm
An Spant 5	128mm
An Spant 6	116mm
An Spant 7	91mm
Am Hintersteven	56mm

Das Gerüst wurde von mir auf zwei Böcke gestellt und vermessen. Die gemessenen Werte sind auf ± 5 mm genau, die der Steven auf ± 2 mm. Der Bereich der Steven wurde von mir zwar genau vermessen und nachkonstruiert, wenn aber einer z.B. einen fehlenden Steven ersetzen möchte und die Maße verwendet, könnte es eventuell zu leichter Faltenbildung an der vorher verwendeten Haut kommen.

Alle Längenangaben beziehen sich auf die Spitze des Vordersteven, die Breitenangaben beziehen sich auf die Längsachse und die Höhenangaben auf den tiefsten Punkt des Bootes, dies war bei mir die Unterseite der Bodenleiter unter Spant 4. Hier sei erwähnt, dass der Kielsprung bis zu Spant 1 immerhin 56mm beträgt!

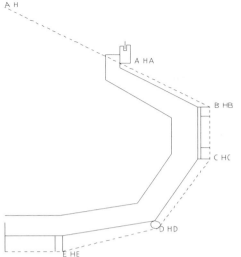

Die Teilungen der Bodenleiter sind bei 1.635 mm, 2.370 mm, 3.100 mm. Die Mittlere wird zum Spannen der Bootshaut verwendet, die anderen Beiden sind mit Scharnieren versehen.

Die Teilungen der Seitenbordwände liegen bei 1.675 mm, 2.392 mm, 3.100 mm, jeweils zum Auseinandernehmen oder zum Klappen wie oben.

Der Mast hat bei 1.615 mm seine Position, der Süllrand beginnt an der Spitze unten gemessen bei 1.465 mm und endet bei Spant 5.

In der nachfolgenden Tabelle sind die Positionen aufgeführt, an denen die Haut, bzw. das Deck das Gerüst berührt. Die Spalten A-E bezeichnen die Breiten, die HA-HE die Höhen ab dem tiefsten Punkt. Alle Maße in mm.

Spant	Länge	H	A	HA	B	HB	C	HC	D	HD	E	HE
1	530	325	0		294	261	215	164	140	104	53	56
2	1055	354	0		485	245	383	150	285	72	115	27
3	1595		105	359	600	246	505	133	380	43	155	9
4	2142		400	295	650	245	568	123	418	35	167	0
5	2742	327	405	272	647	232	560	115	410	32	165	2
6	3196	294	0		547	224	483	113	360	39	150	9
7	3773	241	0		366	194	314	108	240	46	107	11

Länge	Hier ist das Absolutmaß ab der Bootsspitze gemeint
H	Höhe des Decksstabes
A	Breite des Süllrandes außen unten
HA	Höhe der Süllrand-Außenkante
B	Die Breite der oberen Bordwandleiste
HB	Die Höhe der oberen Bordwandleiste
C	Die Breite der unteren Bordwandleiste
HC	Die Höhe der unteren Bordwandleiste
D	Die Breite der Senten
HD	Die Höhe der Senten
E	Die Breite der Bodenleiter
HE	Die Höhe der Bodenleiter

Die nachfolgenden Zeichnungen dienen zur näheren Erläuterung. Die Steven und die Spantenrisse muss man sich aus den Zeichnungen aufreißen oder herauskopieren und beim Kopieren mit einem Faktor vergrößern, dass man die gezeichneten 100mm erhält. Der Maßstab ist vom Druck abhängig und kann von mir nicht beeinflusst werden.

Die beiden Linien am Vorder- und Hintersteven bezeichnen den Anfang bzw. das Ende der Bordwand. Mit den Punkten außerhalb der Kontur sind die Sentenbefestigungen angedeutet, die Punkte innerhalb der Kontur deuten die Befestigung der Bodenleiter an.

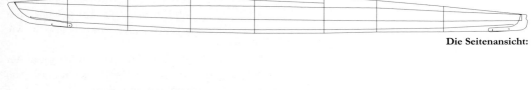

Die Seitenansicht:

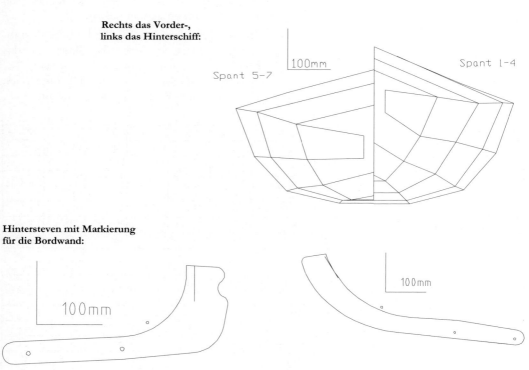

Danken möchte ich auf diesem Wege noch Markus Heise, der mir das Gerüst zur Verfügung gestellt hat und Daniel Fronia, der mir bei der Formulierung und dem Formatieren behilflich war.

zum Autor: Rudolf Zacharias, 41 Jahre, aus Gelnhausen, seit 4 Jahren Faltbootfahrer, von Berufs wegen (Fachpraxislehrer an einer Berufsschule) handwerklich halbwegs begabt und immer am Basteln und Probieren ... Fuhrpark: 1 Pionier 450S, 1 Klepper AE2, 1 Klepper Master und 1 Klepper AE20 XXXXXXXL (da Verlängerung auf 6,10m); Kontakt via email: rzacharias_jaeco@yahoo.de

Auf dem Bodensee

Ich habe mal auf einer Faltboottour
ganz still in meinem blauen Boot gelegen
und hab gedacht, jetzt hör ich einfach nur
den Wellen zu, wie sich sacht bewegen.

Zum blauen Himmel hab ich aufgeschaut,
zu diesem bodenseeigen, dem blassen,
die Sonne brannte auf die nackte Haut,
und ich hab fünfe grade sein gelassen.

Da hörte ich wie langsam und ganz leise
Ein grosser Butt dahergeschwommen ist.
und unterm Boot traf er ne kleine weisse
Seezunge, mit der hat er geküsst.

Sie sagt´, sie wär gerade eingetroffen
Von langer Reise aus dem schwarzen Meer,
bei Immendingen wär sie abgesoffen
und durch den Aachtopf kam sie dann hierher.

Dort hätt die schöne Lau auf einem Stein gesessen,
die aus dem Blautopf ausgewandert ist.
Warum, das hätte sie total vergessen.
Dem Butt war´s wurscht, wie´s halt so ist

Und dann begann der grosse Butt zu reden,
woher er käm´, wohin er wollt´, weshalb:
»Weißt du, ich komm ja eigentlich aus Schweden
Aber dort oben ist es mir zu kalt.

Deshalb bin ich auf Wanderschaft gegangen,
mich zieht´s zum warmen Süden hin.
Im Kattegatt hätt´ man mich fast gefangen,
doch ich entkam ,weil ich ein Schlauer bin.

Im Rhein liess ich mich einfach schleusen,
das ging ganz gut, man braucht nur etwas Zeit.
Jedoch am Rheinfall von Schaffhäusen
da wars vorbei mit der Gemütlichkeit.

Da schwamm ich rum und wurde immer träger,
da hab ich bei faltboot.de gefragt!
Der Stormy schrieb: Nimm dir nen Umtragneger!«
Da wurd ich wach, dem Himmel sei´s geklagt.

Es fing mein Boot ganz fürchterlich zu schaukeln an
Ich war tatsächlich feste eingeschlafen,
geweckt hat mich die Fähre dann
von Romanshorn nach Friedrichshafen.

Haihai, Rainer Zuphall 2004

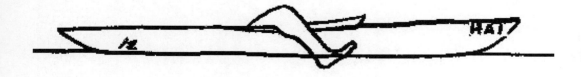

Ferienfahrt im Eskimofaltkajak (Teil II)

(Fortsetzung von Seite 201)

von Lorenz Mayr, München

31. August. Dieses Datum mußte festgehalten werden. Heute begann die Fahrt auf der Tara, denn die Sonne durchleuchtete schon den hellen Morgenhimmel. Tee kochte schon, acht Eier, der ganze Vorrat, wurde zu Rührei verbraten, denn rohe Eier sind ein schlechtes Kajakgepäck. Schon tauchten die Filmleute auf, der Chef dirigierte mit lauter Stimme, die Trifteri griffen nach ihren Sappies und verschwanden über die Hangkante, der Kameramann schleppte mit zwei Sklaven die schweren Geräte, einer schwang ein Gestell mit Reflexfolie hoch über seinem Kopf, um sie jedem Dreckspritzer fernzuhalten, der Mann mit der Schlange im Karton schlitterte auf seinen glatten Sohlen über die Steine, es kam alles und jeder in Bewegung. Eilig brachen wir das Lager ab und packten die Säcke. Da kamen die restlichen Trifteri und luden sich alles mitsamt den Booten auf die Schultern, und bevor wir uns versahen, wanderten wir, nur mit den Paddeln auf der Achsel, wie die Sahibs vor der Karawane, leichtbeschwingt auf die Tara zu, wo wir gestern befürchtet hatten, allein schwer schuften zu müssen. Die nächste Überraschung erwartete uns am Fluß: die Trifteri hatten mit sicherem Blick für die Strömung die entscheidenden Bäume flottgemacht, so daß wir jetzt mit Konterfähren zwischen den verbliebenen Hindernissen eine interessante Fahrbahn neben den Felsen und über die Stufen verfolgen konnten.

Wir warteten auf den vereinbarten Pfiff, dann stießen wir im Angesicht der herrlichen Brücke ab, und fädelten die Kajaks durch die Hindernisse und zwei scharfe Kurven. Weil die Strömung noch stärker als eingeschätzt war, hatten wir eine spannende Fahrt bis genau unter die Brücke, wo wir dann auf den Wechsel des Kamerastandpunktes warten mußten. Das machte uns wenig aus, denn die ersten Paddelschläge, die ersten umfahrenen Hindernisse, die ersten Abtaucher hinter den Felsen auf unserem Traumfluß, das alles wollte genau beredet und nochmals nachgekostet sein.

Ein neues Pfeifsignal rief uns weiter. Vorsichtig ging es an hochragenden Stämmen vorbei, durch freigemachte Pforten bis zu einem riesigen Felsen, den ein schmaler Flußarm auf der einen Seite und ein breiterer auf der anderen Seite umfloß. Hier hatten sich viele Bäume festgesetzt, die Filmmenschen winkten uns ans Ufer. Kaum waren wir ausgestiegen, ergriffen die Trifteri die Kajaks und trugen sie auf den Schultern das ungefüge Ufer entlang, bis hinter die Fels-Holzversperrung. Hier wurde es enger, die Tara ging über versetzte Felsstufen und angeschwemmte Stämme zwischen wildromantischen Ufern mit bizarr geformten Steinbrocken und Urwaldbäumen schäumend dahin. Hier hatten wir schwer zu tun, mit Anstand diese Passage hinter uns zu bringen. Hier wollte der Chef Aufnahmen aus verschiedenen Blickwinkeln haben, was aber nur möglich war, wenn ich noch einmal herunterfahren würde. Die Trifteri griffen wieder an, ich konnte die Stelle wieder erfolgreich nehmen. Und weil es so gut gegangen war, wiederholten wir die Sache noch zweimal, wobei Kameraleute und Reflektierer wilde Kletterpartien absolvieren mußten.

Das letzte Mal waren sie weiter unten um einen kleinen Felskessel geschart, über dessen enger Einfahrt ein Baum lag. Allerdings so hoch, daß man mit einem tiefen Bückling darunter durch kam. Mein Kajak tauchte gerade hinter der letzten Stufe auf, da dachte ich, so viele Leute stehen da, lauter Helfer im Notfall, also los, mach eine Eskimorolle!! Ein oder zwei notwendige Korrekturschläge, Paddel längs, und ich glitt genau unter dem Baum ins Wasser. Perlend sah ich die

Oberfläche über mir, verlängerte den Griff und leicht folgte der Kajak dem Zug und stand auf ebenem Kiel. Laut applaudierten die Filmleute und der Chef, der General, verlieh mir einen weithin hallenden Kuß, wobei ich seinen stacheligen Bart zu spüren bekam. Zwischen schwei-

genden, steil ansteigenden Urwaldufern trugen uns die Boote. Der Fluß ist auch leiser geworden, denn nachdem wir von Trifteris und Kinomenschen herzlichen Abschied genommen hatten, waren die Schwierigkeiten zurückgegangen, Bäume nur noch am Ufer angeschwemmt, ohne Barrieren zu bilden, strömte das Wasser durch schnellere Engstellen und ergoß sich in immer neue Gumpen. Tauchten wir dort ein, schnellten ganze Rudel großer, eiliger Fische unter den Kielen durch in eine abgelegene, schattige Ecke. Unendlich hoch lagen die Ränder des Taleinschnittes über uns, bauten sich doch die Gebirge des Durmitor zu unseren Köpfen auf. Stundenlang glitten wir durch diese zauberhafte Welt, voll Spannung die Kajaks an die Kurven heranführend, und trieben sie dann, die hindernisfreie Bahn erkennend, mit leichten Paddelschlägen durch die angenehmen Schnellen. Das angenehme Leben endete vor einem riesigen Holzhaufen, der sich an einer Engstelle in die Höhe getürmt hatte. Als wir etwa eine Stunde später wieder abstießen, hatten wir eine schweißtreibende, knochenschindende Gepäck- und Bootsschlepperei hinter uns, die außerdem die besten Aussichten bot, in den hinterhältig zerklüfteten Uferfelsen ein Bein zu knicken. Trotz des hellen Sonnentages zogen wir die Anoraks über, denn das Tarawasser hielt eine lausige Kälte in sich, die sie uns oft an die Brust klatschte. So bekleidet war es aber gut auszuhalten. Nach einiger Zeit friedlich-anregender Fahrt baute sich ein zweiter Holzigel vor uns auf. Aber er war lange nicht so hoch wie der, den wir umtragen hatten. Und er war noch nicht verfestigt, einige Bäume schaukelten leise, andere, dünne, bogen sich immer mehr und schnellten auf einmal zurück, welche klopften im Takt auf und nieder. Wir hielten uns an den Uferfelsen fest und schauten recht unlustig auf dies Gebilde, und berieten, ob wir umtragen oder lieber gleich aufzelten sollten. Plötzlich kam Bewegung in die Stämme, ruckend und polternd trieben etliche ab, hochgestellte kippten um, querliegende wurden zur Seite gedrängt – hurra, der ganze Haufen löste sich auf, der Weg war frei! Die Weiterfahrt schaute interessant aus, denn die schwimmenden Stämme begleiteten uns voller Temperament. In den Schnellen, wo es ja immer etwas bergab ging, legten sie durch ihr Gewicht ein beachtliches Tempo auf und durchfurchten die Wellen mit großem Schwung. Hier hieß es, die günstigsten Momente abzupassen, bis der eine weit genug, der andere noch nicht zu nahe war, um die Schnelle zu passieren, ohne in Gefahr zu kommen, mit ihnen zu kollidieren. Trotz aller Vorsicht konnte man plötzlich eingefangen werden, wenn der vordere Stamm durch eine Felsberührung abgestoppt wurde und der hintere mit zischender Bugwelle zum Überholen ansetzte. Doch wir behaupteten uns einigermaßen. Felswände von links und rechts her bildeten einen kleinen Canyon, und gaben dem treibenden Holz Gelegenheit, eine Versperrung aufzutürmen, hoch wie ein Einfamilienhaus, und die Strömung zog unvermindert in den Haufen hinein. In schmalen Kehrwasserkreisen schwangen wir die Kajaks herum und kletterten eiligst auf die Felsenbank am Ufer. Es pressierte, die Boote ans Land zu heben, denn die gerade überholten Bäume trafen krachend auf die verkeilten und ließen im Handumdrehen die Sperre flußaufwärts anwachsen und den leichtgebauten Booten beängstigend nahe kommen. Auf der flußabwärts gelegenen Seite des riesigen Holzigels, wir hatten nur soviel Gepäck mitgenommen, wie unter zwei Arme paßt, bauten wir auf einem ebenen Uferfleckchen das Zeit auf und stellten Polenta zum Aufquellen für einen Schmarrn hin. Erst nach einer Rast holten wir die Boote zum Zelt nach. Dabei entdeckte ich einen fest ausgetretenen Pfad, der aufwärts in den Wald führte. Ein bißchen ging ich ihm nach, und sah zu meiner Überraschung, daß wir nicht so allein waren, wie es erschien. Auf einer kleinen Terrasse im Wald, mit kurzem Gras bewachsen, standen wenige Blockhütten verstreut. Vor der einen schliff ein grimmiger Mann seine Axt. Struppig standen die Haare um sein gefaltetes Gesicht mit den grauen Bartstoppeln, aus nur einem Auge schaute er stechend auf mich, und beantwortete meine geradebrechte Frage nach Eiern oder Milch oder Brot mit einem unwirschen Faustschütteln gegen die andern Hütten zu. Er warf mir ein paar Brocken grober Rede zu, und schrie ungeduldig, als er sich unverstanden sah, seinerseits radebrechend, ob ich keine Angelhaken dabei hätte. Unten, an der Tara seien welche, bedeutete ich ihm. Bei den anderen Häusern bekam ich Zwetschgen und Milch gegen ein paar Dinar zu kaufen. Der Paul erzählte, ein unheimlich sich gebärdender Mensch, der aus nur einem Auge finster auf ihn geblickt habe, sei erschienen und hätte Angelhacken gefordert. Das Unangenehme dabei war, daß der Paul alle seine Angelhaken den Trifteris geschenkt hatte, als er an seinem Anglerglück zu zweifeln begann. Der Einäugige hat das Beleidigung aufgefaßt und ist laut schimpfend wieder gegangen. Wir überlegten bei Plentenschmarrn mit Pflaumenkompott, ob wir wohl eine nächtliche Attacke des Beleidigten befürchten müßten. Wir schliefen aber bald ein.

Kälte trieb uns ganz früh aus den Federn. Wohlige Federn umhüllten aber nur den Paul, ich mußte mit härener Decke zufrieden sein. Der Pauli hatte bei seinen vielen Streifzügen auf der »Chinesenmeile« an der Schillerstraße in einem Stand einen Ami-Schlafsack entdeckt, der extra für ihn gemacht schien. Feinste Daunen, in allerleichtesten Stoffen abgefüllt, so geschickt bemessen, daß er für unser Klima gute Wärme bot, aber andrerseits so klein zu verpacken war, daß er in die hintere Kajaksektion gestaut werden konnte. Das alles zu einem Spottpreis. Ein Volltreffer. Aber leider gab's nur den einen. So oft er auch nachfragte, immer kam ein gedehntes »Schlaafeesackeeeee????? Nein, nein« aus dem Mund mit dem silberbeschlagenen Lächeln. Daher war ich zuletzt froh, daß mir der Schallmoser Rudi aus dem Verein einen Schlafsack lieh, der zwar auch amerikanisch war, aber aus dem üblichen Deckenstoff zusammengenäht. Auch er paßte in die hintere Kajaksektion, was am allerwichtigsten war, aber kalte Nächte ließen mich ganz schön zittern. So hockten wir unterschiedlich steif schon am Feuer, als der Himmel begann, hell zu werden. Speckplenten und Milch aßen wir gerade, als das Ufer an der Holzauftürmung entlang ein paar Trifteri, keine uns bekannten, daherkraxelten und mit ihren Sappies anfingen, die Stämme zu lockern. Jetzt pressierte es. Wenn die den Haufen zum Schwimmen brächten, dann bekämen wir bei unserer Weiterfahrt echte Schwierigkeiten. Wir kamen weg, bevor sie etwas Wesentliches ausrichten konnten. Der niedere Felscanyon setzte sich eine Weile fort und hielt anregende Stufen bereit, bevor er sich wieder in dem Urwaldtal auflöste, dessen Steilhänge bis zu eintausend Meter hoch ansteigen sollten. Ob es wirklich so hoch war, konnten wir nicht beurteilen, aber soviel schien gewiß, daß wir am Grunde eines ungeheuren Schlundes dahinpaddelten, von schweigenden Wäldern

eingeschlossen, die von der wandernden Sonne in vielerlei Farbenspielen aufglänzten, in immer neuem Grün, hangauf, hangab den verschiedensten Abstufungen folgend. Es war fast zum Heulen schön. Leichte spritzige Schnellen verlangten nicht viel Aufmerksamkeit, so daß wir sorgenfrei und schaulustig die Felspartien und bizarren Baumgestalten entlangfuhren, von glitzernden Wassertropfen übersprüht, die Kajaks in die schnellen Rinnen eines breiten, aber abschüssigen Überlaufes steuerten, unvermutet Tempo aufnahmen, aber kein Paddel in der engen Kiesrinne einsetzen konnten, und einigermaßen hilflos – eine Schande – an die senkrechte Felsplatte geschossen wurden, welche das Ufer begrenzte. Kein Wasserbauch, kein Wider-

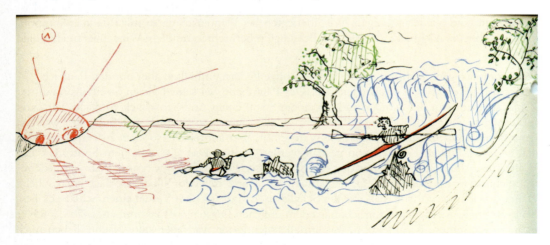

schwall, der Kajak schwenkte das Heck an die Wand, eiligst wechselte ich den Griff vom Schaft zum Paddelblatt, um weiter draußen in der abfließenden Strömung eine Abstützung zu finden.

Der Pauli hinter mir bot das gleiche Bild. Da saßen wir zwei Helden, wie Abziehbilder hintereinander an die Wand geklatscht, und kämpften ums Obenbleiben!!! Nur nicht umfallen, denn die Wand ist offenbar unterspült! Zum guten Glück erzeugte die Strömung keinen großen Druck, so daß wir uns bald befreien konnten. Vor lauter staunendem Schauen hatten wir einfach nicht aufgepaßt. Das durfte es einfach nicht geben, in so eine Falle zu geraten! Der Zauber der großen Schlucht nahm uns von Neuem gefangen. Fische, groß und schnell, huschten unter den Booten durch die tiefgrünen Gumpen, fröhliche Wellen spülten kristallklares Wasser über Verdeck und Anorak, an dem einen Ufer hingen dicke Moospolster, düster schimmernd, von modernden Baumstämmen, die einst ein Hochwasserschwall weit über der Flußmarke abgeladen hatte. Von einer langen Felsmauer strömt, einem Vorhang gleich, ein Nebenbach im freien Fall herunter, Sonnenlicht mit sich reißend. Dazwischen kalkgraue Geröllkegel, die von himmelhohen Schuttreißen gespeist werden. Ein glitzernder Wassertropfenregen, der in der Mittagssonne wie Diamanten funkelt, entquillt einem dunklen Moospolster, das einen gewaltigen Steinrundling deckt. Es ist einfach märchenhaft. Ganz benommen legen wir an einer hellen Kiesbank an, und schweigen in der romantischen Stimmung, bis sich ein ganz prosaischer Hunger bemerkbar macht.

Ein Mittagsmahl am schönsten Ort der Welt! Diese alltägliche Handlung tat der Stimmung keinen Abbruch, sondern hob gewissermaßen den Frieden in unserem leiblichen Innern auf die Stufe unserer glücklich-heiteren Gestimmtheit empor.

Wir wußten es schon, daß uns eine seltene Stunde vergönnt worden war, als wir die Kajaks bestiegen und weiter die Zauberschlucht befuhren, an diesem wunderbaren Tag.

Nach weiteren Stunden des Abgeschlossenseins in den steilen Urwäldern mit ihrem silbernen, mit ihrem smargdenen, mit ihrem leuchtenden Fluß traten die Abhänge unvermittelt zurück, eine weite kieserfüllte Flußau, in weitem Abstand von milden Bergketten umfaßt, lag jetzt vor uns. In einer kesselartigen Erweiterung kam vom rechten Hochufer eine massiv gefügte, frei in der Luft über dem Wasser endende, Holzrutschbahn in Sicht. Da wußten wir, daß *Orasje* in der Gegend, etwas abseits vom Tal, liegen mußte. Den großen Taradurchbruch hatten wir also durchfahren.

In der Kiesau waren viele Bäume, die höhere Wasserstände herbeigetragen hatten, auf den Kiesbänken hängen geblieben, ragten schräg in den Fluß herein, lagen vom Kies halb verschüttet im Wasser und bildeten zusammen mit Felsen Stufen und Katarakte, die sich erheblich schwieriger zu befahren zeigten, als die Schnellen innerhalb der großen Schlucht. Nicht ungefährlich durch unterspülte Stämme, hielten wir die Kajaks durch vorsichtige Konterfähren zwischen den Stufen unter Kontrolle, und hatten eine spannende Fahrt, auch über manchen knapp überronnenen Baum obendrüber, was einen kräftigen Anlauf erforderte, bis wir an einer locker geschichteten Baumversperrung zum Halten kamen. Wir hatten wenig Lust auf ein weiträumiges Umtragen des ganzen Holzverhaues auf dem Wasser und den Kiesflächen daneben und schlenderten unschlüssig auf einer erhöhten Gras-Kiesbank. Da legten, von oben kommend, zwei schmale Flöße, von jeweils vier Mann an vier Rudern gesteuert, wendig wie Faltboote, kurz vor dem Hindernis an. Es waren die Trifteri von heute früh, und sie machten sich auch hier gleich an ihre gefährliche Arbeit. Während wir dem einen noch einen Verband um eine klaffende Beinwunde verpaßten, liefen die anderen schon bloßfüßig auf den klatschnassen Stämmen entlang und machten die verkeilten Bäume an der Vorderseite des Verhaues mit ihren Sappies locker, und mußten dann um ihre Gesundheit auf den drehenden, schwimmenden Stämmen rennen, mit ihren Sappies balancierend, wenn der Haufen krachend einstürzte und sich polternd und sich überstürzend auf sie zu bewegte. Nur ein Teil war abgeschwommen und sie mußten von Neuem ihr Leben aufs Spiel setzen. Und das tagaus, tagein!! Sie winkten uns zu, besonders der mit dem Verband, als sie weiterfuhren, ihrem Holz hinterher, um wieder zur Stelle zu sein, wenn es sich zu neuen Versperrungen angestaut hatte. Wir paddelten vorsichtig weiter, interessante Katarakte und Stufen hinunter, voll traf uns die Nachmittagshitze trotz der nassen Trikots. Nirgends ließen wir den Kajaks freien Lauf, und konnten so auch komplizierte Passagen ohne Gefahr meistem. Da sahen wir am Ende eines abschüssigen Flußstückes die beiden Flöße festsitzen. Sie lagen quergedreht und verkeilt, und versperrten die gesamte Flußbreite. Sie waren scheinbar über Felsen abgekippt, denn sie hoben sich dem Fluß entgegen etwas in die Luft, und die Strömung zischte ungebremst unter die Flöße hinein. Wir machten die Kajaks so langsam, wie es nur ging, fährten hinter jeder Stufe mehr dem einen Ufer zu, wo die Flöße nicht so hoch ragten, aber ganz abstoppen konnten wir nicht, das Wasser drückte zu sehr. Ich nahm eine flache Uferstelle ins Visier, wo ich hoffen konnte, mit Tempo auf Biegen und Brechen den Kajak halb aufs Land zu treiben. Bevor ich das machen mußte, postierten sich die Trifteri auf der niedersten Ecke des Floßes und winkten mich heran. Ich hatte noch nicht angeschlagen, da rissen sie schon das Boot aus dem Wasser, und ich fand mich, im Boot sitzend auf dem Floß wieder. Genau so machten sie es mit dem Paul. Uns gegenseitig auf die Schultern schlagend, hatten sie uns verabschiedet, als wir sie zurückließen, sie, die sich weiterhin mit ihren blockierten Fahrzeugen abmühen mußten. Die Tara ließ in ihren Schwierigkeiten nicht nach, forderte konzentriertes Vorausschauen, um den richtigen Kurs um Felsen und über Stufen und durch brusthohe Walzen einzufädeln. Denn es war eine schlechte Gegend, um zu kentern, der Fluß nämlich hatte an Tempo zugelegt, ohne besonders tief zu sein. Also verhielten wir uns weiter in vorsichtigen Konterfähren, ohne die Kajaks zu treiben. Plötzlich war der Fluß beiderseits eingefaßt von fortlaufenden Wänden von übereinander geworfenen Baumstämmen, die ein hoher Wasserstand auf den Kiesbänken zurückgelassen hatte. Sie ragten über die Ränder der Tara teils quer, teils gegen uns gerichtet herein, und ließen nirgends einen Platz zum Anlegen frei, bildeten aber viele Fallen, unter denen die Strömung durchspülte. Auch ihnen durften wir nicht zu nahe kommen, besonders wenn eine Biegung den Wasserdruck auf die Außenkurve zu trieb. Doch wir fühlten uns sicher und der Lage gewachsen. Wieder eine leichte Kurve, die Wasserbahn neigte sich leicht, und ich erblickte zu meinem Schrecken vor mir den berühmten geraden Strich quer über die Flußbreite und dahinter eine Weile nichts – es mußte irgendwohin hinuntergehen. Keine Möglichkeit anzulegen, nur starrendes Holz. Kurz schoß mir eine Szene von einer unfahrbaren Stufe aus dem Film vom Alber Franzl durch den Kopf. Nur nicht zu schnell werden, daß Spielraum für Reaktionen bleibt, da schimmert kurz vor der Kante eindeutig Holz durch das glattziehende Wasser. Also doch Tempo, damit ich da ja drüber komme und nicht hängenbleibe. Drei, vier dreinhauende Paddelschläge bleiben mir, da bekomme ich schon einen halben Überblick, wo ich gleich sein werde, und sehe auf jeden Fall einmal freie, hindernislose Bahn. Erleichert ein letzter Schlag, dann fühle ich leicht bremsendes Schleifen unter dem Kiel, dann kippt der Kajak in die Tiefe. Ganz so tief war's dann doch nicht, aber die wie Mineralwasser sprudelnde Gumpe hielt mich, bis fast zum Kinn eingetaucht, eine Zeitlang, ein paar Sekunden lang fest, bis der Kajak schwungvoll, aber gutmütig auftauchte. Umschauend konnte ich dem Paule, noch auf hoher Warte, auftreiberisch zurufen, daß er einhauen solle, dann sauste auch er nach drei Temposchlägen über die Kante und verschwand für Sekunden im flaschengrünen Gebrodel. Lachend tauchte er wieder auf, begeistert schrieen wir uns zu und fuhren dahin in mit dem sicheren Gefühl, daß uns gar nichts mehr umschmeißen könnte.

Den Schlußpunkt des Tages setzte ein langer Riß, den sich der Paul in seine Bootshaut fuhr, als es im abendlichen Gegenlicht über eine verwinkelte Stufe hinunterging. Lange schürten wir das Feuer und redeten und redeten über den herrlichen Tag. Schon vergangenen Tag.

Ein neuer Morgen brach sonnenglänzend an. Mit schönen Schwällen trug die Tara den geflickten Kajak und dazu den meinen nach kurzer Fahrt zur Einmündung der Piva. Die Piva kam von der

anderen Seite des Durmitorgebirges daher, und hier in den Kieslandschaften, vereinigten sie sich zu einem beachtlichen Fluß mit einer respektablen Wassermenge. Dieser Fluß trug den neuen Namen Drina. Dieser Fluß war glasklar. Nun ergaben sich begeisternde Schwälle mit langen und hohen Wellen, welche die Kajaks fast fliegen ließen. Keine Felsen, keine Stufen, keine hartschlagenden Walzen, nur schäumende Wellen, fast wie eine Schiabfahrt im Film auf unverspurtem Steilhang. Nach vielen Kilometern beruhigte sich der Fluß und wir kamen in die Nähe von *Foca*.

Die Drina hatte uns einige Tage dahingetragen, immer bewegt, immer schöne, leicht zu befahrende Schwälle bereithaltend. Es war durch kleine, sonnige Felsdurchbrüche gegangen. Wir hatten die Limmündung passiert. Wir waren die schon bekannten, spritzenden Schwallstrecken abgeritten, und wir hatten zwei schweizerische Faltbootfahrer getroffen. Mit ihnen zusammen

waren wir von *Visegrad* aufgebrochen, unter einem der wuchtigen Joche der jahrhundertealten Türkenbrücke hindurch. Ein abendlicher Ausflug in ein hochgelegendes Almdorf in den Steilhängen über der Drina brachte uns ein reichliches Abendessen ein in Form eines ansehnlichen Gockeltieres, den wir am Spieß brieten, wie bei unserem Lammbraten gelernt. Auch Tomaten und frische Eier und »gstöckelte« Milch, Mileko fefiro, fuhren wir ein.

Doch heute war ein anderer Tag! Wir näherten uns der großen Drinaschlucht!! Die steilen Hügel waren allmählich felsigen Formationen gewichen, wir näherten uns also dem Eingang zur großen Drinaschlucht. Ein saftiger Schwall entlang einer senkrechten Felsenwand war der ganzen Örtlichkeit nach, wie wir sie von Beschreibungen her rekonstruierten, der Gorni-Bug. Wundervoll beschwingt trug er uns abwärts. Schnell ging's um eine Ecke, dann sahen wir schon die eng zusammengerückten Wände der Schlucht vor uns. Und in einem weiten Felskessel davor, da rauschte der Dolni-Bug, der berühmte Eingangsschwall. Von Franz von Alber, der schon in den Dreißiger Jahren die Drina als einer der ersten befahren hatte, stammte die anschauliche Schilderung der ganzen Gegend hier. Vom Boot aus konnten wir sehen, daß die gesamte Hauptströmung an das rechte Ufer zog und in der Tiefe verschwand. Hell aufspritzende Schaumkronen dahinter forderten energisch, die Lage zu Fuß zu erkunden. Das linke Ufer lag an dieser Stelle weit entfernt, aber mehr als die Hälfte des Flußbettes links schien von schartigen Felsen erfüllt, die im Trockenen lagen. Dort legten wir in einer stillen Wasserrinne an und kletterten auf das Riff. Hier gewannen wir einen guten Überblick: Wir standen auf einer gut und gerne siebzig Meter langen schartigen Felsbarriere, die sich vom linken Ufer her in das breite Flußbett vorschiebt, und sich zum rechten Ufer hin in einer schmalen Rinne vertieft. Diese Barriere steht wie eine Riesenstufe im Fluß, die einen Höhenunterschied von der Qualität eines kleinen Hauses ausmacht. Diesen Höhenunterschied überwindet der Fluß in der Rinne entlang des rechten Ufers, und schlägt mit einer großen und zwei kleinen Walzen hintereinander in das Unterwasser, wo wuchtige Fontänen, in der Sonne weißglänzend, pulsierend hoch sprühen. Durch diesen Schuß angetrieben, kreist das Unterwasser in seinem Kessel als ein großer Strudel, helleuchtenden Schaum aufwerfend. Während wir rhetorisch die Möglichkeiten und Risiken einer Befahrung recht gescheit beredeten, näherte sich ein Floß. Die Floßmenschen ruderten mit hervortretenden Muskeln das Fahrzeug ganz an das rechte Ufer. Als es in der sich immer mehr beschleunigenden Strömung an Tempo zulegte, banden sie die Ruderschäfte fest, daß die ungefügen Blätter in die Luft ragten, und sprangen an einer etwas vorgewölbten Stelle an Land. Das Floß rauschte mit einer aufgeworfenen Welle an seiner Frontseite die Rinne hinunter und verschwand im Unterwasser, wo es noch zwischen den Walzen ganz zerrissen auftauchte, etliche Stämme senkrecht aufgestellt, andere sich überschlagend in die Höhe schnellte, wieder untergewürgt wurde, und in trostlose Trümmer aufgefasert als Treibholz im Kessel die Runde machte. Wortlos gingen wir zu den Booten zurück, und unterwarfen uns der Umtragefron. Am unteren Fuß der Barriere bestiegen wir die Boote und sahen nun aus echter Augenhöhe, in welch mächtigen Stößen der Strudel in seinem Zentrum gleichsam atmete. Nun mußten wir uns entgegen dem kreisenden Kehrwasser an dem Felsriegel entlang zum linken Ufer vorarbeiten, bis wir ungefähr in der Mitte des Kessels der Rundströmung entkommen und ruhigeres Wasser erreichen konnten. Dieses ruhigere Wasser führte uns zum Ausgang aus dem Felskessel, einem engen Felsdurchgang mit haushohen senkrechten Wänden. Dahinter schloß sich am linken Ufer eine Felsenbank an, auf der eine Trifterigruppe werkelte, die Baumstämme, die hier, den Flußgesetzen folgend, alle antrieben, mit Hilfe langer Haken zu neuen Flößen zu ordnen. Andere knieten auf den Stämmen und schlugen mit eisernen Krampen Querhölzer fest, und setzten die Pfosten ein, an denen die Ruder befestigt wurden. Wir trieben, von der Umschlepperei ganz schön geschafft, in einer mächtigen Schlucht dahin, mit waldigen Abhängen, mit jähen Gerölltobeln, mit plattigen Felswänden, auf denen die heiße Mittagssonne brannte. Und das Schönste: Auf dem Grund dieser gewaltigen Einspaltung holte die Drina immer wieder zu hohen, steilen und langen Schwällen aus, die mit

weißleuchtenden Schaumkronen unsere Kajaks schwingen ließen, und Brust und Gesicht mit klatschendem Wasser abfrischten. Der arkadische Zauber der Taraschlucht steigerte sich hier zu einer wuchtigen Eindringlichkeit auf, die technischen Schwierigkeiten der Befahrung dort lösten hier rasante wasserreiche Schwälle ab, die halt ein gutes Abstützen erforderten. Wir fotographierten, die Schweizer filmten, einen besonders schönen Schwall befuhren wir gleich zweimal, weil ein Kehrwasser, zu einem echten Gegenstrom unter einer Felswand mutiert, uns bis nahe an den Schwallbeginn zurückführte. Nur die ersten Wellen, die über ein Gefälle herabkamen, waren uns natürlich das zweite Mal verschlossen.

An Stelle einer Mittagsmahlzeit stach den Walti ein Weps. Manche sagen Wespe. Aber der Stich bleibt gleich schmerzlich. Erst als am frühen Nachmittag die Sonne hinter den hohen Canyonwänden verschwand und das Wasser plötzlich so kalt erschien, daß es den Anorak erforderte, machten wir an einer schönen Sandbank halt. Während wir das Lager erbauten und geruhsam herumtreckelten, schwammen einige Flöße vorbei, manche mit einem primitiven Zelt und einer Dreibeinkochstelle darauf, andere wiesen nichts auf. Heute war genügend Zeit, wir hatten nicht sehr spät am Nachmittag angelegt. Am Ufer vor einigen Felsbrocken hielt es gemütlich warm, auch der Sand strahlte noch Wärme ab. Vieles Treibholz lag herum, wir brauchten es bloß mit dem Bill, Pauls kleinem Tomahawk, feuerpassend zu richten. Wir brieten den letzten Gockelfleischrest in Öl nochmals auf, eigentlich mehr der Soße wegen, die wir zu den Spaghetti brauchten, die aus Waltis Boot aufgetaucht waren.  Auch Wein und Äpfel und Zwetschgen kamen daraus hervor, die wir gleich zu einem herrlichen Kompott verwandelten. Tee und Slivowicz begleiteten unsere Gespräche am Lagerfeuer. Einige Buchten flußabwärts hatten Flößer ihr Fahrzeug gelandet und brannten auch ein respektables Feuer. Als wir in der warmen Nacht zu den Zelten gingen, meinte der Walti, nach einem Blick flußab: »Die Flößer haben ihr Feuer abgezündet!« So ein Ausdruck war uns neu. Bald in der Früh legte sich schon wärmender Sonnenschein auf die Leinwand, der Platz war gut erwischt. Die Schweizer nestelten an ihren Booten und sprachen gerade über die Kleinheit unseres Zeltes. Wir erzählten ihnen, wie es dazu gekommen war. Im Zuge unserer Eskimotisierung hielten wir auch nach klein zusammenpackbaren und leichten Zelten Umschau. Aber überall wurde zu dieser Zeit, 1953, schweres, solides Zelttuch verwendet. Ein Freund aus dem Paddelclub war bei seinem Onkel in einer winzigen Textilmanufaktur beschäftigt, die aber hauptsächlich durch eine gleichzeitig ausgeübte Großvertretung für Sattler- und Stoffzubehör am Leben erhalten wurde. Und dieser Freund gedachte sich in der heraufziehenden Ära einer umfassenden Campingbewegung einen Markstein setzen zu müssen. Zu unserem Glück, denn er beschaffte einen federleichten, extrem dicht gewebten Zeltstoff aus irgendeinem Ausland, extra für uns. Wir wollten zwei echte Einmann-Zelte mit Oberdach. Er entwarf und lieferte sie zu unserer vollen Zufriedenheit. Und bei den

Fahrten im Frühjahr des Jahres schauten wir, jeder aus seinem Zelteinschlupf, uns gegenseitig beim Einschlafen und Aufwachen ins Gesicht, denn wir bauten sie immer in einem Meter Abstand zueinander auf. Beim Gepäckzusammenstellen für Jugoslawien sahen wir aber, daß nur für ein Zelt der Platz ausreichte. Deshalb reisten wir zu zweit mit so einem kleinen Zelt. Um seinen eigenen Wünschen gerecht zu werden und auch für eine allfällige Fabrikation gerüstet zu sein, entwarf besagter Freund ein Zelt mit elliptischem Grundriß und zwei Spitzen, die durch einen kurzen First verbunden waren. Man konnte darin stehen, wenn einer die Brust eingesunken und das Rückgrat gebeugt hielt. Zu Pfingsten an der Ammer saßen wir zu acht im Schneidersitz darin, in Fröhlichkeit verbunden. Sollte das Zelt geschlossen werden, war man auf den guten Willen eines Vorbeigehenden angewiesen, denn der Verschluß ließ sich, zum Erstaunen aller, nur von außen betätigen. War es aber einmal geschlossen, gab es daraus kein Entrinnen, es sei denn, ein freundlicher Spaziergänger ließ sich in Dienst stellen.

Waren wir am Beginn der Drinaschlucht gar nicht zufrieden damit, daß es der Dolni-Bug nicht ratsam scheinen ließ, ihn zu befahren, so erwarben wir doch mit der Mühsal des dortigen Umtragens gewissermaßen die Eintrittskarte in ein Reich der allerschönsten Stromschnellen und Schwälle, die sich nur denken ließen. Von anderen Befahrungen, ein Jahr später ausgeführt, bekamen wir erzählt, daß ein höherer Wasserstand, als wir ihn erlebt hatten, zwar die Befahrung des Dolni-Bug möglich machte, aber die ganze lange Schlucht fast keinen einzigen Schwall mehr aufwies, dafür aber die Nerven der Paddler mit gewaltigem, sich überschneidenden Wassergeschiebe und mächtig aufbrodelnden Quallern, drei Bootslängen im Durchmesser, langsam aber sicher aufzuweichen begann. So wurde uns später an den Lagerfeuern erzählt und wir waren froh, es besser getroffen zu haben. Aber jetzt war heute, und wir lagen im warmen Sand des Drinacanyons, wo die sonnendurchleuchteten Schwälle warteten.

Einige Flöße trieben vorbei, fröhlich winkten die Leute. Wir selber taten langsam, um die Atmosphäre der großen Schlucht möglichst lange einzuatmen, ihre mächtige Schönheit in uns festzuprägen. Auch diese Stunden gingen zu Ende, die Boote drehten aus dem Kehrwasser, wir waren unterwegs. Auch jetzt erfreuten uns schöne Schwälle, aber nach einer Zeit minderte sich alles ein wenig ab. Die Riesenhänge wurden niedriger, verflachten etwas, der Stromzug drängte die Wellen nicht mehr so hoch, die Fahrt führte langsam aber sicher in ein hügeliges Land hinaus, die große Drinaschlucht war zurückgeblieben. Am Ufer trieb ein alter Mann eine kleine Ziegenherde zu einem Buben, der im Schatten von Büschen saß und auf einer Hirtenflöte, einer Flöte mit zwei Rohren, eine dünne aber überall hindringende, fremde Melodie blies. Noch einige matte Schnellen, dann trieben wir in ruhigen Flußregionen gemächlich dahin. Wir befragten die Karte und stellten fest, daß wir kräftig in die Paddel greifen müßten, wollten wir unser Ziel, *Bajina Basta*, heute noch sehen.

Die Kajaks wurden das letzte Mal auf dieser Fahrt abgebaut und verpackt. Hier begann die Heimreise. Es gäbe davon noch viel zu erzählen, doch auf den kürzesten Nenner gebracht, sah das so aus, daß eine staubige, ratternde Omnibusfahrt uns nach *Titovo Uzice* transportierte, von wo aus die altbewährte Bosnische Ostbahn mit ihrer schmalen Spur in einer nachtlangen, fauchenden und funkensprühenden Fahrt in den frühen Morgenstunden *Belgrad* erreichte. Hier nahm uns der Tauernexpreß auf und führte uns und unsere verpackten Kajaks in schnellgleitender Fahrt nach *München* zurück.

---

zum Autor: Lorenz Mayr, Faltboot-Urgestein und Wildwasser-Falt-Kakak-Pionier aus Leidenschaft, lebt in Müchen. Sein Buch: **»Eskimokajaks auf Wildflüssen. Lesebuch für Selbstbauer von Faltbootes«.** München: Selbstverlag, 1996 kann direkt bestellt werden beim Autor: Säbener Str. 208, 81545 München, Tel.: 089/645642.

Der internationale Faltbootmarkt 2003

Eine Marktstudie

von Alexander Schuth, Steinfurth üb. Bad Nauheim

Abseits bunter Werbebilder aus Handzetteln und Webseiten der Faltbootersteller möchte ich Mehrwert für Paddler und Werften schaffen: Entwicklungen festhalten, weniger bekannte Firmen dem Publikum vorstellen, den Markt in seiner Vielfalt an Konzepten und Bootstypen transparenter werden lassen. Dies gelingt nicht in der erhofften Vollständigkeit, dem steht die naturgemäße Blauäugigkeit von Marktstudien, die nur befriedigende Rücklaufquote und der unterschiedliche Gehalt der Rückmeldungen entgegen – aber ein erster Versuch ist gemacht.

A. Internationale Faltbootwerften

Die folgenden Betrachtungen stützen sich ausschließlich auf das im Rahmen dieser Marktstudie Anfang 2004 erhobene Material. Da nur von etwa der Hälfte aller aktiven gewerblichen Faltbootersteller verwertbare Rückmeldungen eintrafen, kann kein Anspruch auf Vollständigkeit erhoben werden. Gewisse Trends und Tendenzen werden aber bereits deutlich.

Produktionseinstellungen der letzten Jahre
(ca. 1998-2003)

Europa	0	
Nordamerika	1	(Kayak Lab/USA)
Ozeanien	3-4	(Aquamuse, Falhawk, River Steel, evtl. Suzuharu)
Gesamt	4-5	

Nach Anzahl aktiver Werften waren die USA das Faltbootland Nummer 1. Auf Platz 2 lag Deutschland, evtl. war Japan gleichauf. Die größte regionale Herstellervielfalt war in Europa zu Hause, auch schien der europäische Markt sehr stabil und am Wachsen zu sein, da es seit etlichen Jahren keine Firmenschließungen mehr gab und die Zahl der gebauten Modelle wuchs. Die europäische Gesamtproduktion wird auf zwischen 4000 und 4500 Boote geschätzt. Auf dem deutschen Marktes bieten neben den Werften etliche Betriebe Dienstleistungen rund ums Faltboot (Anfertigen von Häuten, Reparaturen, Ersatzteile, Handel von Gebrauchtbooten, Import, usw.). Der Umsatz dieser Marktteilnehmer kann nicht eingeschätzt werden, während der Jahresumsatz der inländischen Faltbootersteller knapp über EUR 3 Mio und die Gesamtproduktion zwischen 1200 und 1600 Booten betragen haben dürfte.

Über Umsatz und Produktion in Nordamerika können wenige Aussagen getroffen werden. Die Produktion der sechs Firmen könnte rund 1000 Boote betragen haben – oder ein vielfaches davon.

Modelle weltweit

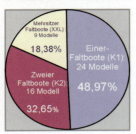

Ähnlich ist es mit der Gesamtproduktion im pazifischen Raum. Diese wird mehr als 400 Faltboote betragen haben, möglicherweise auch deutlich höher, da die Zahl aktiver Hersteller nicht genau bestimmt werden konnte. Die meisten gemeldeten Neugründungen der letzten Jahre sind in dieser Region angesiedelt, allerdings auch die meisten Firmenschließungen – letztere ausschließlich in Japan. Danach schrumpft der japanische Markt entweder (Aquamuse), der Export ist nicht profitabel genug (hier war Fujita sehr aktiv) oder Übernahmen und Marktbereinigungen sind im Gange (Falhawk).

Die mit Abstand größte Typenvielfalt gibt es bei den Einern, mit deutlichem Abstand folgen Zweier. Es fällt auf, dass die jüngeren Betriebe überraschend stark auf Einer setzen, bis hin zum völligen Verzicht auf Zweier im Sortiment (Atlatl, Firstlight, LFM). Traditionell wurde zumeist der Zweier stärker nachgefragt, da er das vielseitigere Boot (Langeiner, Familiendampfer, Segelboot) ist, beispielsweise erzielte Klepper nur 20 % des Umsatzes mit Einern, aber 80 % mit Mehrsitzern.

Der neue Trend zum Einer könnte einen stärkeren Individualismus der Faltbootkunden gegenüber früher ausdrücken, aber auch eine Zuwanderung von Käufern aus dem Festbootlager oder ein größeres verfügbares Einkommen der Faltbootliebhaber, das auf einen entschlossenen Willen zum Zweit- und Drittboot trifft. Möglicherweise ist aber auch der höher spezialisierte Einer-Markt eine Nische, in der sich ein neues Boot gegen etablierte Platzhirsche eher behaupten kann, als im Zweiermarkt.

Nach Regionen betrachtet ergeben sich folgende Verteilungen:

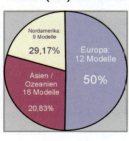  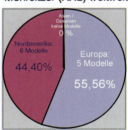

Während aus dem Pazifikraum keine Zweier und Mehrsitzer gemeldet wurden, führt in diesem Segment Europa vor Nordamerika, ebenso im Bereich der Einer. Abgesehen davon, dass die beiden größten nordamerikanischen Hersteller an dieser Marktstudie nicht teilnehmen, könnte dies auch auf eine stärkere Konzentration auf wenige Modelle pro Hersteller hindeuten statt umfangreicher, fast unübersichtlicher Produktkataloge. Andererseits fahren die europäischen Faltbootbauer mit der großen Auswahl nicht schlecht, wenn man das Verhältnis der Firmenschließungen betrachtet.

B. Faltboothersteller in aller Welt 2003

Die Regionen, Länder und Faltboothersteller sind in alphabetischer Reihenfolge sortiert. Anschriften finden sich im Adressteil des Faltbootjahrbuchs ab Seite 286.

Europa:

Deutschland:

- **Klepper Faltbootwerft AG:** Mit einem Umsatz von EUR 1,9 Mio (2002: EUR 2,0 Mio) und einer saisonal schwankenden Mitarbeiterzahl von durchschnittlich 20 Personen ist Klepper der größte deutsche Faltboothersteller und spielt auch im internationalen Vergleich vorne mit. Die Aktiengesellschaft ist Nachfolgerin der aus den ursprünglichen Klepper Werken, die 1907 als erste die Serienproduktion von Faltbooten aufnahmen, Anfang der Achtziger hervorgegangenen Klepper Faltbootwerft H.S. Walther GmbH.
Das KLEPPER-Faltboot-System zeichnet sich dem Hersteller zufolge durch Zuverlässigkeit, Haltbarkeit und Komfort aus, wobei sorgfältige Handarbeit, das patentierte Steck- und Schnappsystem und ausgesuchte Materialien Garant für Robustheit und Langlebigkeit seien. Alle Original-Klepper-Boote werden ausschließlich in Handarbeit in Rosenheim hergestellt.
Klepper ist der wohl fleißigste Aussteller im Faltbootmarkt; jährliche Teilnahmen an Boot Düsseldorf, HISWA Amsterdam, Freizeit Nürnberg, Frühjahrsmesse Graz, Tempo Libero Bozen, Interboot Friedrichshafen, Hanseboot Hamburg und Salon Nautique Paris, u.a., werden 2004 ergänzt durch die Faltboottage Venedig 28.-31.05., das Sonnwend-Faltboot-Treffen am Chiemsee 18.-20.06., Regina Maris Dänische Südsee 24.-30.07., das Internationale Faltboot-Treffen am Faaker See/Kärnten 14.-22.08., usw., sowie durch Teilnahme an Hausmessen von Kajakhändlern.
Neben Alu-Lite, Aerius-Einer und -Zweier gibt es den 2002 vorgestellten Klepper XXL (ein verlängerter Aerius II), der zwei Erwachsenen und zwei Kindern reichlich Platz bietet. Zum Umbau eines vorhandenen Aerius II oder Quattro gibt es einen Tuningsatz ab EUR 2195,-- (ohne Bootshaut ab EUR 529,--). Mit dem Kit »VarioCat« der Kajak-Kütte GmbH können zwei vorhandene Aerius II zu einen 11 qm-Katamaran kombiniert werden. Für Mitte 2004 hat Klepper einen Aerius Langeiner (498 x 72 cm, 28 kg) für unter EUR 3000,-- angekündigt.

- Die **Lychener Faltbootmanufaktur (LFM)** wurde 2001 gegründet und nahm 2002 die Produktion auf. Ihr Schwerpunkt liegt auf Spezialbauten nach Kundenvorstellungen statt standardisierter Serienproduktion. Ob Realisierung individueller Wünsche, Gestell- und Hautreparaturen oder Ersatzfertigung – die LFM-Produkte zeichnen sich durch Individualität aus. Achtzig Prozent des Umsatzes wurde im Inland erzielt, zu je etwa fünf Prozent kamen Aufträge aus Benelux, Polen, der Schweiz und Skandinavien. Bemerkenswert sind die Marktpräferenzen: Während ausländische Kunden vor allem Neuboote kauften, fragte das Inland hauptsächlich Ersatzhäute nach. Durch das Manufakturkonzept können die beiden LFM-Modelle Erik und T9/02 – ein Lizenznachbau des Klepper T9 unter dem Etikett

»Klepper Classics« – optimal an Kundenwünsche (Design, Breite, Ausstattung, etc.) angepasst werden. Neben dieser Lizenznahme ist die LFM den Rosenheimern durch ihr Engagement als Klepper Service Center verbunden, an das Reparaturen und Instandsetzungen aller Klepper-Typen ausgelagert wurden. Diese Dienstleistungen der LFM werden offenbar gut angenommen, immerhin machten Restaurierungen und Reparaturen 2003 gut Dreiviertel des Umsatzes aus, die Neuboote eigener Fertigung trugen weitere 20 % bei.

Im vergangenen Jahr stellte LFM unter anderem in Brandenburg, Magdeburg, Kielce, Warschau und Tallin aus; für 2004 sind Ausstellungen in Cottbus, Brandenburg, Magdeburg, Schwerin und Gdansk geplant.

- **Poucher Boote:** Vom renommierten Faltbootbauer Poucher Boote GmbH waren keine Auskünfte zu erhalten.

Frankreich:

- **Nautiraid:** Der traditionsreiche Faltbootbauer ist der einzige Anbieter weltweit, der das Gerüst jedes Modells im umfangreichen Bootsprogramm sowohl aus klassischem Holz, als auch aus seewasserbeständig eloxiertem Aluminium anbietet, wobei letztere Ausführung in nur einer Packtasche Platz findet, leichter und preiswerter ist. Beide Gerüste werden außerhalb der Haut aufgebaut und am Stück hinein geschoben. Bei der Haut haben Kunden die Wahl zwischen PVC in der preiswerteren und leichteren Touring-Ausstattung und Hypalon in der Expeditions-Ausführung.
Einer französischen Vorschrift nach dürfen Boote sich nicht weiter als 300 Meter vom Ufer entfernen, außer, wenn sie dafür zugelassen sind (»Kategorie 6«). Alle Nautiraid-Boote (außer Raid I–325) entsprechen dieser Kategorie 6 und können in Frankreich behördlich angemeldet werden, wobei der Hersteller gerne behilflich ist. Zusätzliche Sicherheit bieten optional aufblasbare Luftschläuche (»Stabilairs«), die sich oberhalb der Wasserlinie befinden.
Neuheiten 2003 waren der Greenlander I 500-4 Touring mit Aluminiumgerüst und das Familienboot Super Raid II 540-4 Touring mit Holzgerüst, sowie zwei Packtaschen mit Rädern und das Treibsegel für Raid I.

Norwegen:

- Von **Bergans Fritid AS,** einem Hersteller von Freizeitartikeln (u.a. Ally-Faltkanadier mit Alugerüst), gab es keine Rückmeldung.

Polen:

- **Wayland** wurde 1997 gegründet, der Beginn des Faltbootbaus war bereits 1992: Nach einem ersten Eigenbau kamen Freunde auf Mariusz Jesionkiewicz zu, um ihre altersschwachen Falter zu ersetzen. Nach einigen Jahren Heimarbeit gründete er Wayland und vertrieb die Boote über Segelsportgeschäfte in Polen. 2000 begann der Export, die Boote gehen inzwischen nach Dänemark, Schweden, Kanada, die USA und Deutschland. Hier wird die Hälfte der exportierten Boote verkauft.
Den Umsatz von EUR 90.000,-- erzielte Wayland mit bis zu 16 Beschäftigten (inkl. Aushilfen in Spitzenzeiten). Es wurden über 70 Boote abgesetzt, mehr als 30 Häute angefertigt und über 40 Serviceaufträge (Reparaturen, Restaurierungen, usw.) ausgeführt. Hohe Qualität und beste Materialien bei im Vergleich zu Mitbewerbern niedrigen Preisen möchte Wayland bieten und sich als Servicepartner rund um das Faltboot verstanden wissen – von Häuten für Boote aller Marken bis hin zur Anfertigung ungewöhnlicher Ersatzteile.
Neu eingeführt wurden Expeditionsausführungen mit diversen Verstärkungen und Extras wie Kielstreifen, Paddelhaltern, Rundumleine und hinterer Ladeluke, die u.a. auf dem III. Faltboottreffen des polnischen Kanuverbandes zu begutachten waren. An Form und Linie der Boote wurde Modellpflege betrieben und neue Materialien eingesetzt, etwa eine neue Hypalonhaut, sowie viele Beschläge überarbeitet. Dadurch sind die Endpreise um 10 – 15% gestiegen. Daneben wurde Tinca, ein Faltruderboot für Angler und Vogelkundler, auf den Markt gebracht. Vom Paddel über Bootswagen, Westen, Dachgepäckträger und Wandhalterungen, Besegelungen und Elektromotoren gibt es ein komplettes Zubehörprogramm, etliche Artikel kamen neu ins Programm.
Für 2004 sind Ausstellungen geplant auf der Wassersportmesse in Warschau, dem IV. Faltboottreffen in Kulm (Chelmo) vom 22.-25.04. und im Herbst auf der Boatshow in Lódz

Rußland:

- **Triton Ltd.:** Mit 65 Mitarbeitern produzierte der 1992 gegründete Hersteller von Wassersportartikeln 2.200 Faltboote, wovon etwa 5 % in den Export gingen. Die Gerüste aus Duraluminium ermöglichen ein geringes Packmaß und günstige Preise. Für alle Modelle wurden die Kunststoffverbinder überarbeitet und verbessert. Neben Besegelungen, Persenningen und Spritzschürzen, usw., haben die St. Petersburger Raftingboote und Segelkatamarane im Programm.
Triton nahm an zahlreichen Bootsmessen in Rußland teil und Anfang 2004 an der Boot Düsseldorf.

[Quelle: Holger Löbell, Out-Trade GmbH]

Nordamerika

Kanada:

- Von **Feathercraft Folding Kayaks** gab es keine Rückmeldung.

USA:

- Von **Folbot** gab es keine Rückmeldung.

- **Kayak Lab, Inc:** Der Hersteller aus dem Bostoner Raum hat die Produktion um 1999 eingestellt. Noch 1998 wurde mit dem SIGMA-1-A ein neuer Einer vorgestellt, dessen Breite über seitliche Reißverschlüsse und Luftschläuche variiert werden konnte. Weitere Modelle waren SIGMA-1, SIGMA-2, SIGMA-2-Z (5,28m-Zweier mit serienmäßiger Einzelfahrerposition und Persenning mit drei Luken) mit Alurahmen mit wenigen Einzelteilen, ausschließlich geschlossenen Spanten, PU-beschichtetem Nylon und Cordura-Oberdecks.

- **Long Haul Folding Kayaks** wurde 1992 von Mark Eckhard gegründet, der eigene Faltbootbau kam nach langjährigen Erfahrungen in der Faltbootbranche 2001 dazu. Inzwischen entstehen in Colorado die nach eigenen Angaben hochwertigsten Faltboote der Welt mit unübertroffenen Service- und Reparaturdienstleistungen. 2003 kam zum bisher erhältlichen Zweier MK2 ein Einer, MK1, ins Programm.
  Long Haul führt neben seinen Booten ein komplettes Sortiment an Paddelzubehör, z.T. aus eigener Produktion: Packtaschen, Ruder, Persennige und Spritzschürzen, diverse Bootstaschen, Auftriebskörper, usw.; die Deckstaschen wurden Ende 2003 eingestellt.

- Von **Whalecraft Folding Kayaks**, einem in Seattle ansässigen und vermutlich seit 1948 aktiven Hersteller, gab es keine Rückmeldung.

- **ScanSport, Inc.:** Alv Elvestads Marke PakBoats hat zwei Modellreihen, PakCanoe und Puffin. Die acht PakCanoes – Faltkanadier mit Alugerüsten — wurden für den nordamerikanischen Expeditionsmarkt entwickelt und werden meist zum Einsatz in abgelegener Wildnis gekauft. Durch engen Kontakt mit Expeditionsreisenden und eigener Praxiserfahrung fließen immer wieder Ideen zur weiteren Verbesserung der Boote ein. Ein Ergebnis ist das ab 2004 erhältliche PakCanoe 165/165T, ScanSport zufolge ein guter Zweier für normal große Paddler und Touren bis zu zwei Wochen, sowie ein hervorragender Expeditions-Einerkanadier. Die drei Puffins positionieren sich als preiswerte, sehr leichte und kompakte Faltkajaks mit Alugerüsten und Luftschläuchen, die mit und ohne (!) Oberdeck gefahren werden können.

  Sie sind gedacht als günstige Alternative für alle, die ein Faltboot suchen, das gut zu handhaben ist und sich unkompliziert als Wanderboot eignet, aber nicht gerade auf den Spuren von Hannes Lindemann oder Oskar Speck eingesetzt werden soll. Puffin Sport und Puffin II erhielten 2003 neue Solo-Decks, für Puffin II gab es ein dreiteiliges Oberdeck, das zwei Sitzluken bildet. Daneben wurde eine Fußstütze vorgestellt, kosmetische Modellpflege betrieben, neue Verstärkungen eingeführt und die Fertigung nach China verlegt. Dadurch konnten die Puffin-Preise deutlich gesenkt werden.

Für 2004 sind weitere Veränderungen in beiden Modellreihen angekündigt. – Insgesamt entstanden rund 200 PakBoats, nur die Hälfte verblieb im Herstellungsland. Ein Drittel der Fertigung erreichte Europa, wo Deutschland mit 15% und Norwegen mit knapp 10% die besten Kunden waren. Über 10% des Umsatzes wurde in Kanada erzielt.

2003 haben europäische Kunden (und hier besonders die deutschen Paddler) sehr stark grünen Booten den Vorzug gegeben, während in Nordamerika vor allem rote Boote gekauft wurden. Dort habe man auch eher die größten Modelle (17 ft.-Kanadier) verkaufen können, während Europäer hauptsächlich kürzere Modelle (16 ft.) auswählten. Überraschend zeigte sich auch, dass besonders deutsche Kunden viel stärker an Booten in kompletter Expeditions-Ausstattung interessiert waren als etwa US-Amerikaner, die Extras (Kielstreifen, D-Ringe, usw.) eher einzeln nachgefragt hätten.

- **Seavivor Boats:** Nachdem er seit Anfang der Siebziger Jahre Einzelstücke gebaut und verkauft hatte, gründete Logan Fleckles 1977 Seavivor. Fleckles ist ein Pionier in Entwicklung und Einsatz neuer Materialien – gemeinsam mit NASA und einem Rüstungsunternehmen entstand ein Polyurethan-beschichtetes Gewebe, leichter und robuster als Hypalon und hier erstmals für Faltboote eingesetzt; seine Schweißtechnik für dieses Material brachte 1989 den Outstanding Achievement Award des International Industrial Fabrics Institute ein. Über das seit den späten Achtzigern erhältliche transparente Unterschiff und mehr als zwei Dutzend weiterer Erfindungen hält Seavivor ein Patent.
Leistungsfähig, sicher und extrem langlebig sollen die am Inuit-Gerüstbau orientierten Seavivor-Boote sein, alle werden komplett ausgestattet mit Rundumleinen, usw.; an Extras gibt es eine Marconi-Besegelung, Motorhalter für den Zweier, verschiedene Persennige und Spritzschürzen sowie Bordtaschen. Aus familiären Gründen entstanden 2003 nur 18 Boote, dennoch debütierte nach vierjähriger Entwicklungszeit der neue Einer »Intrepid Traveller«, der selbst ausgewachsenen Football-Spielern reichlich Platz bietet. Da sich rote Boote zehnmal so gut verkauften als blaue, laufen blaue Oberdecke 2004/05 aus. Weniger als ein Drittel der Produktion blieb im Ursprungsland, ein Drittel ging nach Europa und den Mittleren Osten und etwa vierzig Prozent in den Fernen Osten, vor allem Japan, wo die durchdachte Konstruktion und aufwändige handwerkliche Verarbeitung besonders geachtet werden.
Geringe Stückzahl, durchdachtes Design und sorgfältige Handarbeit legen Vergleiche zu Edelsportwagenschmieden nahe; kein Wunder, dass Fleckles seinen besonders bei Paddlerinnen beliebten Greenland Solo – Gewinner mehrerer Kajakmarathons und mit 5,43 m längster Einer dieser Studie – als einen Ferrari unter den Faltbooten bezeichnet, der schneller als die meisten Festboote sei und ebenso gerollt werden könne.

[Quelle: Alexander Schuth, nach einem Gespräch mit Logan Fleckles]

Ozeanien:

China:

- **ChongYe KeJi Co. Ltd. (Silver Arrows Tech-Devp Inc. <SATD>)** wurde 1998 gegründet und nahm im gleichen Jahr die Entwicklung eines Einers auf, der 2003 als Atlatl komplett mit Rucksack und Spritzdecke auf dem Markt debütierte. Im gleichen Jahr erzielte der Betrieb mit seinen vier Mitarbeitern einen Jahresumsatz von etwa US$ 40.000,--, die mit sechzig verkauften Booten, Kohlenstoffpfeilen, Blasrohren und Messerwaren erzielt wurden. Mit einem einzelnen Modell ist SATD der Faltboothersteller mit der kleinsten Produktpalette, der an dieser Marktstudie teilnimmt.
Mit niedrigen Lohnkosten produziert SATD Freizeitartikel mit hohem Kosten-Nutzenfaktor wie etwa den Atlatl, der, so der Hersteller, ein sehr gelungenes Gerüst habe, das schnellen und einfachen Auf- und Abbau erlaube und weltweit das preiswerteste Boot seiner Art sei. Weitere Pluspunkte seien das geringe Gewicht und die hohe Langlebigkeit des Gerüstes.
Für 2004 sind sowohl am Material als auch am Design Veränderungen angekündigt. Das Boot solle etwa zehn Prozent länger werden, der empfohlene Verkaufspreis werde dadurch leicht steigen.
Neben dem Summer Market in Salt Lake City soll das Boot in diesem Jahr auf weiteren Messen in Nordamerika und Europa vorgestellt werden.

Japan:

- **Aquamuse:** Der Hersteller eines festen Segelkanadiers aus Osaka hat vor wenigen Jahren die Produktion von Faltbooten eingestellt.

- **Falhawk International:** Der Hersteller von Voyager 360 und Valent (500 x 73 cm, 24 kg) produzierte bis Ende der 90er und verkaufte die Faltbootsparte an MontBell, um sich auf die Produktion von Gleitschirmen zu konzentrieren.

- **Fujita Canoe Co., Ltd.:** Der Hersteller aus Kyoto, seit 1947 aktiv, bezeichnet sich als den ältesten und größten Faltbootbauer Japans. Neben Holz- und Alu-Gerüsten werden Boote mit Hybridgerüsten (Fiberglasstäbe und Sperrholzspanten) gebaut. Leider kam keine Rückmeldung.

- **Hokuriku MontBell Co., Ltd.:** Die »Folding Kayak Factory« in Nagano gehört zur MontBell-Gruppe, einem japanischen Outdoorartikelhersteller mit Dutzenden von Ladengeschäften. Faltboote Marke »Arfeq by MontBell« sind seit 1999 im Sortiment. Leider gab es keine Rückmeldung.

- **River Steel Co., Ltd.:** Der Stahlproduzent baute mindestens einen Einer (405 x 63 cm, 16 kg) und einen Zweier (Mageta II: 500 x 80 cm, 24 kg). Durch die Aufgabe der Outdoorsparte wurde die Produktion in Yokohama vor wenigen Jahren eingestellt.

- **Suzuharu Industry Co, Ltd.:** Die Firma aus Shizuoka stellte 2002 die Produktion des Einers Payanca (400 x 65 cm, 17,5 kg) ein, wahrscheinlich auch Brillante (400 x 66, 16 kg) und Palomita (360 x 65 cm, 15,5 kg). Zwei weitere Typen (Springwater 400, 430) werden vermutlich noch gefertigt, leider gab es keine Rückmeldung.

Neuseeland:

- **Firstlight Kayaks (FLK)** wurde 2002 gegründet und nahm im gleichen Jahr die Produktion auf. Die Boote entstehen unter der Hand des Firmengründers Murray Broom, durch Aushilfen und Vergabe von Aufträgen an Zulieferer verstärkt. Im vergangenen Jahr entstanden 60 Boote, die bis in die USA und nach Europa exportiert wurden. FLK bedient die Nachfrage nach ultraleichten, im Rucksack problemlos transportierbaren Kajaks. Dies gelingt durch ein erfindungsreiches Design, das Kohlenstoff-Kevlar-Rohre, Teile aus geschäumtem Kunststoff, ein Polyurethan-Unterschiff und hochfestes Polyester-RipStop-Gewebe für das Oberdeck verbindet. Alle Modelle sind auch mit transparenter Haut erhältlich.

    Die Designarbeit von Murray Broom hat sich in ungewöhnlich großem Öffentlichkeitsinteresse niedergeschlagen, etwa in der Auszeichnung »Coolest Product 2003« des Time-Magazins, der Nennung als eines der »25 Best Products of The Year« in Fortune und einer Endrunden-Nominierung auf der Orlando Outdoor Super Show im Januar 2004 zum »Top Product« der Messe für das 2003 neu vorgestellte Modell Napali, einem Boot mit ausschließlich durchsichtiger Haut, das durch Clear Blue Hawaii, Hawaii/USA, vermarktet wird. Außerdem veränderte Broom die Ausführung der Stabenden bei allen Modellen, um eine bessere Verbindung der Stäbe mit den Gerüstenden zu erzielen. Durch den guten Erfolg ermutigt, entwickelt FLK derzeit einen weiteren Faltkajak.

C. Das internationale Angebot an Faltbooten 2003

Die Daten entstammen den Rückmeldungen der Hersteller. Gewichtsangaben beziehen sich in der Regel auf das leere Boot in der Grundausstattung. Gleiche Boote unterschiedlicher Ausstattung (Standard/Expedition, Holz/Alu) werden zusammen gelistet. Alle Preise sind empfohlene Verkaufspreise im Herstellungsland 2003 und können durch Ausstattungsvarianten sowie Versand/Zoll/Steuern anders ausgefallen sein. Vor 2003 eingestellte und nach 2003 eingeführte Bootstypen sind nicht berücksichtigt. – Alle Angaben ohne Gewähr.

Ich danke allen Teilnehmern dieser Umfrage, sowie Michael J. Edelman (FoldingKayaks.org), Kunihiko Tobe (geocities.jp/tobepln/canoe.htm), Tobias Kamm (Out-Trade.de) und besonders Ralph Hoehn (FoldingBoatCenter.com) für ihre Unterstützung. Alexander Schuth

> **zum Autor:** Alexander Schuth, Pionierfahrer (520 Z, 450 Wa), fing sich am Hammer des Axtmörders* die Faltbootinfektion ein. Wenn er nicht gerade mit den Rhein-Main-Faltern irgendwo paddelt, segelt er auf dem »Meer der Wetterau«, legt Platten auf oder liest ein Buch. Kontakt via e-mail: Alexander_Schuth@gmx.net
>
> * *von dieser gar gruseligen Begebenheit wird hoffentlich wohl im nächsten Jahrbuch berichtet werden ...*

Faltboot-Typen und -Modelle 2003 / 2004

Modell	Hersteller	Typ	Länge in cm	Breite in cm	Gewicht in kg	Sonstiges	EVP
PakCanoe 140	PakBoats	C1	425	76	17	Zul. 200 kg, Umrüstkit für 140T erhältl. (flacher, breiter)	US$ 1540
PakCanoe 140T	PakBoats	C1	425	81	18	Zul. 200 kg, Umrustkit für 140 erhältl. (tiefer, schmaler)	US$ 1595
PakCanoe 150	PakBoats	C2	455	79	19	Zul. 300 kg, Umrustkit für 150T erhältl. (flacher, breiter)	US$ 1590
PakCanoe 150T	PakBoats	C2	455	84	20	Zuladung 300 kg, Umrüstkit für 150 (tiefer, schmaler)	US$ 1645
PakCanoe 160	PakBoats	Cx	490	89	23	Zuladung 350 kg	US$ 1695
PakCanoe 165	PakBoats	Cx	505	81,5	23	Zuladung 350 kg	US$ 1745
PakCanoe 165T	PakBoats	Cx	505	86,5	23	Zuladung 350 kg	US$ 1745
PakCanoe 170	PakBoats	Cx	520	91	24	Zuladung 415 kg	US$ 1795
Puffin Sport	PakBoats	K1	320	67	7,8	Zuladung 115 kg	US$ 595
Raid I 325-3 Touring Alu	Nautiraid	K1	325	53 [Anm 1]	11	Zuladung 80 kg	EUR 1180
Puffin Kayak	PakBoats	K1	370	67	9,8	Zuladung 125 kg	US$ 795
Aerius Tramp	Klepper	K1	376	66	20	Zuladung 120 kg	EUR 2095
380 C	FLK	K1	380	58	8	Zuladung 108 kg	US$ 2495
Atlatl	SATD	K1	383	63	12,9	Zuladung 100 kg	US$ 970
Aerius Alu-Lite	Klepper	K1	400	70	18	Zuladung 150 kg	EUR 1895
Raid I 416-3 Touring Holz/Alu, Expedition Holz/Alu	Nautiraid	K1	416	59 [Anm 2]	19/17, 23/22	Zuladung 130 kg	EUR 1890/EUR 1650, EUR 2349/EUR 2130
Intrepid Traveller	Seavivor	K1	465	71	24	Zuladung 170 kg	US$ 2650
420 C	FLK	K1	420	58	9	Zuladung 115 kg	US$ 2750
Napali	FLK	K1	420	58	11,8	Durchsichtige Bootshaut, exklusiv bei Clear Blue Hawaii, USA.	US$ 4200
T9/02	LFM	K1	450	66	27	Zuladung 170 kg, umfangreiche Ausstattung.	EUR 2400

TRAPER I Basic/Expedition	Wayland	K1	450	70	22/23	Zuladung 140 kg	EUR 720/EUR 770
Aerius Basic I/Expedition I	Klepper	K1	450	72	25/27	Zuladung 260 kg	EUR 1940/EUR 2650
Raid I 460-3 Expedition Holz/Alu	Nautiraid	K1	460	65 [Anm 3]	24/23	Zuladung 150 kg	EUR 2529/EUR 2205
480 C	FLK	K1	480	58	10,1	Zuladung 125 kg	US$ 2995
Ladoga-1	Triton	K1	480	65	24	Zuladung 150 kg	EUR 1090[Anm 4]
MK1Classic/Expedition	Long Haul	K1	483	71	30/31	Zuladung 272 kg	US$ 2809/US$ 3274
Greenlander I 500-3 Expedition Holz/Alu	Nautiraid	K1	500	59 [Anm 5]	25/24	Zuladung 120 kg	EUR 2560/EUR 2495
Greenlander I 500-4 Touring Alu	Nautiraid	K1	500	59 [Anm 5]	22	Zuladung 130 kg	EUR 2099
Erik	LFM	K1	505	58	29	Zuladung 150 kg, Klepper-Beschläge, umfangreiche Ausstattung	EUR 2400
Greenland Solo	Seavivor	K1	543	61	24	Zuladung 147 kg	US$ 3200
Puffin II	PakBoats	K2	425	69	12	Zuladung 185 kg	US$ 845
Raid II 455-3 Touring Holz/Alu	Nautiraid	K2	455	78/80 [Anm 6]	24	Zuladung 240 kg	EUR 2442/EUR 2250
Vuoksa-2	Triton	K2	482	85	24	Zuladung 230 kg	EUR 1120 [Anm 4]
Neva-2	Triton	K2	482	85	22	Zuladung 200 kg	EUR 950 [Anm 4]
Vijun	Triton	K2	485	82	25	Zuladung 200 kg	EUR 990 [Anm 4]
Grand Raid II500-4 Expedition Holz	Nautiraid	K2	500	85 [Anm 7]	32	Zuladung 300 kg	EUR 2785
Svir	Triton	K2	500	95	25	Zuladung 200 kg	EUR 990 [Anm 4]
MK2 Classic/ Expedition/Quattro	Long Haul	K2	518	86	35/39/41	Edelstahlbeschläge, umfangreiche Ausstattung, Zul. 349/349/408 kg	US$ 2977

MK2 Commando	Long Haul	K2	518	86	43,5	Schwarzes Holzgerüst, Haut schwarz oder Oliv, Steuerpedale in Spant #4 integriert, Zul. 408 kg	US$ 4006
Grand Raid II 520-3 Expedition Holz	Nautiraid	K2	520	74 [Anm 8]	35	Zuladung 350 kg	EUR 2899
Aerius Basic II/ Expedition II/Quattro XT	Klepper	K2	520	87	32/35/37	Zuladung 350/350/370 kg	EUR 2340/EUR 3090/ EUR 3540
AMAZON II Basic/Expedition	Wayland	K2	530	90	35/37	Zuladung 320 kg	EUR 880/EUR 950
Ladoga-2	Triton	K2	593	73	26	Zuladung 200 kg	EUR 1275 [Anm 4]
Ilmen	Triton	Kx	500	95	25	Zuladung 300 kg, 2-3 Pers.	EUR 1080 [Anm 4]
Classic Double	Seavivor	Kx	518	90	30	Zuladung 340 kg, optional 2 zusätzliche Lehnen für 2 Erw. + 2 Kinder	US$ 3850
Super Raid II 540-4 Touring Holz/ Expedition Holz	Nautiraid	Kx	540	75 [Anm 8]	33/36	Zuladung 380 kg, Platz für 2 Erw. + 2 Kinder	EUR 2330/EUR 3120
Vuoksa-3	Triton	Kx	562	89	28	Zuladung 360 kg, 3 Personen	EUR 1290 [Anm 4]
Neva-3	Triton	Kx	562	89	25	Zuladung 320 kg, 3 Personen	EUR 1050 [Anm 4]
Aerius XXL Basic/Expedition [Anm 9]	Klepper	Kx	585	87	39,5/43,5	Zuladung 370 kg, für 3-4 Personen	EUR 2850/EUR 3590
Tinca	Wayland	Ruderboot	234	111	23	Faltruderboot für Angler/ Ornithologen, Zuladung 220 kg	EUR 655
VarioCat	Kajak-Hütte	Segelkatamaran	520	245	130	11 qm Segel, Zul. 350 kg, 4 Personen, zerlegbarer Rahmen	EUR 4650 [Anm 10]

Anmerkungen

Kanadier: C1 ⇔ Einer, C2 ⇔ Zweier, C3 ⇔ Mehrsitzer
Kajak: K1 ⇔ Einer, K2 ⇔ Zweier, Kx ⇔ Mehrsitzer

1 ⇔ 61 cm mit Stabilairs
2 ⇔ 70 cm mit Stabilairs
3 ⇔ 72 cm mit Stabilairs
4 ⇔ Endpreis Deutschland-Importeur
5 ⇔ 67 cm mit Stabilairs
6 ⇔ 88 cm mit Stabilairs
7 ⇔ 95 cm mit Stabilairs
8 ⇔ 90 cm mit Stabilairs
9 ⇔ Auch als Ae II/ Quattro-Aufrüstsatz ab EUR 2195 erhältlich
10 ⇔ Preis ohne 2 Aerius II
11 ⇔ C

Anhang:

Terminkalender 283

Faltbootrelevante Adressen und Bezugsquellen:

Teil 1: Faltboot- Luftbootwerften 286
Teil 2: Importeure 290
Teil 3: Faltboote und Zubehör 292
Teil 4: Museen / Ausstellungen 293
Teil 5: Internet 296

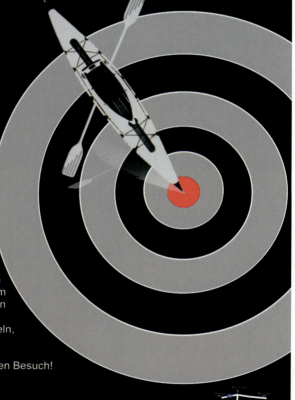

Willkommen im Faltbootzentrum!

Europas größtes Faltboot-Sortiment

www.faltbootzentrum.com

Faltboote ab € 699,-

Klepper
Triton   Zelte
  Paddel
Schlafsäcke
  FirstLightKayaks
Wayland
    Segelkatamarane
Water-Proof-Equipment
   Kocher
Pouch   **Pakboats**
  Ally Isomatten Fujita
Faltkanadier
  Taimen
   Faltkajaks
    Puffin
Outdoor-Equipment
Folbot
   Bootshäute

Das Faltbootzentrum mit

- einer Auswahl von über 80 verschiedenen Faltbooten unter www.faltbootzentrum.com
- von mehr als 10 verschiedenen Herstellern aus aller Welt
- und umfangreicher Ausrüstung fürs Paddeln, Campen, Outdoorabenteuer

Kommen Sie vorbei - wir freuen uns auf Ihren Besuch!
Jeden Samstag große Hausmesse!

Kontakt, Öffnungszeiten, Anfahrt und weitere Infos:
Out-Trade GmbH · Eichendorffstr. 2 · 89278 Straß (bei Ulm)
Tel.: +49 (7305) 928.247 · eMail: kontakt@out-trade.de · Web: www.faltbootzentrum.com

Terminkalender:

(folgende Angaben sind dem Internet-Terminkalender auf »www.faltboot.de« entnommen, der laufend aktualisiert wird; alle Angaben ohne Gewähr und ohne Anspruch der Vollständigkeit)

Termin:	18.05.2004 bis 24.05.2004
Ort:	Tagliamento von Venzone bis Latisana (ca. 80 km)
Beschreibung:	Sportliche Wanderfahrt auf dem Tagliamento (Italien, Friaul) Als einziger mitteleuropäischer Fluss sucht sich der Tagliamento im norditalienischen Friaul von der Quelle bis fast zum Meer seinen eigenen Lauf. Bis zwei Kilometer breit ist das Flussbett mit seinen Kiesbänken, Flussmäandern, Inseln und türkisblauen Tümpeln. Die ETH Zürich erforscht diese am besten erhaltene Wildflusslandschaft Mitteleuropas als Modell für Flussrevitalisierungen in der Schweiz. Anmeldung bis zum 22. April.
Informationen:	Faltbootfreunde Wien, Roman Riedel e-mail: roman.riedel@chello.at

Termin:	20.05.2004 bis 23.05.2004 14. Originales Faltboot Treffen (Schwarz)
Ort:	Schwarz, MecPom
Beschreibung:	Das 14. Originale Faltboot Treffen findet wieder an Himmelfahrt auf dem Campingplatz Forsthaus Ort Schwarz bei Mirow vom 20.5.-23.5.2004 statt. Anmeldungen bei Ekki Kaplan können auch per Mail gemacht werden. e.mail: e.kaplan@arcor.de
Informationen:	Tel.: Ekkehard Kaplan, Bonner Str. 110, 53773 Hennef, Tel.: 02242-3911 Campingplatz Schwarz: Tel. 039827/7520; Wohnwagen, Blockhaus und Zimmerbestellung mit Herrn Rösler absprechen.

Termin:	30.05.2004 bis 30.05.2004 30. Vogalonga
Ort:	Venedig (30. Auflage des Wassermarathons)
Beschreibung:	Wassermarathon (30km) durch Venedig.
Informationen:	www.vogalonga.it weitere Informationen bei: sebgerth@mac.com

Termin:	05.06.2004 bis 13.06.2004 Elbaumrundung
Ort:	Insel Elba Italien
Beschreibung:	Elba, 5. bis 13. Juni 2004 Wir sind eine bis jetzt noch kleine Gruppe die in dieser zeit Elba umrunden wollen. Gemütlich, auch was von der Insel sehen und ohne Stress. Wer Lust hat, sich auch anzuschliessen, ist herzlich Eingeladen. Start ab Caming Reale bei Porto Azurro (http://www.isolaelbacampingreale.com), dort werden mindestens 2 Frauen Urlaub am Land machen (haben RZ85 und Fahrrad dabei). Es gibt also auch die Möglichkeit nicht Paddler mitzunehmen, die kommen auch auf ihre Rechnung. Die Insel ist klein, ca. 150 Kilometer Küstenlänge und sehr schön. Wer also Lust hat auch mitzukommen, wir fahren am 5. Juni am Morgen sehr früh ab Bern. Alle fahren Eigenverantwortlich, aber wir werden das Wetter gut im Auge behalten und keine Risiken Eingehen. Elba ist so klein, dass man bei einer Schlechtwetterphase mit wenig Aufwand abbrechen kann. Viele Grüsse Paul
Informationen:	Paul aus Bern e-mail: Lukit@datacomm.ch

Termin:	10.06.2004 Retrolympics 2004
Ort:	Heidelberg
Beschreibung:	Der Verein zur Förderung ehemals olympischer Sportarten e.V. hat sich zum Ziel gesetzt, einstmals olympische Disziplinen wieder in Erinnerung zu rufen und führt zu diesem Zweck vom 10.-13. Juni 2004 in Heidelberg ein Event mit Wettkämpfen u.a. ein Faltbootrennen durch. Es handelt sich um die 2. Retrolympics mit ehemaligen olympischen Sportarten. Weitere Disziplinen, die bei den Retrolympics zur Austragung kommen, zählen zur Leichtathletik (u.a. Sprünge aus dem Stand, beidarmige Wurfdisziplinen, verschiedene Mannschaftswettbewerbe), Schwimmen (u.a. Kopfweitsprung, Hindernisschwimmen, Mannschaftsschwimmen), Kajack, Tauziehen, Seilklettern, Radsport, Krocket, Feldhandbal, Tennis, Armbrustschießen, Lacrosse, und Rugby.
Informationen:	Teilnehmer können alle ab 16 Jahre, die sich rechtzeitig bis zum 20. Mai 2004 anmelden beim Organisationsbüro der Retrolympics 2004 per Fax: 03303/409734 oder per Mail unter info@retrolympics.de. Weitere Informationen sowie Anmeldeunterlagen sind im Internet unter www.retrolympics.de zu finden.

Termin:	20.06.2004 bis 20.06.2004 Rund um Wien
Ort:	Wien, Donaukanal, Donau und Neuer Donau (43 km)
Beschreibung:	Wien aus einer nicht alltäglichen Perspektive: Den Donaukanal an der Innenstadt vorbei flussabwärts und über die Neue Donau wieder hinauf. Diese Paddeltour in Marathondistanz mit 22 km Strömung und 21 km Flachwasser braucht Zeit und findet deshalb tradtionellerweise zur Sommersonnwende statt. Anmeldung bis 17. Juni.
Informationen:	Faltbootfreunde Wien, Roman Riedel roman.riedel@chello.at
Termin:	26.06.2004 bis 28.08.2004 Tour International Danubien (TID) 2004
Ort:	Start in Ingolstadt (D) Ende in Silistra (BG)
Beschreibung:	Internationale Donautour. Natuerlich kann man auch auf Teilstrecken mitfahren.
Informationen:	http://www.tid.at/start.htm

Termin:	04.07.2004 bis 25.07.2004 Familienfahrt in Masuren (Polen)
Ort:	Krutynia und Masurische Seen
Beschreibung:	Das nur dünn besiedelte Nord-Ost-Polen ist ein Paradies für Zahmwasserpaddler. Zahlreiche Wasserläufe, kleine und große Seen mit klarem Wasser inmitten von Wäldern und Weiden bieten viele Möglichkeiten zum Wandern mit Boot und Zelt. Anmeldungen bis zum 3. Juni.
Informationen:	Faltbootfreunde Wien, Roman Riedel e-mail: roman.riedel@chello.at

Termin:	09.07.2004 bis 11.07.2004 »1.« Thüringer Faltboottreffen
Ort:	Lobenstein, Bleilochtalsperre
Beschreibung:	Für alle Faltboote offenes Treffen mit Schwerpunkt PAX-Faltboote. Das Treffen findet auf dem Gelände des Lobensteiner Rudervereins statt.
Informationen:	e-mail: pitertown@hotmail.com (Piet)

Termin:	31.07.2004 bis 08.08.2004 Wanderfahrt auf der bayrischen Donau
Ort:	Donau von Neuburg bis Regensburg (ca. 100 km)
Beschreibung:	Der bekannte Donaudurchbruch von Weltenburg, das gleichnamige Kloster mit Brauerei und die Stadt Regensburg sind die Höhepunkte dieser Tour. Anmeldungen bis zum 24. Juni.
Informationen:	Faltbootfreunde Wien, Roman Riedel roman.riedel@chello.at

Termin:	27.08.2004 bis 29.08.2004 13. Holz-Gummi-Leinen Treffen
Ort:	Flensburg
Beschreibung:	Einladung an alle Kajakbauer- und FahrerInnen von Zuckersäcken, Holzkajaks und Faltbooten (bitte keine Kunststoffboote) zum Paddeln und Klönen.
Informationen:	http://www.efkk.de weitere Informationen bei: U.SARB@KIELNET.NET Anmeldung: Rudi Cocijmans, Tel.: 0431-338676.

Termin:	03.09.2004 bis 05.09.2004 6. Faltboot-Spätsommer-Treffen
Ort:	Feldberg, MecPom
Beschreibung:	6. Faltboot-Spätsommer-Treffen organisiert von Ekki und Elke Kaplan, gesponsort von Poucher Boote GmbH Feldberger Seen
Informationen:	Campingplatz : Tel 039831/ 21084; Zimmerbestellung unter 039831/21084 (Greiling); www.campingplatz-am-bauernhof.de bzw. e-mail: scholvenberg@feldberg.de

Termin:	24.09.2004 bis 26.09.2004 4. Offenes Spreewald-Hedonistentreffen
Ort:	Burg (Spreewald)
Beschreibung:	... wie immer mit Holundersuppe und Spanferkel!
Informationen:	Carsten Pätz, e-mail: cp@excellent-web.de

Termin:	25.05.2005 bis 29.05.2005 100 Jahre Faltboot
Ort:	Isartal - München
Beschreibung:	Vor hundert Jahren fand die erste belegte und dokumentierte Faltbootfahrt auf der Isar statt. Im Mai 2005 jährt sich dieses Ereignis zum hundertsten Mal. Ein einmaliger Anlass, das Faltboot und den Kanusport zu feiern. Wer will mitmachen? Wer hat Ideen?
Informationen:	Jürgen Hoh, Holger Machatschek e-mail: fb100@faltboot.de

Vier Faltboot Topmarken

nur bei Zölzer

50 Jahre Faltbooterfahrung, Entwicklung sowie Fertigung von eigenen Faltbooten und Ausrüstungen

Außerdem:
Bootsreparaturen
Reparaturmaterial
Selbstbaumaterial
Persenninge, Spritzdecken
Bekleidung, Steueranlagen,
Bootswagen, Sicherheitsausrüstungen
Packsäcke, Taschen,
Autodachträger-System
sowie jede Menge weiteres Zubehör

Haben wir Ihr Interesse geweckt?

Fordern Sie Unterlagen an oder Informieren Sie sich im Internet, bzw. in unserem Shop.
Sie finden uns aber auch auf Messen und Faltboottreffs.

Sport Zölzer
Kanu · Trekking · Autodachträger

Kupferdreher Str. 196
45257 Essen-Kupferdreh
Tel.: 02 01 / 48 78 15
Fax: 02 01 / 48 27 80

E-mail: info@zoelzer.de
http://www.zoelzer.de

Faltbootrelevante Adressen
(alphabethisch geordnet und alle Angaben ohne Gewähr und ohne Anspruch der Vollständigkeit)

Teil 1: Faltboot-, Luftbootwerften

Bergans Fritid AS (ALLY): Loesmon, Box 293, N-3301 Hokksund, Norway
Telephon: 0047 32 25 25 00, Fax: 0047 32 25 25 10
e-mail via Formar auf der Internetseite ↔ internet: www.bergans.no

ChongYe KeJi Co.,Ltd. (SATD Inc.)Yi (Atlatle): 37 Long Jiang Road, QingDao, 26603, China
Telephon: 0086-532-287-8333, Fax: 0086-532-2968177
e-mail: info@atlyak.com ↔ internet: www.atlyak.com

Clear Blue Hawaii: 2123 Eluwene Street, Honolulu, Hawaii 96819, USA
Telephon: 001-808-832-2438; Fax: 001-808-832-2439
e-mail: discover@clearbluehawaii.com ↔ internet: www.clearbluehawaii.com

Cascade Crags: 2820 Rucker Ave, Everett, Washington, 98201, USA
Telephon: 888-839-3922, Fax: (425) 258-4159
email: info@foldingcraft.com ↔ internet: www.foldingcraft.com

Feathercraft Folding Kayaks Ltd.: 4-1244 Cartwright Street, Granville Island, Vancouver, B.C., Canada V6H 3R8
Phone (604) 681-8437; Fax (604) 681-7282
email: info@feathercraft.com ↔ internet: www.feathercraft.com

First Light Kayaks: PO Box 1421 DUNEDIN, NEW ZEALAND
Telephon: +64 21 429962
email: info@firstlightkayaks.com ↔ internet: www.firstlightkayaks.com

Folbot: 4209 Pace Street, Charleston, SC, USA, 29405
Tel.: (843) 744-3483, Fax: (843) 744-7783
e-mail: folbot1@aol.com ↔ internet: www.folbot.com

Fujita Canoe Co.,Ltd.: 45 Sata Kasagi-chou Souraku-gun, Kyoto 619-1303, Japan
Telephon: 0081-743-95-2507, Fax: 0081-743-95-2962
e-mail: info2@fujitacanoe.com ↔ internet: www.fujitacanoe.com

Grabner Luftboote GMBH: Weistracherstraße 11, A-3350 Haag, Österreich
TeleTelephon: 0043 (0)7434 42251, Fax: 0043 (0) 7434 4225166
e-mail: grabner@grabner-sports.at ↔ internet : www.grabner-sports.at

Hokuriku MontBell Co., Ltd. - Folding Kayak Factory:
73-1 Nishinagamine Kotobuki, Iiyama-shi, Nagano 389-2418, Japan
Telephon: 0081-269-62-3367, Fax: 0081-269-62-4577
e-mail via Formular auf der Internetseite ↔ internet: www.montbell.com ↔

Klepper Faltbootwerft AG: Klepperstrasse 18, D- 83026 Rosenheim
Tel.: (08031) 21 67 0, (0180) 55 37 737 [Service], Fax: (08031) 21 67 77
email: faltboote@klepper.de ↔ internet:www.klepper.de

- ÜBER 70 JAHRE ERFAHRUNG -

FALTBOOTE

Hiermit verlieren alle bisherigen Preislisten ihre Gültigkeit
Stand 01.01.2004

EU-Klassifizierung - Kategorie D - 6. Kategorie

5 Jahre Garantie

www.nautiraid.com

NAUTIRAID – Generalvertretung Deutschland
Bruno MAITRE   Hattenheimer Str. 7, 13465 Berlin
Fax: 030 40637068   Bmaitre@t-online.de   Tel.: 030 40637069

Long Haul Folding Kayaks: 16869 Ward Creek Road, Cedaredge, CO. 81413, USA
Telephon: 001-970-856-3662, Fax: 001-970-856-3663
e-mail: sales@longhaulfoldingkayaks.com   ↔   internet: www.LongHaulFoldingKayaks.com

Lychener Faltbootmanufaktur GbR (LFM): Stabenstr. 02, 17279 Lychen
Tel.: 039888 – 52162 [Büro], 039888 – 520070 [Werkstatt], FAX: 039888 – 52161
e-mail: mailto:bredow@t-online.de   ↔   internet: www.faltbootmanufaktur.de

Nautiraid: - Zone Industrielle - 53480 Vaiges (France)
Tel.: (33)(0)2-43-90-20-26, Fax: (33)(0)2-43-90-52-70,
e-mail: info@nautiraid.com   ↔   internet: www.nautiraid.com

    Deutscher Importeur(Vertrieb: Bruno MAITRE: Hattenheimer Str. 07, D-13465 BERLIN
    Tel.: (030) 4063 7069, Fax: (030) 4063 7068, e-mail: Bmaitre@t-online.de

Poucher Boote GmbH: Bitterfelder Str. 24, D-06774 Pouch
Tel.: (03493) 55293, Fax: (03493) 55231;
e-mail: poucher@poucher-boote.de   ↔   internet: www.poucher-boote.de

ScanSport/Pakboats: Post Office Box 700, 234 May Street , Enfield, New Hampshire 03748; USA
e-mail: info@pakboats.com   ↔   internet: www.pakboats.com

Seavivor Boats: 576 S. Arlington Ave.Des Plaines, Illinois 60016-3363,
Telephon: 001 847 297-5953
Kontakt via e-mail nicht möglich   ↔   internet: www.seavivor.com (Online-Katalog)

Suzuharu Industry Co., Ltd.: 507 SHIHON MATSU-CHO, HAMAMATSU-CITY, SHIZUOKA,
430-0826 Japan
Telephon: 0081-53-425-3339, Fax: 0081-53-426-1534
e-mail: info@suzuharu.cside.com   ↔   internet: www.suzuharu.cside.com

Triton Ltd.: Volkovskij prospekt 146/1, 192 102 Sankt-Petersburg, Russland
Telephon: 007-812-269.43.30, Fax: 007-812-268.05.04
e-mail: triton@triton-ltd.ru   ↔   internet: www.triton-ltd.ru

whalecraft: 4011 Fremont Ave North Seattle, WA 98103; Telephon: (206)634-0628
(Internet- und e-mailadresse konnte nicht (bzw. nicht mehr) lokalisiert werden

Wayland Folding Kayaks: Parcele Lomskie 15, Mlawa 06-500, Polen
telephon: 0048-23-6544406, Fax: 0048-23-6542751
e-mail: kajak@hot.pl   ↔   internet: www.wayland.net2000.pl

Teil 2: Importeure

Bruno MAITRE: Hattenheimer Str. 07, D-13465 BERLIN
Tel.: (030) 4063 7069, Fax: (030) 4063 7068, e-mail: Bmaitre@t-online.de
(deutscher Importeur für Nautiraid)

Leisure Time Equipment (LTE): Fürstenwalder Damm 461, 12587 Berlin,
Tel. (030) 64328698, Fax (030) 64328713
e-mail: Faltboote@gmx.de ↔ internet: www.faltboot-deal.de
(Importeur für Russische Faltboote: Amazonas II und III)

Out-Trade GmbH: Panoramaweg 14, D-89155 Erbach
Tel.: (7305) 928.247, Fax: (7305) 928.256
e-mail: info@out-trade.de ↔ internet: www.out-trade.de
(Importeur für: Triton, Taimen, Atlatl, Ally, Pakboats, First Light Kayaks, Fujita, Folbot, Wayland)

SCANDIC OUTDOOR GMBH: Zum Sportplatz 6 D-21220 Seevetal
Tel.: (04105) 6813-0, Fax: (04105) 6813-50
e-mail: home@scandic.de ↔ internet: www.scandic.de
(Importeur für Ally-Kanadier)

Kajak-Hütte GmbH (Vario-Cat): Zur Alten Bergehalde 3, D-82380 Peißenberg
Telephon: 08803-4670, Fax: 08803 - 4670
e-mail: info@kajak-huette.de ↔ internet: www.variocat.de

Neue Ufer? - mit richtigem Kartenmaterial sind Sie bestens orientiert:
Gewässerkarten speziell für Kanusportler

Jübermann-Verlag   **D-29525 Uelzen**   **Krempelweg 2**

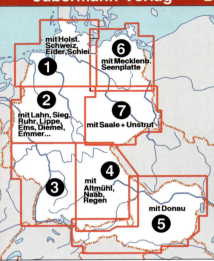

z.B. die sieben "Wassersport-Wanderkarten"= Planungsübersichten im Maßstab 1: 450 000 mit Detailkarten auf den Rückseiten im M= 1:100 000 für unterwegs, auf denen alles enthalten ist, was Sie für eine erfolgreiche Tourenplanung benötigen.

Landkarte + Gewässerinfo als Einheit; das mühsame Herstellen des geographischen Bezuges anhand abstrakter Textbeschreibungen entfällt; auf wasserfestem Papier!

Von einzelnen Revieren gibt es außerdem handliche Kartenhefte bis zu umfangreichen Atlanten. Fordern Sie den Verlagsprospekt an, oder schauen und bestellen Sie einfach über das Internet:

www.juebermann.de   *info@juebermann.de*

-es geht natürlich auch auf traditionellen Wegen:

Anschrift siehe oben,   **Tel.: 0581-78232**   **Fax: 0581-77516**

Bezugsquellen: Buchhandel, Wassersport-Fachhandel, Deutscher Kanu-Verband (f. Mitglieder) und auch Direktauslieferung des Verlages an Endverbraucher mit Rechnung (Rückgaberecht 14 Tage).

Ganz neu wird z.Zt. der dritte große TourenAtlas Weser-Ems erstellt (64 Karten DIN A4, Maßstab 1: 75 000) -erscheint im Herbst 2004. Vorbestellungen sind bei Erhard Jübermann möglich.
Der Arbeitsfortschritt kann im Internet auf der Homepage verfolgt werden, Titelbild gesucht !!!

Teil 3: Faltboote und Faltbootzubehör:

Helmi-Sport: Aschenkrug 11, 31535 Neustadt a. Rbge.,
Tel.: (05036) 429, Fax: (05036) 2605
e-mail.: helmi-sport@t-online.de ↔ internet: www.helmi-sport.de
(Faltboote, Feststoff- und Seekajakboote, Ausrüstung, Paddelzubehör, Katalog)

Globetrotter: Bargkoppelstieg 12, 22145 Hamburg
Tel.: (040) 67966179, Fax: (040) 67966186
e-mail: info@globetrotter.de ↔ internet: www. globetrotter.de
(Falt- und Luftbooteboote; zusätzlich: Ausrüstung, Outdoor-Versand-Handel etc., Katalog)

Heinz Künisch Metallbau: Poststraße 34), 14943 Luckenwalde,
Tel.: (03371) 610924, Fax: (03371) 642883
(Bootswagen und Steueranlagen)

Peter Schullcke:, Am Rodweg 8 (Werkstatt: Magazinstr. 6), 39240 Calbe (Saale), Tel./Fax: (039291) 2725
(Herstellung (Handfertigung) von Paddel aller Art)

Sport Schroer GMBH: Massener Straße 137, 59423 Unna, Tel.: (02303) 1793, Fax: (02303)
e-mail: info@sport-schroeer.de ↔ internet: www.sport-schroeer.de
(Faltboote, Feststoff- und Seekajakboote, Ausrüstung, Paddelzubehör, Katalog)

Sport Zölzer: Kupferdreher Str. 164, 45257 Essen-Kupferdreh,
Tel.: (0201) 487815, Fax: 80201) 482780,
e-mail: info@zoelzer.de ↔ www.zoelzer.de
(Faltboote, Feststoff- und Seekajakboote, Ausrüstung, Paddelzubehör, Katalog)

Woik GMBH: Plieninger Straße 21, 70974 Filderstadt-Bernhausen, Tel.: (0711) 7096700, Fax: (0711) 7096770
e-mail: woick@compuserve.de ↔ internet: www.woick.de
(Falt- und Luftbooteboote; zusätzlich: Ausrüstung, Outdoor-Versand-Handel etc., Katalog)

Markus Heise: Moltkestr. 16, 47877 Willich, Telephon: 02154-484860, Fax: 02154-484861
e-mail: info@heise-faltboote.de ↔ internet: www.heise-faltboote.de
(Faltbootreparaturen und Faltboothautschneiderei, Organisation und Planung von Faltbootausstellungen mit eigenen Exponaten)

Teil 4: Faltboot- und Kanu-Museen:

Mitte 1995 haben sich im Raum München Leute zusammengetan, deren Ziel die Sammlung von allen Gegenständen und Informationen zur Geschichte des Kanufahrens ist. Weil Vorgänge wie die »Wegwerfaktion Rauschert« unerträglich sind und es eine zentrale Stelle für dergleichen einfach geben muss. Und weil Kanusport überall stattfindet, nennt sich die Einrichtung: »Internationales KANU Museum« (IKM).

Im Museumsbereich ist eine breite Unterstützer-Basis von großer Bedeutung. Derzeit bilden vier Personen den Trägerkreis (die eigentlichen Arbeiter). Das Kuratorium (Hannes Lindemann, Milo Duffek, Ulrich Feldhoff, Hans Memminger u.a.) unterstützt das IKM im Wesentlichen ideell. Die Freunde des Internationalen Kanu-Museums, Förderverein e.V. (Vereinsregister AG München VR 17517) bilden den Rahmen für die finanzielle Unabhängigkeit des Ganzen.
Postanschrift ist: Internationales Kanu Museum, Am Tucherpark 2, 80538 München
Telephon: 089 – 91 53 18, e-mail: holgermachatschek@hotmail.com

Im Ausstellungsraum des KLEPPER-Musems e.V. werden nicht nur zahlreiche Exponate und Dokumente über die bewegte Vergangenheit der KLEPPER-Boote, -Zelte und -Mäntel gezeigt, sondern auch den Werdegang und die Bedeutung der Firma KLEPPER, des einst größten Arbeitgebers der Stadt.

Jährlich wechselnde Sonderausstellungen zu verschiedenen Themen runden das Programm ab. Der Verein KLEPPER-Museum e.V. finanziert sich über Mitgliedsbeiträge und Spenden. Der Verein ist eingetragen im Registergericht beim Amtsgericht Rosenheim unter VR 1858 und vom Finanzamt Rosenheim als förderungswürdig im Bereich Kultur anerkannt im Sinne der §§ 51.ff.AO.

Ausstellung

Fahr fröhlich in die Weite Welt mit KLEPPER-Mantel, - Boot und -Zelt

Öffnungszeiten
Mitte Mai – Anfang Oktober

Mi., Do., Fr. von 14.00 Uhr - 17.00 Uhr
Sa. 11.00 Uhr – 14.00 Uhr

Gruppen nach Vereinbarung
**Klepperpark
Klepperstraße 18
D-83026 Rosenheim**

Tel.: 08031/27370, Fax: 08031/272747

Historisches Falbootkabinett

Stabenstraße 2, 17279 Lychen, Tel.: 039888 – 52162, FAX: 039888 – 52161

Am 22.7.2000 wurde das Historische Faltbootkabinett in Lychen offiziell eröffnet. Für die Sammlung von über hundert Faltbooten hätte man kaum ein besseres Objekt finden können, als das riesige alte Mühlengebäude. Für die zahlreichen Faltkajaks gibt es reichlich Stellfläche auf mehreren Etagen. Große Aussparungen in den Decken, die der Ausbau der Mühlentechnik hinterlassen hat, erlauben die Aufstellung voll aufgetakelter Faltsegelboote. Gewaltige Stützbalken und Reste der ehemaligen Mühlenausstattung bilden ein passendes rustikales Ambiete. Das Wasser des Küstrinchen fließt direkt durch das Haus und verleitet zum Träumen über ein zukünftiges Indoor-Faltboot-Hebewerk. Noch haben die Macher sehr viel Arbeit vor sich. In manchen Räumen hat jahrelanger Leerstand üble Spuren hinterlassen. Ein Besuch lohnt aber auch schon jetzt in der Aufbauphase. Man muss sich einmal von Dirk Bredow selbst erklären lassen, was für Einrichtungen im und am Haus in den nächsten Jahren noch entstehen sollen. Hinfahren und staunen.

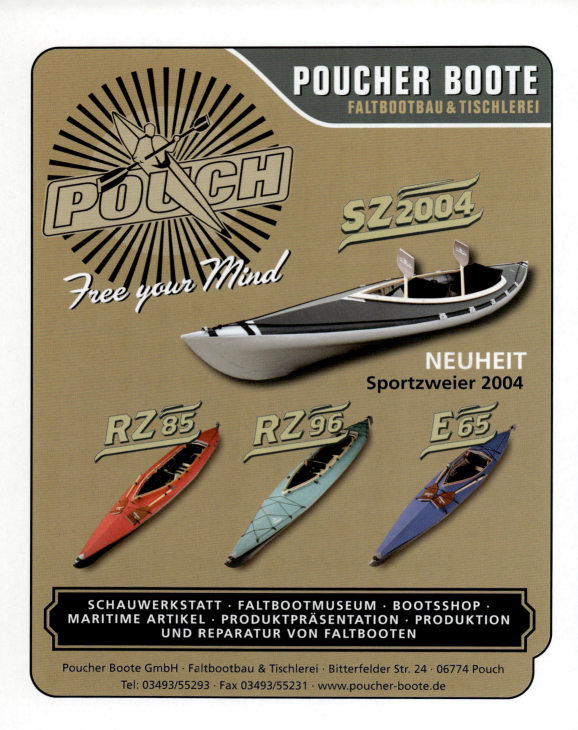

Teil 5: Internet:

www.kajak-channel.de
(keine reine Faltboot-Seite, aber viele Informationen zum Thema Kanu und Paddeln)

www.faltboot.de
(die Mutter aller Faltboot Seiten, gestaltet von Marian Gunkel, Jürgen Hoh und Rainer Schröter. u.a. mit Diskussions und Informationsforum für FaltbootfahrerInnen, Terminkalender, umfangreicher Adressen-Index für faltbootrelevante Internetseiten)

www.faltbootbasteln.de
(Alles rund ums Faltboot: Typisierung (fast) aller Faltbootmodelle, Basteleien, Bilder, Geschichten etc.)

www.faltbootkabinett.de
(Historische Faltbootmuseum Lychen [Dirk Bredow])

www.faltenreich.de
(Buchverlag, Heimat des Binsenbummler-Faltbootjahrbuch, Online- Bibliographie der Faltbootbootliteratur aus 9 Jahrzehnten)

www.foldingkayaks.org
(DIE Faltbootseite in englischer Sprache, betrieben von Michael Edelman; viele Informationen über Faltboote und mehr ...)

www.juebermann.de
(Gewässerkarten für Kanu-, Ruder-, Yachtsportler, Stadtpläne, Wanderkarten, Tourismuskarten etc ...)

www.kanu.de
(Internetpräsenz vom Deutschen Kanuverein (DKV) mit Forum, Kleinanzeigen-Pinnwand u.a)

www.kanumagazin.de
(Paddler-und Kanuzeitschrift)

www.pollner-verlag.de
(Buchverlag, u.a. auch Faltboot- und Seekajak-Literatur)

www.spierentonne.de
(Internetseite von Roland Stelzer mit seekajakspezifischen Themen, mit Diskussions und Informationsforum für Seekajakfahrer

www.waterweb.de
(umfangreicher Index der Kanuliteratur, darunter auch vieles aus dem Faltbootbereich)

www.salzwasserunion.de
(Internetpräsenz der Salzwasser-Union e.V. (SAU, (Zusammenschluß von ca. 1000 Salzwasser- und Küstenrevierpaddlern)

www.seakayakermag.com
(englisch-sprachiges Paddler-Magazin)

www.wavelengthmagazine.com
(englisch-sprachiges Paddler-Magazin)

www.wassergeusen.de
(Verein Unabhängige Kanuwanderer - UKW - Die Wassergeusen)

Kanuliteratur und Geschichte

Direkt zu bestellen beim Verlag!

Eine freie Rheinfahrt
Von Walther von Diest.
Im Sommer 1881 unternahm Walter von Diest mit seinem Freund Ernst von Pfeffer im Kajak eine mehrwöchige Wanderfahrt auf dem Rhein, von Biberich nach Antwerpen. Die farbige Schilderung seiner Erlebnisse, die uns das Paddelboot gleichsam als „Zeitmaschine" benützend in die längst versunkenen Tage unserer Kanu-Pioniere zurückversetzen, veröffentlichte er 1883 unter dem Titel „Eine freie Rheinfahrt" in Buchform.
Ein Muss für jeden historisch interessierten Kanuten.
51 Zeichnungen, **14,90 EUR**

Das baldverlorene Paradies
Von H. Rittlinger
Der Faltbootpionier Herbert Rittlinger hat mit spannenden Erzählungen seiner abenteuerlichen Reisen bis heute Jung und Alt fasziniert. In diesem Buch sind „die tausend unentdeckten Schönheiten der heimischen Gewässer" Drau und Enns ausführlich geschildert. Dazu die abwechselnden Erlebnisse mit „seinen 3 Kajakfrauen". Die überarbeitete Neufassung zeichnet sich durch aktuelle Ergänzung aus.
9. Auflage, 128 Bilder, **19,90 EUR**

In den Schluchten Europas – Von W. Frentz
Erstbefahrungen und Erlebnisse der Faltbootpioniere.
Ob in den Schluchten des Balkans, der Alpen oder Spaniens, die Entdecker schildern spannend ihre Abenteuerreisen mit dem Faltboot in unbekannten finsteren Schluchten. Ein mit vielen historischen Bildern ausgeschmücktes Buch. **18,– EUR**

Anekdoten und Kajakiaden
Aus vergangener Zeit
Hans Matz erzählt humorvoll Geschehnisse aus der Polyesterbootzeit. Ob unfreiwilliges wildwasserschwimmen aus der Anfängerzeit oder Verbal-Karikaturen alles wird aufgespießt und erheiternd erzählt. Ein echter Matz eben. **9,90 EUR**

Alone at Sea – von Dr. Hannes Lindemann
Tatsachenbericht über die legendäre Faltbootfahrt über den Atlantik. Ein einmaliges Abenteuer mit Farbbildern illustriert.
Englischer Originaltitel, **18,– EUR**

Mordssport – Krimisammlung
Von I. Kohler
Rafting, Trekking, Bergsteigen, Skitouren und Kanu liegen voll im Trend. Die Geschichten erzählen von Zwischenfällen mit aufrichtigen und hinterhältigen Sportlern. Neun Krimis spielen an authentischen Tatorten in den Alpen, Lappland, Alaska und Kanada..., oder war doch ein echter Mord dabei?
182 Seiten, **12,50 EUR**

Der Hadernkahn / Geschichte d. Faltbootes
Das Buch berichtet von großen Wanderfahrten, vom Freiluftleben an romantischen Flüssen, an großen Strömen und in den unberührten Schluchten Europas. Es erzählt von Erstbefahrungen reißender Wildflüsse, von kühnen Faltboot-Expeditionen, von raffinierten Bootskonstruktionen und mutigen Männern. Diese reich illustrierte Geschichte ist der Versuch, drei Generationen von „Faltbootfahrern" und eine faszinierende Sportbewegung vor der Vergessenheit zu bewahren.
175 historischen Fotos, 103 Grafiken, **19,90 EUR**

Höllenfahrt durch den Grand Canyon
Expeditionsbericht über die erste Befahrung und Erforschung des Green River und des Colorado River 1889. Die Erkundung und Bezwingung der größten Schlucht der Welt sollte eines der größten Abenteuer des amerikanischen Kontinents werden.
124 Zeichnungen, **19,90 EUR**

Rotdornstraße 7 · 85764 Oberschleißheim · pollnerverlag · Fax 089 / 315 18 90 · www.pollner-verlag.de

BOATS in BAGS

- klein verpackt
- leicht zu transportieren
- vielseitig zu verwenden
- sicher + langlebig
- 5 Jahre Garantie

Weltweit Expeditions bewährt. Über 20 Modelle

GRABNER GMBH, Luftboote- und Schwimmwestenfabrik
A-3350 HAAG, Weistracherstraße 11, Österreich
Tel 0043 7434 42251, Fax 0043 7434 42251 66,
e-mail: grabner@grabner-sports.at

www.grabner-sports.at

Bildnachweise:

001	Kanusport 30/1927, Seite 343
002	Wrage (Photoalbum Nordfriesland): *quer über die Elbmündung sind wir gejagt*
003	Esser: *Werder*
004	Esser: *Ein Jahrbuch vor dem Reichstag*
007	FLUZ: (ohne Angabe)
008 (1)	Staude: (ohne Angabe)
008 (2)	Staude: (ohne Angabe)
009	Titelblatt-Signet der Fluß und Zelt (FLUZ) Zeitschrift
011(1)	Hans-Heinrich Pardey in: FAZ v. 6.5. 2003, T2
011 (2)	Thomas Theisinger in: *Kanu-Sport (KS) Heft 6/2003, S.38/39*
011 (3)	Jürgen Hoh in: *Kanu Magazin (KM) 4/2003, S.6*
011 (4)	Karsten Röhr in: *Nordwest Zeitung (NWZ) v. 15.8.2003:* »Im Faltboot zur Magellanstraße«
014	Ein namentlich nicht näher benannter Redaktionsassistent verulkt den Herausgeber ...
015,016, 017, 018, 019	Born: *Eigenbau-Detail-Studien*)
025	Langer: »*Anlegestelle Blankenforde*«
032	Esser: »*Schwanhavels* (dieses Bild wurde »zur Auflockerung« in den Text »geschmuggelt«)
042	FLUZ: (ohne Angabe)
043, 044	Einert: *Das »Blaue Wunder« in seinem Element ...*
045, 047	Staude: (ohne Angabe)
049	Hoh: (ohne Angabe)
052	Hoh: *der Hafen von Heusden bietet auch Faltbootfahrern Schutz*
054	Hoh: (ohne Angabe)
055	Hoh: *Auf dem Grand Union Canal*
056	Hoh: *Der Scheitel des Grand Union ist tief in den Berg eingeschnitten, ab jetzt geht es wieder bergab*
057	Hoh: *Gemächlich windet sich der River Great Ouse der Stadt Bedford*
058 (1,2)	Wrage (Photoalbum Ostfriesland): *Brandungsspiele*
060	Hoehn: *Ein Puffin im Schnee ...*
062	Hoehn: *Alv Elvestad im Puffin*
063, 064, 065, 067,068	Gieger (ohne Angabe)
072	Hoffmann: (verpacktes Alu-Light hinter Falttrad Dahon-Presto)
074	Hoffmann: (Dahon Presto, leicht angepuzzelt)
075	Hoffmann: (zerlegtes Falttrad im Alu-Light)
076	Steinbacher/Rittlinger: *Die Fahrt durchs Temi Tal*
077	Steinbacher/Rittlinger: *Meteora Klöster,hoch über dem Geröllfeld des Pinios*
078	Steinbacher/Rittlinger: *Morgentoilette im Fluss auf Resten der Antike*
080	Steinbacher/Rittlinger: *Ende mit Kleinholz*
082, 083	Oelze: (ohne Angabe)
084	Esser: *Elbaue*
085, 088	Christian: (ohne Angabe)
098	Gunkel: (ohne Angabe)
099	Kamm: (ohne Angabe)
102	Otten: (ohne Angabe)
103	Otten: *Start in Bojden*
104	Otten: *die »St. Hans-Hexe«*
106	Kanu Sport, 2/1927, S. 21
107 (1)	Kronenberg: *Emblem der Pionier-Werke*
107 (2,3)	Kronenberg: *Pionier 450 S Detail-Studie*
108	Kronenberg: *Gerüst des Pionier 450 S*
109	Kronenberg: *Logo der Pionierwerft*
113	Kronenberg: *Werksgebäude*
115	Nobelmann: (ohne Angabe)
116	Harbisch: *Eine große Herde Caribous zieht längs des gegenüberliegenden Ufers*
117	Harbisch: *Wir sind an der Mündung angekommen – Boote entladen, trocknen, abbauen, Boote und Ausrüstung verpacken liegen vor uns*
120 (1)	Harbisch: *Die Felswand bietet uns als geschützter Platz für die Küche an*
120 (2)	Harbisch: *Camp auf dünn mit Sand überzogenen Felsplatten*
122	Harbisch: *Gerhard in einer Stromschnelle in den Canyons*
125	Harbisch: *Vorig geht die Fahrt an einem der Smoking Hills*
129	FLUZ, Heft 2/1927 S. 311
130	Esser: *Schorfheide (auf Kollisionskurs)*
131, 134,135	Harbisch: (ohne Angabe)
136	Kahl: *Bunte dänische Holzhäuser beherrschen das Ortsbild v. Qaanaaq*
140	Kahl: *Zelt und Boot verschwinden in der Weite der Landschaft v. Kiatak*
141	Kahl: *Noch hält das Tor im Eisberg*
142	Kahl: *Gletscher schieben ihre Eismassen ins Meer*
143 (1)	Stelzer: »*Greifswalder Bodden*«
143 (2)	Staude : (ohne Angabe)
144, 145	Remarque, Erich Maria: [Essay] in: »*Echo Continental* « (Hannover), Jg. 28 (1924), Nr. 5 (Juni), 80-81
146 (1,2)	Engert: (ohne Angabe)
147	Haß: *Mannschaft*
150	Haß: *Moralcamp*
153	Haß: *Filmkulissen*
158	Höhne: *Rast am Kiaunas ežeras (Fuhrpark ohne Maanschaft)*
159	Höhne: *Auf der Lakaja*
160	Höhne: *In der Abendsonne, Žiezdrelis ežeras*
162	Höhne: *Rast am Ilgis ežeras - das Taimen ist zum Befahren von Wildwasser mit Omnibus-Felge beklebt*
163	Höhne: *Heimfahrt, Bahnhof Žiemena*
168	Lindemann: *Ostsee 1949 (sozusagen ein »Vorbereitungs-Training«)*

169	Lindemann: *Im Polo do Lobo: durch diese zerfressene, zerklüftete und zerfurchte Steinwüste musste das Boot geschleppt werden. Einer der Schäfer sucht einen günstigen Paß.*
170	Lindemann: *Polo do Lobo, (Salto do Lobo), wo der Guadiana so eingeengt wird, dass ein Wolf beim Niedrigwasserbett zu springen vermag. Zu beiden sieht man die Hochwasserbegrenzung.*
171	Lindemann: *In diesem Adlerhorst verbrachte ich die nacht vom 31. Dez. 51 zum 1.Jan. 52. Unten, auf einer Erosionsdüne ist das Boot schon wieder aufgeschlagen.*
173	Lindemann: *Hier, von vielen, von jähen Felswänden begrenzten Wehre mit einer für den Guadiana so typischen Wassermühle, die bei Hochwasser vollkommen unter den reißenden Fluten verschwindet, und deshalb so fest gebaut ist.*
175	Lindemann: *Ein spanischer Polizist sucht Konterbande in meinem Dampfer*
180	Schönfeld: (ohne Angabe)
183,	Fuchs: *Früh am Morgen belade ich meinen »Schlingel«*
184	Fuchs: *Im stömenden Regen schiebe ich mein »Gerümpel« zur Altmühl...*
186	Fuchs: *An dieser Stelle will der »Schlingel« mich ausladen*
187	Fuchs: *Die »Weltenburger Enge« – warten die vielen Leute auf den »Schlingel«?*
189 (1)	Wrage (Photoalbum Ostfriesland): *durch die Sielzüge des »krumme Hörn«*
189 (2)	Wrage (Photoalbum Ostfriesland): *Emder Außenhafen*
190	Mayr: *Am Ende der guten alten Drau, nach einer herrlichen Möllfahrt, bei der wir alle ins »große Loch« tauchten*
191	Mayr: *Das alles ist »Monte Negro«, Land der schwarzen Berge*
194	Mayr: *Da trotteten wir also im Nebel und kalten Regen über das unendliche Hochland, um zur Tara-Brücke zu kommen*
196	Mayr: *eine rubuste, fast vollkommen verschleierte Frau in ihrer mohammedanischen Tracht, die den Fluß als Brücke benutzte und ihm an anderem Ufer triefend und ungerührt entstieg!*
197	Mayr: *Tagelang ist dies unsere Welt*
201	Mayr: *Die Sensation: Meine Eskimorolle unter einem Baum hindurch. Dafür bekam ich vom »General« einen Kuß verliehen.*
202	Michael: *Emma*
203	Löbell: *Wayland unter Segel*
204	Prietz: (ohne Angabe)
206	KS Heft 21/1927 S. 234
208	Staude: »*Hakola im Faltboot-Eigenbau*«
209	Theisinger (ohne Angabe)
212, 213	Staude (ohne Angabe)
214	KS Heft 1/1936, S. 6
222	Höhn: *unter Segel*
224 (1)	Wrage (Photoalbum Ostfriesland): *Abfahrt von Langeoog*
224 (2)	Wrage (Photoalbum Nordfriesland):*Auch so kann die Nordsee sein*
230	Otterbach (Photomontage)
231	Wrage (Photoalbum Nordfriesland): *An Hörnum vorbei unter Segel*
232	Langer: *Küstrinchen*
234	Esser: *Neuruppin* (auch dieses Bild wurde »zur Auflockerung« in den Text »geschmuggelte«
241	Esser: *Kemmen*
243	FLUZ (ohne Angabe)
244	Ulm: *Ankunft in Istanbul (Dolma-Bahce Palast)*
245	Ulm: *Übersichtskarte*
248	Ulm: *In den Calongs bei Cassis (Frankreich), hier hat uns das Schweizer Fernsehen zwei Tage begleitet*
249	Ulm: *Unser dritter Winter: Ankunft in einem Hafen (FR)*
251	Ulm: *Eine einsame Bucht - fuer uns ganz alleine - Zeit zum relaxen*
252	Ulm: *Zweite Entendame Enza, hoffentlich bleibt ihr das Los der ersten erspart, die von einem Fischer verspeist worden war.*
253	Effner: *Klepper T9, professionell in Szene gesetzt*
257 (1)	Wrage (Photoalbum Nordfriesland): *Wattenfahrt*
257 (2)	Wrage (Photoalbum Nordfriesland): »*Faltbootwandern« übers Watt*
258	Zuphall (Kohlezeichnung)
260	Mayr: »*Attraktione« brachte das ganze ganze Schiffe voll »Lebensfreude«*
262	Mayr: *Eines Morgens liefen zwei Männer am Berg herunter: Sie waren vom Film!!! Wir wurden handelseins: Wir warteten, bis das Wetter gut für Filmaufnahmen war, sie aber schleppten uns bis zur Fressalien herbei. Einen Monat hatten wir viel Hunger. Der Filmhäuptling war ein alter Partisanengeneral: »Freund Titos«. Auch die Trifteri's gehorchten ihm aufs Wort!!! Sie mußten später extra Baumsperren beseitigen und unsere Boote transportieren!!*
265 (1)	Mayr: *Das war die letzte Tat und der letzte Gruß der Tara. Wenig später schwammen wir schon auf der Drina!!*
265 (2)	Mayr: *Wir wandten unsere Kajaks Kotur zu. Unterwegs hatten wir noch ein kleines reizendes Erlebnis mit einem Schwarm Delphine.*
267	Mayr: *Bilderbogen von der Steirischen Salza*
281	Esser: *Durchsichtiges Segel*
288	KS Heft 11 / 1927 S. 101
290	KS Heft 4/1921 S. 49
292	FLUZ Heft 1/1933 S. 295
Umschlag:	Faltbootdeck-Baumwolltuch, diesmal in Rot (Original-Scan: Blau, zur Verfügung gestellt von Marian Gunkel)